narr **BACHELOR-WISSEN.DE**

Spanische Literaturwissenschaft

narr BACHELOR-WISSEN.DE

narr BACHELOR-WISSEN.DE ist die Reihe für die modularisierten Studiengänge

- die Bände sind auf die Bedürfnisse der Studierenden abgestimmt
- das fachliche Grundwissen wird in zahlreichen Aufgaben vertieft
- der Stoff ist in die Unterrichtseinheiten einer Lehrveranstaltung gegliedert
- auf **www.bachelor-wissen.de** finden Sie begleitende und weiterführende Informationen zum Studium und zu diesem Band

Maximilian Gröne, Rotraud von Kulessa, Frank Reiser

Spanische Literaturwissenschaft

Eine Einführung

3., aktualisierte Auflage

narr\f
ranck
e\atte
mpto

Dr. Maximilian Gröne ist Akademischer Rat für Romanische Literaturwissenschaft an der Universität Augsburg.

Prof. Dr. Rotraud von Kulessa ist ordentliche Professorin für Romanische Literaturwissenschaft an der Universität Augsburg.

Dr. Frank Reiser ist Akademischer Rat am Romanischen Seminar der Universität Freiburg i. Br.

Idee und Konzept der Reihe: **Johannes Kabatek**, Professor für Romanische Philologie mit besonderer Berücksichtigung der iberoromanischen Sprachen an der Universität Zürich.

Bibliografische Information der Deutschen Nationalbibliothek

Die Deutsche Bibliothek verzeichnet diese Publikation in der Deutschen Nationalbibliografie; detaillierte bibliografische Daten sind im Internet über http://dnb.dnb.de abrufbar.

3., aktualisierte Auflage 2016
2., aktualisierte Auflage 2012
1. Auflage 2008

Gedruckt auf chlorfrei gebleichtem und säurefreiem Werkdruckpapier.

Internet: www.bachelor-wissen.de
E-Mail: info@narr.de
Satz: Pagina GmbH, Tübingen
Printed in Germany

ISSN 1864-4082
ISBN 978-3-8233-8064-1

Inhalt

Vorwort zur 3., aktualisierten Auflage IX

1 Begriff ‚Literatur‘ 1
1.1 Literatur ‚an und für sich‘ 2
1.2 Literatur medial 13

2 Literaturgeschichtliche Ordnungsmodelle 19
2.1 Poetik 20
2.1.1 Die *Poetik* des Aristoteles 21
2.1.2 Poetiken des *Siglo de Oro* 23
2.2 Gattungen 27
2.3 Epochen 30
2.4 Literaturgeschichte 31
2.5 Kanon 34

3 Literaturwissenschaftliches Arbeiten 37
3.1 Bachelor- und Master-Studiengänge 38
3.2 Arbeitsfelder für Literaturwissenschaftlerinnen und Literaturwissenschaftler 38
3.3 Zum Wissenschaftsbegriff der Geisteswissenschaften 40
3.4 Wissenschaftliche Hilfsmittel 41
3.5 Arbeitstechniken 50

4 Grundlagen der Textanalyse am Beispiel der Lyrik 55
4.1 Verstehen – Analysieren – Interpretieren 56
4.2 Ebenen der Strukturanalyse 59
4.3 Strukturanalyse: Vorgehensweise 66
4.4 Gattung Lyrik 67

5 Lyrik analysieren: Beispiele und Übungen 75
5.1 Die Lyrik im *Siglo de Oro* 76
5.2 Lyrik des *Modernismo*: Antonio Machado 83
5.3 Der lateinamerikanische *Modernismo*: Pablo Neruda 86

6 Dramenanalyse 93
6.1 Dramatische Gattungen 94
6.2 Drama als Text und Aufführung 98

6.3 Raum und Zeit 99
6.4 Figuren 100
6.5 Figurenrede 103
6.6 Figurenkonstellation 105
6.7 Handlung 107
6.7.1 Aufbau und Untergliederung 108
6.7.2 ‚Offene' und ‚geschlossene' Form des Dramas 109
6.7.3 Episches Theater 110
6.7.4 Experimentelles Theater 111

7 Beispiele und Übungen zur Dramenanalyse 113
7.1 *La vida es sueño* 114
7.1.1 Calderón de la Barca 114
7.1.2 Inhaltsangabe 114
7.1.3 Analyse ausgewählter Passagen 116
7.2 *Bodas de sangre* 121
7.2.1 Federico García Lorca 121
7.2.2 García Lorcas ‚*tragedias rurales*' 122
7.2.3 Zum Inhalt der *Bodas de sangre* 123
7.2.4 Analyse ausgewählter Passagen 124

8 Epik und Erzähltextanalyse 131
8.1 Gattung Epik 132
8.2 Erzählerische Gestaltung oder *Diskurs* 140
8.2.1 Stimme 140
8.2.2 Zeit 142
8.2.3 Distanz 143
8.2.4 Fokalisierung 145
8.3 Struktur des Erzählten oder *Geschichte* 147
8.3.1 Figuren 148
8.3.2 Handlung, Geschehen und ‚Plot' 150

9 Epik analysieren – Beispiele und Übungen 153
9.1 Benito Pérez Galdós und das Spanienproblem 154
9.1.1 Kontext eines literarischen Projekts 154
9.1.2 *Doña Perfecta* 157
9.2 Selbstbezügliches Erzählen: Julio Cortázar, *Continuidad de los parques* 164

10 Text und Autorschaft 171
10.1 Literarische Kommunikation und Interpretationsansätze 172
10.2 Positivismus 173
10.3 Exkurs: Frühe Philologie in Spanien 175

10.4 Psychoanalyse ... 176
10.5 Literatursoziologie ... 180
10.5.1 Marxistische Literaturwissenschaft ... 181
10.5.2 Gattungen als ‚Sitz im Leben' ... 183
10.5.3 Feldtheorie ... 185

11 Textvergleich und Textwirkung ... 189
11.1 Komparatistische Literaturwissenschaft ... 190
11.1.1 Thema, Stoff, Motiv ... 190
11.1.2 Typologischer und genetischer Vergleich ... 192
11.1.3 Exkurs: Allgemeine Literaturwissenschaft ... 199
11.1.4 Imagologie ... 200
11.1.5 Kulturtransfer ... 201
11.2 Die Rezeption literarischer Werke ... 202
11.2.1 Rezeptions- und Wirkungsgeschichte ... 203
11.2.2 Rezeptionsästhetik ... 204
11.3 Feministische Literaturwissenschaft und *Gender Studies* ... 207

12 Strukturalismus und Poststrukturalismus ... 211
12.1 Strukturalismus ... 212
12.1.1 Zum Begriff ‚Struktur' ... 213
12.1.2 Der strukturalistische Umgang mit Texten ... 215
12.2 Poststrukturalistische Ansätze ... 217
12.2.1 Intertextualität ... 218
12.2.2 Historische Diskursanalyse ... 219
12.2.3 Postkoloniale Literaturtheorien ... 222
12.2.4 Dekonstruktion ... 225

13 Filmanalyse ... 229
13.1 Zwei Methoden der Filmtranskription ... 230
13.2 Bildebene ... 233
13.3 Tonebene ... 237
13.4 Montage ... 239
13.5 Filmisches Erzählen ... 241

14 Übungen und Beispiele zur Filmanalyse ... 245
14.1 Pedro Almodóvar ... 246
14.2 Inhaltsüberblick zu *Todo sobre mi madre* ... 246
14.3 Leitlinien der Analyse ... 248
14.3.1 Filmisches Erzählen ... 248
14.3.2 Intertextualität, Intermedialität, Hybridgattung ... 249
14.3.3 Körperlichkeit und *Gender*-Perspektive ... 253
14.4 Interpretationsansätze ... 254

14.4.1 Interpretation unter *Gender*-Aspekten 255
14.4.2 Interpretation unter poststrukturalistischen Vorzeichen .. 256
14.4.3 Interpretation aus psychoanalytischer Perspektive 259

Anhang

Sachregister 261
Bildnachweis 265

Vorwort zur 3., aktualisierten Auflage

Von der Einführung der ersten Bachelor-Studiengänge bis zum heutigen Zeitpunkt haben einschneidende Veränderungen die Hochschullandschaft umgestaltet. Infolge der Vorgaben der sog. ‚Bologna-Reform' wurde auf breiter Ebene eine Modularisierung der Studiengänge eingeführt, die mit einem gestuften System von Abschlüssen und dem Anspruch auf verbesserte Studierbarkeit und Qualitätssicherung einhergeht. Zumal die europaweite Vergleich- und Anrechenbarkeit von Studienabschnitten oder Diplomen sollte eine erleichterte Mobilität der Studierenden nicht nur innerhalb der deutschsprachigen Staaten, sondern über deren Landesgrenzen hinweg ermöglichen. Auf die damit verbundenen problematischen Aspekte in Konzeption und Umsetzung braucht an dieser Stelle nicht eingegangen zu werden. Festgehalten werden kann indes die deutlichere Profilbildung und die größere Transparenz hinsichtlich der Inhalte und Standards in den literaturwissenschaftlichen Grundlagenmodulen der verschiedenen hispanistischen und lateinamerikanistischen Studiengänge. Eine besondere Rolle spielt dabei gerade der jüngste Entwicklungsprozess, in dessen Verlauf die Lehramtsstudiengänge nicht nur in ihren Strukturen modularisiert wurden und damit inzwischen in weiten Teilen zu den Bachelorstudiengängen parallel angelegt sind. Vielmehr wurde in Deutschland, in Österreich und in der Schweiz die Lehrerausbildung bereits in großen Teilen bzw. sogar vollständig auf das Bachelor-Master-System umgestellt, oder aber es wird ggf. ein das Lehramtsstudium begleitender Bachelor of Education angeboten. Damit ist das Bachelor-Studium gleichsam vom Reformprojekt zum Standard avanciert.

Der vorliegende Band der Reihe bachelor-wissen versteht sich in diesem Sinne als eine möglichst universell einsetzbare Einführung in Theorien, Analyseinstrumente und Methodik der hispanistischen und lateinamerikanistischen Literaturwissenschaft sowie des wichtigen angrenzenden Bereichs der Filmanalyse. Die vorliegende 3. Auflage wurde erneut aktualisiert und einer kritischen Korrektur unterzogen. Das Gleiche gilt für die umfangreichen Online-Materialien, die begleitend zum Lehrbuch unter www.bachelor-wissen.de zur Verfügung stehen.

Augsburg/Freiburg i.Br., Juli 2016

Rotraud v. Kulessa, Maximilian Gröne und Frank Reiser

Begriff ‚Literatur'

Inhalt

1.1	Literatur ‚an und für sich'	2
1.2	Literatur medial	13

Überblick

In diesem ersten Kapitel beschäftigen wir uns mit der Definition von ‚Literatur' als Gegenstandsbereich der Literaturwissenschaft. Wir ziehen dazu Beispieltexte aus der spanischsprachigen Literatur heran und suchen notwendige oder typische Eigenschaften von Literatur. Anschließend lernen Sie einige medientheoretische Grundlagen von Literatur als Schrift-Kunst kennen.

1.1 | Literatur ‚an und für sich'

Zu Beginn unserer Ausführungen wollen wir uns dem Gegenstand unseres Studiums zuwenden. Was ist eigentlich Literatur? Diese Frage, die auf den ersten Blick geradezu banal erscheinen mag, stellt sich auf den zweiten Blick als überaus komplex dar. Widmen wir uns in einem ersten Schritt der Etymologie (Herkunft) des Wortes: Literatur, span. *literatura,* stammt aus dem Lateinischen: *litteratura* = das Geschriebene, Schrifttum. Halten wir fest: Ursprünglich bezeichnet der Begriff ‚Literatur' alle schriftlichen Äußerungen und schließt mündliche Äußerungen dagegen aus. Im Laufe der Jahrhunderte wandelte sich der Begriff von einer materiellen Dimension hin zu einer qualitativen. Unter Literatur wurde zunehmend die ‚schöne Literatur' verstanden, die wiederum mit dem Begriff der ‚Dichtung' konkurrierte. Diese beiden Begriffe ihrerseits implizieren Definitionskriterien: so beinhaltet der Begriff ‚schöne Literatur' den Aspekt der Ästhetik; Dichtung kommt von Dichte und meint die Dichte der Sprache. Ein weiteres Kriterium wäre so der Umgang mit der Sprache. In diesem Sinne stellte der Linguist Roman Jakobson 1921 folgende Frage: „Was macht aus einer sprachlichen Nachricht ein Kunstwerk?" Der Unterschied zwischen Literatur und Dichtung zu umgangssprachlichen Texten liegt also laut Jakobson in ihrem ‚Kunstwerkcharakter', der mit dem Begriff der ‚Literarizität' umschrieben wird. Wir wollen unsere Überlegungen zum Literaturbegriff nun fortsetzen, indem wir uns einer Reihe von Texten zuwenden.

Etymologie des Wortes ‚Literatur'

‚Schöne Literatur'

Ästhetik

Sprache

Roman Jakobson

Literarizität

Aufgabe 1.1 |

? Lesen Sie folgende Texte kurz an und überlegen Sie, welche von ihnen Sie zur Literatur im engeren Sinne zählen würden.
Überlegen Sie sich weitere Unterscheidungskriterien neben den bereits angeführten.

Text 1.1 |
Miguel de Cervantes: *El ingenioso hidalgo Don Quijote de la Mancha* (1605)

En un lugar de la Mancha, de cuyo nombre no quiero acordarme, no ha mucho tiempo que vivía un hidalgo de los de lanza en astillero, adarga antigua, rocín flaco y galgo corredor. Una olla de algo más vaca que carnero, salpicón las más noches, duelos y quebrantos los sábados, lantejas los viernes, algún palomino de añadidura los domingos, consumían las tres partes de su hacienda. El resto della concluían sayo de velarte, calzas de velludo para las fiestas, con sus pantuflos de lo mesmo, y los días de entresemana se honraba con su vellorí de lo más fino. Tenía en su casa una ama que pasaba de los cuarenta y una sobrina que no llegaba a los veinte, y un mozo de campo y plaza que así ensillaba el rocín como tomaba la podadera. Frisaba la edad de nuestro hidalgo con los cincuenta años. Era de complexión recia, seco de carnes, enjuto de rostro, gran madrugador y amigo de la caza. Quieren decir que tenía el sobrenombre de "Quijada", o "Quesada", que en esto hay alguna diferencia en los autores que deste caso escriben, aunque por conjeturas verosímiles se deja entender que se llamaba "Quijana". Pero esto importa poco a nuestro cuento: basta que en la narración dél no se salga un punto de la verdad.

Es, pues, de saber que este sobredicho hidalgo, los ratos que estaba ocioso, que eran los más del año, se daba a leer libros de caballerías, con tanta afición y gusto, que olvidó casi de todo punto el ejercicio de la caza, y aun la administración de su hacienda. Y llegó a tanto su curiosidad y desatino en esto, que vendió muchas hanegas de tierra de sembradura para comprar libros de caballerías en que leer, y así, llevó a su casa todos cuantos pudo haber dellos; y de todos, ningunos le parecían tan bien como los que compuso el famoso Feliciano de Silva, porque la claridad de su prosa y aquellas entricadas razones suyas le parecían de perlas, y más cuando llegaba a leer aquellos requiebros y cartas de desafíos, donde en muchas partes hallaba escrito: *La razón de la sinrazón que a mi razón se hace, de tal manera mi razón enflaquece, que con razón me quejo de la vuestra fermosura.* Y también cuando leía: *… los altos cielos que de vuestra divinidad divinamente con las estrellas os fortifican, y os hacen merecedora del merecimiento que merece la vuestra grandeza.* Con estas razones perdía el pobre caballero el juicio, y desvelábase por entenderlas y desentrañarles el sentido, que no se lo sacara ni las entendiera el mesmo Aristóteles, si resucitara para sólo ello. (Cervantes: 2008, 113 f.)

Abb. 1.1

Juan de Jáuregui: Miguel de Cervantes (1600)

Text 1.2

Guillermo de Torre: *Paisaje plástico* (1919)

P A I S A J E   P L Á S T I C O

MEDIODÍA igniscente en el vórtice de la campiña estival

ESTÍO

Dardeantes cohetes solares hienden p El Sol maduro
e exprime como una poma henchida
r cálidas gotas horadantes
El paisaje se magnifica p sobre los torsos curvados
en el meridio plenisolar e S
n
(Se adivina a Dios que en su cabina d O
i
ante su térmico cuadro distribuidor c L
acumula trillones de calorías) u
l
a
r
m
e
n
t
e

La calina amustia los deseos dinámicos

Quién ha borrado todas las sombras?

el vientre convexo de la gleba

SIESTA

Los cuerpos enervados
tendidos sobre el agro
crepitan en un orgasmo de ardentías

En la atmósfera embriagada gravita el solsticio

Olas de cierzo azul siegan los blondos trigales A Z
Las espigas gigantes estrían U L
el zafiro dérmico del horizonte I N
Interrogantes hoces aplacan la I D
avidez de los tallos erectos A D

Los olivos contorsionan sus troncos hendidos por el dall febeo

(de Torre: 1919, 160)

Text 1.3 | Cortázar, Julio: *Situación de la novela* (1950)

Alguna vez he pensado si la literatura no merecía considerarse una empresa de conquista verbal de la realidad [...] cada libro lleva a cabo la reducción a lo verbal de un pequeño fragmento de realidad [...] Es así que mientras las artes plásticas ponen nuevos objetos en el mundo [...] la literatura se va apoderando paulatinamente de las cosas [...] (Cortázar: 1950, 223)

Text 1.4 | Gustavo Adolfo Bécquer: *Rimas* (1868)

Abb. 1.2 | Gustavo Adolfo Bécquer (1836–1870)

Yo sé un himno gigante y extraño
que anuncia en la noche del alma una aurora,
y estas páginas son de este himno
cadencias que el aire dilata en las sombras.

Yo quisiera escribirlo, del hombre
domando el rebelde, mezquino idioma,
con palabras que fuesen a un tiempo
suspiros y risas, colores y notas.

Pero en vano es luchar; que no hay cifra
capaz de encerrarle, y apenas ¡oh hermosa!
si teniendo en mis manos las tuyas
pudiera, al oído, cantártelo a solas.

(Bécquer: 2009, 109)

Text 1.5 | José Sanchis Sinisterra: *Ñaque o de piojos y actores* (1980)

Ríos. ¿Dónde estamos?
SOLANO. En un teatro...
Ríos. ¿Seguro?
SOLANO. ...o algo parecido.
Ríos. ¿Otra vez?
SOLANO. Otra vez.
Ríos. ¿Esto es el escenario?
SOLANO. Sí.
Ríos. ¿Y eso es el público?
SOLANO. Sí.
Ríos. ¿Eso?
SOLANO. ¿Te parece extraño?
Ríos. Diferente...
SOLANO. ¿Diferente?

(Sinisterra: 2008, 125)

Text 1.6 | *El País*, 18.12.2008

Una mezcla de realismo de la vida cotidiana y de mundo mágico, en palabras de la también escritora Ángeles Caso, definirían la última novela de Matute. Ambas dialogaron en tono distendido sobre la literatura y la vida, dos conceptos que significan la misma cosa, a juicio de Ana María Matute. "La literatura es mi mundo y, en realidad, podría decir que la literatura es la vida de verdad", rema-

chó la novelista y académica. Situada la trama en la época de la Segunda República, en el ambiente de una familia burguesa, el contraste entre un realismo duro y unas fabulaciones mágicas a través de sus lecturas marcan la formación sentimental de la pequeña Adriana, enamorada de Gavrila, un niño ruso, hijo de una bailarina. "La niña protagonista vive en función de sus lecturas, tal como hice yo que siempre fui una rebelde. Yo tenía auténtica pasión por los cuentos", recordó Ana María Matute que destacó, una y otra vez, la importancia de la infancia en todas las personas. "La infancia nos marca de una forma tremenda y yo he intentado mantener la niña que fui", manifestó muy convencida.
(*El País*, 18.12.2008)

Text 1.7
Jorge Luis Borges: *La Biblioteca de Babel* (1942)

El universo (que otros llaman la Biblioteca) se compone de un número indefinido, y tal vez infinito, de galerías hexagonales, con vastos pozos de ventilación en el medio, cercados por barandas bajísimas. Desde cualquier hexágono se ven los pisos inferiores y superiores: interminablemente. La distribución de las galerías es invariable. Veinte anaqueles, a cinco largos anaqueles por lado, cubren todos los lados menos dos; su altura, que es la de los pisos, excede apenas la de un bibliotecario normal. Una de las caras libres da a un angosto zaguán, que desemboca en otra galería, idéntica a la primera y a todas. A izquierda y a derecha del zaguán hay dos gabinetes minúsculos. Uno permite dormir de pie; otro, satisfacer las necesidades finales. Por ahí pasa la escalera espiral, que se abisma y se eleva hacia lo remoto. En el zaguán hay un espejo, que fielmente duplica las apariencias. Los hombres suelen inferir de ese espejo que la Biblioteca no es infinita (si lo fuera realmente ¿a qué esa duplicación ilusoria?); yo prefiero soñar que las superficies bruñidas figuran y prometen el infinito […] La luz procede de unas frutas esféricas que llevan el nombre de lámparas. Hay dos en cada hexágono: transversales. La luz que emiten es insuficiente, incesante.
(Borges: 1999, 105–106)

Suche nach Kriterien

Ein erster Blick auf die sieben Texte führt dazu, dass wir einige spontan, ohne sie überhaupt eingehend zu lesen, in die Kategorie Literatur einordnen, so die Texte 1.4 und 1.5, die uns aufgrund ihrer Anordnung und des Schriftbildes sofort an ein Gedicht (1.4) und ein Drama (1.5) denken lassen. Diese spontane Einordnung verdanken wir wiederum unserem Vorwissen (vgl. hermeneutischer Zirkel, Einheit 4), das unser Bewusstsein für literarische Gattungen (vgl. Einheit 2.2) beeinflusst. Ähnlich verhält es sich mit Text 1.6. Hier verrät uns die Quellenangabe, dass es sich um einen Zeitungsartikel handelt, den wir spontan nicht zur Literatur zählen würden. Unsere Entscheidung wird in allen drei Fällen durch textexternes Wissen bestimmt bzw. durch eine Form von Paratext (vgl. Einheit 12.2.1), d.h. in diesem Fall einen für sich sprechenden Titel, nämlich den einer bekannten spanischen Tageszeitung. Es stellt sich natürlich die Frage, warum ein Presseartikel für uns nicht zur ‚Literatur' zählt. Entscheidend ist hier wohl der Aspekt der Erwartung des Lesers, der mit der Presse vor allem den Zweck der Information verbindet. Ein weiteres Unterscheidungskri-

Paratext

Zweck/Funktion

terium wäre also der Zweck oder die Funktion einer schriftlichen Äußerung bzw. eines Textes. Um diesen für die einzelnen Texte zu klären, müssen wir uns nun jeweils ihrem Inhalt zuwenden. In allen sieben Texten geht es im weiteren Sinne um die Literatur selbst, um das Schreiben, das Lesen, das Erzählen. Der Inhalt ist als Unterscheidungskriterium also erst einmal nicht sachdienlich. Es kommt hinzu, dass sich der Sinn der Texte 1.2 und 1.4 nicht beim ersten Lesen enthüllt. Erkennen wir letzteren (d.h. Text 1.4) zwar aufgrund formaler Kriterien und aufgrund des Paratextes, nämlich des Titels (*Rimas*), sofort als Literatur, erweist sich Text 1.2 als Problem. Nur vor dem Hintergrund des Titels in Zusammenhang mit literaturhistorischem Wissen erschließt sich der Sinn bzw. Unsinn und damit der Zweck dieses Textes. Der Autor Guillermo de Torre, geboren 1900 in Madrid und gestorben 1971 in Buenos Aires, war Mitglied der *Generación del 27* und der Bewegung der *ultraístas*, eines Zusammenschlusses spanischer Dichter, die auch in die spanische Literatur die europäischen Avantgarde-Bewegungen wie den Futurismus, den Dadaismus und vor allem den Surrealismus einbringen wollten. Der Titel des Gedichtes von Guillermo de Torre, *El paisaje plástico,* verweist auf den Zusammenhang von Literatur und bildender Kunst. Es handelt sich bei dem Text um ein so genanntes Kalligramm, eine Gedichtform, die auf der Bedeutungsebene mit Wort und Bild spielt, indem Schriftbild und Textbedeutung sich gegenseitig bedingen. Wie bei den dadaistischen Collagen und den Werken der Futuristen handelt es sich um ästhetische Experimente, bei denen die formale Neuerung und die Autonomie der Ästhetik im Vordergrund stehen, und somit Kunst und ihre Eigengesetzlichkeit thematisieren. Auch in Text 1.4 steht die Dichtung selbst im Mittelpunkt. Gustavo Adolfo Bécquer (1836–1870) kündigt in dem Einleitungsgedicht zu seinen *Rimas* (1871), die er in Anlehnung an den *Canzoniere* Petrarcas verfasste, eine neue Dichtungsauffassung an und problematisiert dabei insbesondere die Rolle von Sprache als Universalmedium (vgl. Strophen 2 und 3). Text 1.2 und Text 1.4 haben eines gemeinsam: die Sprache steht im Mittelpunkt und verweist gleichsam auf sich selbst. Das Gedicht von Bécquer ist in hohem Maße durchkomponiert bzw. strukturiert. Zunächst durch die Verse, die den Text rhythmisieren (hier im Wechsel von Zehn- und Zwölfsilblern, span. *decasílabo* und *dodecasílabo*), dann durch die Strophen (drei Quartette, span. *cuartetos*), schließlich durch den Reim, einen assonantischen Reim in den geradzahligen Versen (zur lyrischen Form siehe Einheit 4.4). Weiter fallen Besonderheiten in der sprachlich-stilistischen Gestaltung auf. So begegnen wir Metaphern wie „la noche del alma" für die Stimmung des lyrischen Ichs oder Parallelismen wie in Vers 8 („suspiros y risas, colores y notas"). Weiterhin fällt in Vers 10 („¡oh hermosa!") eine Anrufung (Apostrophe, span. *apóstrofe*) ins Auge, die die Geliebte des lyrischen Ichs als Adressatin des Gedichts zu Erkennen gibt. Allen diesen Eigenheiten ist gemeinsam, dass der Text eine eigentümliche, von der ‚Normalsprache' abweichende Sprache verwendet, die sich nicht darauf beschränkt, den Inhalt des

Inhalt

Futurismus, Dadaismus, Surrealismus

Autonomie: Eigengesetzlichkeit der Kunst

Komposition und Struktur

Sprache

Textes darzustellen, sondern auch eine gewisse Aufmerksamkeit auf die Art und Weise dieser Darstellung lenkt. Diese Eigenschaft von Texten bezeichnet man üblicherweise mit dem Begriff *Poetizität* (*poeticidad*, f.).

Poetizität

Abweichung

Deviationsstilistik im Formalismus

Das Moment der *Abweichung* als Kennzeichen literarischer Texte ist durchaus naheliegend. Es begegnet uns in der verbreiteten Vorstellung, ‚Literatur‘ sei im Gegensatz zu alltäglicher Sprachverwendung eine Form stilistisch anspruchsvollen, ‚guten‘ Schreibens – insgesamt gesehen zumindest, wobei es freilich auch ‚minderwertige‘ Literatur gibt, die diesen Anspruch zwar nicht einlöst, aber dennoch an ihm gemessen werden kann und wird. Auch Literaturwissenschaftler haben auf diesen Gesichtspunkt abgehoben, am nachhaltigsten die russischen Formalisten. Für sie war es die wesentliche Aufgabe von Literatur, ästhetische Wahrnehmung zu ermöglichen und zu schulen, den Leser ein ‚neues Sehen‘ zu lehren. Voraussetzung dafür war, die gewohnten, ‚automatisierten‘ Wahrnehmungsmuster mit gezielter *Verfremdung* und Erschwerung der Form zu durchbrechen. Unter weitgehender Absehung vom Inhalt verstanden die Formalisten literarische Texte als Summe der ‚Verfahren‘, d. h. (verfremdender) Bearbeitungen des sprachlichen Ausdrucks (was Klang, Bildlichkeit, Rhythmus, Reim ebenso einschließt wie Metaphorik, Satzbau und Erzähltechniken). Dahinter steckt der Gedanke, dass man ein Medium – also hier Sprache, aber die Theorie galt auch etwa für die bildende Kunst und ihre Wahrnehmung – ‚spürbar‘ macht, wenn man von der Ökonomie des praktischen Gebrauchs abweicht, also etwa Sprache nicht so verwendet, wie sie im Alltag benutzt wird, sondern anders, *neu* – wie dies Bécquers und de Torres Gedichte tun. Innovation und Abweichung wird so zum entscheidenden Wesensmerkmal ‚poetischer‘ Sprache und damit der Literatur.

Formalismus (‚Formale Schule‘): zwischen 1914 und 1930 in Moskau und Leningrad tätige Gruppe von Sprach- und Literaturwissenschaftlern

Problematik der ‚Abweichung‘

Wissen wir nun, was Literatur kennzeichnet? Das Kriterium der Abweichung und Innovation besitzt den bereits erwähnten Vorteil, literarische Texte mit einem formalen Anspruch zu assoziieren, und entspricht zudem einer Menge insbesondere lyrischer Texte; indes hat es Schwächen, die nicht übersehen werden dürfen. Wenn nämlich die Formalisten die innovative Überbietung gewohnter sprachlicher Muster – und das heißt: der jeweils vorhergehenden, etablierten literarischen Verfahren – als Wesen und Auftrag der Literatur bestimmen, dann wird deutlich, dass wir erst dann entscheiden können, ob ein Text ‚literarisch‘ ist, wenn wir wissen, ob und worin er sich von vorhergehenden literarischen Texten unterscheidet, deren Literarizität wir dann wiederum erst in Abgrenzung zur Tradition vor ihnen zu bestimmen haben und so weiter – man kommt so, streng genommen, an kein Ende. Zieht man stattdessen die ‚Alltagssprache‘ als Vergleichsfolie heran, so wird das Sprachempfinden des jeweiligen Lesers der Gegenwart zum ausschlaggebenden Kriterium. Im Falle Borges’, dessen Texte in relativer zeitlicher Nähe zu uns stehen, mag die dadurch bedingte Verzerrung noch gering sein, bei sehr alten Texten zeigt sich rasch, dass der Leser der Gegenwart sehr viel schwerer zu entscheiden vermag, ob ein Text von der damaligen ‚Normalsprache‘ abweicht, also ‚poetisch' ist oder nicht (wie z. B. im Fall von Text 1.1) – ganz zu schweigen von anderen Variablen einer jeden Sprache, in der Terminologie der Linguistik etwa diatopische (d. h. regionale), diastratische (sozial-schichtenspezifische) oder diaphasische (anlassabhängige) Varietäten, die es schwer machen, eine ,Norm' und damit die ,poetische' Abweichung festzustellen. Und selbst wenn es ginge, macht einerseits manche Abweichung noch keine Literatur (Dialekte beispielsweise), andererseits gibt es auch Literatur, die keine wesentliche sprachliche Verfremdung erkennen lässt, wie zum Beispiel Text 1.7.

,Imaginatives' Schreiben: Fiktionalität

Wer diese Texte liest, wird bei hinreichender Kenntnis des Spanischen zunächst kaum jenen sprachlichen oder formalen Widerstand spüren, die unser erster Ansatzpunkt auf der Suche nach Literarizität gewesen war. Wenn wir Text 1.3 und 1.1 miteinander vergleichen, stellen wir fest, dass die Texte sich inhaltlich beide mit Literatur befassen. Der Text 1.3 untersucht das Verhältnis von Literatur und Realität, während Text 1.1 von der Beziehung zwischen Leser und Text handelt. Der Beginn von Text 1.1 deutet aufgrund der entfernt an Märchen erinnernden Erzählweise allerdings gleich darauf hin, dass es den besagten Hidalgo (Kleinadligen) in der Realität nicht gibt, wohl aber die angesprochenen Werke, die er gelesen hat. Auch wenn der *fiktive* Hidalgo selbst nicht zwischen der Realität und der Fiktion der Romane, die er gelesen hat, unterscheidet, ist dieser Gegensatz doch nicht unerheblich: Auch Text 1.6 handelt von realen Büchern, verzichtet aber als journalistischer Text darüber hinaus auf alles, was seine Glaubwürdigkeit als zweifelhaft erscheinen lassen könnte, wohingegen wir mit Text 1.1 spontan eine erfundene – und damit *literarische* – Geschichte assoziieren. Dies ergibt sich aus dem ritterromantypischen Titel und Textanfang sowie aus der Tatsache, dass der Erzähler seine Geschichte als ,cuento', also als literarische Gattung, ankündigt. Der Text von Cervantes ist im strengen Sinne ,unwahr', erfunden, wie dies für viele andere literarische Texte gilt und von Cervantes im Text selbst auch problematisiert wird („[…] aunque por conjeturas verosímiles se deja entender que se llamaba Quejana. Pero esto importa poco a nuestro cuento; basta que en la narración dél no se salga un punto de la verdad"). Ihr Kennzeichen ist somit *Fiktionalität*.

Definition

Fiktionalität (*ficcionalidad*, Adj. fiktional, *ficcional*) bezeichnet die *Darstellungsweise* eines Textes, der seinen Inhalt als nicht real existierend präsentiert bzw. seinen Gegenstand erst im Sprechakt (z. B. der Erzählung) selbst schafft. Fiktionalität kennzeichnet den Status einer *Aussage*.

Fiktivität (*fictividad*, Adj. fiktiv, *fictivo*, *ficticio*) bezeichnet die *Existenzweise* von erfundenen, nicht in der Wirklichkeit existierenden Gegenständen. Fiktivität kennzeichnet den Status des *Ausgesagten*.

Fiktivität und Fiktionalität nicht immer deckungsgleich

Cervantes Text ist fiktional, da die von ihm erzählte Welt nicht unabhängig von ihm existiert, er ist aber nicht fiktiv, denn den Text *gibt* es schließlich in unserer Realität. Die Hauptfigur, Don Quijote, hingegen ist fiktiv, wenngleich der

Erzähler vorgibt, er habe tatsächlich gelebt. Diese Unterscheidung ist wichtig, da zwar die meisten fiktionalen Texte auch ausschließlich fiktive Figuren darstellen, aber eben doch nicht alle: Historische Romane etwa lassen – teilweise oder durchgehend – realgeschichtliche, also nicht-fiktive Personen auftreten, erzeugen aber die erzählte Welt mehrheitlich selbst, sei es in Gestalt nicht verbürgter Handlungsdetails, sei es durch psychologische Innenansichten einer historischen Person, sie sind also fiktional. Umgekehrt ist nicht jeder Text, in dem fiktive Personen eine Rolle spielen, deswegen gleich fiktional – eine literaturwissenschaftliche Studie wie z. B. Text 1.6 etwa versteht sich natürlich als Sachtext, d. h. als nicht-fiktionaler, *referenzieller* Text (*texto referencial*), auch wenn in ihr fiktive Figuren eine wichtige Rolle spielen. Ein mögliches Kriterium für Literarizität eines Textes ist demnach allein seine Fiktionalität, nicht die Fiktivität seiner Bestandteile.

Fiktionalität als nur relative Kategorie

Nun ist es nicht immer so einfach, Fiktionalität festzustellen. Meist ist die Entscheidung nicht textintern, sondern allenfalls unter Rückgriff auf textexternes Wissen über die historische Wirklichkeit oder zumindest auf die oben bereits erwähnten Paratexte wie die klärende Angabe „Roman“ auf dem Titelblatt zu treffen. Mitunter kann sich der Fiktionalitätsstatus eines Textes sogar ändern: Die Schöpfungsgeschichte des Alten Testaments etwa war über lange Zeit für den abendländischen Kulturkreis zweifellos ein nicht-fiktionaler Sachtext, sogar die ‚Wahrheit‘ schlechthin, heute hingegen wird er auch als Fiktion gelesen und wohl von der Mehrheit der Leser jedenfalls als nicht im wörtlichen Sinne ‚wahr‘ verstanden. (Zugleich zeigt dieses Beispiel, dass die Entscheidung über Fiktionalität oder Referenzialität, so schwierig sie sein mag, mitunter alles andere als ‚egal‘ ist.)

Lassen Sie uns jetzt noch einmal einen Blick auf Text 1.2 werfen, den wir mit dem Kriterium der ‚Abweichung‘ gekennzeichnet hatten. Formal ist der Text von einem alltagssprachlichen Gebrauch extrem weit entfernt. Darüber hinaus drängt sich uns als Leser die Frage auf: „Was wird mit diesem Text eigentlich bezweckt?“ Während etwa Julio Cortázars Text sich mühelos als Abhandlung über die Beziehung von Literatur und Realität zu erkennen gibt, hat Text 1.2, von einem gewissen provokativen Effekt einmal abgesehen, zunächst keinen ersichtlichen Zweck. Er ist ‚entpragmatisiert‘.

Entpragmatisierung

Die Bestimmung von Literatur als Summe derjenigen Texte, die unmittelbaren pragmatischen, also Sach- und Handlungskontexten enthoben sind, stimmt in der Tat gut mit dem gewöhnlichen Verständnis von Literatur überein. Im Gegensatz zu einem Reiseführer über Barcelona würde wohl niemand die Kriminalromane von Manuel Vásquez Montalbán, die *Serie Carvalho,* heranziehen, um sich über diese Stadt zu informieren (wenngleich das durchaus denkbar wäre). Allerdings bedeutet dieser Ansatz, dass wir nicht mehr Merkmale am Text selbst angeben können, die ihn als literarisch kennzeichnen, sondern wir uns vielmehr auf etwas außerhalb seiner, nämlich den Gebrauchskontext, berufen, in dem er steht: Wir wechseln von *essenzia-*

Funktionale statt essenzialistischer Kriterien

listischen, also das Wesen eines Textes betreffenden, zu *funktionalen* Kriterien und erkaufen uns relative Trennschärfe um den Preis, nicht mehr am Text als solchem die Literarizität festzumachen.

Ready-mades

Ein besonders eindrückliches Beispiel für die letzte Feststellung sind sog. *Ready-mades* (span. *objeto encontrado* oder *confeccionado*). Wie der Begriff bereits andeutet, handelt es sich hierbei um vorgefertigte bzw. vorgefundene Gegenstände, die – überarbeitet oder nicht, neu kombiniert oder völlig unverändert – aus dem praktischen in einen künstlerischen Kontext ‚verpflanzt' werden. Konjunktur hatte dieses Prinzip besonders zur Zeit der künstlerischen Avantgarden von 1910 bis 1930, aber es besteht beispielsweise als *Objektkunst* bis in die Gegenwart fort. Eines der berühmtesten Ready-mades der Kunstgeschichte, *Fountain*, zeigt ein Urinal, das, sieht man einmal von der möglicherweise notwendigen Demontage ab, ohne erkennbare materielle Veränderung durch den Künstler Marcel Duchamp zur Skulptur umgewandelt wurde. Es ist klar, dass mit Erreichen einer Kunstauffassung, die diese Art von künstlerischem Schaffen ermöglicht, die Vorstellung von im Kunstwerk inhärenten Wesensmerkmalen überholt wird, und das gilt für alle Kunstformen, auch die Literatur, die natürlich das *Ready-made* ebenfalls kennt. Die für Duchamps *Fountain* offensichtlich besonders zentrale Frage ist: Durch welche Faktoren (außer der Position des Urinals und dem Verzicht auf Anschlüsse, die einen ‚pragmatischen' Umgang wenig sinnvoll erscheinen lassen) wird eine ‚ästhetische' Aufnahme von Artefakten ausgelöst?

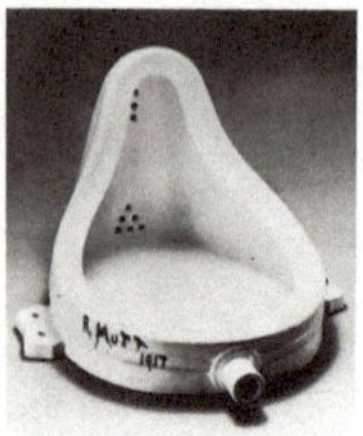

Abb. 1.3 | Marcel Duchamp: *Fountain* (1917)

Aufgabe 1.2 |

? Unterbrechen Sie für einen Moment die Lektüre und beantworten Sie für sich die zuletzt gestellte Frage in Bezug auf Literatur.

Auslösende Faktoren ‚ästhetischer' Aufnahme

Die erste und augenscheinlich banalste Antwort lautet, dass Texte als Literatur rezipiert werden, wenn die jeweilige Umgebung sie als solche kennzeichnet; so macht beispielsweise der Buchdeckel, auf dem „Roman" steht, den Unterschied, oder auch der mündliche Vortrag bei einer Lesung in einer Buchhandlung, die Aufführung in einem Theater usw. Es gibt also bestimmte mediale und institutionelle *Kontexte*, die gemäß einer (meist unausgesprochenen) kulturellen Vereinbarung Entpragmatisierung und ästhetischen Umgang signalisieren. Ein zweiter wichtiger Faktor ist die Instanz des Urhebers, des *Autors*, für die Kategorisierung eines Textes. Mit ‚Autor' meinen wir üblicherweise dasjenige Individuum, das einen Text geschrieben hat, aber auf diesen objektiven Zusammenhang beschränkt sich der Begriff nicht, wie der Philosoph Michel Foucault (1926–1984) in seinem berühmten Aufsatz „Was ist ein Autor?" von 1969 ausführt. Ihm geht es in kritischer Absicht darum zu zeigen, wie der ‚Autor' zur abstrakten Instanz mit grundlegender Bedeutung für die Beurteilung eines Textes wird. So ist es für einen Text nicht ohne Belang, ob er, sagen wir: Cervantes, Borges oder einem anonymen Autor zugeschrieben wird, selbst wenn sich der Text ‚objektiv' dadurch nicht ändert. Denn er ord-

Medialer und institutioneller Kontext

‚Autor-Funktion' (Michel Foucault)

net sich damit in ein (typischerweise stimmiges oder in seiner Entwicklung erklärbares) Gesamtwerk ein, das einem vernunftbegabten und spezifisch motivierten Individuum entspringt. Der ‚Autor' ist nicht nur diese reale Person, sondern ein Konstrukt der Leserschaft, das auf einen Text bezogen wird, seine Einordnung, Gruppierung und Interpretation ermöglicht und die Komplexität und Widersprüchlichkeit des Textsinns vereinfacht (was Foucault die „Verknappung des Diskurses", d. h. der Menge des Sagbaren, nennt). Diese ‚Autor-Funktion' als wesentlicher Bestandteil literarischer Texte ist ein Phänomen der Neuzeit – im Mittelalter waren literarische Texte ohne Autorzuschreibung gültig (man fragte nicht nach dem Individuum, das einen Text verfasst hatte), im Unterschied zu anderen Textsorten, etwa medizinischen Traktaten, die sich zumindest auf eine (meist antike) Autorität berufen mussten, um als gültig anerkannt zu werden. Für unsere Fragestellung lässt sich diesen Überlegungen entnehmen, dass zum ‚literarischen Werk' wird, was von einem ‚Autor' kommt – und nicht nur umgekehrt jemand zum Autor wird, weil er ein literarisches Werk geschrieben hat. Ein banaler Text, ein kurzer handschriftlicher Tagebucheintrag etwa oder ein Brief, wie Sie und ich ihn verfasst haben könnten, kann literarische Weihen erhalten, wenn man feststellt, dass er von García Lorca stammt; er wird dann ediert, eventuell von Literaturwissenschaftlern kommentiert und so fort. Selbst wenn wir nicht biographisch ausgerichtet arbeiten, sondern beispielsweise textimmanent an literarische Texte herangehen, so bleibt der Autor – nicht die reale Person, sondern das Konstrukt, die ‚Funktion' – unter Umständen für die Frage entscheidend, was überhaupt unser Gegenstand ist.

Abb. 1.4
Jesse Bransford: *Head (Michel Foucault)*

Aufgabe 1.3

? Lesen Sie nun folgenden Text von Wolfgang Iser und versuchen Sie ein weiteres Kriterium für die Literarizität von Texten anzuführen.

Text 1.8
Wolfgang Iser: *Die Appellstruktur der Texte* (1971)

[…] Wir aktualisieren den Text über die Lektüre. Offensichtlich aber muss der Text einen Spielraum von Aktualisierungsmöglichkeiten gewähren, denn er ist zu verschiedenen Zeiten von unterschiedlichen Lesern immer ein wenig anders verstanden worden […].

Wie ist das Verhältnis von Text und Leser beschreibbar zu machen? Die Lösung soll in drei Schritten versucht werden. […] In einem dritten Schritt müssen wir das seit dem 18. Jahrhundert beobachtbare Anwachsen der Unbestimmtheitsgrade in literarischen Texten zu klären versuchen. Unterstellt man, dass Unbestimmtheit eine elementare Wirkungsbedingung verkörpert, so fragt es sich, was ihre Expansion – vor allem in modernerer Literatur besagt. Sie verändert ohne Zweifel das Verhältnis von Text und Leser. Je mehr die Texte an Determiniertheit verlieren, desto stärker ist der Leser in den Mitvollzug ihrer möglichen Intention eingeschaltet. (Iser: 1971, 8)

Leerstelle/ Unbestimmtheit

Offenheit (*apertura*)

‚Literatur': Kategorie mit klarem Zentrum und unscharfen Rändern

Kehren wir noch einmal zurück zu Text 1.2 und versuchen wir Isers Überlegungen darauf anzuwenden. In der Tat erscheint das Werk formal unseren Lesegewohnheiten gegenüber zwar als abweichend, ist jedoch in sich geschlossen. Nur der Sinn offenbart sich uns nicht spontan; jeder von uns könnte aus dem Text etwas anderes herauslesen. Wolfgang Iser spricht in diesem Zusammenhang von den ‚Leerstellen' bzw. der ‚Unbestimmtheit' eines Textes. Ein weiteres Kriterium für die Literarizität eines Textes wäre also sein Gehalt an Leerstellen (siehe Einheit 11.2.2) bzw. sein Grad an Interpretierbarkeit. Dieses Kriterium gilt laut Iser vor allem für moderne Literatur, doch auch Cervantes' *Don Quijote* lässt sich unterschiedlich lesen, nämlich z. B. als Geschichte über die Abenteuer des Don Quijote, als Parodie auf den Ritterroman (vgl. Einheit 8.1) oder als Reflexion über die Literatur und das Lesen im Allgemeinen, d. h. als autoreferenzieller Roman. Im Text sind alle drei Möglichkeiten und darüber hinaus auch noch viele andere angelegt. Es handelt sich hierbei also um einen sehr offenen, ‚unbestimmten' Text (*texto abierto*).

Unsere Beispiele haben gezeigt, dass ‚Literatur' eine Kategorie mit recht unscharfen Grenzen ist. Die provisorischen Charakteristika, die wir anhand der Textbeispiele vorgeschlagen haben, liefern keine absoluten Kriterien in dem Sinne, dass die Zugehörigkeit eines Textes zum Bereich des Literarischen überzeitlich und unabhängig von den verschiedenen Gesellschaften, die ihn gelesen haben oder lesen werden, feststünde: Was ‚poetische' Sprache ist, hängt von einer schwer zu bestimmenden, zudem historisch, sozial und sogar individuell variierenden ‚Normalsprache' ab. Fiktionalität und Referenzialität sind, wie wir sahen, keine unveränderlichen Eigenschaften, und selbst wenn sie es wären, schiene es höchst problematisch, Fiktionalität zur Voraussetzung für Literarizität zu machen. Wie gehen wir beispielsweise mit einer Autobiographie wie *Las confesiones de un pequeño filósofo* von Azorín oder den zahlreichen *cuadros de costumbres* der Romantik um, also Texten, die in häufig didaktischer Absicht die Sitten des einfachen Volkes auf dem Lande oder in der Stadt darstellen und damit referenziell sind? Heute sind sie in allen Literaturgeschichten verzeichnet. Dieser Umstand weist einmal mehr darauf hin, dass die Beurteilung von Texten und ihrer Wichtigkeit sehr davon abhängt, was bestimmte Leser mit diesen bezwecken, warum und wie sie sie lesen – ein Kontextfaktor außerhalb des Textes selbst, wie wir im Zusammenhang mit Text-Beispiel 1.2 bereits sahen. So klar die Kategorie ‚Literatur' im Alltagsgebrauch auch sein mag und so sehr die erwähnten Charakteristika auch auf viele ‚große' Werke (die ‚Klassiker') zutreffen mögen, so durchlässig zeigt sie sich an den Rändern (d. h. an untypischen Texten). Dies gilt umso mehr ab der Moderne (ungefähr ab der Mitte des 19. Jh.), mit der weniger ein klares Regelsystem im Sinne von Gattungspoetiken (siehe Einheit 2.2) als der Anspruch permanenter Neuerung zum Kennzeichen von Literatur wird und damit notwendigerweise auch die Grenzen des Literarischen immer wieder verschoben werden.

? Suchen Sie weitere – imaginäre oder Ihnen bekannte reale – Beispieltexte, die gegen die Kriterien der Poetizität und der Fiktionalität zur Bestimmung von Literatur sprechen.

Aufgabe 1.4

Literatur medial

1.2

Intensiver vs. extensiver Literaturbegriff

Bisher haben wir versucht, Literatur anhand bestimmter Eigenschaften von anderen, nicht-literarischen Schriftstücken abzugrenzen. Wir haben damit einen sog. *intensiven* Literaturbegriff vertreten. Manche Schwierigkeit lässt sich umgehen, wenn man dagegen einen *extensiven*, also ausgedehnten Literaturbegriff zugrunde legt, zu unserer Eingangsdefinition zurückkehrt und Literatur gemäß der Ursprungsbedeutung des Wortes als *geschriebene Sprache* versteht. Diese Definition umfasst ein ungleich größeres Textvolumen und freilich eine Unmenge von Schriftstücken, die gemeinhin kaum ‚Literatur' genannt würden (dabei, wie wir sahen, jedoch als *Ready-made* relativ leicht Literatur werden könnten), lenkt zugleich aber die Aufmerksamkeit auf einen Aspekt, der bisher nicht erwähnt wurde und auch sonst häufig stillschweigend oder gar nicht beachtet wird: die *Medialität* von Literatur.

Extensiv verstanden: Literatur ist geschriebene Sprache

Medium

Hier ist gleich ein klärendes Wort zum Begriff ‚Medium' angebracht. Er wird in zweierlei Bedeutung gebraucht. Wir bezeichnen (1) *Datenträger* wie Zelluloidfilme, DVDs oder serverbasierte Videostreams als „Medium". Einen Spielfilm kann ich, die entsprechenden technischen Apparaturen vorausgesetzt, mit Hilfe aller genannten Datenträger rezipieren, ohne dass sich der Inhalt (das, was ich sehen und hören kann) deswegen ändert. Allerdings kann der Datenträger indirekt einen nicht zu unterschätzenden Einfluss auf den Inhalt ausüben: so wurden durch die Publikation von Literatur in Massenmedien wie den auflagenstarken Tageszeitungen des 19. Jh. neue Leserschichten mit ihren spezifischen Erwartungen erreicht und die Produktion durch die Schriftsteller beschleunigt und auf kommerziellen Erfolg des Herausgebers ausgerichtet. Der Roman am Ende des 19. Jh. ist ohne die Massendistribution in Tageszeitungen nicht denkbar, ebensowenig wie Videoblogs ohne freie Internetportale wie Youtube. – Wir bezeichnen (2) *Zeichensysteme* als Medien. Das Medium des Films beispielsweise sind bewegte Bilder und Töne, das von Literatur geschriebene Sprache. Im Unterschied zur Bedeutung 1 ist hier der Inhalt nicht ohne Weiteres vom Medium abkoppelbar: Während es möglich ist, einen Roman ohne Informationsverlust als e-Book oder PDF auf dem Bildschirm zu lesen (Datenträgerwechsel), kann man ihn nicht eins zu eins ins Medium (Zeichensystem) des Films überführen (es sei denn, man würde das Quellmedium selbst übernehmen, indem man alle Seiten des Buchs abfilmte). Literaturverfilmung geht zugleich mit Informationsverlust und -zugewinn einher, ist Interpretation, und zwei Verfilmungen ein und desselben literarischen Textes werden stets deutlich voneinander abweichen.

Aufgabe 1.5

? Versuchen Sie vor dem Weiterlesen, einige medienspezifische Grundeigenschaften von Literatur zu nennen. Der Vergleich mit anderen Medien (Zeichensystemen) wird Ihnen bei der Suche helfen, ebenso Ihre evtl. bereits erworbenen Grundkenntnisse der Linguistik.

Medialität jeder Wahrnehmung

Auch wenn es uns bei der Lektüre eines fesselnd geschriebenen Romans oder bei der Betrachtung eines detailrealistischen Films so vorkommen mag, als ob wir dem Dargestellten *unmittelbar* begegnen, mitunter gleichsam darin ‚eintauchen' könnten – worin nach wie vor einer der Hauptreize der Rezeption gerade von Literatur und Film liegt –, so bleibt es ein unhintergehbares Faktum, dass zwischen uns und diesen Inhalten ein Medium steht und stehen muss: ‚Unmittelbar' dringt nichts in unsere Psyche ein (lassen wir religiöse oder parapsychologische Erlebnisse einmal beiseite), und das dazwischen liegende Medium ist nie völlig transparent.

Linearität, Abstraktheit und Arbitrarität des sprachlichen Zeichens (Ferdinand de Saussure)

Für die Literatur als ‚Wortkunst' liegt das mediale Apriori, die vor jeder Poetik liegenden Ausdrucksbedingungen, zunächst einmal in der Bindung an *Sprache*. Die Eigenschaften dieses Zeichensystems bestimmen die Eigenschaften von Literatur mit. Der Begründer der strukturalistischen Sprachwissenschaft, Ferdinand de Saussure (1857–1913), hat als zentrale Merkmale sprachlicher Zeichen ihre Linearität, ihre Abstraktheit und ihre Arbitrarität herausgestellt. *Linear* ist Sprache, weil ihre Ausdrucksseite (der *Signifikant*, span. *significante*, m., also Laute oder Buchstaben) aus aufeinanderfolgenden, nicht gleichzeitig übermittelten Zeichen und Zeichenelementen besteht – ich vernehme einen Satz normalerweise eindimensional Laut für Laut, selbst wenn ich u. U. den durch ihn übermittelten Inhalt (die Bedeutung, das *Signifikat*, span. *significado*, m.) oder auch die grammatische Struktur des Satzes sowie seine Einbettung in einen situativen Kommunikationskontext kognitiv nicht linear, sondern ganzheitlich erfasse. Literatur ist demnach eine Kunstform, die in der Linearität des Nacheinanders eine Bedeutung entwickelt, im Gegensatz etwa zum Film, der zwar auch linear abläuft, aber stets gleichzeitig einen mehrdimensionalen Bildraum eröffnet und diesen mit einer großen Bandbreite von Geräuschen, Musik oder Stimmen ausgestalten kann. *Abstrakt* ist ein sprachliches Zeichen, weil es nach de Saussure zunächst auf ein Konzept im Kopf des Sprechers oder Hörers und (noch) nicht auf ein konkretes Objekt (Referent) verweist. Ein literarischer Text lässt demnach notwendigerweise eine relativ große Unbestimmtheit vor allem in Bezug auf Konkretes – was der Leser bei dem Wort „Haus" denkt, ist individuell unterschiedlich, während ein Film eben dies sehr viel konkreter und detailgenauer steuert, wenn er „Haus" ‚sagt', d. h. ein solches *zeigt*. Umgekehrt hat Literatur durch ihre mediale Grundlage eine besondere Stärke eben in der Darstellung von Abstrakta – ein Text kann „Friede" sagen, ein Film muss, will er sich nicht seinerseits der Sprache bedienen, sondern auf sein Zeichensystem rekurrieren, Bilderfolgen entwickeln, die dem Zuschauer diese Bedeutung suggerieren, mit einem

Signifikant und Signifikat

freilich viel höheren Aufwand auf der Ausdrucksseite und einer Fülle nicht relevanter Informationen. *Arbiträr* (willkürlich) sind sprachliche Zeichen in der Regel, weil zwischen ihrem Signifikanten und ihrem Signifikat keine Motivation, d. h. natürliches Verhältnis (Ursache-Wirkung, Urbild-Abbildung o. ä.) besteht, sondern Ausdruck und Bedeutung nur durch Konvention aneinander gebunden werden – es ist nicht zwingend, ein Gebäude variabler Größe mit Fenstern und Türen mit der Lautfolge <haus> zu bezeichnen, man kann es auch <casa>, <maison> oder beliebig anders nennen, wenn sich eine Sprechergemeinschaft im Gebrauch darauf einigt. Literatur ist unmittelbar abhängig von der Konvention eines Codes – ein Text in einer unbekannten Sprache ist noch nicht einmal hinsichtlich des Wortlauts verständlich, von symbolischen Bedeutungen ganz abgesehen –, während der Film zunächst einmal seinen Ausdruck jenseits eines Codes vom gefilmten Objekt selbst erzeugen lässt, das Zeichen also höher motiviert ist, abbildet – was nicht heißt, dass im Film nicht auch kulturelle Codes eine zentrale Rolle spielen und ein Film nicht jenseits der unmittelbaren Bildinhalte völlig unverständlich sein kann.

Kultureller Code

Literatur in verschiedenen ‚Aufschreibesystemen' (Friedrich Kittler)

Die Funktion, die eine Kunstform für eine Gesellschaft zu einem bestimmten Zeitpunkt übernimmt, liegt dabei nicht allein in ihren eigenen medialen Möglichkeiten begründet, sondern ergibt sich auch aus dem Verhältnis zu konkurrierenden Kunstformen mit anderen medialen Grundlagen. Für dieses mediale Umfeld hat der Literatur- und Medienwissenschaftler Friedrich Kittler (1943 – 2011) den Begriff ‚Aufschreibesystem' (span. *sistema de registro*) geprägt. Er versteht darunter „das Netzwerk von Techniken und Institutionen [...], die einer gegebenen Kultur die Adressierung, Speicherung und Verarbeitung relevanter Daten erlauben" (Kittler 2002: 501), also sowohl die zu einem Zeitpunkt zur Verfügung stehenden Medien (Datenträger und Zeichensysteme) als auch Einrichtungen wie Schulen oder Verlage, die den Umgang mit und den Zugang zu ihnen regeln. Die Rolle des Aufschreibesystems für ein Medium und die auf ihm beruhende(n) Kunstform(en) veranschaulicht Kittler eindrücklich in der Gegenüberstellung zweier historischer Momente: 1800 und 1900. Um 1800 hatte die Schrift das Monopol serieller Datenspeicherung. Es war das einzige Medium, das Vorgänge in ihrer Prozesshaftigkeit festhalten konnte. Diese Speicherung funktioniert nur über menschliches Bewusstsein: keine Aufzeichnung ohne jemanden, der sie durchführt, niederschreibt. Insbesondere Sprache ist nur durch Schrift speicherbar. Die entscheidende Voraussetzung dafür, dass Schrift als das Universalmedium begriffen wurde, war eine millionenfache Alphabetisierung, bei der erstmals laut gelesen, Schrift an Stimme gekoppelt wurde. Im Gegensatz zu bisherigen Lernmethoden, die auf dem stummen Auswendiglernen von Wortgestalten bzw. (Bibel-)Versen beruhten, und zur mittelalterlichen Schriftkultur, in der Schreiber oft lediglich Kopisten waren und das von ihnen Kopierte gar nicht lesen konnten, sich also nur mit dem Zeichenträger (Buchstaben) ohne Bedeutung befassten, wurde nun dieser gleich hin zu den Lauten übersprungen, d. h. zur gesprochenen Sprache, die, so die

Abb. 1.5
Dichtung im Aufschreibesystem von 1800

implizite Annahme, das Denken selbst repräsentierte. Schrift wurde dadurch nach Kittler *immateriell*, da man die Materialität der Sprache (Tinte auf Papier, Sprechen als Körpertechnik) aus dem Blick verlor. Und sie wurde *universal*, weil sie das einzige serielle Speichermedium war, nunmehr von großen Teilen der Bevölkerung benutzt und zudem als Verkörperung des Denkens selbst aufgefasst wurde. Für die Dichtung als sprachliche Kunstform bedeutete dies: Da Denken und Vorstellungskraft die Grundlage aller menschlichen Produktion und insbesondere der Kunst ist, ging man davon aus, *alles* sei in Sprache überführbar, also auch Malerei und Bildhauerei, die im Gegensatz zur Dichtung an Materie (Leinwand, Stein usw.) gebunden schienen, d. h. jedes beliebige Artefakt sei letztlich ohne Informationsverlust in Dichtung zu übersetzen. So wie Schrift ‚Universalmedium' war, war Dichtung ‚Universalkunst'.

Aufschreibesystem von 1900

Die technischen Neuentwicklungen des 19. Jh., insbesondere das Grammophon und der Film, verändern diese Situation grundlegend und führen zum Aufschreibesystem von 1900. Sie ermöglichen nun serielle Datenspeicherung ohne menschliches Bewusstsein und unterhalb der Wahrnehmungsschwelle. Grammophon und Film speichern dabei das Reale selbst (Schallwellen auf Wachswalze, Lichtwellen auf chemisch behandeltem Papier) und nicht mehr symbolische Repräsentation (etwa in Buchstaben, die Laute verschriften) oder Bedeutung. Da gesprochene Sprache in ihrer individuellen Gestalt (Stimme) konservierbar wird und äußere Wirklichkeit durch detailreiche bewegte Bilder gespeichert werden kann, ist klar, dass Schrift und mit ihr Literatur nun nicht mehr universal sind. Zudem führen die neuen Aufzeichnungssysteme vor Augen, dass auch geschriebene Sprache von einem materiellen Zeichenträger abhängig ist – sie verliert ihren Status als quasi immaterielles Medium. Neue Medien und die entsprechenden Kunstformen ersetzen alte nicht, aber sie weisen ihnen neue Systemplätze zu, wie Kittler betont: Die ehemalige Universalkunst ‚Dichtung' weicht einer Schriftkunst ‚Literatur', die ihre Aufgaben neu zu bestimmen hat. Ihr bleiben mehrere Möglichkeiten. Sie kann sich (1) auf den Bereich konzentrieren, der von den konkurrierenden Medien nicht oder unzureichend erfasst wird. Dazu gehört, wie wir oben bereits sahen, alles, was nicht konkret (‚real') oder bildhaft (‚imaginär'), sondern abstrakt (‚symbolisch') ist; so werden sprachliche Zeichen nicht mehr in den Dienst einer Wirklichkeitsabbildung gestellt, die von anderen Künsten wie der Fotografie besser zu leisten ist, sondern absolut gesetzt – eines der poetologischen Hauptmerkmale des bereits erwähnten Futurismus. Sie kann (2) die Wiederentdeckung der materiellen Zeichen feiern, indem sie mit Buchstaben statt (oder zusätzlich zur) Bedeutung spielt; ein Beispiel hierfür ist das Kalligramm von Guillermo de Torre (Text 1.2). Oder sie ordnet sich (3) den (zunehmend erfolgreichen) Konkurrenzmedien unter, indem sie Medienwechsel (z. B. Verfilmung) bereits in der Machart des Textes einkalkuliert. Mitunter sind etwa filmische Verfahren auch im Hinblick auf eine selbstbewusste Erneuerung für Literatur adaptiert

Abb. 1.6 | Literatur im Aufschreibesystem von 1900

worden, z. B. in Gestalt einer Nachahmung von Schnitt und Größeneinstellungen in der Erzähltechnik von Romanen (siehe Einheiten 8 und 9).

Zusammenfassung

Ausgehend von Textbeispielen aus der spanischsprachigen Literatur konnten wir in der zurückliegenden Einheit eine Reihe von literarischen Merkmalen beschreiben, die durchaus dem Allgemeinverständnis vom Wesen und Anspruch der Literatur entsprechen und dieses konkretisieren. Zugleich stellten wir fest, dass es keine absoluten Kriterien für Literarizität gibt, sondern dass die Zurechnung eines Textes zur ‚Literatur' sehr stark durch den Kontext und den jeweiligen Umgang einer Gesellschaft oder eines Individuums mit ihm bestimmt wird. Charakterisiert man sehr allgemein Literatur als geschriebene Sprache, so richtet sich der Blick auf ihre medienspezifischen Funktionsbedingungen, die anhand einer historischen Gegenüberstellung von 1800 vs. 1900 illustriert wurde.

Aufgabe 1.6

? Erstellen Sie ein grafisches Resümee der Ausführungen zum Literaturbegriff. Rubrizieren Sie dabei die verschiedenen Eingrenzungsvorschläge und notieren Sie, farblich abgesetzt, jeweils Einwände und Gegenbeispiele. Eine Möglichkeit hierfür wäre eine Baumstruktur:

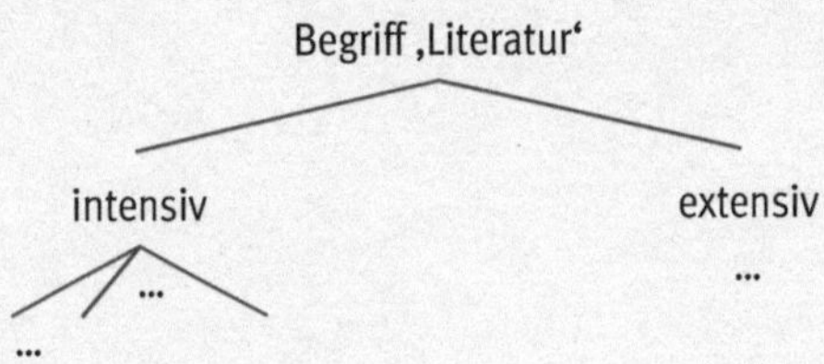

Literatur

Gustavo Adolfo Bécquer: *Rimas*. Madrid: Espasa-Calpe ^{10}2009.

Jorge Luis Borges: „La Biblioteca de Babel", in: Ders., *Narraciones*. Madrid: Cátedra 1999, 105–124.

Miguel de Cervantes: *Don Quijote de la Mancha*. Band I. Madrid: Cátedra ^{27}2008.

Julio Cortázar: „Situación de la novela", *Cuadernos americanos*, IX, 1950, 223.

El País, 18. 12. 2008.

José Sanchis Sinisterra: *Ñaque o de piojos y actores*. Madrid: Cátedra ^{12}2008.

Guillermo de Torre: „Paisaje plástico", in: *Poesía española de vanguardia (1918–1936)*. Madrid: Castalia 1995, S. 160.

Michel Foucault: „Was ist ein Autor?", in: Ders., *Schriften zur Literatur*. Frankfurt a. M.: Suhrkamp 2003, 234–270.

Wolfgang Iser: *Die Appellstruktur der Texte: Unbestimmtheit als Wirkungsbedingung literarischer Prosa*. Konstanz: Universitätsverlag 1971.

Friedrich Kittler: *Aufschreibesysteme 1800–1900*. München: Fink ^{4}2003.

Weiterführende Literaturhinweise finden Sie unter www.bachelor-wissen.de.

Literaturgeschichtliche Ordnungsmodelle

Inhalt

2.1	**Poetik**	**20**
2.1.1	**Die *Poetik* des Aristoteles**	**21**
2.1.2	**Poetiken des *Siglo de Oro***	**23**
2.2	**Gattungen**	**27**
2.3	**Epochen**	**30**
2.4	**Literaturgeschichte**	**31**
2.5	**Kanon**	**34**

Überblick

In Einheit 2 wird Ihnen der Begriff ‚Poetik' in Abgrenzung zur Literaturgeschichte und Literaturkritik vorgestellt. Wichtige poetologische Schriften werden als Orientierungspunkte im historischen Entwicklungsverlauf hervorgehoben. Ein spezielles Augenmerk gilt in diesem Zusammenhang den literarischen Gattungen, Epochen und dem Begriff des Kanons.

Der Literaturbegriff im zeitlichen Wandel

Der Begriff ‚Literatur', das hat die vorangehende Einheit 1 verdeutlicht, ist inhaltlich nur schwer eingrenzbar und bleibt in seinen jeweiligen Definitionsversuchen abhängig von der jeweiligen Position in einem historischen und kulturellen Gefüge. Insofern kann man Texte immer nur für ihren bestimmten geschichtlichen Augenblick und unter dem Gesichtspunkt des jeweiligen Literaturverständnisses auf ihre Literarizität hin prüfen.

2.1 | Poetik

! Poetik ist die Lehre von der Dichtkunst

Unter Poetik (*poética*) versteht man die Lehre von der Dichtkunst, und zwar in zweifacher Weise: Zum einen befasst sie sich mit dem Wesen von Dichtung, ihrer Bestimmung, ihrer Einteilung in Gruppen gleichartiger Texte und ihrem ästhetischen Wert. Zum anderen will sie in vielen Fällen auch eine Anleitung zum Dichten geben, sei es, dass sie bereits vorliegende bekannte Werke in ihren Vorzügen und Mängeln kritisch betrachtet (*deskriptives*, d. h. beschreibendes Vorgehen), sei es, dass sie konkrete Hinweise bzw. Vorschriften für das Verfassen von Werken enthält (*normativer* Anspruch). Neben den expliziten Poetiken, die sich als eigenständige Abhandlungen zur Literatur darbieten, existieren zahllose aussagekräftige immanente (auch: implizite) Poetiken, welche Autorinnen und Autoren in ihren Vorworten oder Vorreden, Nachworten oder Selbstaussagen (z. B. Interviews) formuliert haben und die über ihr persönliches Literaturverständnis Auskunft geben. Im Falle von ‚Metapoesie' bzw. ‚Metapoetik' handelt es sich schließlich um Literatur, die selbst Auffassungen und Funktionen von Literatur betrachtet.

Zum Begriff der ‚Dichtung'

Definition

Literatur und Dichtung: im Gegensatz zum allgemeinen Literaturbegriff (siehe Einheit 1) geht der emphatisch, d. h. bedeutungsschwer aufgeladene Dichtungsbegriff (‚hohe', ‚schöne' Literatur) von vornherein nur von literatur- und menschheitsgeschichtlich ‚wertvollen' Texten aus, wobei tendenziell eine Bevorzugung von Versdichtungen anklingt.

Insgesamt betrachtet, können Poetiken oder poetologische Betrachtungen (das Adjektiv ‚poetologisch' zielt auf die Poetik, das Adjektiv ‚poetisch' auf das dichterische Werk ab) eine Reihe von Funktionen erfüllen:

- die Beschäftigung mit der Frage nach dem Ursprung und dem Wesen der Dichtung und ihre Abgrenzung von den anderen Künsten;
- eine Auseinandersetzung mit dem ‚Schönen' und ‚Wahren' in der Literatur (Ästhetik, Literaturphilosophie);
- die Erörterung richtiger Rede (Grammatik) und
- ebenso kunst- wie wirkungsvoll ausformulierter Rede (Rhetorik);
- das Studium stilistischer Besonderheiten bzw. stilistischer Angemessenheit (Stilistik);
- die Beschreibung literarischer Gattungen;

- die Betrachtung der geschichtlichen Entwicklung einer Sprache (diachrone Sprachwissenschaft);
- die kritische Sichtung literarischer Beispiele (Literaturkritik), oftmals unter
- Einordnung in literaturhistorische Zusammenhänge (Literaturgeschichte) und
- Ableitung allgemeiner Aussagen zu literarischen Phänomenen (Literaturwissenschaft);
- Aussagen zu sozio-kulturellen Implikationen bestimmter Textsorten (Literatursoziologie; Rezeptionsforschung [vgl. Einheit 11.2]).

Welche Aufgaben Poetiken im Einzelnen zu lösen versuchten, aber auch in welchem Maße sie tatsächlich einen Einfluss auf die Produktion literarischer Texte ausüben konnten, ist von Fall zu Fall verschieden und auch bedingt durch die jeweiligen literaturgeschichtlichen Rahmenverhältnisse. Zahlreiche antike ‚Poetiken' formulieren allgemeine Überlegungen und spezielle Kommentare zu den gegebenen literarischen Phänomenen, hatten aber als Dichtungslehren später grundlegenden Charakter für alle nachfolgenden Überlegungen und konnten dadurch eine normative Wirkung entfalten. Aus heutiger Sicht aber erscheinen sie womöglich als unvollständig und episodisch, da sie allzu sehr den Beschränkungen des einstigen historischen Horizonts unterliegen.

Um die eigenständige Entwicklung der spanischen Dichtungslehre und -praxis im europäischen Kontext ansatzweise nachzeichnen zu können, soll zunächst ein Blick auf einen poetologischen Schlüsseltext geworfen werden, die *Poetik* des Aristoteles.

2.1.1 Die *Poetik* des Aristoteles

Text 2.1
Aristoteles: *Poetik*

> Von der Dichtkunst selbst und von ihren Gattungen, welche Wirkung eine jede hat und wie man die Handlungen zusammenfügen muss, wenn die Dichtung gut sein soll, ferner aus wie vielen und was für Teilen eine Dichtung besteht, und ebenso auch von den anderen Dingen, die zu dem selben Thema gehören, wollen wir hier handeln […] (Aristoteles: 1994, 5)

Die nur zum Teil erhaltene Poetik des Aristoteles, die ungefähr um das Jahr 335 v. Chr. entstanden ist, zählt zu den bedeutsamsten kunsttheoretischen Texten der abendländischen Kultur. Sie steht an der Seite einer Rhetorik, verlässt aber deren auf die Redekunst zugeschnittene Betrachtung, um sich – nicht zuletzt anhand der Diskussion wichtiger Referenztexte – allgemeinen Fragen der zeitgenössischen literarischen Gattungen zuzuwenden. Dazu zählen in erster Linie die Epik, die tragische Dichtung und die Komödie (der der Komödie gewidmete Teil ist leider nicht überliefert). In Abwendung von Platon, der in dichtungskritischen Passagen seiner Schriften (vor allem *Politeia*, X

Abb. 2.1
Aristoteles
(384–322 v. Chr.)

595a–602b) die Dichtung bezichtigt, der Wahrheit der ursprünglichen ‚Ideen' in ihrem verzerrten Abbild nicht zu entsprechen („die Dichter lügen"), und sie einer rigiden Staatsmoral unterwerfen möchte, führt Aristoteles die dichterische Schaffenskraft des Menschen auf ein geradezu anthropologisches Bedürfnis zurück, nämlich den Drang zur Nachahmung (*mimesis*). Dem gemäß stelle die Dichtung nichts anderes dar als die Nachahmung gesellschaftlichen Handelns (*praxis*), d. h. eine Abbildung der vom Menschen erlebbaren Wirklichkeit. Dass hiermit aber keineswegs ein ungebrochener Realismus gemeint ist, verdeutlichen die weiteren Ausführungen: nicht die *Wahrheit* im Sinne von faktengetreuer Wiedergabe, sondern die *Wahrscheinlichkeit* im Sinne einer tief gründenden Einsicht in die menschliche Natur sei das Verdienst der Dichtung, die damit philosophische Qualitäten aufweise und die Aussagekraft der oftmals unwahrscheinlich wirkenden historischen Ereignisse (und damit der Geschichtsschreibung) hinter sich lasse.

Mimesis-Begriff

Hierarchie der Gattungen

Von grundlegender Bedeutung für das Literaturverständnis nahezu jeglicher Epoche ist die von Aristoteles thematisierte Verknüpfung der Gattungswahl mit dem kulturellen und sozialen Prestige. So ordnet er der Tragödie und dem Epos die Nachahmung edler Menschen zu, die es für das Publikum wiederum nachzuahmen gilt, während die schlechten Menschen in ihren Lastern von der Komödie aufgegriffen werden, die sie der Lächerlichkeit preisgeben und somit gewissermaßen abschreckend wirken soll. Für die angesehene Gattung Tragödie forderte Aristoteles, dass nur Personen von herausragendem sozialen Rang mit einem tragischen Geschick konfrontiert werden dürften, da sich bei ihnen die Wendung von Glück in Unglück durch eine besonders beeindruckende ‚Fallhöhe' auszeichne (*altura de la caída*). Wenn also ihr Streben in einer ‚Katastrophe' (also im tragischen Ausgang der Tragödie) ende, so erschüttere dies die Zuschauerschaft sehr viel mehr als das Unglück einer Figur aus einer niederen sozialen Schicht, die dem Elend von vornherein näher stehe. Eine solche emotionale Erschütterung sowie die durch sie bewirkte innere Reinigung (*katharsis*, span. *catarsis*) galten ihm als wichtiges Ziel der Tragödie.

Ständeklausel

Aufgabe 2.1

? Welches über die Dichtung vermittelte Menschenbild lässt sich aus den zuletzt genannten Vorgaben ableiten?

Stilarten

Diese Art der Übertragung sozialer Hierarchien in literarische Gattungen gibt Aufschluss über ein wichtiges Kriterium der damaligen Beurteilung von Dichtung: die bei Aristoteles (und Horaz) geforderte ‚Angemessenheit' in der Behandlung eines vom Dichter gewählten Stoffes. Die Grundlage hierzu bildete die in den antiken Rhetoriken ausgearbeitete Lehre von den drei Stilarten (lat. *genera dicendi*, span. *tres géneros del decir*), welche für öffentliche Reden je nach Anlass spezifische Leitlinien formulierten. Dabei handelte es sich zunächst einmal um Vorgaben, die eine Orientierung dafür boten, welches Thema auf welche Art und Weise vor welchem Publikum bzw. zu welchem Anlass angemessen behandelt werden sollte. Daraus erwuchs ein variabel gehandhabtes System, welches jeder Gattung bestimmte Themen, Zielsetzungen, Figuren und eine eigene Stilart inklusive der geeigneten rhetorischen Figuren zuschrieb (Einteilung in hohen, mittleren und niederen Stil). Eine wichtige Mittlerfunktion bei der Überlieferung und der Anpassung der antiken Dichtungslehre spielten unter anderem die römischen Rhetoriker Cicero (106–43 v. Chr.) und Quintilian (35–ca. 96 n. Chr.), letzter insbesondere vermittels seines Lehrwerks *Institutio oratoria*.

Abb. 2.2
Quintilian (35–96 n. Chr.)

Die drei ‚Aristotelischen Einheiten'

Speziell für die Abfassung von Tragödien empfahl die Aristotelische Poetik, die Handlung vom Ausgangspunkt des dramatischen Konflikts bis zu dessen Ende konsequent zu gestalten und dabei nicht durch übermäßige Länge und unübersichtliche Nebenhandlungen vom zentralen Geschehen abzulenken (Einheit der Handlung). Um zugleich die Wahrscheinlichkeit des aufgeführten Bühnengeschehens für die Zuschauer zu erhöhen, sollte sich die dargestellte Handlung höchstens auf den Zeitraum eines Sonnenumlaufs beschränken (Einheit der Zeit). Aus der letztgenannten Vorschrift folgerten spätere Poetiken, die Handlung solle sich auch nur an einem einzigen Ort zutragen, womit in der Regel ein und dieselbe Stadt gemeint war (Einheit des Ortes).

Zusatzmaterial zur *Ars poetica* des Horaz finden Sie unter www.bachelor-wissen.de

Aufgabe 2.2

? Welche Auffassung von Literatur steht hinter dem Bemühen, Poetiken zu verfassen?

2.1.2 Poetiken des *Siglo de Oro*

Während des Mittelalters (*la Edad Media*) griffen Poetik und Rhetorik weitestgehend ineinander. Gerade in der universitären Ausbildung wurde die Dichtung der Unterweisung im richtigen Sprachgebrauch zugeordnet und innerhalb der sog. ‚sieben freien Künste' (lat. *septem artes liberales*) den Fächern Grammatik und Rhetorik unterstellt. Eine Verselbständigung erfolgte erst ab der Renaissance (*Renacimiento*) unter dem Einfluss der zuvor abgerissenen und nun wieder aufgegriffenen Aristoteles-Rezeption (erste lateinische Übersetzung durch den Italiener Lorenzo Valla, 1498). Dieser Neuansatz führte zu einer systematischeren Auseinandersetzung mit den dichterischen Formen, beispielsweise im 1592 erschienen *Arte poética española* des Juan Díaz Rengifo, der sein Werk in die drei Teile *Poética*, *Métrica* und ein *Diccionario de rimas* gliederte. Einen gemäßigten neo-aristotelischen Einfluss belegt etwa die *Philosophia antigua poética* des Alonso López Pinciano (1596). Mit ihr treten die ästhetisch-philosophischen Grundsatzüberlegungen gegenüber der handwerklichen Anleitung zum Anfertigen meisterlicher Verse, auf die sich noch der *Arte poética* konzentrierte, in den Vordergrund. In Francisco de Cascales *Tablas poéticas* (1617) schließlich wird die platonische Vorstellung von der göttlichen Inspiration des Dichters fassbar, wie sie bereits Horaz im Rahmen der antiken römischen Poetiken konzipiert hatte, ebenso eine Reflexion über die Funktion der unter-

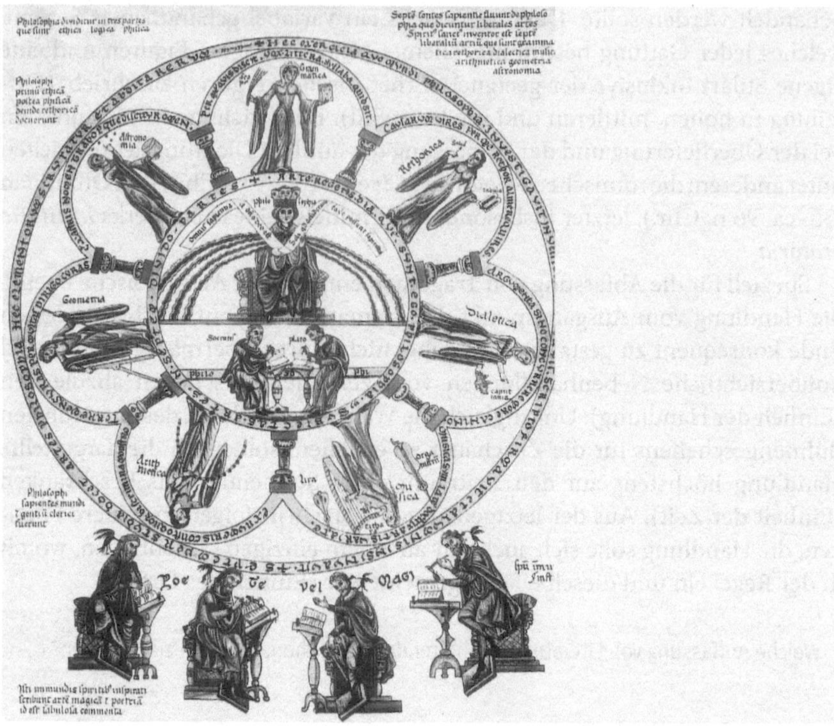

Abb. 2.3 | Die *septem artes liberales* (Miniatur von 1180)

schiedlichen Gattungen und die Bezüge zwischen Literatur und den anderen Künsten.

Humanismus: Erneuerung der Wissenschaften und der Künste aus dem Geist der Antike, eng verbunden mit der Renaissance

Im Zentrum der Poetiken des *Siglo de Oro* steht der *Arte nuevo de hacer comedias* (1609) von Lope de Vega. Unter dezidierter Abwendung vom aristotelisch geprägten Drama des Humanismus orientierte Lope de Vega sich am Geschmack seines zeitgenössischen Theaterpublikums, dessen Bedürfnisse Vorrang gegenüber normpoetischen Bestimmungen erhielten. Daraus folgte ein deutlich flexiblerer Umgang mit den sog. drei Aristotelischen Einheiten: Die Einheit der Zeit sollte zwar innerhalb der Akte gewahrt werden, zwischen den Akten jedoch dürfen sich größere zeitliche Sprünge ereignen. Die Einheit der Handlung wird zumindest empfohlen. Neue Akzente setzen die Vermengung von Tragischem und Komischen, von edlem und niederem Stand sowie ein an der (natürlich: volkssprachlichen) schlichten Alltagssprache angelehnter Sprachstil (vgl. auch Einheit 6.1). Von den zahlreichen Gegenpositionen zu dieser „*comedia nueva*“ seien hier nur die *Tablas poéticas* (1617) von Francisco Cascales und entsprechende Passagen in Cervantes' *Don Quijote* genannt.

Abb. 2.4 | Lope de Vega

Text 2.2 | Lope de Vega: *El arte nuevo de hacer comedias* (1609)

[C]uando he de escribir una comedia,/encierro los preceptos[1] con seis llaves,/ saco[2] a Terencio y Plauto[3] de mi estudio/para que no me den voces, que suele/ dar gritos la verdad en libros mudos,/y escribo por el arte que inventaron/los

que el vulgar aplauso pretendieron/porque, como las paga el vulgo[4], es justo/ hablarle en necio[5] para darle gusto./Ya tiene la comedia verdadera/su fin propuesto como todo género/de poema o poesis, y este ha sido/imitar las acciones de los hombres/y pintar de aquel siglo las costumbres./[...]/Elíjase el sujeto y no se mire[6]/(perdonen los preceptos) si es de reyes,/[...]/Lo trágico y lo cómico mezclado,/y Terencio con Séneca, aunque sea/como otro Minotauro[7] de Pasife[8],/harán grave una parte, otra ridícula,/que aquesta variedad deleita mucho;/buen ejemplo nos da naturaleza,/que por tal variedad tiene belleza./ Adviértase que sólo este sujeto/tenga una acción, mirando que la fábula/de ninguna manera sea episódica,/quiero decir inserta de otras cosas/que del primero intento se desvíen;/ni que de ella se pueda quitar miembro/que del contexto no derribe[9] el todo./No hay que advertir que pase en el período/de un sol, aunque es consejo de Aristóteles,/porque ya le perdimos el respeto/cuando mezclamos la sentencia trágica/a la humildad de la bajeza[10] cómica./Pase en el menos tiempo que ser pueda,/[...] El sujeto elegido escriba en prosa/y en tres actos de tiempo le reparta,/procurando, si puede, en cada uno/no interrumpir el término del día./[...]/Comience, pues, y con lenguaje casto[11]/no gaste pensamientos ni conceptos/en las cosas domésticas, que sólo/ha de imitar de dos o tres la plática[12];/[...]/pues habla un hombre en diferente estilo/del que tiene vulgar cuando aconseja,/persuade o aparta[13] alguna cosa./Dionos ejemplo Arístides retórico,/porque quiere que el cómico lenguaje/sea puro, claro, fácil, y aún añade[14]/que se tome del uso de la gente,/haciendo diferencia al que es político/porque serán entonces las dicciones/espléndidas, sonoras y adornadas[15].
(Lope de Vega: 2006, 133 f., 140–145)

1 precepto *Anleitungen zum Dichten, Regeln* – 2 sacar *schöpfen aus* – 3 Terencio y Plauto *antike Komödiendichter* – 4 vulgo *das gemeine Volk bzw. die Nicht-Spezialisten* –5 necio *töricht* – 6 mirar *berücksichtigen* – 7 Minotauro *mythologisches Ungeheuer* – 8 Pasife *Mutter des Minotaurus* – 9 derribar *einstürzen* – 10 bajeza *Einfachheit, Niedrigkeit* – 11 casto *enthaltsam* – 12 plática *Gespräch* – 13 apartar *hier: erörtern* – 14 añadir *hinzufügen* – 15 adornado, -a *verziert, rhetorisch geschmückt*

? Welche allgemeinen Empfehlungen zur Abfassung von *comedias* gibt Lope de Vega im obigen Textauszug?

Aufgabe 2.3

Eine weitere literarische Auseinandersetzung des *Siglo de Oro* wurde im Umfeld der hermetischen Lyrik zwischen den Befürwortern des elitären Hermetismus im Sinne von Luis de Góngora (1561–1627), des sog. *culteranismo*, und ihren Opponenten, den Vertretern des *conceptismo*, ausgetragen. Als Beispiele seien für die zweite Richtung das *Libro de la erudición poética* (1611) von Luis Carrillo y Sotomayor, für die erste Richtung der *Discurso poético* (1623) des Juan de Jáuregui genannt. Der *culteranismo* (auch: *gongorismo*, *cultismo*)

Hermetismus: an Unverständlichkeit reichende Komplexität der Sinnbezüge, die ein großes kulturelles, zumal literarisches Vorwissen voraussetzen steht in diesem Zusammenhang für eine Dichtung, die mit Anspielungen auf antike und neuzeitliche Bildungsinhalte ein hohes Maß an Vorwissen, also einen kultivierten Leser (daher *cultismo*) voraussetzt. Das typische Spiel mit Formen und Referenzen führt dabei in der Regel zu komplexen Überlagerungen, die für unvorbereitete heutige Leser ohne eine kommentierte Ausgabe im Grunde nicht zu verstehen sind.

Cultismo und *conceptismo*

Der *conceptismo* wiederum setzt auf ein Spiel mit Gedanken und geistvollen, scharfsinnigen Formulierungen (*conceptos*). In diese Richtung weist nicht zuletzt die *Agudeza y arte de ingenio* (1648) von Baltasar Gracián, der den scharfsinnigen Witz (*agudeza*) – und damit dessen klar präzisierbare Sinnbezüge – als Kern des literarisch-ästhetischen Vergnügens ansieht. Allerdings bleibt festzuhalten, dass Anhänger beider Richtungen zwar teils heftige Anfeindungen ausgetauscht haben, es sich jedoch um zwei Strömungen des *Siglo de Oro* handelt, die einander nicht in Form gefestigter ‚Schulen' gegenüberstanden, und zahlreiche literarische Texte sowohl kultistische als auch konzeptistische Elemente und Verfahren aufweisen.

Das 18. Jh. stand im Gegenzug dazu im Zeichen eines klassizistischen Geschmacksideals, das sich in der Bevorzugung von Klarheit, Einfachheit und Gleichmäßigkeit wieder an den antiken Vorbildern orientierte. Großen Einfluss übte zumal die verstärkte Rezeption der Dichtungen und Poetiken der französischen Hochklassik (letztes Drittel des 17. Jh.) aus. Damit einher ging die Besinnung auf die Bildung eines ‚guten Geschmacks' beim Publikum, der ebenso ästhetische wie moralische Bezüge umfasste. So wandten sich viele Autoren erneut der Aristotelischen Poetik und ihrer Forderung nach Wahrscheinlichkeit und stilistischer Angemessenheit zu, wie z. B. Ignacio de Luzán in der an den Leser gerichteten Vorrede zu seiner *Poética* (1737) nachdrücklich vermerkt.

Text 2.3
Ignacio de Luzán: *Poética* (1737)

[...] primeramente, te advierto que no desestimes como novedades las reglas y opiniones que en este tratado propongo ; porque, aunque quizás te lo parecerán, por lo que tienen de diversas y contrarias a lo que el vulgo comúnmente ha juzgado y practidado hasta ahora, te aseguro que nada tienen menos que eso ; pues ha dos mil años que estas mismas reglas (a lo menos en todo lo substancial y fundamental) ya estaban escritas por Aristóteles, y luego, sucesivamente, epilogadas[1] por Horacio, comentadas por muchos sabios y eruditos varones[2], divulgadas entre todas las naciones cultas y, generalmente, aprobadas y seguidas. (Ignacio de Luzán: 1974, 59)

1 epilogar *hier: in der Nachfolge bearbeiten* – 2 varón *Mann*

Aufgabe 2.4

? Vergleichen Sie den Textauszug mit dem *arte nuevo* von Lope de Vega (Text 2.2) und begründen Sie die abweichende Stoßrichtung der Argumentation: Weshalb betont Luzán gerade die antike Herkunft der in seiner Poetik erläuterten Regeln?

? Inwiefern kann man grundsätzlich von einem besonders engen Bezug zwischen der Textsorte ‚Regelpoetik' und den klassizistischen und damit neo-aristotelischen Literaturvorstellungen ausgehen?

Aufgabe 2.5

Die Romantik als Ende der Regelpoetik

Während sich die klassizistische Ausrichtung diverser Poetiken noch bis weit in das 19. Jh. erstreckte, kam es schon zu dessen Beginn zu einer Rezeption (v.a. deutschen) romantischen Gedankenguts in Spanien, die etwa Friedrich Schlegels Begeisterung für das *Siglo de Oro* aufgriff, aus politischen Gründen aber unterbrochen wurde. In den 1830er Jahren zeichnete sich sodann eine programmatische Romantik ab, beispielsweise im Vorwort zu *El moro expósito* (1834) des Duque de Rivas. Wirkungsvolle theoretische Positionen finden sich im Weiteren etwa in Manuel Milá y Fontanals' Schriften *Arte poética* (1844), *Principios de estética* (1856) und *Principios de literatura general y española* (1873), die den allmählichen Bedeutungsverlust poetologischer Bestimmungen für die Literatur dokumentieren. So wurde neben der Forderung nach einer Kombination von sublimen (erhabenen) und grotesken Elementen die Auffassung von der schöpferischen Inspiration des Dichter-Genies vertreten, die sich als Konzept von vornherein jeglicher handwerklich-erlernbarer Kunstfertigkeit widersetzte. Normierende Vorschriften oder eine auf Regelmäßigkeit und Gleichmäßigkeit stützende Ästhetik galten nunmehr als überholt.

Abb. 2.5
Friedrich Schlegel (Gemälde von Franz Gareis, 1901)

Bonus track: Ángel de Saavedra, Duque de Rivas: „Prólogo" zu *El moro expósito* unter www.bachelor-wissen.de

Gattungen

2.2

! Die Einteilung der literarischen Formen entspricht der wissenschaftlichen Notwendigkeit von Analyse und Klassifikation

Unter den behandelten Kernanliegen von Poetiken ist noch einmal auf einen Aspekt zurückzukommen, der eine eingehende Problematisierung verdient. Der seit dem Altertum zu beobachtende Versuch, die Vielzahl der zeitgenössischen literarischen Formen nach gemeinsamen Merkmalen zu einzelnen Gruppen zu bündeln, stellte lange Zeit eines der grundlegenden Anliegen in literaturtheoretischer und literaturgeschichtlicher Hinsicht dar, das sich seinerseits als aufschlussreich für das Literaturverständnis zu einem bestimmten Zeitpunkt erweist. Vorrangige Aufgabe einer Einteilung in Gattungen ist dabei das Bedürfnis, Texte genau nach generalisierbaren Merkmalen zu beschreiben, sie somit zu klassifizieren und in epochale und literaturgeschichtliche Zusammenhänge einzuordnen.

Kriterien für eine Zuordnung können dabei sein:

- Form (Vers- und Strophenform bzw. Aufbau und Struktur eines Textes [z. B. Fünfaktschema]; Länge; verwendete Stilmittel; Verwendung sog. Paratexte [vgl.12.2.1]);
- Stoff- und Motivkreis (z. B. in Heiligenlegenden oder im Kriminalroman);
- Figuren (bspw. Ständeklausel);
- Redekriterium (wer spricht? der Dichter/Erzähler – die handelnden Personen – beide Parteien im Wechsel);

- mediale Aspekte (gedruckter Text, mündlicher Vortrag/Inszenierung, Vertonung, Film, etc.).

Gattungen als Konvention

Die Definition von Gattungen bleibt bei alldem eine sozio-kulturelle Konvention, die auf besondere historischen Umstände zurückgeführt werden kann, auch wenn für Gattungen ein normativer und überzeitlicher Anspruch erhoben wird.

Vorbildcharakter ‚klassischer' Werke

Die normative Gattungslehre ist zumeist darauf angewiesen, sich auf eine gezielte Auswahl von Referenztexten zu stützen, die auf beispielhafte Weise als Vorbild für alle anderen, ähnlich kategorisierbaren Produktionen gelten können. Neben für besonders wichtig gehaltene Werke früherer Epochen, die zumeist für ‚klassisch' erachtet werden (etwa im Falle von Vergil, der im Mittelalter als alles überragender Dichter der Antike rezipiert wurde), können durchaus auch die Werke von Zeitgenossen treten, z. B. bei Aristoteles. Die von Aristoteles überlieferte Gattungseinteilung gibt zugleich ein eindrückliches Beispiel dafür, wie sehr die Bemühungen um eine Systematisierung dem historischen Wandel ausgesetzt sind.

Text 2.4
Aristoteles: *Poetik*

> Die Epik und die tragische Dichtung, ferner die Komödie und die Dithyrambendichtung[1] sowie – größtenteils – das Flöten- und Zitherspiel: sie alle sind, als Ganzes betrachtet, Nachahmungen. Sie unterscheiden sich jedoch in dreifacher Hinsicht voneinander: entweder dadurch, daß sie durch je verschiedene Mittel, oder dadurch, daß sie je verschiedene Gegenstände, oder dadurch, daß sie auf je verschiedene und nicht dieselbe Weise nachahmen. (Aristoteles: 1994, 5)
>
> 1 Dithyrambendichtung *antike lyrische Gattung mit musikalischer Begleitung*

Nicht nur der Wegfall der letztgenannten Gattungen ist zu bemerken, auch die Gattungsbegriffe selbst, z. B. derjenige der Epik, haben sich grundlegend verändert oder wurden nachträglich ersetzt. Das moderne Lyrikverständnis umfasst z. B. nicht mehr notwendigerweise die musikalische Darbietung wie in der Antike (siehe Einheit 4).

Aufgabe 2.6

? Inwiefern entspricht das von Aristoteles betrachtete antike Epos (z. B. Homers *Ilias*) nicht mehr dem heute geläufigen Gattungsbegriff ‚Epik'?

Der historische Abstand zum in Text 2.4 zitierten Beispiel lässt erahnen, wie schwierig es ist, allgemeingültige Gattungskategorien aufzustellen. Als besonders erfolgreich hat sich aus unserer heutigen Sicht wiederum die Einteilung der literarischen Formen in die drei Grundformen Epik – Dramatik – Lyrik, die sog. Gattungstrias, erwiesen. Sie reicht vom Ansatz her zwar auf bereits bei Aristoteles und Horaz formulierte Gedanken zurück, wurde aber erst im 18. Jh. zum poetologischen Gemeingut erhoben. Bedeutsam wurde in diesem Zusammenhang die Annahme, in den drei Hauptgattungen spiegelten sich gleichsam Wesenszüge der menschlichen Seele, was Goethe auf die für den deutschsprachigen Raum höchst einflussreiche Formel von den „drei Naturformen der Dichtung" brachte:

Text 2.5
Goethe: *West-östlicher Diwan* (1819–1827)

> Es gibt nur drei echte Naturformen der Poesie: die klar erzählende, die enthusiastisch aufgeregte und die persönlich handelnde: Epos, Lyrik und Drama. Diese drei Dichtweisen können zusammen oder abgesondert wirken. In dem kleinsten Gedicht findet man sie oft beisammen, und sie bringen eben durch diese Vereinigung im engsten Raume das herrlichste Gebild hervor, wie wir an den schätzenswerten Balladen aller Völker deutlich gewahr werden. (Goethe: 1978, 187 f.)

‚Naturformen' der Dichtung

Relevant an dieser Deutung ist neben der ahistorisch-wesenhaften Zuschreibung von Gattungsmerkmalen, die zugleich eine wirkungsästhetische Charakterisierung beinhalten, der Hinweis auf die Vermengung dieser Grundtendenzen im einzelnen literarischen Text. Hinzu kommt der komparatistische, auf eine Weltliteratur geweitete Blick Goethes. Noch der Schweizer Literaturwissenschaftler Emil Staiger entwarf 1946 in seinen *Grundbegriffen der Poetik* ein Modell, demzufolge sich jegliche Dichtung aus „Gattungsideen" ableite, welche im Sinne von allgemeinen Stilqualitäten als ‚das Lyrische', ‚das Epische' bzw. ‚das Dramatische' anzusehen seien.

Der Ansatz, die Literatur in ‚Gattungen' aufzugliedern, ist nicht zuletzt ein Ergebnis der naturwissenschaftlichen Erkenntnisse und ihrer wissenschaftlichen Systematik des ausgehenden 19. Jh., als sich nach dem Vorbild der biologischen Erblehre das Modell des Stammbaums und der Ausdifferenzierung von Arten und Gattungen etablierte.

Versucht man beispielsweise, die narrativen (erzählenden) Gattungen systematisch zu erfassen, so kann zunächst einmal eine schrittweise Untergliederung nach folgendem Schema vorgenommen werden:

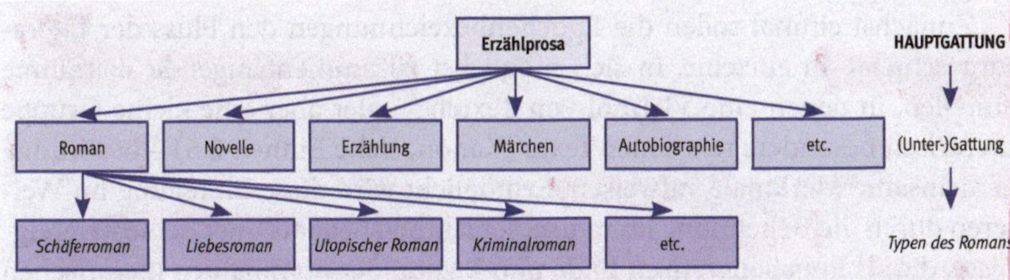

Abb. 2.6
Ausdifferenzierung des Gattungssystems am Beispiel Erzählprosa

Aufgabe 2.7

? Finden Sie anhand eines geeigneten Nachschlagewerks Untergattungen aus dem Bereich der Lyrik (z. B. Sonett).

Es bleibt allerdings festzuhalten, dass die Trennschärfe der unterschiedlichen Gattungsdefinitionen zweifelhaft ist und nie dem literarischen Formenreichtum gerecht werden kann. Der Versuch, eine global gültige Systematik zu erstellen, ist nur unter der Bedingung möglich, eine Vielzahl von Mischformen anzuerkennen (z. B. die Ballade als erzählendes Gedicht), auf welche mehrere Gattungszuschreibungen zutreffen.

Gattungstradition

Zugleich werden weitere ‚Hauptgattungen' diskutiert (die Satire wie auch der Essay wurden als 4. oder 5. Gattung ins Gespräch gebracht, hinzu kommen aus heutiger Perspektive etwa die Gruppen der didaktischen Texte bzw. der Gebrauchsformen), auch wenn die moderne und postmoderne Literaturtheorie gerade den Gattungsbegriff radikal in Frage gestellt hat und durch eine weitaus weniger idealisierende und systematisierende Auffassung von Textsorten zu ersetzen sucht. Als literaturgeschichtliche Kategorien besitzen die Gattungen aber einen spezifischen Erkenntniswert, da sie die Kommunikation über bestimmte Textgruppen erlauben – so unzureichend diese auch sein mag – und auch historische Konventionen benennen, die bei den Literaturschaffenden, im Bereich des literarischen Marktes und bei den Literaturrezipienten als sinnstiftendes Vorverständnis wirken.

Zusatzmaterial zur Gattungsgeschichte finden Sie unter www.bachelor-wissen.de.

Aufgabe 2.8

? Versuchen Sie für folgende (Unter-)Gattungen bzw. Typen festzustellen, inwieweit mit dem Gattungsnamen bereits ein Vorverständnis in Bezug auf die Stilart, den Aufbau und die Inhalte verbunden sind: Tragödie; Science-Fiction-Roman; Liebesgedicht.

2.3 Epochen

Neben der Gattungstypologie bildet die Einteilung in Epochen (z. B. *Siglo de Oro, Romanticismo* etc.) einen festen Bestandteil der Literaturgeschichtsschreibung, auch wenn hier kritische Stimmen inzwischen ebenfalls eine Überprüfung des Epochenkonzepts fordern.

Epochen als in sich möglichst homogene Zeiträume

Zunächst einmal sollen die Epochenbezeichnungen den Fluss der Literaturgeschichte in einzelne, in sich möglichst zusammenhängende Zeiträume einteilen, in denen eine Vielzahl von Texten – oder aber eine kleine Gruppe literarisch besonders relevanter Texte (Kanon, siehe Einheit 2.5) – bestimmte gemeinsame Merkmale aufweisen. Ermöglicht wird diese Einteilung im Weiteren durch die Benennung literaturgeschichtlich bedeutsamer Schlüsselereignisse, die als Epochengrenzen Ende und Beginn der dominanten literarischen Entwicklung markieren. Eine derartige Untergliederung in literarische Epochen erlaubt es, die Veränderungen innerhalb des Gattungssystems bzw. jene der literarischen Formen zu beobachten. Außerdem kann man sie mit anderen Periodisierungen, z. B. mit Stilrichtungen der Kunstgeschichte oder mit der (oftmals an Herrscherpersönlichkeiten oder Staatsformen orientierten) Politikgeschichte, vergleichen. Der Schweizer Kunsthistoriker Heinrich Wölfflin (1864–1945) verstand im Rahmen seiner stilgeschichtlichen Untersuchungen die Epochenmerkmale ‚barock' und ‚klassisch' sogar als überzeitliche

Epochengrenzen

Typusbegriffe, zwischen denen sich die stilistischen Entwicklungen über die Jahrhunderte hinweg in einer Pendelbewegung entfalten. Andere Einteilungsversuche betonen stärker Gemeinsamkeiten und parallele Entwicklungslinien, wie die spanischen Bezeichnungen *Primer Siglo de Oro* für die Renaissance und *Segundo Siglo de Oro* für das Barock nahe legen. Eine weitere Einteilungsmöglichkeit ergibt sich aus der Zuordnung von Autorinnen/Autoren zu Generationen, deren Biographien durch die gleichen soziopolitischen sowie kulturellen Grundproblematiken geprägt wurden, in Spanien vor allem in der *Generación del 98* oder der *Generación del 27*.

? Aus der deutschen Literaturgeschichte kennen Sie eine Einteilung in Barock, Sturm und Drang, Klassik, Romantik, Realismus usw. Vergleichen Sie diese Abfolge mit der Kapiteleinteilung in einer spanischen Literaturgeschichte (z. B. der von Hans-Jörg Neuschäfer herausgegebenen *Spanischen Literaturgeschichte*, vgl. Einheit 3.4) und formulieren Sie Schlussfolgerungen aus dieser Gegenüberstellung. | Aufgabe 2.9

Allen überzeitlichen Definitionsansätzen zum Trotz ist zu beachten, dass Epochenbezeichnungen erst aus dem nachträglichen, rückwärts gerichteten Blick heraus an Kontur gewinnen, eine zeitliche Distanz zwischen Beobachtendem und Beobachtetem für ein gewisses Maß an Überblick und Objektivierung sorgen muss (als Beispiel hierfür sei die müßige, da zum gegenwärtigen Zeitpunkt unentscheidbare Diskussion angeführt, durch welche Nachfolgebewegung die sog. Postmoderne in den Künsten abgelöst sei). Das starre System aufeinander folgender Epochen kann durch die Berücksichtigung sog. Epochenschwellen oder Schwellenzeiten aufgelockert werden; unter ihnen versteht man Übergangsperioden mit Mischcharakter, beispielsweise zwischen dem Mittelalter und der sich herausbildenden Neuzeit.

? Betrachten Sie das Für und Wider des Konzepts literaturgeschichtlicher Epochen. Welche Schwierigkeiten können bei dem Versuch auftreten, Epochen idealerweise als in sich homogene Zeiträume zu bestimmen? Inwiefern erscheint im Speziellen die Einteilung in aufeinanderfolgende Generationen von Schriftstellern sinnvoll? Welche Gründe sprechen schließlich grundsätzlich für die Aussagekraft von Epochenbegriffen? | Aufgabe 2.10

Literaturgeschichte | 2.4

Normative Poetiken verwiesen auf Autorinnen und Autoren und auf die Werke vergangener Zeiten vor allem unter dem Gesichtspunkt ihres Vorbildcharakters oder der zu meidenden Fehler, sie enthielten daneben aber bereits Auflistungen von Werktiteln und Namen. Literaturgeschichten hingegen beabsichtigen, einen systematisierenden Überblick zumindest über die für wichtig erachteten Werke einer (meist) Nationalliteratur oder auch einer Gattung zu liefern.

Als wesentliche Anhaltspunkte dienen dabei:

Biographik

- Biographien ‚großer' Autorinnen und Autoren;
- bedeutende literarische Texte, die zumeist Teil des Kanons (s. u.) geworden sind und die nach Möglichkeit in ihre Entstehungs- und Wirkungszusammenhänge eingeordnet und auf dieser Grundlage interpretiert werden;

Interpretation

- mittel- und längerfristige Tendenzen der literarischen Entwicklung, z. B. in Bezug auf Gattungen und Epochen, die in ihren thematischen und formalen Aspekten aufgezeigt werden;
- die Verzahnung der literaturgeschichtlichen Prozesse mit den zeitgleichen politik-, wirtschafts-, sozial-, ideen-, mentalitäts-, kultur- und mediengeschichtlichen Kontexten, wobei – je nach Ansatz der Verfasser/Verfasserinnen – eine Deutung globaler Zusammenhänge unternommen werden kann (z. B. in sozialgeschichtlicher Perspektive);

Kontextualisierung

- die individuelle Leistung einzelner Autoren/Autorinnen bzw. die womöglich für das Weitere wegweisenden Besonderheiten spezifischer Werke.

Innovationen oder Meisterschaft

Abb. 2.7 | Schreibende Frauen blieben lange im Schatten der Literaturgeschichte

Neben die genannten Kriterien sind im Laufe der letzten Jahrzehnte neue Gesichtspunkte getreten, die über ältere Konzeptionen des Kanons hinausweisen und Textgruppen in einen eigenen geschichtlichen Zusammenhang stellen. Solche ‚alternativen' Literaturgeschichten widmen sich vorrangig der Literatur von ‚Minderheiten', so der Geschichte des weiblichen Schreibens, oder der postkolonialen Literaturen; sie verfolgen thematisch/motivische Leitfäden (bspw. eine Literaturgeschichte der Liebe) oder betrachten spezielle Untergattungen bzw. Literaturtypen (etwa eine Geschichte der Utopien). Darüber hinaus können methodische Ansätze zur Abfassung eigener Literaturgeschichten führen. Aus komparatistischer Sicht schließlich kann der enge Rahmen der Nationalliteratur verlassen werden (vgl. z. B. die auf historische Kontinuität der literarischen Konzepte ausgelegte Abhandlung von Ernst Robert Curtius: *Europäische Literatur und lateinisches Mittelalter* [1948]).

Bis in das 18. Jh. hinein wurde Literaturgeschichtsschreibung als wichtige Aufgabe der poetologischen Schriften wahrgenommen; so findet sich in Spanien der erste Versuch einer Darstellung der romanischen Literaturen in der *Carta proemio al Condestable don Pedro de Portugal* (*Vorwort und Brief an den Kronfeldherrn Don Pedro von Portugal*), einem poetologischen Widmungsbrief des Renaissancelyrikers Íñigo López de Mendoza, Marqués de Santillana von 1445. Die deutsche Romanistik, welche als wissenschaftliche Disziplin noch vor den romanischsprachigen Nachbarländern deren literarische Monumente sichtete, leistete seit Ende des 19. Jh. einen wichtigen Beitrag zu einer nunmehr wissenschaftlichen Beschreibung des literarischen Erbes. Ihr Bemühen war es dabei zunächst, literarische Quellen aufzuspüren, zu untersuchen und unter philologischen Aspekten zu edieren, d. h. die Überlieferung zu erforschen und maßgebliche Textausgaben zu erstellen.

Zusatzmaterialien zur Editionsphilologie finden Sie unter www.bachelor-wissen.de

In der zweiten Hälfte des 19. Jh. bildete sich somit im Zeichen des Positivismus (siehe Einheit 10.2) eine ‚moderne' wissenschaftliche Beschäftigung mit der literarischen Überlieferung aus, deren Quellen nach überprüfbaren Daten und Kriterien systematisch erfasst, analysiert und zueinander in Beziehung gesetzt wurden. Diese einseitig auf die Überlieferungsgeschichte ausgerichtete Textphilologie wurde schließlich aus einer anderen, immer noch dem Positivismus unterstellten Perspektive erweitert, welche in den historischen Entstehungsbedingungen eines Textes den zentralen Angelpunkt für ihre Interpretation erblickte. Im Zuge eines geschärften Geschichtsbewusstseins sollte die historische Entwicklung der einzelnen Nationalliteraturen aufgearbeitet werden, was nicht zuletzt zur Erstellung von Werk- und Autorenkatalogen führte. Eine wichtige Frage, die bis in die Mitte des 20. Jh. verfolgt wurde, beschäftigte sich zudem mit dem vom jeweiligen ‚Volkscharakter' geprägten ‚Wesen' der Nationalliteratur. Sie war auch ein zentrales Anliegen der frühen Philologie in Spanien um Marcelino Menéndez Pelayo (siehe Einheit 10.3).

Textphilologie

Die Kontextualisierung der literarischen Werke konnte später unter wechselnden Leitideen erweitert werden, so unter der Berücksichtigung von Thesen der Sozialwissenschaften, der Psychologie, der Volkskunde, der philosophischen Ästhetik, der Sprachwissenschaft, der Medienwissenschaften u. v. m.

Heute hat die Literaturgeschichte unter dem Einfluss von poststrukturalistischer und dekonstruktivistischer Literaturtheorie (siehe Einheit 12.2) einen Punkt erreicht, an dem viele der für Poetik und Literaturgeschichtsschreibung grundlegenden Kategorien wie Autorschaft, Gattungen, Epochen, Kanon oder Wirkungsästhetik in ihrer Aussagekraft angezweifelt werden. Nichtsdestotrotz liefern Literaturgeschichten nach wie vor unerlässliche Leitfäden für die Annäherung an übergreifende Entwicklungsprozesse und an einzelne Schlüsseltexte, wie immer sich deren Auswahl im Einzelfall auch legitimieren

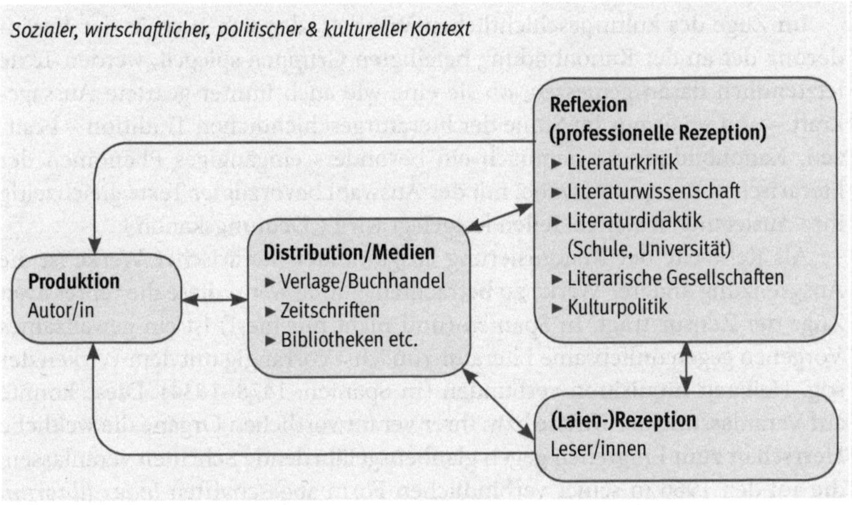

Abb. 2.8 Literatur als Kommunikationsnetz

mag. (Eine Auswahl an Geschichten der spanischen Literatur finden Sie in Einheit 3.4)

2.5 Kanon

! Ein Kanon verzeichnet überlieferungswürdige Werke

Eine wichtige Funktion, die ergänzend zu den bereits genannten von Poetiken und Literaturgeschichten gleichermaßen übernommen wird, ist ihr Beitrag zur Bildung eines Kanons (span. *canon*). Unter Kanon versteht man dabei eine Zusammenstellung der wichtigen Werke für einen bestimmten Bereich, z. B. die ‚schöne' Literatur, durch kompetente Meinungsträger. Als Vorbild dienen die ‚kanonischen' Texte des Alten und des Neuen Testamentes, d. h. jene Texte, die im Gegensatz zu den sog. apokryphen Schriften in die Bibel aufgenommen wurden.

Die Kanonbildung hängt direkt vom Literaturverständnis einer ausschlaggebenden Trägergruppe ab, die ein Urteil über Wert und Unwert literarischer Texte fällt und unter ihnen diejenigen herausgreift, welche in Hinblick auf Form und Gehalt als mustergültig, als literaturgeschichtliche Meilensteine und von zeitloser Bedeutung gelten. Die dadurch zustande kommende Auswahl vereint daher die im weiteren Sinne gerne als ‚Klassiker' einer Epoche bezeichneten Texte.

Aufgabe 2.11

? Nennen Sie unter Einbezug der bisherigen Ausführungen die möglichen Meinungsträger, d. h. Gruppen oder Institutionen, welche maßgeblich an der Bildung eines Kanons beteiligt sein können!

Abb. 2.9 Thalia, die Muse der Komödie

Zu bedenken ist auch in diesem Zusammenhang wieder die Zeitgebundenheit der Kanones (Plural von ‚Kanon') und die gleichzeitige Existenz mehrerer rivalisierender Kanones.

Im Zuge des kulturgeschichtlichen Wandels, der sich auch in der Veränderung der an der Kanonbildung beteiligten Gruppen spiegelt, werden Texte letztendlich daran gemessen, ob sie eine wie auch immer geartete Aussagekraft – und sei es nur im Sinne der literaturgeschichtlichen Tradition – besitzen. Kanonbildung ist demnach ein besonders eingängiges Phänomen der literarischen Rezeption, wobei mit der Auswahl bevorzugter Texte gleichzeitig ihre Auslegung in weiten Teilen festgelegt wird (‚Deutungskanon').

Deutungskanon

Als Kehrseite der Kanonisierung ausgewählter literarischer Werke ist die Ausgrenzung anderer Werke zu betrachten, zumal wenn diese die repressiven Züge der Zensur trägt. In Spanien (und nicht nur hier!) ist ein gewaltsames Vorgehen gegen unliebsame Literatur zunächst vorrangig mit dem Wirken der sog. Heiligen Inquisition verbunden (in Spanien: 1478–1834). Diese konnte auf Veranlassung der Kirche bzw. ihrer verantwortlichen Organe die weltliche Herrschaft zum Eingreifen gegen glaubensgefährdende Schriften veranlassen, die auf den 1966 in seiner verbindlichen Form abgeschafften *Index librorum*

Index der verbotenen Bücher

Abb. 2.10

Titelblatt des Index librorum prohibitorum von 1711

prohibitorum gesetzt wurden. Im Zeichen der politischen Ideologie steht eine weitere bedeutsame Phase der Einschränkung der Publikationsmöglichkeiten, nämlich die vom franquistischen Regime (1936–77) ausgeübte *censura*.

Aufgabe 2.12

? Welche äußeren Faktoren könnten im 20. Jh. auf deutscher Seite die Kanonbildung zur spanischen Literatur beeinflusst haben? In welcher Form kommen Studierende der Literaturwissenschaft heute mit Kanones der spanischen Literatur in Berührung? Wer beschäftigt sich in der Gegenwart beschreibend und wertend mit der Literatur?

Zusammenfassung

Die Bestimmungen, was Literatur ist, nach welchen Gesetzmäßigkeiten sie funktioniert oder zu funktionieren habe, welche Kriterien über ihren Wert entscheiden und in welche traditionsbildenden Zusammenhänge sie einzuordnen ist, hat seit jeher die kritische Auseinandersetzung mit ihr geprägt und wurde zu unterschiedlichen Zeitpunkten unter den sich wandelnden sozio-kulturellen Rahmenbedingungen unterschiedlich beantwortet. Nur die Kenntnis der historischen Stufen dieses Meinungsbildungsprozesses erlaubt es, die einzelnen literarischen Texte auch angemessen hinsichtlich ihrer Einordnung in gattungs- und epochenspezifische Kontexte zu beurteilen und die schwierige Frage nach ihrem ästhetischen Wert, ihren formalen wie inhaltlichen Besonderheiten und ihre Bedeutung für das zeitgenössische Publikum oder spätere Generationen zu beantworten.

Literatur

Aristoteles: *Poetik*. Hg. Manfred Fuhrmann. Stuttgart: Reclam ²1994.

Johann Wolfgang v. Goethe: *West-östlicher Diwan*, in: *Werke*. II. Hg. Erich Trunz. München: C. H. Beck ¹¹1978, 7–270.

Ignacio de Luzán: *La poética o reglas de la poesia en general y de sus principales especies* (ed. de 1737 y 1789). Madrid: Cátedra 1974.

Ángel de Saavedra (Duque de Rivas): *El moro expósito. Córdoba y Burgos en el Siglo décimo*. I. Madrid: Espasa-Calpe 1982.

Lope de Vega: *Arte nuevo de hacer comedias*. Madrid: Cátedra 2006.

Weiterführende Literaturhinweise finden Sie unter www.bachelor-wissen.de.

Literaturwissenschaftliches Arbeiten

Inhalt

3.1	Bachelor- und Master-Studiengänge	38
3.2	Arbeitsfelder für Literaturwissenschaftlerinnen und Literaturwissenschaftler	38
3.3	Zum Wissenschaftsbegriff der Geisteswissenschaften	40
3.4	Wissenschaftliche Hilfsmittel	41
3.5	Arbeitstechniken	50

Überblick

Nachdem in der vorangegangenen Einheit mit der Literaturgeschichtsschreibung und der Literaturkritik bereits zwei wichtige Aufgabengebiete des literaturwissenschaftlichen Arbeitens angesprochen wurden, soll in der nun folgenden Einheit nach den möglichen Tätigkeitsbereichen gefragt werden, die sich im Anschluss an einen BA- oder MA-Studienabschluss für die Absolventinnen und Absolventen eröffnen. Ein wesentlicher Gesichtspunkt für die professionelle Auseinandersetzung mit der Literatur ist in diesem Zusammenhang das zu klärende Kriterium der Wissenschaftlichkeit. Hinzu kommt eine Reihe sog. Schlüsselqualifikationen, die während des Studiums erworben werden sollen und welche die Kern-Kompetenzen der literaturwissenschaftlichen Ausbildung ergänzen.

Nach diesem allgemeinen Überblick wird in einem zweiten Abschnitt auf die für das Studium relevanten Arbeitstechniken eingegangen, etwa die Literaturrecherche, das Verfassen einer wissenschaftlichen Hausarbeit oder die Benutzung bibliographischer Hilfsmittel.

3.1 | Bachelor- und Master-Studiengänge

Abb. 3.1 | Der mittelalterliche Bakkalaureus als Vorläufer des modernen Bachelor-Grades; hier: mittelalterliche Vorlesung

Im Bereich der Romanistik gibt es im deutschen Sprachraum ein breites Angebot an Bachelor- und Master-Studiengängen. Den Bachelor-Studiengängen kommt dabei die Aufgabe zu, die grundlegenden Kompetenzen im Rahmen des Fachbereichs zu vermitteln, welche dann in der beruflichen Tätigkeit oder durch den Anschluss eines Master-Studiengangs je nach Ausrichtung eine Erweiterung und/oder Spezialisierung erfahren. Für die Studierenden geht es – abgesehen von der grundlegenden fremdsprachlichen Kompetenz! – einerseits um den Erwerb fachspezifischen Wissens, so auf den Gebieten der Literatur- (und Kultur-)Geschichte, der Landeskunde, der Sprachwissenschaft, andererseits um das Erlangen maßgeblicher *Kompetenzen*, die als praktische Fähigkeiten zur Anwendung von Wissensinhalten definiert sind. Für die hispanistische Literaturwissenschaft, in die der vorliegende Band einführt, stehen folgende Kompetenzen im Vordergrund:

Wissen und Kompetenzen

- eine kritisch-wissenschaftliche Lesehaltung und die objektivierbare Beurteilung der Literarizität eines Textes;
- das Einordnen von literarischen Texten in literaturgeschichtliche Kategorien und Zusammenhänge;
- die Beherrschung der zentralen wissenschaftlichen Arbeitstechniken und die Fähigkeit zur selbständigen Abfassung von wissenschaftlichen Arbeiten/Referaten;
- die Fähigkeit, lyrische, dramatische, narrative und andere Texte unter Verwendung der spezifischen Kategorien und Techniken zu analysieren;
- die Anwendung von literaturtheoretischen Modellen, Ansätzen und Methoden für die Interpretation von literarischen Texten;
- die Ausweitung der kritischen Analyse auf die verschiedenen medialen Repräsentationsformen von literarischen und nicht-literarischen Texten.

3.2 | Arbeitsfelder für Literaturwissenschaftlerinnen und Literaturwissenschaftler

Nach dem erfolgreichen Abschluss eines Bachelor-Studiums der Hispanistik oder Lateinamerikanistik (oder eines äquivalenten Studiengangs) stehen den Absolventinnen und Absolventen grundsätzlich vielseitige Orientierungsmöglichkeiten offen. Dabei ist jeweils zu beachten, ob ein direkter Berufseinstieg möglich ist oder ob noch eine zusätzliche Weiterqualifikation, z. B. in Form eines spezialisierten Master-Studiums benötigt wird. Ausschlaggebend ist das inhaltliche Anforderungsprofil der jeweiligen Tätigkeit (Stellenbeschreibung) bzw. der geforderte Grad des akademischen Abschlusses, häufig auch die vorberufliche Praxiserfahrung, die bei Praktika oder Volontariaten gesammelt wurde.

Abgesehen von der Möglichkeit eines nicht studienspezifischen Quereinstiegs zeichnen sich in erster Linie folgende Tätigkeitsfelder ab:

Praktikum und Volontariat

- Forschung

In diesem Bereich ist ein Aufbaustudium in Form eines Master- und meist auch eines anschließenden Promotionsstudiengangs Voraussetzung.

- Bildungswesen

Die Modularisierung des Studiums hat mittlerweile auch in den Lehramtsstudiengängen Einzug gehalten. An vielen Hochschulen wurde auf das Bachelor/Master-System umgestellt, oder es wird ein das Lehramtsstudium begleitender *bachelor of education* angeboten, der es erlauben soll, in einem weiter gefassten Bildungssektor beruflich tätig zu werden. Dazu zählen in erster Linie der Bereich der Erwachsenenbildung (z. B. Volkshochschulkurse, spezialisierte Sprachschulen), Formen der Schülerbetreuung oder die Einstellung an einer Privatschule. Erfahrungen in der Erwachsenenbildung ermöglichen ferner die Übernahme von Aufgaben der innerbetrieblichen Weiterbildung (neben Sprachunterricht z. B. die Vermittlung von Schlüsselqualifikationen).

Schlüsselqualifikationen: allgemeine, nicht-fachspezifische Fähigkeiten

- Übersetzerdienste

Neben der Vermittlung von Sprachkenntnissen oder Schlüsselqualifikationen können sprachpraktische Kompetenzen für Übersetzungstätigkeiten in unterschiedlichsten beruflichen Kontexten genutzt werden. Wiederum gilt, dass ohne qualifizierende Zusatzausbildung bzw. vorberufliches Engagement nur schwer eine Anstellung zu finden sein wird. Vor allem der Bereich des Dolmetschens bedarf unbedingt einer intensiven zusätzlichen Schulung.

- Archive, Bibliotheks- und Verlagswesen, Buchhandel

Der Bachelorgrad kann auf diesem Sektor als Vorstufe für eine Lehre oder eine spezialisierte Master-Ausbildung dienen. Auch Praktika oder Volontariate können den Berufseinstieg nach dem Bachelor ermöglichen.

- Journalismus

Analog zum letztgenannten Punkt gilt, dass eine über den Bachelorgrad hinausführende spezielle Qualifizierung in der Regel unerlässlich ist.

- Kulturabteilungen

Eine Vielzahl von öffentlichen oder privatrechtlichen Institutionen leistet sich auch heute noch spezielle Kulturabteilungen, die ein breites Spektrum an Betätigungsfeldern bieten. Zu denken ist an die Kulturabteilungen der Verwaltungen auf kommunaler, Landkreis-, Landes- oder Bundesebene (Kultus-/

Bildungsministerium). Zahlreiche Stiftungen beschäftigen spezialisierte Geisteswissenschaftler, ebenso die Abteilungen für Kultur- und Öffentlichkeitsarbeit großer Konzerne.

- Sonstige privatwirtschaftliche Unternehmen

Nicht zuletzt gibt es eine kaum einzugrenzende Vielzahl von privatwirtschaftlichen Dienstleistern, bei denen eine Tätigkeit angesiedelt sein kann, etwa im Bereich der Touristik oder des Eventmanagements.

Planungsunsicherheit

So groß und abwechslungsreich das Angebot der möglichen beruflichen Tätigkeiten für Bachelor- bzw. Master-Absolventen erscheinen mag, so wenig kann der Studierende letztendlich den genauen Verlauf seiner Karriere kontrollieren. Die Arbeitsmarktsituation ist zu unwägbar geworden, als dass Garantien möglich wären. Dennoch ist eine genaue Planung des Studienverlaufs und der begleitenden anderen Formen von Aus- bzw. Weiterbildung unerlässlich: Je früher Studierende sich ein geschärftes Ausbildungsprofil zulegen, desto aussichtsreicher sind die Chancen für den Erfolg im anvisierten Berufsfeld. Die Gestaltungsmöglichkeiten reichen dabei von der Auswahl des Bachelorstudienfaches (bzw. ggf. der Fachkombination aus Haupt- und Nebenfach) über die Kombination der möglichen Module, das Engagement in Praktika, Volontariaten, studentischen oder akademischen Programmen und sonstigen ehrenamtlichen Tätigkeiten bis zur Spezialisierung in einem Master-Studiengang.

Notwendigkeit der Spezialisierung

Daraus folgt im Besonderen für die Entscheidung, sich in einen literaturwissenschaftlichen Bachelor- oder Masterstudiengang der Hispanistik oder Lateinamerikanistik einzuschreiben, dass die Studierenden unbedingt ein ausgeprägtes Interesse an der Sprache und Kultur der spanischsprachigen Welt aufweisen sollen, dass sie außerdem gerne und *viel* lesen und dass sie die nötige Motivation und Fähigkeit zu selbständigem, teilweise ausdauerndem Arbeiten mitbringen.

Internet-Adressen zur Berufsorientierung auf www.bachelor-wissen.de

3.3 | Zum Wissenschaftsbegriff der Geisteswissenschaften

Rechtfertigungsdruck

Wer ein literaturwissenschaftliches Studium beginnt, vor allem wenn dieses nicht auf eine Karriere im staatlichen Schuldienst abzielt, sieht sich früher oder später einem gewissen Rechtfertigungsdruck ausgesetzt. Die berufliche Ungewissheit im Verbund mit bisweilen schlechter Bezahlung wird noch ergänzt durch das gängige Vorurteil, die Beschäftigung mit Literatur sei aus gesamtgesellschaftlicher Sicht mehr oder minder überflüssig, ein Luxus für Schöngeister, die lediglich klug über Phantasiegebilde daherzureden wüssten. Hinter dieser Fehleinschätzung verbirgt sich zunächst eine schlichte Unkenntnis über die Studieninhalte und v.a. die im Studium erworbenen Kompetenzen. Darüber hinaus spiegelt sie allerdings ein noch viel tiefer reichendes Problem: die naive Gleichsetzung von ‚Wissenschaftlichkeit' mit den ‚Naturwissenschaften'.

‚Natur' vs. Geistestätigkeit

Intersubjektivität

Doch auch, wenn sich nicht experimentell ‚beweisen' lässt, dass der spätmittelalterliche Ritterroman mit einem Wandel der sozio-kulturellen Gegebenheiten in Einklang steht oder dass eine Erzählung von Horacio Quiroga ein neuartiges Bild auf die zwischenmenschlichen Beziehungen wirft, so können die beiden genannten Thesen doch im Rahmen der literaturwissenschaftlichen Methodik belegt werden, und zwar im Sinne einer plausiblen Argumentation, die von anderen Kennern der Materie in der Diskussion ernst genommen werden kann (Intersubjektivität).

Zusatzmaterial zum Begriff der Geisteswissenschaften auf www.bachelor-wissen.de

Insofern haben die Geisteswissenschaften Teil an einem allgemeinen Wissenschaftsbegriff, der mit folgenden Kriterien umrissen werden kann:

- die systematische Ordnung von Erkenntnissen auf einem bestimmten Gebiet, die in ihrem Aufbau den Gesetzen der Logik entspricht und auf der ein Lehrgebäude errichtet werden kann;
- die Verwendung einer wissenschaftlichen Fachsprache, deren genau definierte Terminologie eine eindeutige Beschreibung der untersuchten Gegenstände erlaubt;
- die Formulierung von rational begründbaren Thesen (Vermutungen), welche mit den bisherigen (am besten: gesicherten) Erkenntnissen des Wissensgebietes in einen systematischen Zusammenhang gebracht werden können, d.h. mit einer Theorie (wissenschaftlichen Modellen) erklärt werden können;
- die intersubjektive Stichhaltigkeit von Thesen und Theorien, d.h. ihre Nachvollziehbarkeit und rationale Überprüfbarkeit von Seiten kompetenter anderer WissenschaftlerInnen, welche die gleiche Ansicht teilen – Wissenschaft lebt deshalb von der kritischen Diskussion, welche Thesen stützt oder verwirft.

Aufgabe 3.1

? Verschaffen Sie sich anhand eines Vorlesungsverzeichnisses oder der Internet-Präsentation der von Ihnen besuchten (oder in Zukunft zu besuchenden) Universität einen Überblick über die Fachbereiche bzw. Fakultäten. Welche Disziplinen werden gelehrt, wie werden sie gruppiert?

3.4 Wissenschaftliche Hilfsmittel

Für die konkrete literaturwissenschaftliche Arbeit während des Studiums und danach steht eine unüberschaubare Zahl von Hilfsmitteln in Form von gedruckten oder digitalen Publikationen zur Verfügung, deren Gebrauch nicht nur das Verständnis, die Einschätzung und Interpretation literarischer Texte erleichtert, sondern mitunter erst ermöglicht. Die folgende Übersicht dient lediglich einer ersten Orientierung und muss nach und nach ausgeweitet und individuell angepasst werden.

Primärtexte

Das Untersuchungsobjekt liegt in der heutigen Literaturwissenschaft, da sehr viele Texte durch die Arbeit früherer Forschergenerationen erschlossen sind, meist in Gestalt gedruckter, zuverlässiger Ausgaben vor. Insbesondere

Textkritik

Zusatzinformationen unter www.bachelor-wissen.de

bei älteren Werken, die mitunter bruchstückhaft oder in verschiedenen Manuskriptfassungen überliefert wurden, bedurfte es hierfür der sog. Textkritik, die nach Sichtung der Fassungen und kritischem Vergleich sowie unter Rückgriff auf die Überlieferungs- und Rezeptionsgeschichte eine verlässliche Ausgabe erstellt und sämtliche Varianten in dem sog. kritischen Apparat festhält. Eine solche umfassende Referenzausgabe für alle wissenschaftlichen Zwecke, die freilich für eine einfache Lektüre schon aufgrund des Umfangs nicht sehr geeignet ist, heißt *historisch-kritische Ausgabe*. Eine Stufe schlichter ist die sog. *Studienausgabe*, die aber immer noch wissenschaftlich exakt ist, über die Quelle der abgedruckten Textfassung Rechenschaft ablegt und ausführliche Kommentare und ergänzende Informationen zu Entstehung und Rezeption bietet. Wie der Name andeutet, sind solche Ausgaben für das Studium empfehlenswert. Einfache *Leseausgaben* drucken lediglich eine Fassung des literarischen Textes ab, evtl. versehen mit einem Vor- oder Nachwort und gelegentlichen Anmerkungen. Solche Ausgaben sind allein normalerweise nur für eine erste Lektüre, nicht für die Arbeit am Text vorzuziehen, insbesondere nicht bei älteren oder sehr stark erforschten Texten. Bei neuerer Literatur stehen allerdings naturgemäß oft nur Leseausgaben zur Verfügung. Wichtige Primärtextressourcen zur spanischsprachigen Literatur sind die folgenden:

Historisch-kritische Ausgaben

Studienausgaben

Leseausgaben

Bekannte Primärtextreihen

- Unter den Studienausgaben ist v. a. die bei Cátedra erscheinende Reihe *Letras hispánicas* erwähnenswert, die ausführlich kommentierte und mit bibliographischen Angaben versehene Referenzausgaben der kanonischen spanischen und lateinamerikanischen AutorInnen aller Jahrhunderte bietet. Annähernd vergleichbar sind die *Clásicos Castalia* aus dem gleichnamigen Verlag.
- Genauestens textphilologisch aufbereitet und für wissenschaftliches Spezialistentum geeignet sind die Ausgaben der *Clásicos castellanos*, einer von Ramón Menéndez Pidal (siehe Einheit 10.3) gegründeten und seit 1986 in einer neuen Serie fortgeführten Reihe aus dem Verlag Espasa-Calpe.

Eine beträchtliche Zahl kanonischer Texte der spanischen und lateinamerikanischen Literatur sind online als Volltexte verfügbar, die man herunterladen und durchsuchen kann, was je nach Untersuchungsziel sehr hilfreich bis unentbehrlich sein kann – zitieren sollte man allerdings unbedingt gedruckte Referenzausgaben, da die Onlinetexte nicht immer sorgfältig lektoriert werden:

Online-Primärtext-Ressourcen

- Das mit Abstand größte Portal spanischsprachiger Volltexte, das aber auch Faksimiles, Bibliographien sowie eine Mediathek enthält, ist die *Biblioteca virtual Miguel de Cervantes* (*www.cervantesvirtual.com*). Sie ist erste Wahl bei der Suche nach der elektronischen Version eines Textes.
- Ebenso stellt die spanische Version von *Wikisource*, der Textdatenbank der Wikimedia Foundation, unter *http://es.wikisource.org* Volltexte zur Verfügung. Da sie in teilweise recht kleinschrittig getrennten Abschnitten vor-

liegen, kann die Handhabung dieser Texte, etwa zum Durchsuchen nach Schlüsselbegriffen, etwas unkomfortabel sein.

- Vor allem wenn es um entlegenere Texte und/oder alte Ausgaben geht, ist die *Biblioteca digital hispánica*, das frei zugängliche Archivportal der Spanischen Nationalbibliothek, die wichtigste Fundgrube. Unter *http://bdh.bne.es* liegen Tausende von Büchern, aber auch Grafiken, Karten, Fotos, Partituren usw. als Faksimiles bereit – bei Texten meist in Form von seitenweise durchsuch- und herunterladbaren PDFs.

Daneben findet man auf bestimmte Epochen oder Gattungen spezialisierte Webseiten:

- Die Datenbank *Teatro español del Siglo de Oro* stellt unter der Adresse *http://teso.chadwyck.co.uk* Hunderte von Dramen des 16. und 17. Jh. als Volltext mit differenzierter Suchmaske zur Verfügung. Wahrscheinlich hat Ihre Universität ein Abonnement und stellt einen eigenen Zugang bereit (Bibliothekskatalog konsultieren), ansonsten ist deutschlandweit auch eine kostenlose Registrierung als Einzelnutzer möglich (*www.nationallizenzen.de/ind_inform_registration*).
- Das Portal *Admyte* (*Archivo digital de manuscritos y textos españoles*) bietet unter *www.admyte.com* Abonnenten Zugriff auf iberoromanische Texte vom Mittelalter bis zum 16. Jahrhundert in Form von Faksimiles und Transkriptionen.
- Unter den gattungsspezifischen Online-Ressourcen ist z. B. *www.loscuentos.net* zu erwähnen, eine umfangreiche Seite zu Kurzgeschichten, unter ihnen auch die in Einheit 9 behandelte von Cortázar, oder die beeindruckende *Biblioteca virtual de prensa histórica* unter *http://prensahistorica.mcu.es*, in der 2016 bereits fast 7 Millionen Seiten spanischer Zeitungen vom Ende des 18. Jh. bis 1974 als digitale Faksimiles konsultiert werden können – z. B. auch die Artikel, die Mariano José de Larra (siehe Einheit 8.1 und 10.4) in *El Español* veröffentlichte.

Übersetzungen

Für die Lektüre solcher Primärtexte ist bei eingeschränkter Kenntnis des Spanischen zu Beginn des Studiums der Gebrauch von *Übersetzungen* legitim, wenn sie lediglich als Verständnishilfe benutzt werden und wenn berücksichtigt wird, dass Übersetzungen notwendigerweise eine signifikante (auch inhaltliche) Abweichung vom Original, schlimmstenfalls eine entstellende Interpretation desselben mit sich bringen. Bei literaturwissenschaftlichen Arbeiten ist der Rückgriff auf eine Originalausgabe unumgänglich und Übersetzungen sind nicht zitierfähig (es sei denn, es geht um Fragestellungen zu Übersetzung und Rezeption eines Werks). Deutsche Übersetzungen von besonders kanonischen Texten nicht nur spanischer Sprache finden Sie im Portal des Projekts Gutenberg (*http:// gutenberg.spiegel.de*) oder bei *www.zeno.org*.

Das erste Interesse gilt bei einem literarischen Werk natürlich dem Primärverständnis des Wortlauts. Hierfür gibt es eine Reihe von einsprachigen Wörterbüchern der spanischen Sprache:

Wörterbücher

- Als einsprachiges Standardwörterbuch für den Alltagsgebrauch empfiehlt sich das *Diccionario Salamanca*, das in den Handapparat am heimischen Schreibtisch gehört. Wer dort ohnehin dauernd einen Computer mit Internetverbindung hat, kann die inhaltsidentische Online-Version (*http://fenix.cnice.mec.es/diccionario*) konsultieren. Etwas ausführlicher und unter *www.rae.es/drae* ebenfalls online verfügbar ist das *Diccionario de la Real Academia Española*. Noch wesentlich umfangreicher und daher auch für Detailfragen empfehlenswert ist das zweibändige *Diccionario de uso del español*, das ursprünglich von der spanischen Lexikographin María Moliner entwickelt wurde und bis heute unter ihrem Namen bekannt ist.
- Ältere Wörterbücher bis zurück ins 18. Jh. sind über die Webseite der Real Academia Española unter *www.rae.es/recursos/diccionarios* zugänglich. Mit ihnen lässt sich etwa die Bedeutung eines Begriffs in Texten länger zurückliegender Epochen ermessen und belegen.

Geht es nicht um rein sprachliche Verständnisprobleme, sondern um fehlende Hintergrundinformationen allgemeiner Art, so ist zunächst ein Blick in enzyklopädische Nachschlagewerke ratsam, zum Beispiel:

Enzyklopädien

- Die *Gran enciclopedia de España*, 22 Bände, 1990 ff.
- Wer keine spanischsprachige Enzyklopädie benötigt, greift zu anderen Enzyklopädien wie dem deutschen *Brockhaus* oder der berühmten *Encyclopaedia Britannica*.
- Die inzwischen populärste Enzyklopädie überhaupt, *Wikipedia*, ist nicht nur umfangreich, sondern auch in spanischer Sprache verfügbar (*http://es.wikipedia.org*), für sie gilt aber derselbe Warnhinweis wie für andere offene Online-Quellen (s. am Ende dieses Abschnitts).

Fachlexika der Hilfswissenschaften

! Enzyklopädien nicht für Fachfragen benutzen

Enzyklopädien sind normalerweise wirklich nur für Hintergrundinformationen und zur Orientierung verwendbar. Für detailliertere Informationen zu bestimmten Teilbereichen (wie antike Mythologie, Philosophie, Theologie usw.), die je nach Text große Relevanz besitzen können, stehen Fachlexika der Hilfswissenschaften zur Verfügung, die Sie zumindest in den entsprechenden Institutsbibliotheken finden können. Eigentlich literaturwissenschaftliche Informationen (etwa zu Werken, Autoren, Gattungen) sollten unbedingt aus entsprechender Fachliteratur und keinesfalls aus allgemeinen Enzyklopädien bezogen werden. Hierzu gehören beispielsweise literarische Lexika, die überblicksartig und mit demgemäß geringer wissenschaftlicher Detailschärfe Informationen zu literarischen Texten bieten:

Literarische Lexika

- *Kindlers Literaturlexikon* (im Print zuletzt 2009 in 18 Bänden erschienen, besser allerdings online per Abonnement Ihrer Universität unter *www.kll-online.de* konsultierbar) bietet zu Tausenden von Werken der Weltliteratur Inhaltsangaben, Kontextualisierung (Bezüge, Rezeption, Forschung), Verzeichnisse zu Primärtextausgaben, Übersetzungen, Verfilmungen und einige einschlägige Sekundärliteraturangaben.
- Auf die spanische bzw. hispanoamerikanische Literatur spezialisiert sind das *Diccionario Espasa literatura española* (2003) oder der (inzwischen etwas betagte) *Oxford companion to Spanish literature* von 1978 bzw. seine spanische Übersetzung unter dem Titel *Diccionario Oxford de literatura española e hispano-americana* (1984).
- Darüber hinaus gibt es auf einzelne Epochen, Autoren oder Themen spezialisierte Lexika wie das *Diccionario de la comedia del Siglo de Oro* (2002) oder etwa das Nachschlagewerk *Spanisch Writers on Gay and Lesbian Themes* von David William Foster (1999).

Zum Zwecke der Orientierung, weniger zu einzelnen Werken als zu geschichtlichen, sozialen und literarästhetischen Kontexten, sind literaturgeschichtliche Darstellungen hilfreich, beispielsweise:

Literaturgeschichten

- Hans-Jörg Neuschäfer (Hg.): *Spanische Literaturgeschichte* ([4]2011) bzw. Michael Rössner (Hg.): *Lateinamerikanische Literaturgeschichte* ([3]2007).
- Ein ‚Klassiker' der spanischen Literaturgeschichtsschreibung, der inzwischen über 20 Auflagen erreicht hat, ist José García López: *Historia de la literatura española* (zuletzt 2009).
- Für eine rasche Groborientierung über Werke, Epochen und ihren soziohistorischen Rahmen mit Textanalysen eignen sich Martin Franzbach: *Geschichte der spanischen Literatur im Überblick* ([2]2002) und Hans-Otto Dill: *Geschichte der lateinamerikanischen Literatur im Überblick* (1999).
- Eine in vielerlei Hinsicht unkonventionelle und recht umfassende Darstellung der spanischen Literatur, die nicht zuletzt wegen ihrer Thesen und anekdotischen Randnotizen fortgeschrittene Studierende interessieren dürfte, ist Hans-Ulrich Gumbrecht: Eine *Geschichte der spanischen Literatur* (Print 1990, CD-ROM 2004).
- Ebenso per Abonnement Ihrer Universität online verfügbar dürfte David Thatcher Gies (Hg.): *The Cambridge History of Spanish Literature* (Printversion 2004) sein.

Aufgabe 3.2

? Konsultieren Sie zu einem spanischsprachigen literarischen Text, den Sie, wenn möglich, aus eigener Lektüre kennen, ein literarisches Lexikon wie den ‚Kindler' und eine Literaturgeschichte wie die von Neuschäfer oder Rössner herausgegebene. Zu welchen Aspekten des Textes erhalten Sie dort jeweils Informationen? Vergleichen Sie diese mit dem Textwissen, das Sie aus Ihrer Lektüre besitzen.

Ein einzelnes literarisches Werk steht nicht nur in einem bestimmten epochalen Kontext, über den Überblicks-Literaturgeschichten Auskunft geben, sondern er ist meist auch Teil einer thematischen Tradition, die eine (oft über die konstruierten Grenzen von Nationalliteraturen hinwegreichende) eigene Geschichte innerhalb der Literaturgeschichte bilden kann. Über sie informiert man sich in stoff- und themengeschichtlichen Nachschlagewerken wie

Stoff- und themengeschichtliche Wörterbücher

- die von der Komparatistin Elisabeth Frenzel erstellten Handbücher *Stoffe der Weltliteratur* ([10]2005) und *Motive der Weltliteratur* ([6]2008), oder
- Robert Laffont, Valentino Bompiani: *Dictionnaire des personnages littéraires et dramatiques de tous les temps et de tous les pays.* Neuausgabe 7 Bände. Paris 1999.

Stellen sich im wissenschaftlichen Umgang mit literarischen Texten dann Fragen zur Fachterminologie, zu (Gattungs-, Epochen-, Werk-)Konzepten sowie Theorien und Methoden der Literaturwissenschaft, so bieten Fachwörterbücher schnelle Orientierung – neben vielen anderen etwa die folgenden bekanntesten Vertreter:

Literaturwissenschaftliche Wörterbücher

- Rainer Hess/Gustav Siebenmann/Tilbert Stegmann: *Literaturwissenschaftliches Wörterbuch für Romanisten* (LWR), Tübingen/Basel [4]2003. Das Werk bietet v. a. Epochen- und Gattungsübersichten zu den romanischen Literaturen und ist hierfür erste Wahl für Studierende der Romanistik.
- Gero von Wilpert: *Sachwörterbuch der Literatur*, Stuttgart [8]2013. Ein ‚klassisches' allgemeines Nachschlagewerk, brauchbar trotz der überwiegend germanistischen Ausrichtung.
- Zu literaturtheoretischen und methodischen Fragen bietet das von Ansgar Nünning herausgegebene *Metzler-Lexikon Literatur- und Kulturtheorie*, Stuttgart/Weimar [5]2013, prägnante Kurzdarstellungen zu allen gängigen Konzepten und wichtigen Personen der Methodendebatten mit Verweisen auf Grundlagentexte.

Suche nach Sekundärliteratur: Bibliographieren

Allen genannten Informationsquellen ist gemeinsam, dass sie erste Orientierung und Überblick bieten. Für eine adäquate Beschäftigung mit und Teilnahme an Forschungsdebatten sind sie zu oberflächlich und sollten daher auch in Aufsätzen und Seminararbeiten (siehe unten) nicht oder sehr sparsam zitiert werden. Eine Ermittlung und Sichtung der speziellen Sekundärliteratur zum jeweiligen Thema ist daher unerlässlich. Die unüberschaubare Zahl von Fachpublikationen macht es erforderlich, mit System nach einschlägigen Arbeiten zu suchen, zu *bibliographieren*. Wie kann man hier vorgehen?

Bibliographische Hilfsmittel

- Monographische Publikationen (d. h. ganze Bücher zu einem Thema) kann man über *Online-Bibliothekskataloge* finden, deren wichtigster der *Karlsruher Virtuelle Katalog* (KVK) ist (*http://kvk.bibliothek.kit.edu*). Es handelt sich um einen Meta-Katalog, der nationale wie internationale Bibliotheken durchsucht und die Ergebnisse zusammenstellt. Für eine thematische Suche empfiehlt sich insbesondere das Suchfeld „Schlagwort“, das den Inhalt einer Publikation erfasst, auch wenn der entsprechende Terminus nicht im Titel derselben auftaucht. Es empfiehlt sich, mit diesem Suchkriterium ein wenig zu experimentieren und bei bekannten ‚passenden‘ Publikationen ggf. nachzusehen, unter welchen Schlagworten diese im Katalog rubriziert sind.

Thematische Literaturlisten in entsprechenden Monographien

In den gefundenen monographischen Publikationen sind meist weitere Literaturangaben zum Thema. Sie sind zwar u. U. selektiv, dafür aber rasch ermittelt und zudem meist hochgradig relevant für ein Thema. Insbesondere Überblicksdarstellungen jüngeren Datums können eine große Hilfe beim Bibliographieren sein. Auch manche Primärtextausgaben beinhalten brauchbare Bibliographien, jedenfalls für eine erste Einführung in die Forschung zum jeweiligen literarischen Werk.

Fachbibliographien

Einen verlässlichen Überblick über die Forschungslage bieten nur Bibliographien, die sowohl Bücher als auch Aufsätze eines Forschungsgebiets verzeichnen. Für die hispanistische Literaturwissenschaft gehören folgende Hilfsmittel zur ersten Wahl:

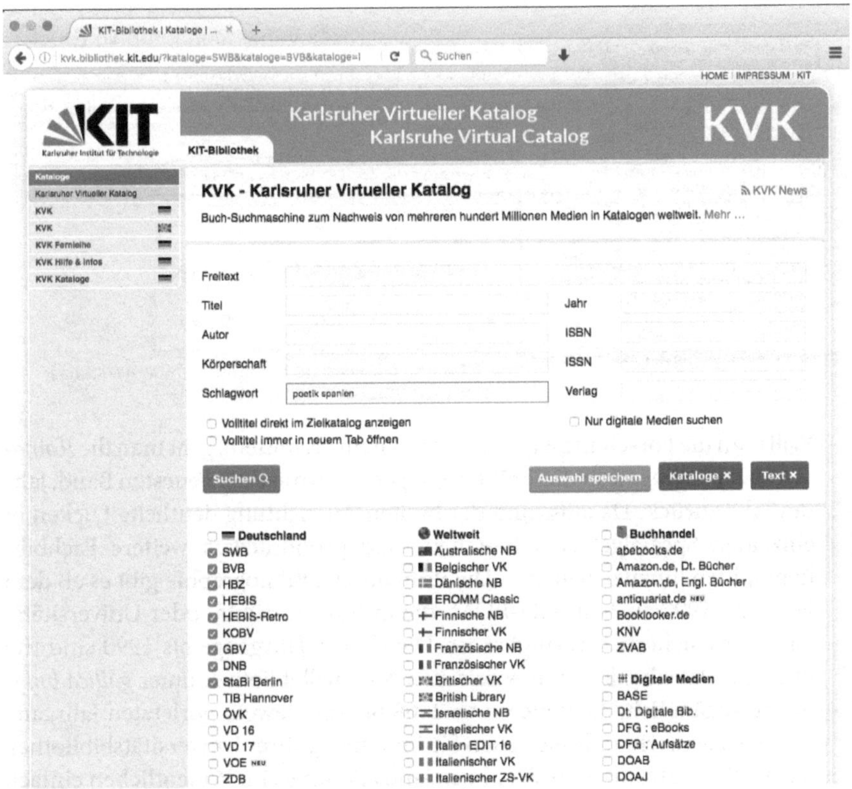

Abb. 3.2
Karlsruher Virtueller Katalog

- Die von der Universität Münster im Auftrag des deutschen Hispanistenverbandes betreute *Bibliographie der Hispanistik in der Bundesrepublik Deutschland, Österreich und der deutschsprachigen Schweiz* weist unter *www.uni-muenster.de/Hispanistikbibliographie* für den Zeitraum ab 1978 Publikationen zu den Sprachen und Kulturen der iberischen Halbinsel nach (also auch zu Portugiesisch, Katalanisch, Galizisch und Baskisch).
- Die *Romanische Bibliographie*, die 1961 als eigenständiges Publikationsverzeichnis aus den Supplementheften der *Zeitschrift für Romanische Philologie* hervorging, verzeichnet jährlich mehrere tausend romanistische Fachpublikationen, ist also nicht auf das Spanische und auch nicht auf Literaturwissenschaft beschränkt. Sie werden nach Sprachen, Jahrhunderten und Forschungsgebieten geordnet und einzeln fortlaufend nummeriert. Das literaturwissenschaftliche Verzeichnis befindet sich jeweils in Teilband II, Teilband I enthält das *Autorenregister* (gemeint sind die LiteraturwissenschaftlerInnen, die publiziert haben), vor allem aber das *Personenregister* (Personen als Forschungsgegenstand, also für uns: SchriftstellerInnen) und das *Sachregister* (Forschungsthemen), die zu jedem Eintrag Kennziffern zu den ihn betreffenden Publikationen liefern.

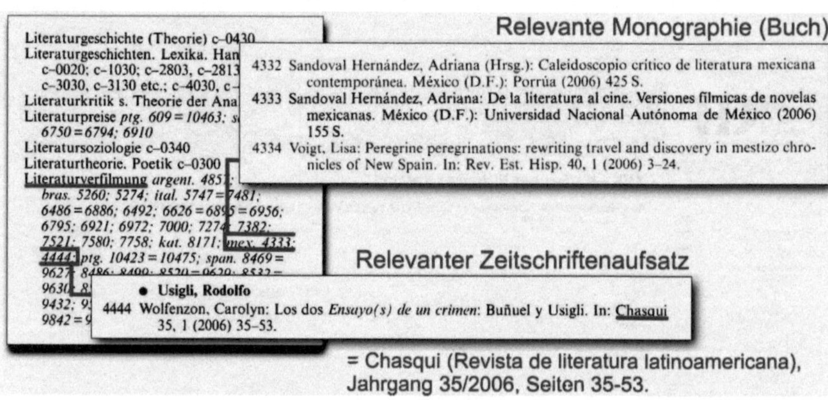

Abb. 3.3 | In der *Romanischen Bibliographie* (2006) vom Sachregister zu den relevanten Publikationen am Beispiel des Themas ‚Literaturverfilmung (Mexiko)'

Will man die Forschungslage zu einem Thema ermitteln, geht man die *Romanische Bibliographie* in dieser Weise, angefangen mit dem neuesten Band, Jahr um Jahr zurück. Da aufgrund der breiten Ausrichtung deutliche Lücken in einzelnen Spezialgebieten bestehen, sind grundsätzlich weitere Fachbibliographien hinzuzuziehen. – Die Romanische Bibliographie gibt es ab dem Jahrgang 1997 auch als CD-ROM, die in Ihrer Instituts- oder Universitätsbibliothek sicherlich verfügbar ist. Die älteren Jahrgänge bis 1990 sind frei über die Datenbank der französischen Nationalbibliothek unter *gallica.bnf.fr* online zugänglich, die neueren ab 2008 bis zum jeweils vorletzten Jahrgang ebenfalls deutschlandweit; sehen Sie im Katalog Ihrer Universitätsbibliothek nach. Die elektronischen Versionen sind allerdings im Wesentlichen einfach digitale Versionen der Printbibliographie und nicht etwas echte Datenbanken, so dass nur der Zugriff, nicht aber die Vorgehensweise bequemer ist.

- Online steht auch die auf Sprach- und Literaturwissenschaften allgemein ausgerichtete *International Bibliography* der *Modern Language Association* (MLA) zur Verfügung. Sie hat den Bequemlichkeitsvorteil einer sehr differenzierten Suchmaschine für den Zeitraum ab 1926, dabei aber den Nachteil einer Konzentration auf angloamerikanische Forschungsbeiträge. Der Zugriff ist nicht frei, aber über die Hochschule normalerweise möglich – suchen Sie am besten im Bibliothekskatalog Ihrer Universität nach „MLA International Bibliography".

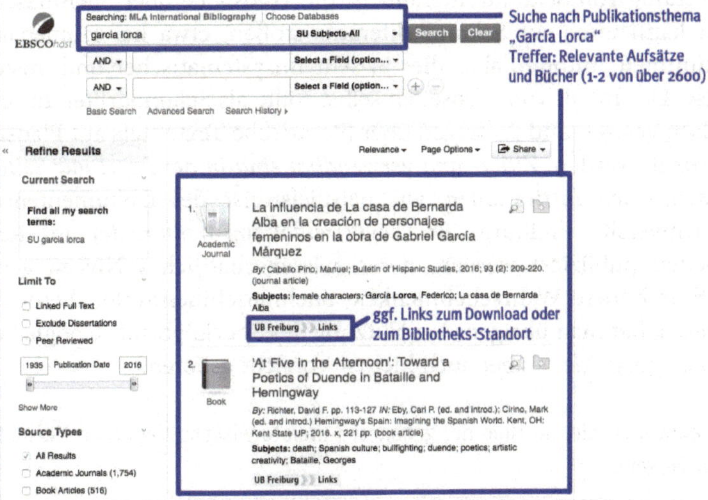

Abb. 3.4
MLA International Bibliography

- Eine fachübergreifendes Verzeichnis von Zeitschriftenaufsätzen bietet die IBZ (*Internationale Bibliographie der geistes- und sozialwissenschaftlichen Zeitschriftenliteratur*). Sie umfasst derzeit ca. 4 Millionen Datensätze zu geisteswissenschaftlichen Artikeln aus aller Welt. Mit Sicherheit stellt Ihre Hochschule einen Zugang bereit – suchen Sie im Katalog oder im Datenbank-Infosystem Ihrer Bibliothek nach „IBZ online".
- Die bibliographische Datenbank *Online Contents* (OLC) stellt spezifische Zugänge zu sogenannten Sondersammelgebieten (SSG) zur Verfügung, also fach- oder regionenspezifische Teilauszüge des Gesamtkatalogs, die zudem um die Bestände bestimmter spezialisierter Bibliotheken in Deutschland ergänzt werden. Das Ergebnis sind passgenaue Datenbanken zu den verschiedensten wissenschaftlichen Disziplinen. Der Zugang ist an allen Hochschulen in Europa und den USA frei – suchen Sie im Katalog nach „OLC-SSG". Das für uns relevante Sondersammelgebiet heißt „Ibero-Amerika, Spanien, Portugal".
- Die vom *Consejo Superior de Investigaciones Científicas* erstellte und unterhaltene Datenbank unter *http://bddoc.csic.es:8080/index.jsp* verzeichnet vorwiegend Zeitschriftenartikel aller wissenschaftlichen Fachrichtungen, die seit den 1970er Jahren in Spanien erschienen sind. Natürlich lässt sich

die Suche nach *áreas temáticas* eingrenzen, so für unseren Fall *Ciencias sociales y Humanidades → Lengua y Literatura.*

- Im *Handbook of Latin American Studies* (*http://lcweb2.loc.gov/hlas*) findet man bibliographische Hinweise auf Publikationen verschiedenster Fachgebiete über Lateinamerika. Da die Einträge von Fachvertretern der Geistes- und Sozialwissenschaften stammen, findet man weniger, dafür qualitativ bessere und zudem kommentierte Angaben.

! Vorsicht bei Quellen im Internet

- Eine beliebte, aber mit allergrößter Vorsicht anzuwendende Methode der Ermittlung von Sekundärliteratur ist die Websuche über Suchmaschinen. Man kann zwar auf Sekundärliteratur stoßen, etwa bei Homepages zu bestimmten Autoren, aber dies in sehr unsystematischer und unsicherer Weise. Der Inhalt von Webseiten selbst sollte als Sekundärliteratur extrem kritisch gelesen und Aussagen über literarische Texte stets auf Plausibilität überprüft werden. *Zitier- und verwendbar sind in der Regel nur Seiten von akademischen Institutionen,* wie beispielsweise des Dokumentenservers der Universität Freiburg i. Br. (*www.freidok.uni-freiburg.de*), auf dem nur Arbeiten publiziert werden, deren wissenschaftliches Niveau gesichert ist. Eine höhere Wahrscheinlichkeit, Suchmaschinentreffer dieser Art zu erhalten, hat man übrigens bei Nutzung des Spezialportals Google Scholar (*scholar.google.de*) – aber auch hier ist Vorsicht geboten.

Aufgabe 3.3

? Beantworten Sie mit Hilfe der genannten literaturwissenschaftlichen Hilfsmittel folgende Fragen:

- Welche spanischen Autoren des 17. Jh. haben den Narziss-Stoff aufgegriffen? Welche anderen Texte dieser Stofftradition gibt es?
- Von wem wurde das Werk *Más allá* verfasst? Welcher Gattung ist es zuzurechnen? Wo ist es zuerst erschienen?
- Wer hat wo im Jahr 2006 einen Aufsatz zur urbanen Ästhetik im Werk des uruguayischen Schriftstellers Mario Benedetti veröffentlicht?
- Wer oder was ist „Lira"?
- In welchem spanischen Drama des 17. Jh. kommen die Verse „reconocida la deuda" und „todos somos locos" vor?
- Ermitteln Sie zwei grundlegende Publikationen zum literaturwissenschaftlichen Forschungsfeld Imagologie.

3.5 Arbeitstechniken

Schriftliche Abhandlung

Die wissenschaftliche Auseinandersetzung mit Literatur findet normalerweise über schriftliche Forschungsbeiträge statt; selbst die auf einer Tagung präsentierten Vorträge werden, wenn sie als wichtig erachtet werden, üblicherweise anschließend gedruckt. Es ist daher eine zentrale Kompetenz, Techniken und Standards der schriftlichen Darstellung wissenschaftlicher Befunde zu beherrschen, und sie wird aus diesem Grunde auch in Form von Seminararbeiten während eines Philologiestudiums mehrfach trainiert. Die Regeln einer solchen Arbeit entsprechen im Wesentlichen denen, die auch für ‚echte' Forschungsbeiträge (Aufsätze oder Bücher) gelten.

Ein Aufsatz behandelt ein umgrenztes literaturwissenschaftliches Problem, das in einer klar formulierten Fragestellung und/oder einer oder mehreren Thesen konkretisiert wird. Er richtet sich an einen Fachleser und setzt das entsprechende Grundwissen voraus. Das Thema wird wissenschaftlich abgehandelt (siehe Abschnitt 3.3), d.h. die getroffenen Feststellungen werden argumentativ hergeleitet sowie nachvollziehbar und überprüfbar gemacht. Hierzu sind durchgehend Verweise auf die untersuchten literarischen Texte, ggf. die theoretischen Prämissen und auf bereits vorliegende Arbeiten (Sekundärliteratur) erforderlich. Letztere dokumentieren den jeweiligen Diskussionsstand, der teils aus kontinuierlicher persönlicher Fachlektüre, gerade am Anfang des Studiums aber meist aus Seminarinhalten und v.a. gezielter bibliographischer Ermittlung (siehe 3.4) bekannt ist.

Rahmenvorgaben: Fragestellung/These

Wissenschaftlichkeit

Wahrnehmung von Vorarbeiten

Vorgehensweise bei der Erarbeitung wissenschaftlicher Aufsätze: Themenfindung

1. Erster Schritt ist die *Themenfindung*. Bei Hausarbeiten kann man im Seminar behandelte Inhalte aufgreifen oder ausweiten, wissenschaftliche Aufsätze schließen meist an offene Fragen der bisherigen Forschung an oder eröffnen, angestoßen von einer Beobachtung oder einem neuen theoretischen Ansatz, ein neues Forschungsfeld. Das Erkenntnisinteresse (Frage, These) muss in jedem Fall klar formuliert werden.

Bibliographieren

2. Es wird zum gewählten Thema ausführlich *bibliographiert*. Da die Menge des bereits Publizierten in vielen Fällen zu groß für eine extensive Lektüre ist, kommt der Auswahl der relevanten Sekundärliteratur zentrale Bedeutung zu: Persönliche Sichtung der augenscheinlich passendsten Publikationen (Inhaltsverzeichnis, einzelne Kapitel oder Abschnitte querlesen), Markierung (und bei entliehenen Büchern Fotokopieren oder Digitalisieren) der relevanten Abschnitte.

Lesen und Exzerpieren

3. *Lesen* und *Exzerpieren* der erhobenen Materialien. ‚Exzerpieren' bedeutet, wichtige Aussagen möglichst im Originalwortlaut, evtl. durch eigene Kommentare, die als solche klar gekennzeichnet sind, ergänzt, und mit genauem Verweis zu notieren, am besten elektronisch mit einer Datei pro Publikation. Die exzerpierten Stellen sollten im Sekundärtext markiert und dieser bis zum Abschluss der Arbeit geordnet bereit gehalten werden.

Überprüfung der Themenstellung

4. *Überprüfung* der Themenstellung und Eingrenzung. Sind weitere Klärungen nötig, neue Fragen, Ansätze, Termini usw., die für die Befriedigung des Erkenntnisinteresses unabdingbar sind? Wenn ja, dann nochmals zu Schritt 2.

Gliederung

5. Nun wird die Arbeit *gegliedert*. Hier ist darauf zu achten, dass jeder Teil bedeutsam für die Fragestellung ist und die Arbeit eine (kausale, hierarchi-

sche, logische ...) Gedankenführung bekommt, die für den Leser jederzeit transparent ist. Meist formuliert eine Einleitung das Erkenntnisinteresse und ggf. den Forschungsstand, ein großer ‚Hauptteil' (der in der konkreten Arbeit nicht diese Überschrift tragen sollte) beantwortet die gestellte Frage und ein Abschluss resümiert und reflektiert die Ergebnisse, bietet einen verallgemeinernden oder einschränkenden Ausblick oder hält offene Fragen und Aufgaben (sog. *Desiderate*) für weitere Forschungen fest.

Niederschrift

6. Für die *Niederschrift* wird es sinnvoll sein, die Exzerptnotizen auf die einzelnen Kapitel und Unterkapitel zu ‚verteilen' (etwa aus den Exzerptdateien in verschiedene Kapiteldateien zu kopieren), so dass jeweils die Grundlage, von der aus man argumentiert, zur Hand ist und Verweise schnell eingefügt werden können.

Mehrmalige Durchsicht

7. Ein gerne unterschätzter letzter Schritt ist die mehrmalige genaue *Durchsicht* der Arbeit nach Stringenz und Stimmigkeit, Einhaltung wissenschaftlicher Standards, formaler Einheitlichkeit, aber auch Sprache und Stil (an die gerade in philologischen Fächern zu Recht ein hoher Anspruch gerichtet wird) sowie typographischer Korrektheit (Tippfehler, Satzkonventionen).

Zitieren und Verweisen

Zu den wissenschaftlichen Standards wurde oben schon Wesentliches gesagt. Eine besondere Bedeutung kommt hier dem Umgang mit fremden Erkenntnissen zu. Generell ist jeder fremde Gedanke (ausgenommen Allgemeinwissen) als solcher zu kennzeichnen und so mit Quellenangabe zu versehen, dass er vom Leser des Aufsatzes ohne großen Aufwand in der Originalpublikation zu finden ist. Korrekte Verweise haben beispielsweise folgende Form:

Beispiele für korrekte bibliographische Angaben

Angaben zu Primärwerken

► Bei selbstständigen literarischen Texten:

Autor/in: *Titel des Werks*. Ggf. Herausgeber/in der Textausgabe. Ersch.ort: Verlag ^{Auflage}Jahr (Reihentitel, Nummer).

Z. B. Pedro Calderón de la Barca: *La vida es sueño*. Hg. von *Ciriaco Morón*. Madrid: Cátedra ^{35}2013 (Letras hispánicas, 57).

► Bei literarischen Texten innerhalb von Sammlungen oder Gesamtausgaben:

Autor/in: *Titel des Werks*, in: *Titel der Gesamtpublikation*. Ggf. Herausgeber/in der Textausgabe. Ersch.ort: Verlag ^{Auflage}Jahr (Reihentitel, Nummer), Seite(Anf)–Seite(End).

Z. B. Jorge Luis Borges: *La biblioteca de Babel*, in: *Narraciones*. Hg. von Marcos Ricardo Barnatán. Madrid: Cátedra ^{17}2006 (Letras hispánicas, 123), 105–114.

► Bei Filmen:

Regisseur/in: *Titel des Films*. Land bzw. Länder Jahr (Datenträger, Distributor des Datenträgers Jahr).

Z. B. Alejandro González Iñárritu: *Amores perros*. Mexiko 2000 (DVD, Warner 2002).

Angaben zu Forschungs- bzw. Sekundärliteratur

- Bei Monographien:
  Verfasser/in: *Titel des Buchs. Untertitel.* Ersch.ort: Verlag ^{Auflage}Jahr (Reihentitel, Nummer), zitierte Seite(n).
  Z. B. Kathleen Richmond: *Women and Spanish Fascism: the women's section of the Falange, 1934–1959.* London: Routledge 2003 (Routledge – Cañada Blanch Studies on Contemporary Spain, 6), 21.
- Bei Aufsätzen in Sammelbänden und Lexika:
  Verfasser/in: Aufsatztitel, in: Herausg. (Hg.), *Titel des Buchs. Untertitel.* Ersch.ort: Verlag ^{Auflage}Jahr, Seite(Anf) – Seite(End), hier zitierte Seite(n).
  Z. B. Wilfried Floeck: „¿Juego posmoderno o compromiso con la realidad extraliteraria? El teatro de José Sanchis Sinisterra", in: Herbert Fritz/Klaus Pörtl (Hg.), *Teatro contemporáneo español posfranquista: Autores y tendencias.* Berlin: Tranvía 2000, 47–54, hier 49 f.
- Bei Zeitschriftenartikeln:
  Verfasser/in: „Aufsatztitel", *Name der Zeitschrift* Nummer/Jahrgang, Seite(Anf) – Seite(End), hier zitierte Seite(n).
  Z. B. Shirley Mangini: „Infancia, memoria y mito en *Si te dicen que caí* y *El cuarto de atrás*", *Cuadernos Hispanoamericanos* 617/2001, 31–40, hier 31.
- Bei Online-Quellen:
  Verfasser/in, „Aufsatztitel", *URL* (Konsultationsdatum).
  Z. B. Jörg Dünne, „Forschungsüberblick ‚Raumtheorie'", *www.raumtheorie.lmu.de/Forschungsbericht4.pdf* (01. 07. 16).

Mit ‚Verfasser' ist bei Sekundärtexten der Verfasser der zitierten Stelle gemeint. Das bedeutet: Der Verweis auf einen Sammelband- oder Lexikonartikel trägt den Namen des Artikelautors (nicht des Herausgebers), der Verweis auf die Einleitung oder das Nachwort einer Primärtextausgabe den Namen des Verfassers dieser Einleitung oder dieses Nachworts, also in der Regel eines Literaturwissenschaftlers (nicht des Schriftstellers). Der Verweis erfolgt entweder in Fußnoten (beim ersten Mal ausführlich, ab dann kurz, z. B.: Spear: 1991, 360) oder im Fließtext (in Klammern, nur kurz). Alle zitierten Titel (und *nur* diese) werden am Ende der Abhandlung alphabetisch und nach Primär- und Sekundärliteratur getrennt im Literaturverzeichnis aufgeführt (dort dann ohne die Angabe zitierter Einzelseiten). Es gibt verschiedene, z. T. durch HerausgeberInnen oder, im Falle der Hausarbeit, möglicherweise durch DozentenInnen vorgegebene Zitierformen; wichtig ist vor allem, dass *eine* Form konsequent durchgehalten wird. Hilfestellung in Sachen Zitieren und Verweisen bietet das Handbuch *Arbeitstechniken Literaturwissenschaft* der Germanisten Burkhard Moennighoff und Eckhardt Meyer-Krentler (München: Fink ^{16}2013 oder online als e-book per Abo Ihrer Bibliothek, dort die Kap. 5 und 6). Das Zitieren wie insgesamt der Umgang mit Quellen kann im Übrigen mit Hilfe von Literaturverwaltungs-Software, z. B. dem (oft per Campuslizenz für Studierende kostenlosen) *Citavi* oder dem (frei zugänglichen) *Zotero*, sehr vereinfacht werden.

Typographisches

Auch für die typographischen Vorgaben (Schriftstile, Interpunktionszeichen etc.) ist es empfehlenswert, sich einmal genau eine neuere Fachpublikation anzusehen. Grundlegendes ist der Zusammenstellung von Christoph Bier unter *http://bit.ly/typokurz-cb* zu entnehmen.

Zusammenfassung

Das Bachelor-Studium hat das Ziel, grundlegende Kompetenzen zu vermitteln, die dank der internationalen Harmonisierung der Studienabschlüsse den Zugang zu einem der vielen geisteswissenschaftlichen Masterstudiengänge in Europa, aber auch zu zahlreichen außerakademischen Berufsfeldern öffnen. Die Qualifikation hispanistischer Bachelor-Absolventen liegt in der vertieften Kenntnis der hispanophonen Kulturen und der Fähigkeit, sie insbesondere anhand von Sprache und Literatur wissenschaftlich zu beschreiben, aber auch in der allgemeinen Fähigkeit zu kritischer Erschließung gedanklicher Sachverhalte und deren adäquater (fremd-)sprachlicher Präsentation im Mündlichen wie Schriftlichen. Für den wissenschaftlichen Austausch über Phänomene wie Literatur sind fachbezogene Hilfsmittel und Arbeitstechniken erforderlich, unter ihnen insbesondere die systematische Ermittlung von Forschungsergebnissen anhand von Bibliographien und die Präsentation eigener Befunde im Rahmen einer wissenschaftlichen Abhandlung.

Literatur

Philipp Eckart: *Der Bologna-Prozess. Entstehung, Strukturen und Ziele der europäischen Hochschulpolitik*. Norderstedt: Books on Demand 2005.

Soeren Kjoerup: *Humanities – Geisteswissenschaften – Sciences humaines*. Stuttgart/Weimar: J. B. Metzler 2001.

Rainer A. Müller: *Geschichte der Universität. Von der mittelalterlichen Universitas zur deutschen Hochschule*. Hamburg: Nikol 1996.

Grundlagen der Textanalyse am Beispiel der Lyrik

Inhalt

4.1	Verstehen – Analysieren – Interpretieren	56
4.2	Ebenen der Strukturanalyse	59
4.3	Strukturanalyse: Vorgehensweise	66
4.4	Gattung Lyrik	67

Überblick

Dieses Kapitel macht Sie mit verschiedenen Zugängen zu literarischen Texten im Allgemeinen vertraut, von denen der hier wichtigste derjenige der Strukturanalyse ist. Er bildet die Grundlage interpretatorischer Ansätze, die Sie ab Einheit 10 kennen lernen werden. Es werden die verschiedenen Ebenen und die praktische Vorgehensweise bei einer Strukturanalyse sowie sachliche und terminologische Grundlagen zur Beschreibung lyrischer Texte vorgestellt.

4.1 | Verstehen – Analysieren – Interpretieren

Verstehen in den Geisteswissenschaften

Geisteswissenschaften unterscheiden sich, wie wir in der vorigen Einheit sahen, vor allem insofern von den Naturwissenschaften, als subjektives menschliches Verstehen ihr zentrales Moment ist, und dies in mehrfacher Hinsicht: Der Geisteswissenschaftler ist um eigenes Verstehen bemüht, nimmt bei der Arbeit vom eigenen Verstehen seinen Ausgang und hat im menschlichen Verstehen selbst seinen Untersuchungsgegenstand, denn Literatur beispielsweise ist entscheidend durch den Prozess des Verstehens geprägt: Erstens werden Texte normalerweise für ein um Verstehen bemühtes Publikum geschrieben, so dass Texte immer schon den Verstehensvorgang zu steuern versuchen – sei es mit dem Ziel der Erleichterung oder der Irritation; zweitens reagieren Schriftsteller stets auf vorherige Texte, die sie selbst verstanden haben, so dass die subjektive Aufnahme von Literatur Teil späterer Texte und damit der Literaturgeschichte wird. Diesen Zusammenhang hat die Konstanzer rezeptionsästhetische Schule systematisiert, von der in Einheit 11.2.2 die Rede sein wird. Wie aber vollzieht sich das Verstehen eines Textes?

Hermeneutik als Theorie des Verstehens

Diese Frage ist Gegenstand der philosophischen Hermeneutik (*hermenéutica*). Der Begriff bezeichnete von alters her zunächst die Ermittlung des ‚wahren' Schriftsinns insbesondere der Bibel und diente u. a. dazu, nicht mehr verständliche kanonische Texte wieder lesbar zu machen, mithin zu ‚übersetzen' und so die Kontinuität der Tradition zu gewährleisten. Seit dem Ende des 18. Jh. entwickelte sich Hermeneutik dann in einem ausgedehnteren Sinne zur Theorie menschlichen Verstehens noch vor jeglichem gezielten methodischen Zugriff, wobei das Augenmerk verstärkt dem verstehenden Subjekt und seiner Beteiligung am Sinnentstehungsprozess galt. Die Bedeutung eines Textes, so stellte man fest, wird nicht wie in einem Behälter vom Autor zum Leser transportiert und von diesem dann unverändert ‚entnommen', sondern Bedeutung entsteht erst im Leseakt, indem Signale des Textes auf das Wissen, die Erwartungen und die Fragen (den ‚Horizont') des jeweiligen Lesers treffen (vgl. Einheit 11.2.2). Menschliches Verstehen zielt generell auf die Erzeugung von Kohärenz, Widerspruchsfreiheit in einem Gesamtverständnis, das allen Teilen ihre Bedeutung zuweist. Stellen Sie sich vor, Sie beginnen einen Text zu lesen. In aller Regel wird der erste Satz, isoliert betrachtet, für Sie im Grunde kaum verstehbar sein: Wird beispielsweise ein Eigenname erwähnt, bleibt dieser Verweis völlig leer, da Sie über die fiktive Person, die sich dahinter verbirgt, zunächst keinerlei Informationen haben. Ähnliches gilt etwa für eine einsetzende Handlung, über deren Motivation, Kontext, Folgen, Ziel, Situation Sie noch nichts wissen. Wenn Sie dennoch bei den meisten Texten den Eindruck haben zu verstehen, dann liegt das daran, dass Sie diese ersten Sätze auf einen vermuteten Gesamtsinn des Textes beziehen und all das, was nicht in der Bedeutung der Einzelwörter liegt, aus diesem Gesamtverständnis heraus ‚auffüllen'. Im Bestreben zu verstehen – und das gilt nicht nur für Texte, sondern für Verstehen schlechthin – bilden wir permanent Hypothesen, die wir in der Begegnung mit dem Einzelnen überprüfen. Zu Beginn einer Lektüre wird die Bedeutungshypothese nicht dem Text entspringen, den Sie ja noch nicht kennen, sondern Ihrem allgemeinen Weltverständnis, Ihrem kulturellen Hintergrund, Ihrer Biographie und Ihrer Leseerfahrung. Im Laufe der Lektüre wird sich dieses Verständnis ändern, nämlich dann, wenn der Text Informationen liefert, die nicht in Ihr momentanes Gesamtverständnis passen und eine Modifikation, vielleicht auch radikale Umkehrung desselben erforderlich machen. Geschieht dies, so werden Sie nicht nur die folgenden Einzelheiten des Textes anders verstehen, sondern Sie werden auch rückblickend das bereits Gelesene neu bewerten, manches als irrelevant erkennen, was Ihnen zunächst bedeutsam schien, und umgekehrt neue Zusammenhänge herstellen. Verstehen ist kein linearer Vorgang, der sich vom ersten bis zum letzten Satz vollzieht, sondern ein ständiges Hin- und Hergehen zwischen einem vorläufigen Gesamtverständnis, das der Leser permanent, dabei meist unbewusst, konstruiert, und den Einzelheiten, d.h. einzelnen Sätzen, Motiven, Figuren, Handlungsepisoden, die nur innerhalb eines solchen Gesamtverständnisses verstehbar sind. Dieses Modell nennt man den *hermeneutischen Zirkel* (*círculo hermenéutico*). Dieser ist prinzipiell unabschließbar: Ein ‚absolutes' Verständnis von Literatur gibt es nicht, da Texte niemals den Sinn vollständig festlegen, sondern auch bei wiederholter Lektüre ein zwar durch den Text mitgestaltetes, aber immer auch subjektiv bestimmtes Gesamtverständnis besteht. Diese Wirkungsweise von Literatur zu begreifen ist von grundlegender Bedeutung, da sich zeigt, dass ein literarisches Werk eigentlich erst im Dialog mit dem Leser und seinem subjektiven Welt- und Textvorverständnis entsteht. Hier liegt der Grund dafür, dass auch Texte längst vergangener Epochen dem heutigen Leser ‚etwas sagen' können, da er sie im Verstehensakt ein Stück weit in seinen persönlichen Horizont integriert.

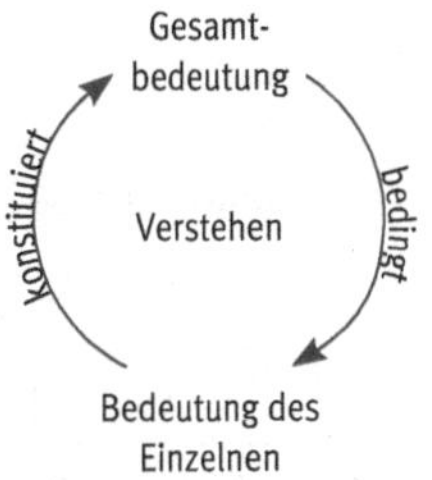

Abb. 4.1
Der hermeneutische Zirkel als Kreismodell

Unhintergehbare Subjektivität

Die Kehrseite des hermeneutischen Zirkels und der Wiederaneignung von Texten durch die Leser ist der Umstand, dass es damit keinen ein für allemal geschlossenen Textsinn gibt, an den man sich annähern könnte, sondern die Subjektivität des jeweiligen Betrachters unhintergehbarer Bestandteil des literaturwissenschaftlichen Objekts ist. Anders formuliert: In den auf Verstehen gründenden Geisteswissenschaften ist der Untersuchende immer Teil dessen, was er untersucht – es ist beispielsweise schlichtweg nicht möglich, restlos den ‚Sinn' zu ermitteln, den ein Text zum Zeitpunkt seiner Entstehung gehabt hat, da die damaligen subjektiven Verstehensbedingungen (wessen überhaupt?) nicht vollständig ermittelbar sind und wir jeden Text notwendigerweise vom Standpunkt eines heutigen Betrachters aus wahrnehmen.

Hermeneutische Differenz

Zwischen früheren Rezeptionen und heutigen sowie zwischen diesen und künftigen Lesarten liegt eine hermeneutische Differenz, die interpretatorisch annähernd beschrieben (siehe Einheit 11.2.2), aber nicht aufgelöst werden kann.

Ansatzpunkte der Objektivierung

Der Natur literarischer Kommunikation Rechnung zu tragen heißt indes nicht, der Beliebigkeit Tür und Tor zu öffnen und das Ziel einer überindividuellen Verständigung über Literatur ins Reich der Utopie zu verbannen. Wenngleich es absolute Objektivität nicht geben kann, so stehen uns doch an beiden Polen des hermeneutischen Zirkels Ansatzpunkte für eine *Objektivierung* zur Verfügung:

1. Der Text ist, sobald durch kritische Edition eine gesicherte Textgrundlage erarbeitet wurde, objektiv gegeben.
2. Der hermeneutische Hintergrund, vor dem ein Text verstanden wird, kann seinerseits annähernd transparent gemacht und entsubjektiviert und der Weg (gr. *methodos*, also die Methode) zur jeweiligen Ermittlung des Textsinns systematisiert und begründet werden.

Strukturanalyse

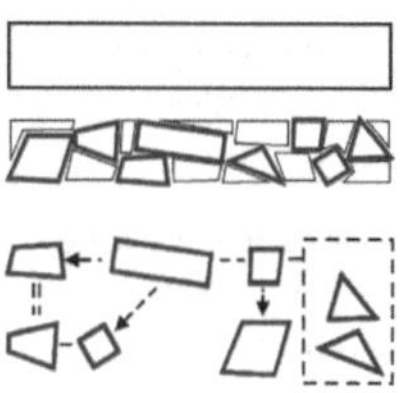

Abb. 4.2 | Strukturanalyse (Schritt 1 und 2)

Abstraktes Modell textinterner Funktionen

Eine auf den erstgenannten Ansatzpunkt bezogene Herangehensweise an literarische Texte ist die *Strukturanalyse* (*análisis estructural*, m.). ‚Struktur' (*estructura*) bedeutet allgemein die Gesamtheit aller Teile eines Ganzen und ihre Beziehung untereinander (siehe Einheit 12.1.1). Der Begriff ‚Analyse' geht in dieselbe Richtung: Er bezeichnet in der Philosophie die logische Auflösung, Zerlegung eines Begriffes in seine Merkmale, eines Bewusstseinsinhalts in seine Elemente; in den Naturwissenschaften wie der Chemie etwa die Bestimmung der Einzelbestandteile eines Stoffs. Im Gegensatz zu letzterer kann eine literaturwissenschaftliche Strukturanalyse nicht bei den ermittelten Bestandteilen stehen bleiben, sondern besteht, um mit der *Struktur* die Beziehung der Teile zueinander deutlich zu machen, aus einer Zerlegung und Wieder-Zusammenfügung, was im Übrigen dem hermeneutischen Wechselspiel von Teil und Ganzem entspricht. Ziel einer Strukturanalyse ist es, ein Modell herauszuarbeiten, das zeigt, wie der Text ‚funktioniert', wie er unterteilt ist, mit welchen sprachlichen und formalen Mitteln er Bedeutung erzeugt. Der Versuch, Strukturen eines Textes aufzudecken, ist nicht frei von Subjektivität, da es beispielsweise von der Fragestellung und dem Interesse des Betrachters abhängt, was als ‚relevanter' Bestandteil im Hinblick auf die Gesamtbedeutung gelten kann und welche Strukturen man überhaupt erkennt; man erreicht aber größtmögliche Objektivität, wenn zwei Prinzipien befolgt werden:

Prinzipien der Strukturanalyse

1. Die Analyse von Textstrukturen sollte *textimmanent* bleiben, d.h. von allem Außertextuellen wie Autor, Realitätsbezug usw., sofern nicht innerhalb des Textes explizit darauf verwiesen wird, absehen. Hinsichtlich der Inhaltsebene beschränkt sie sich auf nachweisbare (etwa in Wörterbüchern verzeichnete) Wortbedeutungen und Konnotationen (Nebenbedeutungen).
2. Eine Strukturanalyse sollte interpretatorische Offenheit bewahren, also ein notwendiges anfängliches Leseverständnis nicht als zu erreichenden Zielpunkt setzen, sondern anhand der Sinn- und Formstrukturen des Textes

kritisch hinterfragen und auch eine mögliche Widersprüchlichkeit oder Mehrdeutigkeit des Textes in Rechnung stellen.

Analyse als erster Schritt zur Interpretation

Eine solche Ermittlung der Textstrukturen ist Grundgerüst und Vorbereitung einer *Interpretation* (*interpretación*). Dieses Objektivierungsverfahren bezieht sich vor allem auf den zweiten der oben genannten Ansatzpunkte der Objektivierung: die Offenlegung des ‚hermeneutischen Hintergrunds' sowie der spezifischen Methode. Dahinter steckt der Gedanke, dass ich mein Textverständnis objektivieren und damit wissenschaftlich validieren (gültig machen) kann, wenn ich (a) eine nicht von meinem subjektiven Weltverständnis abhängende Grundlage angebe, also z. B. mein Textverständnis in der nachweisbaren Biographie des Autors (produktionsästhetisch) oder der Erwartungshaltung der Leserschaft (rezeptionsästhetisch) verankere, und (b) die Methode angebe, der ich beim Textverstehen gefolgt bin, so dass andere meine Vorgehensweise nachvollziehen und ggf. kritisieren können. Eine korrekte Strukturanalyse steckt den Bedeutungsspielraum ab, den anschließende Interpretationen haben, da sie offenkundigen Sinnstrukturen des Textes natürlich nicht widersprechen dürfen; oft aber erschließen sich literarische Texte nicht rein strukturell und textimmanent, so dass die Interpretation eine wichtige literaturwissenschaftliche Arbeitstechnik für ein adäquates Textverständnis darstellt. Wir werden in den Einheiten 10–12 näher darauf eingehen.

Aufgabe 4.1

? Grenzen Sie in Ihren eigenen Worten nochmals die Begriffe ‚Verstehen', ‚Analyse', ‚Interpretation' voneinander ab. Wie ist es zu begründen, dass trotz wissenschaftlicher Objektivität verschiedene und nicht selten konträre Interpretationen zu einem Text existieren? Können Sie sich Kriterien vorstellen, aufgrund derer man Interpretationen qualitativ beurteilen kann?

4.2 Ebenen der Strukturanalyse

Ausdrucksseite vs. Inhaltsseite

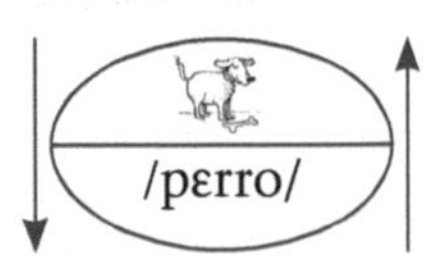

Abb. 4.3 Sprachzeichen: Ausdrucks- und Inhaltsseite

Sie haben im Zusammenhang mit der Medialität von Literatur als besondere Form geschriebener Sprache (Einheit 1) bereits Ferdinand de Saussures Gegenüberstellung von Ausdrucksseite (Signifikant) und Inhaltsseite (Signifikat) kennengelernt. Als Grundkomponenten jeglicher Art von Zeichen stecken diese beiden Begriffe natürlich Ebenen auch der literarischen Kommunikation und damit der Strukturanalyse literarischer Texte ab. Die Dichotomie von Ausdrucks- und Inhaltsseite ist, bezogen auf Einzelerscheinungen, keine absolute: Ein Element, sagen wir: das Konzept ‚Hund', ist der Inhalt (Signifikat) der span. Zeichenfolge /pεrro/ (Signifikant), kann aber zugleich als Ausdruck (Signifikant) für andere Konzepte wie ‚Unterwürfigkeit', ‚Treue' u. ä. dienen. Hier zeichnet sich bereits ab, wie komplex sprachliche und insbesondere literarische Bedeutungsstrukturen sein können (und meistens auch sind). Bedenken wir dies mit, wenn wir im Sinne einer ersten Annäherung und eines Wegweisers für die Textbeschreibung dennoch sagen: Eine Strukturanalyse hat sich auf zwei Ebenen zu beziehen, die Ausdrucksebene mit der sprachlichen und gattungspoetischen Form und die Inhaltsebene mit dem Thema, den Motiven und Figuren, die ein Text entwickelt. Sehen wir uns das näher an.

Ausdrucksseite: sprachliche Realisierung vom Laut bis zu formalen Gattungsregeln

Sprachliche Äußerungen sind dadurch gekennzeichnet, dass sie eine begrenzte Zahl kleiner sprachlicher Einheiten (etwa Phoneme, also Laute) zu größeren (etwa Morpheme, d. h. Wörter bzw. ihre bedeutungstragenden Teile) kombinieren und diese wiederum zu noch größeren (Sätze, Texte), wobei die Zahl der verfügbaren Ausdrucksmittel jeweils exponentiell ansteigt. Eine Beschreibung der sprachlichen Form (Ausdrucksseite) eines Textes berücksichtigt idealerweise jede dieser Ebenen, wobei freilich nicht alle möglichen Befunde auch relevant für das Funktionieren des Textes sind, auf das wir ja hinauswollen. In umgekehrter Reihenfolge formuliert gilt das Interesse der Formbeschreibung also:

- der Verknüpfung von Sätzen und Absätzen zum Gesamttext,
- dem Satzbau (Syntax), d. h. der Komposition von Satzteilen,
- der Wortwahl und Wortbildung (Lexik, Morphologie),
- der Lautung.

Die antike Rhetorik (Theorie der Redekunst) hat zur Beschreibung und Vermittlung schmuckvoller Rede ein begriffliches Raster entwickelt, das als Hilfsmittel zur Beschreibung auch literarischer Texte als Sonderfall von ‚Rede' dienen kann und das Ihnen sicherlich teilweise bereits bekannt ist. Wenn wir an dieser Stelle ausführlicher auf dieses Raster eingehen, dann liegt dies nicht allein an der Notwendigkeit, sich innerhalb einer Fachwissenschaft terminologisch korrekt ausdrücken zu können, sondern auch daran, dass man erfahrungsgemäß leichter einen Sachverhalt *erkennt*, wenn man einen *Begriff* dafür hat.

Beschreibung der Ausdrucksseite

Die wichtigsten ausdrucksbezogenen rhetorischen Stilmittel – geordnet von der Laut- über die Wort- bis hin zu Satz(teil)ebene:

Rhetorische Stilmittel I: Gestaltung des Ausdrucks

wir waschen weiße Wäsche

Alliteration (*aliteración*): gleicher Anlaut aufeinanderfolgender Wörter. *Beispiel:* En el silencio sólo se 'scuchaba / un susurro de abejas que sonaban. (Garcilaso de la Vega)

Anapher (*anáfora*): Wiederholung des gleichen Wortes oder mehrerer gleicher Wörter am Anfang mehrerer Sätze oder Satzteile (Gegenteil Epipher). *Beispiel:* Hora de ocaso y de discreto beso; / hora crepuscular y de retiro; / hora de madrigal y de embeleso. (Rubén Darío)

Assonanz (*asonancia*): Gleichklang von Vokalen, bedeutsam insbesondere am Versende als assonantischer Reim, d. h. Vokalgleichheit ab dem letzten betonten Vokal. *Beispiel:* agua – ramas – canta.

Homoioteleuton (*homeotéleuton, m.*): Gleichklingender Wortauslaut (Vorform des Reims). *Beispiel:* Con natas al gusto gratas. (Juan de Salinas) Hoch die Hände Wochenend

Paronomasie (*paronomasia*): Zusammenstellung von gleich oder ähnlich klingenden Wörtern unterschiedlicher Bedeutung. *Beispiel:* De medio arriba, romanos / de medio abajo, romeros. (Lope de Vega)

Onomatopöie (*onomatopeya*), adj. onomatopoetisch: Klangnachahmende, lautmalende Wörter. *Beispiele:* tic, zigzag.

Anagramm (*anagrama, m.*): Buchstabenumstellung. *Beispiel:* cosa – caso – asco. Häufig bei Pseudonymen. *Beispiel:* Gabriel Padecopeo (= Lope de Vega Carpio). Salvador Dalí wurde in Anspielung auf seine Geldgier von dem frz. Schriftsteller André Breton mit dem Anagramm „Ávida Dollars" bedacht. Lampe - Ampel - Palme

Akkumulation (*acumulación*): Worthäufung; Nennung mehrerer Unterbegriffe anstelle eines Oberbegriffs. *Beispiel:* Desmayarse, atreverse, estar furioso, / áspero, tierno, liberal, esquivo, / alentado, mortal, difunto, vivo, / leal, traidor, cobarde y animoso (Lope de Vega). Bei geordneter oder vollständiger Aufzählung spricht man von einer **Enumeration** (*enumeración*).

Anadiplose (*anadiplosis, f.*): Wiederholung des letzten Wortes oder der letzten Wortgruppe eines Verses oder Satzes am Anfang des folgenden Verses oder Satzes zur semantischen oder klanglichen Intensivierung. *Beispiel:* Mi sien, florido balcón / de mis edades tempranas, / negra está, y mi corazón, / y mi corazón con canas. (Miguel Hernández) – Mitunter auch als echoartige Wiederholung nur der letzten Silbe: El Soberano Gaspar / par es de la bella Elvira / vira de amor más derecha, / hecha de sus armas mismas. (Sor Juana Inés de la Cruz)

Asyndeton (*asíndeton, m.*): Aneinanderreihung ohne Konjunktionen (vgl. Polysyndeton). Erweckt häufig den Eindruck einer Beschleunigung. *Beispiel:* Pasó, pasé; miró, miré; vio, vila; / dio muestras de querer, hice otro tanto; / guiñó, guiñé; tosió, tosí; seguíla; / fuese a su casa y, sin quitarse el manto, / alzó, llegué, toqué, besé, cubríla, / dejé el dinero y fuime como un santo. (Anon.) ich kam, ich sah, ich siegte

Polysyndeton (*polisíndeton, m.*): Aneinanderreihung mit stetiger Setzung der Konjunktion (vgl. Asyndeton). *Beispiel:* Soy un fue y un será y un es cansado. / En el hoy y mañana y ayer junto / pañales y mortaja y he quedado / presentes sucesiones de difunto. (Francisco de Quevedo)

Pleonasmus (*pleonasmo*): Übertriebene und unnütze (redundante) Anhäufung von Wörtern gleicher oder ähnlicher Bedeutung, die keine neuen Merkmale hinzufügen. *Beispiel:* Pobre ciego que no ve ... (Romance). Heute meist gleichbedeutend gebraucht, aber positiver konnotiert ist der Begriff **Tautologie** (*tautología*).

Figura etymologica (*figura etimológica*): Verbindung zweier oder mehrerer Wörter gleicher Wortherkunft (vgl. auch → Polyptoton). *Beispiel:* Viendo que el ver me da muerte, / Estoy muriendo por ver. (Calderón de la Barca)

Polyptoton (*políptoton, m., pl. políptotos*): Wiederholung desselben Wortes in verschiedenen Flexionsformen (Abart der → Figura etymologica). *Beispiel:* ¡Qué alegría vivir / sintiéndose vivido! (Pedro Salinas), oder „ver" im Beispiel zur Figura etymologica.

Chiasmus (*quiasmo*): Überkreuzstellung der Konstruktion zweier Sätze oder Verse: Im zweiten Satz oder Vers stehen die inhaltlich und/oder grammatikalisch dem ersten entsprechenden Wörter in umgekehrter Reihenfolge. *Beispiele:* Pues dar vida a un desdichado / Es dar a un dichoso muerte (Calderón), Ni son todos los que están, ni están todos los que son (Sprichwort). Ergibt sich daraus ein widersprüchlicher Sinn, spricht man im Spanischen auch von *retruécano*.

Parallelismus (*paralelismo*): Wiederkehr der gleichen Wort- oder Satzteilreihenfolge. *Beispiel:* Y la carne que tienta con sus frescos racimos, / Y la tumba que aguarda con sus fúnebres ramos. (Rubén Darío)

Hyperbaton (*hipérbaton,* pl. *hipérbatos*): Sperrung, künstliche Trennung einer syntaktisch zusammengehörenden Wortgruppe. *Beispiel:* Mientras por competir con tu cabello, / oro bruñido al sol relumbra en vano (Góngora) [= Mientras oro bruñido relumbra en vano al sol por competir con tu cabello]

Anakoluth (*anacoluto*): Herausfallen aus der Satzkonstruktion. *Beispiel:* ¿Y su padre de usted no tendré el gusto de verle antes de marcharme? (Jacinto Benavente)

Ellipse (*elipsis, f.*): Auslassung eines Wortes oder Satzteiles; das Fehlende ist jedoch leicht ergänzbar. (vgl. auch → Aposiopese) *Beispiel:* los montes nos ofrecen leña de balde; los árboles, frutos; las viñas, uvas. (Miguel de Cervantes)

Aposiopese (*aposiopesis, f.*): Bewusstes Abbrechen der Rede vor der entscheidenden Aussage, wobei entweder die syntaktische Konstruktion abgebrochen oder der Gedanke (in einem vollständigen Satz) nicht zu Ende geführt wird (Abart der →Ellipse). *Beispiel:* Fisgona, ruda, necia, altiva, puerca, / Golosa y... basta, musa mía, / ¿cómo apurar tan grande letanía? (Francisco de Quevedo)

Aufgabe 4.2

? Ordnen Sie die genannten signifikantenbezogenen Figuren versuchsweise nach Wiederholungsfiguren, Umstellungsfiguren und Auslassungsfiguren, wobei Sie die Kategorien in verschiedenen Ecken eines Papierbogens zusammenstellen (nicht neben- oder untereinander schreiben) und evtl. farblich unterscheiden. Wiederholen Sie die Übung, ohne in obiger Zusammenstellung nachzusehen.

Aufgabe 4.3

? Erfinden Sie frei deutsche Beispiele zu jeder der Figuren.

Inhaltsebene

Die zweite Hauptebene der Strukturanalyse ist die Inhaltsbeschreibung. Was aber ist ‚Inhalt'? Man könnte einfach sagen: Das, wovon der jeweilige Text spricht, das ‚Was' des Textes – im Gegensatz zum ‚Wie' der Darstellung, dem Ausdruck, um den es uns eben ging. Für das so Umschriebene gibt es zunächst den Terminus *Thema* (*tema*, m.; zu Thema, Stoff, Motiv siehe auch Einheit 11.1.1). Analog zum alltäglichen Sprachgebrauch bezeichnet der Begriff den gedanklichen Kern, das Problem des Textes *innerhalb der Fiktion*. Davon zu unterscheiden ist das, was der Text vom *außerfiktionalen* Standpunkt aus behandelt, was er also beispielsweise für uns heute bedeutet – die Bedeutung oder *Signifikanz* eines Textes, die Sache der Interpretation ist und in diesen Zusammenhang gehört (siehe Einheiten 10–12). Ein Thema, das bereits vor dem untersuchten Text in weitgehend fixierter Form (mit bestimmter Handlung, Personen, Orten usw.) besteht, nennt man *Stoff* (im Span. oft ebenfalls *tema* oder *materia,* bei alten und berühmten Stoffen auch *mito*). Ein besonders altes und berühmtes Beispiel wäre der Ödipusstoff. Thema und Stoff betreffen Texte als ganze: Sie sind *makrostrukturelle* Kategorien. Unterhalb dieser Ebene, im Bereich der *Mikrostruktur*, haben wir mit den sog. *Motiven* (*motivos*) zu tun. Damit sind in handlungsbetonten Texten einzelne Situationen oder Vorgänge und ihre Kausalverkettung (beispielsweise die Trennung der Liebenden, die Ankunft des Helden), in nichterzählenden Texten in Anlehnung an

Makrostrukturell: Thema, Stoff

Mikrostrukturell: Motiv, Isotopie

die Photographie bildhafte Vorstellungen gemeint. Diese Kategorien werden uns im Weiteren noch öfter beschäftigen, so die Handlungsanalyse in den Einheiten 6.7 (Drama) und 8.3.2 (Epik), Thema, Stoff und Motiv als diachrones (literarhistorisches) Forschungsfeld in Einheit 11.1.1.

Isotopie: mehrmaliges Auftreten von Bedeutungsmerkmalen

Wegen ihrer besonderen Relevanz hinsichtlich lyrischer Texte bereits hier zu vertiefen ist eine noch unterhalb des Motivs angesiedelte Ebene der Inhaltsstruktur: die *Isotopie* (*isotopía*). Der auf den litauisch-französischen Strukturalisten Algirdas Julien Greimas zurückgehende Begriff bezeichnet das mehrmalige Auftreten von semantischen (d.h. Bedeutungs-)Merkmalen in einem Text. Eine Isotopie bilden alle Wörter eines Textes oder Textausschnitts, die mindestens ein gemeinsames Bedeutungsmerkmal (ein ‚Sem' in der Terminologie der Linguistik) besitzen. Dabei gibt es immer mehrere solcher Isotopien, die sich auch überschneiden können, d.h. sich einzelne Wörter teilen. Ein Beispiel: Die Wortmenge „Reiter", „rachsüchtig", „Pferd", „Zofe", „Marmor", „gefiedert", „Schwert", „lügen" weist die Isotopien ‚menschlich' (Reiter, rachsüchtig, Zofe, lügen) und ‚tierisch' (Pferd, gefiedert) auf, die zusammengenommen als Isotopie ‚belebt' der Isotopie ‚unbelebt' (Marmor, Schwert) gegenübergestellt werden können:

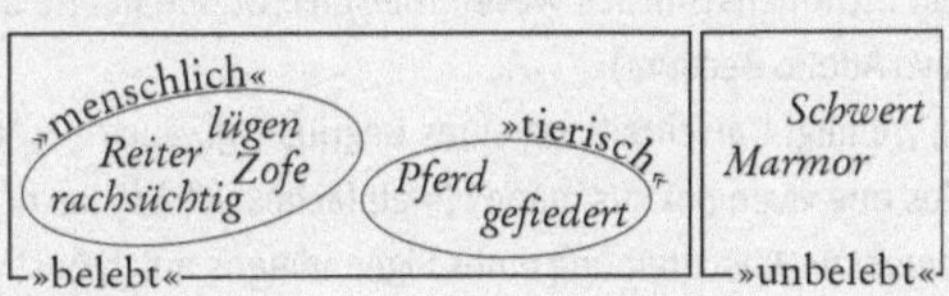

Abb. 4.4
Beispiel für Isotopien

Es wären weitere Isotopien, etwa ‚Rittertum' (Reiter, Pferd, Schwert), denkbar. Die Bedeutungsmerkmale sind zwar nicht willkürlich, sondern weitgehend vom Gehalt und Kontext der Wörter bedingt – aber die Isotopien zu konstruieren und ihre Relevanz zu beurteilen, obliegt dem Leser im Zuge seiner Analyse. Hierbei spielt, wie sich an unserem Beispiel andeutet, auch das Verhältnis der möglichen Isotopien untereinander eine Rolle. Die Isotopie ‚Rittertum' ist isoliert, während die Isotopien ‚belebt' und ‚unbelebt' sowie, eine Ebene tiefer, ‚menschlich' und ‚tierisch' einander gegenübergestellt werden können, *Oppositionen* bilden. Wie Sie sich erinnern, hatten wir oben Struktur als Gesamtheit aller Teile eines Ganzen und ihre Beziehung untereinander definiert; damit wird deutlich, dass diejenigen Isotopien eines Textes, die in Opposition zueinander treten können und damit eine sehr klare Beziehung aufweisen, grundsätzlich interessant für eine Strukturanalyse sind, wenngleich eine Letztentscheidung über die Bedeutung einer Isotopie freilich auch von ihrer Aussagekraft für das ermittelte Thema abhängt. Unser Beispiel zeigt, wie auf der untersten semantischen Ebene, nämlich anhand der Bedeutung einzelner Wörter, Strukturen ausgemacht werden können: Der Leitfaden ist hier die Suche nach Äquivalenzen und Gegensätzen. Dies kann auf größere Einheiten, etwa Sätze, ausge-

Opposition

weitet werden. Idealerweise treten so Sinnbezüge und ihre Entwicklung auch in Texten hervor, die auf den ersten Blick kaum Entwicklung, Handlung oder Kohärenz erkennen lassen, und machen sie ‚lesbar'. Von der praktischen Arbeit mit Isotopien und Oppositionen werden Sie in der nächsten Einheit anhand der Strukturanalyse lyrischer Texte einen Eindruck bekommen.

Rhetorik und gedankliche Seite der Rede

Natürlich hatte nicht erst die strukturalistische Sprach- und Literaturwissenschaft des 20. Jh. (vgl. Einheit 12.1) die Idee, inhaltliche Strukturen in Texten zu systematisieren, sondern auch die antike Rhetorik hat sich für die gedankliche Seite der Rede, die logischen Verbindungen zwischen Textteilen interessiert und wiederum ein terminologisches Raster entwickelt, das Sie nun als literaturwissenschaftliches Hilfsmittel in Grundzügen kennenlernen.

Die wichtigsten inhaltsbezogenen rhetorischen Stilmittel:

Rhetorische Stilmittel II: Gestaltung des Inhalts

Allegorie (*alegoría*): Veranschaulichung eines Begriffes oder abstrakten Sachverhalts durch ein rational fassbares Bild, oft in Form der → Personifikation. *Beispiel:* Así es como se formó y creció el árbol de las ciencias, así se multiplicaron y extendieron sus ramas, y así es como, nutrida y fortificada cada una de ellas, pudo llevar más sazonados y abundantes frutos. (Jovellanos)

Personifikation (*personificación*): Übertragung einer menschlichen Eigenschaft oder Tätigkeit auf eine Sache, ein nichtmenschliches Wesen. *Beispiel:* Donde habite el olvido / allí estará mi tumba. (Gustavo Adolfo Bécquer)

Periphrase (*perífrasis, f.*): allg. Umschreibung eines Begriffs (vgl. auch → Antonomasie). *Beispiel:* son iguales / los que viven por sus manos (= einfaches Volk) / y los ricos. (Jorge Manrique)

Antonomasie (*antonomasia*): Umschreibung eines Eigennamens durch bestimmte Züge seines Trägers oder einen anderen Eigennamen (Sonderform der → Periphrase). *Beispiele:* El príncipe de los ingenios (für Cervantes), el que en buen hora nació (für den Cid, siehe Einheit 8.1), un Nerón (für despotischer Herrscher).

Euphemismus (*eufemismo*): Verhüllende Umschreibung (→ Periphrase) einer unangenehmen, anstößigen oder unheilbringenden Sache durch einen mildernden oder beschönigenden Ausdruck. *Beispiel:* Pasar a mejor vida (für sterben).

Metapher (*metáfora*): Übertragung. Das eigentliche gemeinte Wort wird ersetzt durch ein anderes, das eine sachliche oder gedankliche Ähnlichkeit oder dieselbe Bildstruktur aufweist. Quintilian definierte die Metapher als verkürzten Vergleich, bei dem der Vergleichspartikel weggefallen sei. Eine der wichtigsten und häufigsten Sinnfiguren überhaupt. *Beispiel:* Yo sé un himno gigante y extraño / que anuncia en la noche del alma una aurora. (Gustavo Adolfo Bécquer) – Es existiert eine große Bandbreite von metaphorischen Redeweisen, von konventionellen oder verblassten Metaphern, die durch häufigen Gebrauch kaum als solche wahrgenommen werden („una mano lava la otra"), bis zu sog. absoluten Metaphern, bei denen die Ähnlichkeitsbeziehung zwischen den Bildbereichen durch die Metapher selbst erst gesetzt ist. *Beispiel:* Se fueron los camellos de carne desgarrada / y los valles de luz que el cisne levantaba con el pico. (Federico García Lorca)

Metonymie (*metonimia*): Ersetzung des eigentlich gemeinten Wortes durch ein anderes, das in einer realen geistigen oder sachlichen Beziehung (wie räumliche Nachbarschaft, Urheberschaft usw.) zu ihm steht (→ Synekdoche). *Beispiel:* ¡Oh siempre gloriosa patria mía, / tanto por plumas cuanto por espadas! [plumas = Schrifttum, espadas = militärische Macht] (Luis de Góngora)

Synekdoche (*sinécdoque, f.*): Ersetzung des eigentlichen Begriffes durch einen zu seinem Bedeutungsfeld gehörenden engeren oder weiteren Begriff, z. B. Teil für das Ganze (pars pro toto) oder umgekehrt (totum pro parte), die Art für die Gattung, Singular für Plural. Sonderform der → Metonymie. *Beispiel:* El pan nuestro de cada día, dánoslo hoy. [Brot = Nahrung] (Bibel)

Synästhesie (*sinestesia*): Verschmelzung verschiedenartiger Sinnesempfindungen. *Beispiel:* Vaga mariposa / que colgabas a la tarde de primavera, / en el cénit azul, una caricia rosa. (Juan Ramón Jiménez)

Litotes (*litote, f.*): Abschwächung des Ausdrucks, die inhaltliche Verstärkung suggeriert, häufig durch Verneinung des Gegenteils. *Beispiel:* una moza asturiana, [...] del un ojo tuerta y del otro no muy sana. [= auch auf dem zweiten Auge nahezu blind] (Miguel de Cervantes)

Hyperbel (*hipérbole, f.*): Übertreibung. *Beispiel:* Con mi llorar las piedras enternecen / su natural dureza y la quebrantan. (Garcilaso de la Vega)

Antithese (*antítesis, f.*): Pointierte Zusammenstellung entgegengesetzter Begriffe oder Aussagen. *Beispiel:* Yo velo cuando tú duermes, yo lloro cuando cantas, yo me desmayo de ayuno cuando tú estás perezoso y desalentado de puro harto. (Miguel de Cervantes)

Klimax (*clímax, m.* oder *gradación*): Anordnung einer Wort- und Satzreihe nach stufenweiser Steigerung im Aussageinhalt. *Beispiel:* no han de vencer las ansias mías / horas, días, semanas, meses y años. (Pedro Calderón de la Barca) – Entsprechend: **Antiklimax** (*anticlímax, m.*).

Oxymoron (*oxímoron, m.*, pl. *oxímoros*): Zusammenstellung zweier sich widersprechender Begriffe, die in pointierender Absicht eng miteinander verbunden werden. Liegt der Widerspruch im Beiwort, spricht man auch von **Contradictio in adiecto**. *Beispiel:* Sosiega un poco, airado temeroso / humilde vencedor, niño gigante, / cobarde matador, firme inconstante, / traidor leal, rendido vi[c]torioso. (Lope de Vega)

Hypallage (*hipálage, f.*): Verschiebung der Wortbeziehung, insbesondere eines Adjektivs oder einer adverbialen Ergänzung. *Beispiel:* En tan dulce amanecer, / hasta los árboles cantan, / los ruiseñores florecen. (Pedro Espinosa)

Zeugma (*zeugma, zeuma, m.*): Zuordnung eines Wortes zu zwei semantisch oder syntaktisch verschiedenen Satzteilen, oft mit komischer oder verstörender Wirkung. *Beispiel:* un aire fragoroso que te envuelva y te acaricie y doce pisos (Cortázar). Diese Form wird gelegentlich als komplexes Zeugma (*zeugma complejo*) dem einfachen Zeugma gegenübergestellt, das die Zuordnung zu gleichrangigen Satzteilen umfasst (la vi marchar, pero no [la vi] volver).

Apostrophe (*apóstrofe, m.*): Abwendung des Dichters vom Leser oder realen Publikum, (emphatische) Hinwendung zu anderen, meist abwesenden Personen, Gegenständen oder Abstrakta. *Beispiel:* ¡Inteligencia, dame / el nombre exacto de las cosas! (Juan Ramón Jiménez)

Ekphrasis (*écfrasis, f.*): Ausführliche, exkursartige Schilderung von etwas Sichtbarem. Im engeren Sinne: Beschreibung eines Bildkunstwerks im Text.

Rhetorische Frage (*interrogación* oder *pregunta retórica*): Frage, auf die keine Antwort erwartet wird, da sie den Wert einer Feststellung hat. *Beispiel:* ¿Serás, amor / un largo adiós que no se acaba? (Pedro Salinas)

Praeteritio, auch **Paralepsis** (*preterición, paralipsis, f.*): Ausdrückliche Übergehung eines Gegenstandes, der dabei jedoch gerade genannt und u. U. hervorgehoben wird. *Beispiel:* Tiene asimismo maheridas danzas, así de espadas como de cascabel menudo [...]; de zapateadores no digo nada, que es un juicio los que tiene muñidos (Miguel de Cervantes). (Dt.: Er hat auch Kunsttänze vorgesehen, sowohl Schwerter- als auch Schellentänze; von den Leuten für den Pantoffeltanz will ich gar nichts sagen; es ist ein Wunder, wieviel Tänzer er hierher bekommen hat.)

Aufgabe 4.4

? Versuchen Sie, die genannten inhaltsbezogenen rhetorischen Stilmitteln zu Klassen zu ordnen.

Aufgabe 4.5

? Untersuchen Sie das Gedicht „A los celos“ (An die Eifersucht) von Luis de Góngora auf rhetorische Stilmittel.

¡Oh niebla del estado más sereno,
furia infernal, serpiente mal nacida!
¡Oh ponzoñosa víbora escondida
de verde prado en oloroso seno!
¡Oh entre el néctar de Amor mortal veneno,
que en vaso de cristal quitas la vida!
¡Oh espada sobre mí de un pelo asida[1],
de la amorosa espuela[2] duro freno!
¡Oh celo, del favor verdugo[3] eterno!,
vuélvete al lugar triste donde estabas,
o al reino (si allá cabes[4]) del espanto;
mas no cabrás allá, que pues ha tanto
que comes de ti mesmo y no te acabas,
mayor debes de ser que el mismo infierno. (Góngora: 1967, 446 f.)

1 espada ... asida *über mir hängendes Schwert (Anspielung auf den Damokles-Mythos)* – 2 espuela *Sporn; hier: Liebespfeil* – 3 verdugo *Henker* – 4 caber *Platz finden*

4.3 Strukturanalyse: Vorgehensweise

Kein Patentrezept

Es gibt keine eindeutige und für die gesamte Breite literarischer Texte gleichermaßen anwendbare Vorgehensweise bei einer Strukturanalyse. Nicht nur, dass verschiedenartige Texte unter Umständen andere Anforderungen an die Strukturanalyse stellen, es spielt gemäß den Grundsätzen der Hermeneutik auch eine Rolle, was ich als Leser bereits verstehe, mit welchen Fragen ich an den Text herantrete. Hierin liegt der erste Schritt, auch bei einer Strukturanalyse, die textfundierte Objektivität anstrebt. Die folgende Vorgehensweise soll der allgemeinen Orientierung im Umgang mit Texten dienen. Sie ist zunächst nicht gattungsspezifisch; mögliche Besonderheiten im Umgang mit Lyrik kommen gleich im Anschluss zur Sprache.

Vorschlag: Vorgehensweise bei der Strukturanalyse

1. Lesen Sie den Text oder Textauszug mehrmals. Klären Sie dabei evtl. unbekannte Wortbedeutungen und markieren Sie, ohne jeden systematischen Anspruch, inhaltliche und formale Eigenheiten, die Ihnen auffallen.

Erste Beobachtungen

Lesehypothese

2. Formulieren Sie eine Hypothese zum Thema des Textes und stellen Sie (schriftlich oder gedanklich) die vorkommenden Motive zusammen. Wenn möglich, formulieren Sie den mutmaßlichen Inhalt des Textes, d. h. die dargestellten Vorgänge und/oder Zustände, wie Sie sie aus den ersten Lektüren entnehmen.

Inhaltsseite: Thema, Motive, Isotopien, Entwicklung

3. Untersuchen Sie, welche Teile des Textes (Motive, Wortbedeutungen) zu Ihren inhaltlichen Hypothesen passen und welche nicht. Lassen sich etwaige Widersprüche in einer modifizierten Hypothese aufheben?

Äquivalenzen, Oppositionen

4. Suchen Sie die Isotopien des Textes und ordnen Sie sie nach Relevanz (Häufigkeit des Vorkommens im Text, Bezug zum Thema). Wo gibt es Überschneidungen (Elemente, die zwei oder mehreren Isotopien zugehören), wo Brüche (Elemente, die die Isotopie wechseln, also eine andere Bedeutung annehmen)? Welche der Isotopien entsprechen einander (Äquivalenz), sei es durch lebensweltlichen Zusammenhang, sei es durch gemeinsame Elemente? Welche stehen zueinander in Gegensatz (Opposition)?
5. Teilen Sie, wenn möglich, den Text vor diesem Hintergrund in inhaltliche Etappen ein und/oder beschreiben Sie die Entwicklung des Themas/der Themen.

Ausdrucksseite: Einschnitte, Wiederholungen, Äquivalenzen, Oppositionen

6. Ermitteln Sie die formalen Einschnitte auf makro- und mikrostruktureller Ebene (Kapitel, Absätze, Sätze, Verse).
7. Suchen Sie nach Wiederholungen, Äquivalenzen und Oppositionen auf den verschiedenen Ausdrucksebenen: Syntax (z. B. Satzwiederholungen oder Parallelismen), Lexik (z. B. Wortverknüpfungen, Wortlänge), Lautung (z. B. Reim, Paronomasien oder Lautoppositionen).

Zusammenführung von Inhalt und Ausdruck

8. Setzen Sie die formalen Betrachtungen in Beziehung zum Inhalt des Textes. Welche Inhalte werden durch formale Mittel aneinander gekoppelt (z. B. Reimwörter) oder einander gegenübergestellt? Stützen die formalen Eigenschaften die Befunde der Inhaltsanalyse oder widersprechen sie ihnen?

Rückkehr zur Lesehypothese

9. Kehren Sie zu Ihrer Lesehypothese zurück. Lässt sich durch die ermittelte Struktur des Textes dieser Leseeindruck erklären? Wenn nötig, ergänzen oder korrigieren Sie die erste Beschreibung.

4.4 Gattung Lyrik

Rolle der Gattung für die Strukturanalyse

So sehr sich die Schritte für eine erste Strukturanalyse, die textintern bleibt und von historischen Faktoren, Werkzusammenhängen u. ä. absieht, bei verschiedenen Texten wiederholen: Die Unterscheidung von Gattungen ist auch hier relevant, denn die Kategorisierung von Texten in Form von Gattungszuordnung geschieht notwendigerweise auf der Basis wiederkehrender inhaltlicher oder formaler Eigenschaften (siehe Einheit 2.2). Diese bilden naturgemäß ein Orientierungsraster für die inhaltliche und formale Strukturanalyse und erfordern häufig ein in eine bestimmte Richtung verfeinertes terminologisches Instrumentarium der Textbeschreibung. Fragen wir uns also: Was ist für Lyrik kennzeichnend?

Definitionen von ‚Lyrik'

Innerlichkeit

Es fehlt nicht an Versuchen, lyrische Texte oder gar eine hinter diesen stehende lyrische ‚Haltung' zu definieren. Goethe hatte, wie Sie in Text 2.5 sahen, Lyrik als die „enthusiastisch aufgeregte" Form bezeichnet. Tatsächlich deckte sich diese heutzutage vielleicht etwas merkwürdig anmutende Formulierung mit der immer noch typischen Vorstellung, Lyrik drücke *Innerlichkeit*, *Emotionen* aus: Die Praxis, die Geliebte mit Gedichten zu umwerben, mag heute nicht mehr verbreitet sein, fest steht, dass der Ausdruck von Gefühlen literarhistorisch das mit Abstand wichtigste Thema lyrischer Texte darstellt. Doch schon hier kommen Schwierigkeiten ins Blickfeld, die wir von der Diskussion des Literaturbegriffs in Einheit 1 her kennen, denn der Ausdruck von Emotionen ist nicht nur ‚das' lyrische, sondern ‚das' literarische Thema schlechthin und keineswegs nur in Gedichten präsent. Wie beim Literaturbegriff gibt es besonders typische Formen, die sich dann in Definitionen wie der Goethes wiederfinden, daneben jedoch eine Vielzahl von – je nach Epoche keineswegs randständigen – weniger typischen oder Mischformen: Auch Lyrik kann erzählen (etwa in der Untergattung Ballade), auch epische Texte wie Romane können eine Innerlichkeit des Sprechers ausdrücken (z. B. Briefroman), die einem Gelegenheitsgedicht völlig fehlt.

Poetizität und Strukturiertheit des Ausdrucks

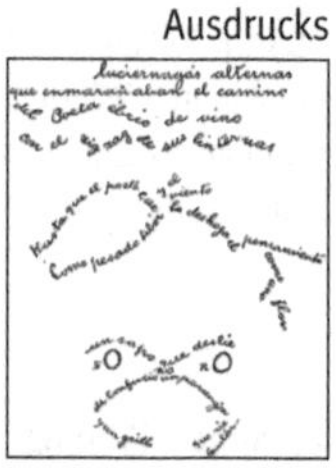

Abb. 4.5 | Poesía visual: Kalligramm des mexikanischen Avantgardisten José Juan Tablada (1871–1945)

Abb. 4.6 | Juan Ramón Jiménez (1881–1958)

Mehr Aussicht auf Stimmigkeit als die inhaltliche Bestimmung von Lyrik scheint indessen eine formbezogene Definition zu bieten. Wenn man ein Gedicht (span. *poema*) etymologisch auf poetisches Sprechen/Schreiben und Poetizität zurückbezieht, dann wäre Lyrik mehr als andere literarische Gattungen durch einen besonderen Sprachgebrauch gekennzeichnet, welcher der Ausdrucksseite ebensoviel oder sogar mehr Bedeutung einräumt als dem ‚Inhalt' (siehe Einheit 1, Poetizität). In der Tat gehen lyrische Texte häufig neue Wege der Sprachverwendung – etwa weil komplexe Inhalte in meist kurzen Texten ausgedrückt und damit *verdichtet* werden –, streben bei teils sehr festgefügtem und konventionalisiertem Inhalt (z. B. dem Frauenlob in der Renaissance) gerade nach Originalität des Ausdrucks oder sind Schauplatz für Sprachexperimente (z. B. in der sog. *poesía visual* oder *postextual*, die, von den Avantgarden des späten 19. und frühen 20. Jh. wie dem Futurismus inspiriert, v. a. in Lateinamerika seit den 1960er Jahren sehr lebendig ist und Schrift zumindest ebenso sehr als visuelles wie als sprachliches Darstellungsmedium versteht – ähnlich wie in Text 1.1, auf den wir schon ausführlich eingegangen sind). Leichter festzustellen – dieser Punkt wird Ihnen wahrscheinlich gleich als Merkmal von Gedichten eingefallen sein – ist freilich eine hochgradige Strukturiertheit des Ausdrucks im Vers und in Strophenformen. Auch Vers und Strophe (*verso*, *estrofa*) sind weder notwendiges noch hinreichendes Kriterium für Lyrik: Das Drama des Barock etwa ist normalerweise in Versen verfasst, während in der ersten Hälfte des 20. Jh. u. a. von Juan

Ramón Jiménez die Gattung des Prosagedichts (*poema en prosa*) gepflegt wurde. Diese Form zeichnet sich nicht mehr durch Verse, sondern durch eine weniger festgefügte, aber nachweisbare Strukturierung des Signifikanten und gedankliche Verdichtung aus. Wenn Lyrik also schwerlich über eindeutige Kriterien zu definieren ist, dann empfiehlt es sich, zunächst von einigen typischen lyrischen Untergattungen und konventionellen Formen auszugehen – zu Vers und Reim gleich mehr.

Wichtige feste Gedicht- und Strophenformen

1. Sonett (*soneto*): Wichtigste Form des 16. und 17. Jh., aber auch im Modernismus des ausgehenden 19. und frühen 20. Jh. zentrale Gattung. Ähnlichkeit mit der Kanzonenstrophe, aus der vermutlich das Sonett in Italien entwickelt wurde (zweigeteilter Aufgesang, zweigeteilter Abgesang): Zwei Quartette (= Oktave), zwei Terzette (= Sextine). Das Reimschema (bei dem sich reimende Verse mit dem gleichen Buchstaben bezeichnet werden) ist in den Quartetten meist abba / abba, in den Terzetten freier (meist drei Reimpaare). Die Verse sind typischerweise elfsilbig (*endecasílabos*). Ein Beispiel ist der Text in Aufgabe 4.5. In der folgenden Einheit wird das Sonett eingehender behandelt.
2. Romanze (*romance*, m.): Typisch spanische, aus der mündlich tradierten Volksdichtung des Mittelalters herrührende, aber bis in die Gegenwartsliteratur ununterbrochen lebendige Form meist erzählender (epischer) Lyrik. Formal ist der *romance* durch eine beliebige (teils beträchtliche) Zahl von Achtsilblern (octosílabos) mit assonantischem Reim in den geradzahligen Versen gekennzeichnet. Ein Beispiel ist Text 11.4.
3. *Redondilla*: Strophe aus vier Achtsilblern mit meist konsonantischem Reim nach dem Schema abba.
4. *Octava real*: In der Renaissance nach italienischem Vorbild etablierte Strophe aus acht Elfsilblern, von denen die ersten sechs sich alternierend reimen und die letzten beiden ein Reimpaar bilden (abababcc).
5. *Décima*: Komplexe Form aus dem späten 16. Jh., bei dem zwei unterschiedlich gereimte Quartette aus Achtsilblern mit zwei ‚Scharnierversen' verbunden sind, die jeweils einen Reim aufgreifen, also z. B. abba–ac–cddc. Die *décima* findet sich beispielsweise in Calderóns Drama *La vida es sueño*, das in Einheit 7 behandelt wird (vgl. Text 7.1, Z. 21 ff. und Text 7.2).
6. *Silva*: Beliebig lange Folge von Sieben- und Elfsilblern, meist konsonantisch gereimt, aber auch einzelne ungereimte Verse sind möglich. Trotz ihres Ursprungs aus dem 17. Jh. relativ freie Form und daher auch in der Moderne beliebt. Calderóns *La vida es sueño* eröffnet mit *Silvas* (vgl. Text 7.1 Z. 1–20).
7. Eine in der Renaissance wichtige Form, die der *Silva* ähnelt, ist die sog. *Lira*, bei der 5 sieben- und elfsilbige Verse nach dem festen Schema aBabB wechseln und reimen. Für den Strophennamen stand die erste Strophe von Garcilaso de la Vegas fünfter Kanzone Pate: Si de mi baja lira / tanto pudiese

el son que en un momento / aplacase la ira / del animoso viento / y la furia del mar y el movimiento […].

Aufgabe 4.6

? Versuchen Sie, die genannten Strophenformen vereinfacht grafisch darzustellen (z. B. Umrissform).

Vers und Strophe als Form- und Sinnebene

Auch jenseits solcherlei historisch herausgebildeter und fixierter Gedichtformen bedeutet die Verwendung von Versen und festen Strophenformen eine höhere Strukturierung des sprachlichen Signifikanten und schränkt die Ausdrucksmöglichkeiten durch eine Reihe von Zwängen ein. So ist – wenn wir von experimentellen oder parodistischen Gedichten einmal absehen wollen – üblicherweise der Versanfang auch ein Wortanfang, das Versende zugleich Wortende und zudem meist auch Satzteilende; ist es das nicht, d. h. geht die Syntax über den Vers hinweg, handelt es sich um einen Sonderfall, für den eigens der Terminus ‚Enjambement' (*encabalgamiento*) eingeführt wurde. Die Vers- und Strophenstruktur bildet also eine weitere Ebene in Form – und Inhalt, denn es kann eine entscheidende inhaltliche Rolle spielen, wo im Vers oder in der Strophe ein Wort steht. Die Kenntnis des Versbaus, der Metrik, ist daher sehr relevant für die Strukturanalyse von Verstexten. So ist etwa in dem Góngora-Vers „en tierra, en humo, en polvo, en sombra, en nada" die Unaufhaltsamkeit des beschriebenen Verfalls auch metrisch zu sehen, da jede Stufe durch die für den spanischen Vers typische Verschleifung aufeinandertreffender Vokale (Synalöphe) zu einer Silbe gleich auf die nächste weiterverweist (en tierra en humo en polvo…).

Romanischer Vers durch Silbenzahl bestimmt

In den romanischen Sprachen ist der Vers allein durch die Zahl seiner Silben bestimmt (*syllabierendes* oder *numerisches Prinzip*), es wird also nicht, wie in der Antike, zwischen langen und kurzen Silben (*quantitierendes Prinzip*) oder, wie etwa im Deutschen, zwischen Hebungen (betonte Silben) und Senkungen (unbetonte Silben) unterschieden (*akzentuierendes Prinzip*). Durch diese metrisch weitgehend unverplante Umgebung bleibt hier im Gegensatz etwa zur germanischen Metrik ein ‚freier Sprechrhythmus' erhalten, d. h. nicht jede Silbe ist charakterisiert. Zur Beschreibung des *Rhythmus*, nicht aber des Metrums, sind also antike Versmaßbegriffe wie Jambus oder Trochäus, die Ihnen wahrscheinlich bereits bekannt sind, durchaus verwendbar. Wie bestimmt man spanische Verse?

Rhythmus vs. Metrum

Regeln der Versbestimmung

Grundregeln der Silbenzählung:

1. Bei der Silbenzählung ist auf den Versschluss zu achten, denn je nach Wortakzent im letzten Wort eines Verses lassen sich in der spanischen Metrik drei Arten von Versen unterscheiden:

verso llano – agudo – esdrújulo

- normale Akzentstellung auf der vorletzten Silbe (v**i**da, viol**e**nto): *verso llano*.

- Akzent auf der letzten Silbe (ed**a**d, acci**ó**n): *verso agudo*.
- Akzent auf der drittletzten Silbe (**ú**ltimo, **á**malo): *verso esdrújulo*.

Der Vers wird nach der Zahl seiner Silben bezeichnet, wobei immer vom Normalfall eines *verso llano* ausgegangen wird: Man zählt also immer, als sei der Vers ein *verso llano*, d. h. als folge seiner letzten betonten Silbe nur noch eine. Das bedeutet, dass bei einem *verso agudo* eine Silbe hinzugezählt, bei einem *verso esdrújulo* eine abgezogen wird. Beispiel: „encanto", „amor" und „contéstame" sind metrisch gesehen alle dreisilbig.

2. Doppelvokale (Diphthonge) gelten als eine einzige Silbe („Dios" einsilbig), Tripelvokale (Triphthonge) ebenso („buey" einsilbig, „despreciéis" dreisilbig). Auch benachbarte Vokale, die im phonologischen Sinn keinen Diphthong bilden, werden normalerweise metrisch als ein Vokal gerechnet (sog. Synärese, span. *sinéresis*): „p**oe**ma" zweisilbig. Das gilt meist auch dann, wenn eine Wortgrenze dazwischenliegt: „m**i a**mado" dreisilbig. Man spricht in diesem Fall von Synalöphe, span. *sinalefa*. Selten werden aufeinanderfolgende Vokale (ob Diphthong oder nicht) getrennt gezählt, weil einer der beiden betont ist, eine Zäsur zwischen ihnen liegt oder es aus lautlichen Gründen sinnvoll erscheint. Dieser Fall heißt Diärese (*diéresis*) bzw. Dialöphe (*dialefa*): „süave" ist hier dreisilbig, mit Trema als fakultativem Zeichen für die Diärese.

Synärese/Synalöphe – Diärese/Dialöphe

3a. Hat man es geschafft, die Silben über alle Synalöphen hinweg und unter Beachtung des Versendes korrekt zu zählen, dann steht das Versmaß fest – bei Unsicherheit empfiehlt sich die Gegenprobe an einem anderen Vers, natürlich unter der Voraussetzung, dass das Gedicht nicht unterschiedliche Verslängen mischt. Man verwendet im Deutschen die schlichten Begriffe Zweisilbler, Dreisilbler usw., im Spanischen die Termini *bisílabo, trisílabo, tetra-, penta-, hexa-, hepta-, octo-, enea-, deca-, endeca-, dodecasílabo*. Verse mit bis zu acht Silben nennt man *versos de arte menor*, solche mit neun oder mehr Silben *versos de arte mayor*.

Versbezeichnungen

3b. Eine Sonderform ist der Alexandriner (*alejandrino*), der sich aus zwei durch *Zäsur* (syntaktischer Einschnitt, über den hinweg auch keine Synärese möglich ist) getrennten Halbversen (*hemistiquios*) à 7 Silben zusammensetzt, also in der Regel 14 Silben (je nach Versausgang der Halbverse, *agudo* oder *esdrújulo*, tatsächlich aber auch mehr oder weniger) hat:

Alexandriner

Pues es de buen amor,   emprestadlo de grado.
  1 2 3 4 5 6 (+1)   1 2 3 4 5 6 7

Gibt es in einem Text Verse, die genau die Hälfte der Silben der sie umgebenden Verse haben, also beispielsweise einen Viersilbler inmitten von *octosílabos*, dann verwendet man i. d. R. nicht die entsprechende Versbezeichnung, sondern spricht einfach von einem Halbvers (span. *pie quebrado*). Die *hemistiquios* des Alexandriners sind also gewissermaßen eine Form von *pies quebrados*.

Pie quebrado

Isometrisch – heterometrisch

4. Strophen (*estrofas*) mit gleichbleibendem Versmaß heißen isometrisch. Wechselt das Versmaß (wie etwa bei der *Silva*, s. o.), so handelt es sich um eine heterometrische Strophe. Liegt nicht eine feste Strophenform wie eine der oben genannten vor, so spricht man schlicht von *estrofa de 4 etc. versos.* Häufig gibt es aber eigene Namen für Strophen mit definierter Länge und festem Reimschema.

Reim

Verse stehen normalerweise nicht allein, sondern werden an andere Verse gekoppelt. Neben der Syntax, also der grammatischen Verbindung zweier oder mehrerer Verse zu einem Satz, ist hier vor allem der Reim (*la rima*) von Bedeutung. Darunter versteht man im Span. wie im Dt. den Gleichklang zweier Wörter zumindest ab dem letzten betonten Vokal. Stimmen dabei alle Laute überein, spricht man von *konsonantischem* Reim (*rima consonante*; Bsp.: tierno – invierno), sind hingegen nur die Vokale, nicht aber die Konsonanten gleich, so liegt ein *assonantischer* Reim vor (*rima asonante*; Bsp.: decía – mentira – vida), was im Spanischen im Gegensatz zum Deutschen recht häufig vorkommt. Bei Diphthongen reimt nur der Vollvokal, der Halbvokal wird nicht berücksichtigt (also wäre inmenso–pierdo–muerto ein korrekter assonantischer Reim). Hinsichtlich der Anordnung der Reime in aufeinanderfolgenden Versen unterscheidet man einige häufige Fälle mit eigenen Begriffen:

Konsonantisch – assonantisch

Reimfolgen

- Paarreim (*rima gemela*): aa bb cc…
- Kreuzreim (*rima cruzada*): abab cdcd…
- umarmender Reim (*rima abrazada*): abba cddc…
- fortgesetzter Reim (*rima continua*): aaaaa…

Derlei Reimfolgen sind meist Teil einer übergeordneten Strophenstruktur, wie wir sie oben bereits skizziert haben und in der folgenden Einheit am konkreten Beispiel genauer betrachten werden.

Aufgabe 4.7

? Trennen Sie mit einem senkrechten Strich die Silben der ersten Strophe von José de Esproncedas *Canción del pirata*. Welche Versart und welches Reimschema liegen vor?

Con diez cañones por banda,
viento en popa, a toda vela,
no corta el mar, sino vuela
un velero bergantín.
Bajel pirata que llaman,
por su bravura, *El Temido*,
en todo mar conocido
del uno al otro confín. (Espronceda: 1979, 225)

Zusammenfassung

In der zurückliegenden Einheit haben Sie zunächst die allgemeinen Grundlagen der Strukturanalyse kennengelernt. Wie jeder Zugang zur Literatur geht auch sie vom Vorgang des Verstehens aus, der sich nicht linear, sondern vielmehr in Form eines hermeneutischen Zirkels vollzieht, bei dem die Subjektivität des Verstehenden entscheidend mitwirkt. Die Strukturanalyse strebt eine Objektivierung an, indem sie sich auf überindividuelle Bedeutungs- und Formmerkmale des Textes konzentriert und die textinternen Funktionen aufzeigt, die Sinn generieren. Zur Beschreibung der Ausdrucks- und Inhaltsseite stehen Begrifflichkeiten der antiken Rhetorik, aber v. a. auch eigentlich literaturwissenschaftliche Termini wie Thema, Stoff, Motiv und Isotopie zur Verfügung. In einem abschließenden Schritt wurde eine Annäherung an die Definition von Lyrik versucht und es wurden spezielle Instrumente zur Analyse von Verstexten erarbeitet.

Aufgabe 4.8

? Songtexte heißen auf Englisch ‚lyrics'. Inwiefern passt dies zu unserer Bestimmung von Lyrik?

Literatur

José de Espronceda: Poesías líricas y fragmentos épicos. Hg. Robert Marrast. Madrid: Castalia 1979.

Luis de Góngora y Argote: *Obras completas*. Hg. Juan und Isabel Millé y Giménez. Madrid: Aguilar [6]1967.

Antonio Quilis: *Métrica española*. Barcelona: Ariel 2013.

Jürgen Schutte: *Einführung in die Literaturinterpretation*. Stuttgart/Weimar: Metzler [5]2005.

Weiterführende Literaturhinweise finden Sie unter www.bachelor-wissen.de.

Lyrik analysieren: Beispiele und Übungen

Inhalt

5.1	**Die Lyrik im *Siglo de Oro***	**76**
5.2	**Lyrik des *Modernismo*: Antonio Machado**	**83**
5.3	**Der lateinamerikanische *Modernismo*: Pablo Neruda**	**86**

Überblick

Nach der theoretischen Auseinandersetzung mit Textanalysen bietet diese Einheit konkrete Anregungen für die Strukturuntersuchung von Gedichten. Anhand exemplarischer Texte werden Musteranalysen vorgestellt und es wird die wissenschaftliche Herangehensweise an Lyrik eingeübt. Ein Schwerpunkt liegt hierbei auf der literarhistorisch besonders wichtigen Gattung des Sonetts und seinen strukturellen Besonderheiten.

5.1 | Die Lyrik im *Siglo de Oro*

Abb. 5.1 | Garcilaso de la Vega (1501?–1536)

Zu Beginn des *Siglo de Oro* steht im 16. Jh. die Renaissanceliteratur nach dem italienischen Vorbild des Petrarkismus (s. Gröne/von Kulessa/Reiser: 2007, 78–84), die insbesondere für die Gattung der Lyrik eine zentrale Rolle spielt.

Ein bedeutender Vertreter dieser Erneuerungsbewegung der spanischen Lyrik, die nicht zuletzt die Sevillaner Dichterschule begründet hat, ist neben Juan Boscán (1487?–1542) Garcilaso de la Vega (1501?–1536). Der Dichter entstammt einem vornehmen Toledaner Adelsgeschlecht und verkörpert das Renaissanceideal der *armas y letras*, d. h. des humanistisch gebildeten Hofmanns, der sich sowohl durch seinen Einsatz für den Staat in kriegerischen Auseinandersetzungen als auch durch Bildung und Pflege des kulturellen Erbes auszeichnet. Gegen 1526 verliebt er sich, obwohl verheiratet, in die portugiesische Hofdame Isabel Freyre (Elisa), die ihm fortan Geliebte und Muse ist. Mehrmalige Italienaufenthalte in politischer Mission, darunter die Jahre 1532–34, die er teilweise in Neapel verbringt, sind grundlegend für den Einfluss der italienischen Literatur auf seine Dichtung, in der Elemente derselben mit denen der traditionellen iberischen Literatur durch das Prinzip der Harmonisierung verbunden werden. Trotz des relativ geringen Umfangs seines dichterischen Werks (8 Coplas, 38 Sonette, 5 Kanzonen, 1 Ode, 2 Elegien, 1 Epistel, 3 Eklogen und etliche Gedichte in lateinischer Sprache) gehört Garcilaso de la Vega zu den bedeutendsten Dichtern der spanischen Literaturgeschichte. Erstmals gedruckt werden seine Gedichte zusammen mit denen Boscáns im Jahre 1543. Maßgebliches Thema von Garcilasos Dichtung ist die Liebe und in Zusammenhang damit die Darstellung des Seelenzustandes des lyrischen Ichs, die Klage über die Unerfüllbarkeit der Liebe, die lobpreisende Beschreibung der Schönheit der angebeteten Dame. Petrarkistische Elemente verbindet er dabei mit neoplatonischen Elementen, die vor allem durch die Übersetzung des italienischen *Buches vom Hofmann* (1528) von Baldassare Castiglione durch Boscán in Spanien Einzug gehalten haben. Formal steht Garcilaso mit seinen Coplas noch ganz in der Tradition der *poesía cancioneril*, etabliert aber später den Elfsilbler in der spanischen Dichtung, häufig in Kombination mit dem Siebensilbler und den neuen Strophen- und Gedichtformen wie dem Sonett und der Kanzone.

Prinzip der Harmonisierung

Juan Boscán

Petrarkismus und Neoplatonismus

Cancionero: höfische Tradition der häufig auch nachträglich zusammengestellten Sammlung von Gedichten

Wir wollen uns nun dem ersten Sonett Garcilasos zuwenden, das sich in die Tradition des *Cancioneros* einschreibt und vom Liebesleid handelt.

Text 5.1 | Garcilaso de la Vega, Sonett 1

Cuando me paro a contemplar mi estado[1],
y a ver los pasos por do[2] me ha traído,
hallo[3], según por do anduve perdido,
que a mayor mal pudiera haber llegado;

mas cuando del camino estó olvidado,
a tanto mal no sé por do he venido;

sé que me acabo[4], y más he yo sentido
ver acabar conmigo mi cuidado[5].

Yo acabaré, que me entregué[6] sin arte[7]
a quien sabrá perderme y acabarme
si ella quisiere, y aun sabrá querello[8];

que pues mi voluntad puede matarme,
la suya, que no es tanto de mi parte,
pudiendo, ¿qué hará sino hacello[9]?
(Garcilaso de la Vega: 1961, 84)

1 estado *Zustand* – 2 do = donde – 3 hallar *verstehen* – 4 acabarse *hier: sterben* – 5 cuidado *hier: Liebe* – 6 entregarse *sich hingeben* – 7 arte *Verstellung* – 8 querello *quererlo* – 9 hacello *hacerlo*

Eine Übersetzung des Sonetts finden Sie auf www. bachelor-wissen.de.

Endecasílabo

Dieses Sonett eignet sich in zweierlei Hinsicht für einen Einstieg in die Gedichtanalyse: Es veranschaulicht gut die Bauprinzipien der Gattung Sonett, einer der wichtigsten lyrischen Formen im 16. und 17. Jh. So ist dieses Sonett im typischen *endecasílabo* (Elfsilbler) gehalten. In den ersten beiden Strophen, den Quartetten, finden wir den umarmenden Reim (abba) und in den beiden Terzetten ein freies Reimschema (cde dce), entsprechend einer Standardform der Gattung. Darüber hinaus illustriert das Gedicht exemplarisch die für Garcilaso charakteristische Verbindung von Liebesklage und Selbstbespiegelung des lyrischen Ichs. Gleich der erste Vers verweist auf diese Selbstbespiegelung („Cuando me paro a contemplar mi estado […]"), wobei die Verben der visuellen Wahrnehmung das Motiv der Selbstbetrachtung unterstreichen („contemplar", „ver"). Das Thema der existenziellen Reflexion („contemplar mi estado") wird im zweiten Vers mit der Wegmetapher („los pasos") weitergeführt, wobei durch den Gebrauch des Passivs („me ha traído", „anduve perdido") im zweiten und dritten Vers die Schicksalhaftigkeit des Lebensweges betont wird. Der dritte Vers beginnt mit dem aktivischen Gebrauch des Verbs *hallar* in der ersten Person Singular („hallo"), der auch durch Syntax und Rhythmus akzentuiert wird, und bildet mit dem 4. Vers eine syntaktische und semantische Einheit. So versteht das lyrische Ich, dass das Schicksal ihm noch mehr Leid hätte zufügen können.

Liebesklage und Selbstbespiegelung

Wegmetapher

Syntax und Rhythmus

Die zweite Strophe beginnt parallel zu der ersten mit „cuando", wobei mit dem vorhergehenden „mas" ein Gegensatz angekündigt wird. Wieder dominiert die Metapher des Lebensweges und die Schicksalhaftigkeit desselben. Allerdings kommt das lyrische Ich nun im Gegensatz zu der ersten Strophe zu dem Schluss, dass es doch sehr schlecht um es steht. Der dritte und vierte Vers dieser Strophe geben auch die Erklärung, warum dies der Fall ist. Der Akzent liegt hier auf dem Einsatz des Verbs „acabar" = „zu Ende gehen", das in

Polyptoton

Schmerzliebe

unterschiedlichen Beugungsformen gebraucht wird („acabo", „acabar"), also als Polyptoton. Es handelt sich darüber hinaus um einen Euphemismus: es geht hier natürlich um den Tod. Dieser erscheint umso schmerzlicher, als mit ihm auch das Liebesleid („cuidado", eigentlich Sorge) zu Ende geht. Dieses Paradoxon ist charakteristisch für die Repräsentation der Liebe als Schmerzliebe, wie sie auch für die italienische Dichtungstradition typisch ist.

Das erste Terzett beginnt mit dem Einsatz des Personalpronomens „Yo", d. h. mit der betonten Manifestation des lyrischen Ichs, und greift das Polyptoton („acabaré") wieder auf. Das Rätsel um das Schicksal des lyrischen Ichs lichtet sich allerdings, da der Sprecher sich freiwillig in die Hände desjenigen begeben hat, der ihn ins Verderben stürzen möchte. Im dritten Vers des Terzetts wird nun klar, dass es sich um eine Frau, („ella"), also vermutlich die Geliebte handelt. In diesem Vers finden wir auch das Spiel mit den Beugungsformen wieder, hier anhand des Verbs „querer", ein Spiel, das nun die Geliebte an die Stelle des unbenannten Schicksals treten lässt.

Rhetorische Frage

Konzeptismus

Die Macht der Liebe wird im letzten Terzett durch das Lautspiel um „pues" – „puede" – „pudiendo", gekoppelt an das Polyptoton „puede" – „pudiendo", untermalt. Der Rhythmus des Gedichtes wird im letzten und vorletzten Vers jeweils unterbrochen durch die Isolierung von „la suya" und „pudiendo", Syntagmen, die sich wiederum auf die „voluntad" beziehen und die Auswirkung des Willens der Angebeteten markieren. Das Gedicht endet so auch mit dem spielerischen Gebrauch des Polyptotons von „hacer" („¿qué hará sino hacello?"), einer rhetorischen Frage, die wiederum die Unausweichlichkeit der Situation betont. Es handelt sich hierbei um einen sogenannten Konzeptismus (*concepto*), eine pointierte Schlusswendung, die typisch für die Dichtung der frühen Neuzeit ist und insbesondere in Sonetten häufig die Gestalt eines logischen Schlusses annimmt: Wenn schon der eigene Wille des lyrischen Ichs es ins Verderben stürzen kann, dann wird es der ungleich mächtigere der Geliebten mit Sicherheit tun.

Todesmotiv

Topoi

Werfen wir abschließend noch einmal einen Blick auf die Isotopien, die das Gedicht dominieren: neben den Elementen, die die Isotopie ‚Weg' bilden, haben wir die Verben, die das Todesmotiv andeuten („perder", „acabar", „matar"). Das Liebesthema selbst erschließt sich ‚zwischen den Zeilen'. Der Schluss des ersten Verses („mi estado") bildet mit dem Ende von Vers 8 einen Rahmen („mi cuidado"), so dass das Leid mit Auftauchen der angedeuteten Geliebten („ella") in Vers 11 als Liebesleid gedeutet werden muss. Die Geliebte bleibt dabei gestaltlos und ist nur in ihrer Rolle als Auslöser des Liebesleides bzw. der Selbstbespiegelung des lyrischen Ichs relevant. Für dieses ist die Liebe gleichzusetzen mit Verletzung, Verderben und letztendlich Todessehnsucht, wobei es zugleich Freud und Leid bedeutet. Mag das Gedicht für den heutigen Leser recht verschlüsselt erscheinen, so handelte es sich für den gebildeten Leser der Renaissance um eine toposhaft anmutende Motivverkettung (vgl. Einheit 11.1.1), die klar auf die Liebesthematik verweist.

Lesen Sie nun das Sonett in Text 5.2 vor dem Hintergrund Ihrer bisherigen Kenntnisse über Garcilaso de la Vega und beantworten Sie die folgenden Fragen.

Aufgabe 5.1

? Analysieren Sie den Versbau und das Reimschema dieses Gedichtes.

Aufgabe 5.2

? Untersuchen Sie das Gedicht auf die darin enthaltenen Isotopien und Motive (vgl. Einheit 4.2).

Aufgabe 5.3

? Versuchen Sie, die Aussage des Gedichtes zusammenzufassen.

Text 5.2
Garcilaso de la Vega, Sonett 23

1 En tanto que de rosa y d'azucena[1]
se muestra la color en vuestro gesto,
y que vuestro mirar ardiente[2], honesto,
con clara luz la tempestad serena[3];

5 y en tanto que'l cabello[4], que'n la vena
del oro s'escogió[5], con vuelo presto
por el hermoso cuello blanco, enhiesto[6],
el viento mueve, esparce[7] y desordena:

9 coged de vuestra alegre primavera
el dulce fruto antes que'l tiempo airado[8]
cubra de nieve la hermosa cumbre[9].

12 Marchitará la rosa el viento helado,
todo lo mudará[10] la edad ligera
por no hacer mudanza[11] en su costumbre.
(Garcilaso de la Vega: 1961, 95)

1 azucena *Lilie* – 2 ardiente *glühend* – 3 serenar *aufhellen, lichten* – 4 cabello *Haar* – 5 escoger *auswählen* – 6 enhiesto *hier: stolz* – 7 esparcir *hier: zerwühlen* – 8 airado *zürnend* – 9 cumbre *Gipfel* – 10 mudar *ändern, wechseln* – 11 mudanza *Veränderung, Wandel*

Zusatzmaterialien zu Garcilaso unter www.bachelor-wissen.de

Definition Barock

Wie bereits eingangs erwähnt, gehört die Lyrik Garcilaso de la Vegas zur spanischen Renaissanceliteratur, die unter dem Einfluss des Humanismus und der italienischen Literatur steht. Ab der Mitte des 16. Jh. wird die religiöse und kulturelle Vielfalt u. a. aus politischen Gründen verstärkt eingeschränkt und zunehmend von einer theologisch fundierten Denkordnung dominiert. Eventuelle kritische Überlegungen bedürfen deshalb sprachlicher Verschlüsselung. Stil- und Gedankenfiguren werden uneindeutig oder widersprüchlich formuliert. Diese auch in der Renaissance, etwa im Schlussterzett von Garcilasos Gedicht (Text 5.2) angewendete Vorgehensweise wird als *conceptismo*

Abb. 5.2 | Diego Velázquez: Luis de Góngora (1561–1627)

bezeichnet und findet in der Barockliteratur ihre extremste Ausgestaltung. Mit diesem Verfahren werden Effekte wie Sinnestäuschung und Verwirrung erzeugt, die auf das Leitthema des Barock verweisen, den *engaño*. Ziel der Literatur dieser Zeit ist deshalb häufig die Erzeugung des gegensätzlichen Effekts (*desengaño*), der versucht zu zeigen, dass das irdische Leben eigentlich nur eine Täuschung ist. Ein wichtiger Vertreter der spanischen Barocklyrik ist Luis de Góngora (1561–1627), in Lateinamerika ist unter anderem die mexikanische Nonne Sor Juana Inés de la Cruz als maßgebliche Vertreterin der spanischsprachigen Barocklyrik zu nennen.

Lesen Sie nun das nachstehende Sonett von Sor Juana Inés de la Cruz und lösen Sie folgende Aufgaben.

Aufgabe 5.4 | **?** Vergleichen Sie Text 5.3 mit Text 5.2 im Hinblick auf Isotopien und Motive.

Aufgabe 5.5 | **?** Formulieren Sie die Gesamtaussage des Sonetts von Sor Juana Inés de la Cruz.

Aufgabe 5.6 | **?** Begründen Sie, warum es sich bei Text 5.3 um ein typisches Barockgedicht handelt.

Text 5.3 | Sor Juana Inés de la Cruz, Sonett 145

Procura desmentir los elogios que a un retrato de
la Poetisa[1] inscribió la verdad, que llama pasión.

1 Este que ves, engaño colorido,
que, del arte ostentando los primores[2],
con falsos silogismos de colores
es cauteloso[3] engaño del sentido;

5 éste, en quien la lisonja[4] ha pretendido
excusar de los años los horrores,
y venciendo del tiempo los rigores
triunfar de la vejez y del olvido,

9 es un vano artificio del cuidado,
es una flor al viento delicada,
es un resguardo[5] inútil para el hado[6]:

12 es una necia diligencia errada[7],
es un afán caduco[8] y, bien mirado,
es cadáver, es polvo, es sombra[9], es nada.
(Sor Juana Inés de la Cruz: 1969, 120–121)

1 Poetisa *Dichterin* – 2 primor *Vollkommenheit* – 3 cauteloso *hier: arglistig* – 4 lisonja *Schmeichelei* – 5 resguardo *Schutz* – 6 hado *Schicksal* – 7 errada *irrig* 8 – caduco *vergeblich* – 9 sombra *Schatten*

Eine Übersetzung des Sonetts finden Sie auf www.bachelor-wissen.de.

Im Sonett Garcilasos dominieren die Isotopien der Natur bzw. Naturerscheinungen („rosa“, „azucena“, „la tempestad“, „viento“, etc.), der Farben („color“, „clara“, „oro“, „blanco“, etc.) und der Zeit („tiempo“, „edad“, „marchitará“, „mudará“), die zum Motiv der Vergänglichkeit hinführen. Thema des Gedichtes ist die Beschreibung der Geliebten, deren Schönheit mit der der Rose verglichen wird, die jedoch spätestens unter dem Einfluss des Winters verwelkt (Verse 1 und 12). Weiterhin verarbeitet Garcilaso für diese Beschreibung typische Elemente des italienischen Petrarkismus (s. 2. Strophe). Im Vordergrund steht jedoch nicht wie im Petrarkismus die immerwährende, sondern die vergängliche Schönheit, wobei die Jahreszeiten („primavera“, „la nieve“) die Lebensphasen versinnbildlichen – der Schnee auf dem Haupt (Vers 11) steht natürlich für die weißen Haare. Allerdings ist das Fazit Garcilasos angesichts der Vergänglichkeit ein lebensweltlich ausgerichtetes: Der Text fordert dazu auf, die Rose zu pflücken, solange sie noch blüht, also vom Leben und der Liebe zu profitieren, so lange man noch jung und schön ist. Man spricht in diesem Zusammenhang von dem so genannten Carpe-Diem-Motiv. Die lebensweltliche Ausrichtung des Gedichtes, die Liebesthematik und das Lob der Geliebten in petrarkistischer Manier sind in diesem Sonett typische Epochenmerkmale der Renaissance.

Isotopien

Motiv der Vergänglichkeit

Petrarkistische Elemente

Carpe-Diem-Motiv

Renaissancegedicht

In Text 5.3 erkennen wir sofort Parallelen zu Text 5.2. So finden wir auch hier die Isotopien der Natur („flor“, „viento“), der – insbesondere visuellen – Wahrnehmung („colorido“, „colores“, „sentido“) und der Zeit („los años“, „tiempo“, „vejez“, „olvido“ etc.). Auch hier weisen diese Isotopien auf das Motiv der Vergänglichkeit hin. Hinzu kommt aber die Isotopie der Kunst und Philosophie („arte“, „silogismo“, „poetisa“) sowie jene der Täuschung („engaño“, „arte“, „falso“, „lisonja“, „vano artificio“, etc.). Schlüsselbegriff ist natürlich „engaño“, die Täuschung, die – wie wir dem Titel des Gedichtes entnehmen können, der gleichsam eine vorangestellte Erklärung desselben bietet – in Zusammenhang mit Kunst und Literatur gebracht wird. Das Motiv der Täuschung betrifft hier also nicht nur die Sinneswahrnehmungen, sondern auch künstlerische Produktionen wie die Literatur, denen häufig Überzeitlichkeit und Unvergänglichkeit zugestanden wird. Die Kombination des Motivs der Vergänglichkeit mit dem des „engaño“ führt nun allerdings zum Vanitas-Motiv, einer komplementären Variante des Carpe-Diem-Motivs. Das Gegenwärtige ist nur noch verlockender Schein. Im Sonett der Sor Juana Inés de la Cruz wird dieses Vanitas-Motiv insbesondere in den beiden Terzetten durch die immer wiederkehrende Anapher („e un […]“) quasi gebets- bzw. litaneihaft betont und gipfelt im letzten Vers in der Reihung der Elemente der Vergänglichkeit („es cadáver, es polvo, es sombra, es nada“), der übrigens das bekannte Gedichte von Luis de Góngora „Mientras por competir con tu cabello, […]“ anzitiert (vgl. Text 5.4 und Einheit 12.2.1 zur Intertextualität).

Abb. 5.3

Sor Juana Inés de la Cruz (1651–1695)

Engaño = Täuschung

Vanitas-Motiv

Intertextualität

Das Vanitas-Motiv in Kombination mit der Isotopie der Kunst und dem kommentarhaften Titel des Gedichtes führen uns so zu folgender Gesamtaussage des Sonetts: Es handelt sich in der Tat um eine Selbstreflexion über den Status der Dichterin und des Dichtens – man spricht in einem solchen Fall auch von der metapoetischen Dimension eines Textes –, der vor dem Hintergrund des Vanitas-Motivs als schöner, aber vergänglicher Schein entlarvt wird. Dem Topos des unsterblichen Dichterruhms wird eine Absage erteilt, und der Titel des Gedichtes liefert uns auch die Alternative: die höhere Wahrheit der Existenz, und auch der Existenz des Dichters bzw. der Dichterin liegt nicht im Ruhm auf Erden, sondern in der „pasión", was hier als Liebe zu Gott verstanden werden kann. Die religiös-spirituelle Ausrichtung dieses Textes muss natürlich unter anderem vor dem Hintergrund der Biographie der Autorin betrachtet werden.

Metapoetische Dimension

In der Tat haben wir mit diesem Sonett ein typisches Barockgedicht vor uns. Der mehr lebensweltlichen Ausrichtung der Lyrik der Renaissance, wie bei Garcilaso, wird eine religiös spirituelle Orientierung gegenübergestellt. Das Carpe-Diem-Motiv der Renaissance wird zum Vanitas-Motiv und es geht darum, den *engaño* alles Weltlichen zu entlarven. Dies geschieht in komplexer Verdichtung der Sprache. Durch ihr Zitat im letzten Vers stellt Sor Juana sich darüber hinaus explizit in die Tradition Luis de Góngoras, des wohl bekanntesten Vertreters der spanischen Barocklyrik.

Aufgabe 5.7

? Untersuchen Sie das folgende Sonett von Luis de Góngora auf Stilfiguren.

Aufgabe 5.8

? Analysieren Sie Isotopien und Motive dieses Sonetts vor dem Hintergrund Ihres bisherigen Wissens über die Barocklyrik.

Aufgabe 5.9

? Arbeiten Sie Parallelen und Unterschiede zu den Texten 5.2 und 5.3 heraus.

Text 5.4

Luis de Góngora: *Sonetos completos*: Sonett 149

1 Mientras por competir con tu cabello,
oro bruñido[1] al sol relumbra[2] en vano;
mientras con menosprecio[3] en medio el llano
mira tu blanca frente el lilio bello;

5 mientras a cada labio, por cogello[4].
siguen más ojos que al clavel temprano;
y mientras triunfa con desdén lozano[5]
del luciente cristal tu gentil cuello:

9 goza cuello, cabello, labio y frente,
antes que lo que fue en tu edad dorada
oro, lilio, clavel, cristal luciente,

12 no sólo en plata o víola troncada[6]
se vuelva, mas tú y ello juntamente

en tierra, en humo, en polvo, en sombra, en nada.
(Góngora: 1985, 230)

1 bruñido *geschliffen* – 2 relumbrar *leuchten, glänzen* – 3 menosprecio *Geringschätzung* – 4 cogello *cogerlo* – 5 desdén lozano *hier: mit grandioser Überlegenheit* – 6 troncada *gebrochen*

5.2 Lyrik des *Modernismo*: Antonio Machado

Modernismo

Mit dem nächsten Textbeispiel vollziehen wir einen Sprung zum Ende des 19. Jh., in die Epoche, für die in der spanischen Literaturgeschichtsschreibung die Begriffe *Generación del '98* und *Modernismo* gebraucht werden. Zu den bekanntesten Vertretern dieser Epoche gehört der Dramatiker und Lyriker Antonio Machado y Ruiz. Der 1875 in Sevilla geborene Dichter veröffentlichte im Jahre 1902 in Madrid seine erste Gedichtsammlung unter dem Titel *Soledades*, der auf das Leitmotiv der Gedichte hinweist, nämlich die Einsamkeit. Diese ersten Gedichte sind noch sehr an der französischen Romantik und dem Symbolismus orientiert. 1907 wird Machado Französischlehrer in Soria, einer Provinzstadt in Kastilien. Dort lernt er auch seine große Liebe, die 16-jährige Leonor, kennen, die er 1909 heiratet. Leonor verstirbt bereits 1912. Im gleichen Jahr erscheint die Gedichtsammlung *Campos de Castilla*, die nicht nur die Liebe zu der früh verstorbenen Ehefrau und den Kastilienmythos zum Gegenstand hat, sondern alle für Machado relevanten Themen, wie auch Landschafts- und Wegmetaphorik, den Traum und das Erinnern. Es folgen weitere Gedichtbände, darunter *Abel Martín. Cancionero de Juan de Mairena* (1936), in dem er die eigene Dichtung und seine Rolle als Dichter hinterfragt. Der Bürgerkrieg zwingt Machado schließlich ins französische Exil, wo er 1939 in dem Künstlerort Collioure im Rousillon verstirbt.

Abb. 5.4 Antonio Machado (Spanische Briefmarke von 1978)

Kastilienmythos

Definition

Die *Generación del '98* und der Kastilienmythos: Die so genannte *Generación del '98* bezeichnet eine Gruppe von Schriftstellern in Spanien in der Zeit um die Wende zum 20. Jh. Der Begriff wurde von einem bedeutenden Vertreter dieser Epoche, Azorín (= José Martínez Ruiz), geprägt und bezieht sich auf ein historisches Datum, nämlich auf das Jahr 1898, in dem Spanien die letzten Kolonien verliert.

Charakteristisch für diese Zeit ist der Widerspruch zwischen der Orientierung an den europäischen Vorbildern und der Rückbesinnung auf die spanische Tradition. Der so genannte Konflikt der *dos Españas*, d. h. zwischen einem liberalen fortschrittlichen und einem rückwärtsgewandten und sich am Katholizismus orientierenden Spanien prägt die Romanliteratur dieser Zeit (vgl. Einheiten 8.1 und 9.1). Emblematisch für diesen Konflikt steht Kastilien, dessen einstiger Größe seine gegenwärtige Dekadenz gegenübersteht. Bei vielen Autoren der Zeit, vor allem bei Miguel de Unamuno (1864–1936), dient die Überhöhung Kastiliens, aus der Elemente des spanischen Nationalcharakters (*casticismo*) abgeleitet werden, der nationalen Identitätsfindung.

Abb. 5.5 Denkmal Unamunos in Salamanca

Wir wollen uns nun einem Gedicht aus Antonio Machados *Campos de castilla* zuwenden.

Text 5.5 | Antonio Machado: *Campos de Castilla* (1907–1917), „Allá, en las tierras altas“

Allá, en las tierras altas,
por donde traza el Duero
su curva de ballesta[1]
en torno a Soria[2], entre plomizos cerros[3]
y manchas de raídos encinares[4],
mi corazón está vagando, en sueños…

¿No ves, Leonor, los álamos[5] del río
con sus ramajes yertos[6]?
Mira el Moncayo[7] azul y blanco; dame
tu mano y paseemos.
Por estos campos de la tierra mía,
bordados de olivares polvorientos,
voy caminando solo,
triste, cansado, pensativo y viejo.
(Machado: 1989, 546)

1 ballesta *Armbrust* – 2 Soria *Provinzstadt in Castilla y León* – 3 plomizos cerros *bleifarbene Hügel* – 4 raídos encinares *lichte Steineichenwälder* – 5 álamos *Pappeln* – 6 ramajes yertos *starres Geäst* – 7 Moncayo *Gebirge bei Soria*

Aufgabe 5.10 | ? Beschreiben Sie die formale Gestaltung dieses Gedichts (vgl. Einheit 4.4).

Aufgabe 5.11 | ? Analysieren Sie auf der Makro- wie auf der Mikroebene, wie die Liebesthematik mit der Naturbeschreibung verknüpft wird.

Aufgabe 5.12 | ? Wie wird in diesem Gedicht der oben beschriebene Kastilienmythos verarbeitet?

Assonantisch gereimte *Silva*

Die zwei Strophen dieses Gedichts entsprechen in ihrem Bau der *Silva*, für die der Wechsel von 7- und 11-Silblern charakteristisch ist. Dies gilt allerdings nicht für den Reim, der bei der Silva meist konsonantisch ist, hier hingegen assonantisch in den geradzahligen Versen, wie bei der Romanze. Es liegt also eine Verknüpfung zweier traditioneller Gedichtformen vor, die in dieser Kombination eine formale Neuerung bieten.

Das Gedicht beginnt mit dem Adverb („Allá“), das lokal wie zeitlich gebraucht werden kann, hier aber erst einmal auf eine, wie wir dem zweiten und vierten Vers entnehmen können, real existierende Landschaft verweist, nämlich das Duero-Tal bei Soria in Kastilien. Der Fluss selbst steht als Metapher auch immer für den Fluss des Lebens und spielt auf die Vergänglichkeit desselben an. Die Adjektive, die die Natur beschreiben, wie „plomizos“,

Abb. 5.6
Der Duero in Kastilien

erwecken den Eindruck einer gewissen Trostlosigkeit. Im 3. Vers der zweiten Strophe wird klar, dass es sich um eine winterliche Landschaft handelt („el Moncayo azul y blanco"), die ebenfalls das Motiv der Vergänglichkeit assoziiert, denn der Winter steht häufig für das Ende des Lebens. Am Ende der ersten Strophe manifestiert sich das lyrische Ich metonymisch als „corazón", als Herz, das natürlich symbolisch für die Liebe steht. Trotz der von der Landschaftsbeschreibung evozierten Melancholie regt es das lyrische Ich zum Träumen an („en sueños [...]"), wobei dieser träumerische Zustand auch durch die Interpunktion untermalt wird. Der Beginn der zweiten Strophe richtet sich dann tatsächlich an eine Frau namens Leonor, von der wir aufgrund der biographischen Hintergrundinformationen annehmen können, dass es sich um die Geliebte und Ehefrau Machados handelt. Leonor wird vom lyrischen Ich aufgefordert, mit ihm gemeinsam die Landschaft zu betrachten und sie mit ihm Hand in Hand zu durchwandern. Die einleitende an Leonor gerichtete Frage erklingt allerdings wie ein verzweifelter Aufruf („¿No ves, Leonor, [...]?"). In der Tat stehen die ersten vier Verse der zweiten Strophe in Kontrast zu den letzten vier und besonders den letzten zwei Versen, in denen mittels einer Akkumulation von negativen Adjektiven der Seelenzustand des lyrischen Ichs zum Ausdruck kommt, das offensichtlich alleine durch eine Landschaft wandert, die sich ebenfalls gewandelt hat. Die Elemente der „tierra mía", wie die „olivares", deuten offensichtlich auf die Heimatlandschaft des Dichters hin, Andalusien. Wir haben in diesem Gedicht also zwei zeitliche Ebenen: die Erinnerungsebene, die sich auf die kastilische Landschaft und die Zeit mit der geliebten Ehefrau bezieht, und die Ebene der Gegenwart, in der sich das lyrische Ich wieder in der Landschaft seiner Herkunft, in Andalusien, befindet, offensichtlich allein, in Trauer und gealtert.

Traum

Leonor

Akkumulation

Zeitebenen

Fassen wir zusammen: Es handelt sich also um ein Gedicht, das mittels der Beschreibung von Natur die traumhafte Erinnerung an die verstorbene Geliebte besingt und in konzentrierter Form den Seelenzustand des trauernden lyrischen Ichs schildert.

Andalusien/Kastilien

Wir finden in diesem Gedicht die Beschreibung zweier emblematischer Landschaften Spaniens: Andalusien und Kastilien. Allerdings lassen diese sich im vorliegenden Gedicht konkret an den biographischen Hintergrund des Dichters rückkoppeln und sind weniger politisch zu deuten, als dies in anderen Gedichten der Sammlung *Campos de Castilla* der Fall ist, wie zum Beispiel in „A orillas del Duero".

Sie finden „A orillas del Duero" auf www.bachelor-wissen.de.

5.3 | Der lateinamerikanische *Modernismo*: Pablo Neruda

Modernismo

Der Beginn des Modernismus in Lateinamerika wird gemeinhin im Jahre 1888 mit der Veröffentlichung von Rubén Daríos (1867–1916) Gedicht- und Kurzprosa-Sammlung *Azul* angesetzt. Kennzeichend für diese Strömung ist der Versuch der ästhetischen Emanzipation vom spanischen Mutterland, wobei die Diskussion um die kulturelle Identität des „autochthonen Amerikas", d. h. die Identität Amerikas vor der Eroberung durch die Europäer, durchaus ambivalent geführt wird. So tritt der Kubaner José Martí (1853–1895) für ein solches autochthones Amerika ein und beruft sich auf die Hochkulturen der Mayas, Atzteken und Inkas, während Rubén Darío verstärkt auf einen gemeinsamen lateinischen kulturellen Ursprung verweist und in Frankreich das große kulturelle Vorbild sieht. Auch das Frühwerk des wohl bekanntesten lateinamerikanischen Dichters, des Chilenen Pablo Neruda, gehört zu den Ausläufern des lateinamerikanischen *Modernismo*, orientiert sich an der französischen *poésie pure* und ist Ausdruck einer strikten Innerlichkeit.

Abb. 5.7 | Rubén Darío (1867–1916)

Biographie Nerudas

Pablo Neruda, eigentlich Ricardo Eliecer Neftalí Reyes, wurde am 12. Juli 1904 in Parral, dreihundert Kilometer südlich von Santiago de Chile gelegen, als Sohn eines Lokomotivführers und einer Lehrerin geboren. Seine Kindheit verbrachte er im regnerischen Temuco im Süden Chiles. 1920 zog er zum Studium des Französischen und der Pädagogik nach Santiago de Chile. Dort entstand 1923 seine erste Gedichtsammlung mit dem Titel *Crepusculario*. Im Anschluss an sein Studium war Neruda als Diplomat in asiatischen Ländern, aber auch in Spanien, Argentinien, Mexiko und Frankreich tätig. Während des spanischen Bürgerkrieges und seiner Zeit in Madrid engagierte sich der Dichter gegen die Faschisten und wurde Kommunist. 1940 kehrte er nach Chile zurück, das er jedoch aus politischen Gründen 1948 wieder für mehrere Jahre verlassen musste, wurde 1969 Präsidentschaftskandidat der Kommunistischen Partei Chiles, verzichtete aber zugunsten seines Freundes Salvador Allende auf den Posten. Er starb am 23. September 1973, kurz nach dem Militärputsch, in Santiago de Chile.

Abb. 5.8 | Pablo Neruda (1904–1973)

Das literarische Werk

Nerudas literarische Produktion wird gemeinhin in drei Phasen eingeteilt: das unpolitische Frühwerk, die politische Lyrik und die dritte Phase, die durch eine erneute Abkehr von der politischen Dimension in der Literatur gekennzeichnet ist. Für die lateinamerikanische kulturelle Identitätsbildung ist vor allem die Gedichtsammlung des *Canto general* (1960) bedeutsam, die im Zeichen der Rückbesinnung auf das autochthon-lateinamerikanische Erbe steht. Wir wollen uns nun im Folgenden einem Gedicht aus der frühen Sammlung *Crepusculario* (etwa: Buch der Abend- und Morgendämmerung) aus dem Jahre 1923 zuwenden.

Aufgabe 5.13

? Lesen Sie folgendes Gedicht und analysieren Sie seine Form.

Aufgabe 5.14

? Arbeiten Sie zum Zweck einer ersten Annäherung die Isotopien in Text 5.6 heraus. Lässt sich aus ihnen eine Struktur ermitteln?

Text 5.6

Pablo Neruda: „Barrio sin luz" (aus *Crepusculario*, 1923)

BARRIO[1] SIN LUZ

¿Se va la poesía de las cosas
o no la puede condensar mi vida?
Ayer – mirando el último crepúsculo –
yo era un manchón de musgo[2] entre unas ruinas.

Las ciudades – hollines[3] y venganzas[4] –,
la cochinada[5] gris de los suburbios,
la oficina que encorva[6] las espaldas,
el jefe de ojos turbios[7].

... Sangre de un arrebol[8] sobre los cerros,
sangre sobre las calles y las plazas,
dolor de corazones rotos,
podre de hastíos[9] y de lágrimas.

Un río abraza el arrabal[10] como una
mano helada que tienta en las tinieblas[11];
sobre sus aguas
se avergüenzan[12] de verse las estrellas.

Y las casas que esconden los deseos
detrás de las ventanas luminosas,
mientras afuera el viento
lleva un poco de barro[13] a cada rosa.

... Lejos... la bruma de las olvidanzas,
– humos espesos[14], tajamares rotos[15] –,

y el campo, ¡el campo verde! en que jadean[16]
los bueyes[17] y los hombres sudorosos.

… Y aquí estoy yo, brotado[18] entre las ruinas,
mordiendo solo todas las tristezas,
como si el llanto fuera una semilla[19]
y yo el único surco[20] de la tierra.
(Neruda: 1956, 34–35)

1 barrio *Stadtviertel* – 2 un manchón de musgo *ein Flecken Moos* – 3 hollín *Ruß* – 4 venganza *Rache* – 5 cochinada *Schweinerei* – 6 encorvar *krümmen, beugen* – 7 turbio *trüb* – 8 arrebol *Abendrot* – 9 hastío *Ekel* – 10 arrabal *Vorstadt* – 11 tinieblas (f. pl.) *Dunkelheit* – 12 avergonzarse *sich schämen* – 13 barro *Schmutz* – 14 humos espesos *dichter Rauch* – 15 tajamares rotos *geborstene Molen* – 16 jadean *schnaufen* – 17 buey *Ochse* – 18 brotado *hier: aufgekeimt* – 19 semilla *Same* – 20 surco *Furche*

7 Strophen à 4 Verse

Endecasílabo

Enjambement

Isotopien

Stadt-Land-Opposition

Großstadtlyrik

Auf den ersten Blick scheint sich bei dem Gedicht *Barrio sin luz* von Pablo Neruda eine klare formale Struktur ausmachen zu lassen, so entdecken wir doch gleich die Aufteilung in sieben Strophen mit jeweils vier Versen. Bei näherem Hinsehen erkennt man jedoch, dass das Versmaß zwar die Dominanz des Elfsilblers (*endecasílabo*) aufweist, von diesem jedoch auch immer wieder abweicht, so dass wir es mit heterometrischen Versen zu tun haben. Der Rhythmus wird darüber hinaus wiederholt durch Enjambements variiert, so in Vers 14 oder in Vers 24. Auch das Reimschema wechselt von Strophe zu Strophe, es dominieren assonantische Reime, doch in Strophe 2 liegt ein konsonantischer Reim vor („suborbios"-„turbios"). Anhand einer detaillierten Lektüre des Gedichtes lassen sich folgende dominierende Isotopien ausmachen: die der Stadt („barrio", „ruinas", „cuidades", „suburbios", „oficina", „calles", „plazas", „tajamares", „arrabal", „casas", „ventanas"), die der Natur („manchón de musgo", „espalda", „aguas", „estrellas", „viento", „rosa", „bueyes", „hombres", „campo", „la bruma", „semilla", „surco", „tierra"). Darüber hinaus haben wir die Isotopie des Lichtes: „crepúsculo", „luz", „tinieblas", „turbio", „luminoso", die der Farben: „gris", „verde", „arrebol" und die der Abstrakta, von denen ein Großteil im weiteren Sinne Gefühle bezeichnen: „poesía", „vida", „cosas", „venganzas", „cochinada", „dolor", „corazón", „hastíos", „lágrimas", „deseos", „olvidanzas", „tristezas", „llanto". Auf der semantischen Ebene lässt sich in Bezug auf die dominierenden Isotopien der Stadt und der Natur das Strukturprinzip der Opposition ausmachen: es handelt sich offensichtlich um den Stadt-Land-Gegensatz, der in der Großstadtlyrik am Ende des 19. Jh. immer wieder in Erscheinung tritt. Die Sehnsucht des Stadtmenschen nach der unberührten Natur und die Darstellung der Stadt als Moloch muten dabei zur Entstehungszeit dieses Gedichtes toposhaft an, wobei die Großstadtthematik in Lateinamerika, wo zu Beginn des 20. Jh. riesige Steinwüsten entstehen,

Abb. 5.9
Santiago de Chile im Jahre 1929

von besonderer Relevanz sein dürfte. In Bezug auf die Isotopien des Lichtes und der Farben dominiert der Kontrast zwischen hell und dunkel, der wiederum mit der Opposition von Belebtem und Unbelebtem, d. h. mit Leben und Tod einhergeht. Diese Oppositionen werden in allen Strophen verknüpft mit der Isotopie der Abstrakta, d. h. insbesondere mit den Gefühlsausdrücken. Es dominieren allerdings die negativen Gefühlswahrnehmungen, wie auch die Dunkelheit. Führen wir diese Erkenntnisse auf den Titel des Gedichtes zurück „Barrio sin luz", so scheint der Ort der Stadt vornehmlich mit Licht- und Leblosigkeit, d. h. mit Tod assoziiert zu werden. Auch über die Lautähnlichkeit (Paronomasie) zu „barro" (V. 20) wird der Titel – insbesondere in der Opposition zur Rose – negativ konnotiert.

Opposition von Leben und Tod

Sehen wir uns nun die Strophen im Einzelnen an. Die erste und letzte Strophe sollen dabei erst einmal ausgeklammert werden, da sie Gegenstand von Aufgabe 5.15 bilden. Strophe 2 beginnt mit dem Leitthema des Gedichtes: „las ciudades", und es folgt eine Beschreibung derselben, indem jeder Vers mit einem weiteren der Stadt zugehörigen Element einsetzt, das jeweils in Form eines Vergleichs, Bildes oder einer Metapher negativ konnotiert wird. Die jeweils die Verse einleitenden Substantive verweisen dabei auf das moderne Großstadtleben und die entfremdende Arbeitswelt. Dabei suggerieren die parallel gestalteten Versanfänge eine gewisse Monotonie. Metaphern wie „la cochinada gris“ dürften darüber hinaus beim zeitgenössischen Leser einiges Befremden ausgelöst haben und zeigen die Modernität des Gedichtes. Die dritte Strophe nimmt nun das Leitmotiv der Gedichtsammlung, nämlich den Sonnenuntergang auf, der mit der Farbe ‚rot‘ ein klassisches Motiv der Dichtungstradition darstellt, hier allerdings in Kombination mit ‚Blut‘ bedrohlich, ja zerstörerisch wird und jeglicher Romantik entbehrt. Auffallend ist auch der lautmalerische Einsatz der r- und o-Laute, die auf die Farbe rot („rojo“) verweisen und den Eindruck von Bedrohung untermalen. Die Verbindung von Strophe 3 zu Strophe 4 wird unter anderem durch die lautmalerische Verwendung von „un arrebol“ und „el arrabal“ hergestellt, die das Motiv des Sonnenunterganges mit der Stadtthematik verknüpft. Die vierte Strophe beginnt mit einer Personifikation des Flusses, der die Vorstadt umarmt, und stellt durch den Vergleich mit der eiskalten Hand („una mano helada“) wiederum die Opposition von Leben und Tod in den Vordergrund. Auch werden erneut traditionelle lyrische Motive wie die Sterne, hier ebenfalls in Form einer Personifikation, gleichsam verfremdet. Diese Vorgehensweisen, d.h. die Personifikation und der verfremdende Gebrauch traditioneller, romantisch konnotierter lyrischer Motive wie der Rose dominieren auch die 5. Strophe. In der 6. Strophe wird die Opposition Stadt-Land explizit weitergeführt, wobei die Zweiteilung der Strophe – der erste Teil ist der Stadt gewidmet, der zweite Teil dem Landleben – die Opposition noch akzentuiert. Das die Strophe einleitende Adjektiv „lejos“, in Verbindung mit den „olvidanzas“ am Ende der Zeile, lässt im Folgenden das Landleben in weiter Ferne erscheinen. Darüber hinaus wird das Landleben im Gegensatz zu traditionellen Darstellungen nicht verklärt, sondern in seiner Mühseligkeit beschrieben („[...] en que jadean los bueyes y los hombres sudodoros“).

Leitmotiv des Sonnenunterganges

Verfremdung romantischer Motive

Fassen wir soweit zusammen: Die formale und inhaltliche Strukturanalyse des Gedichtes weist auf die Großstadtthematik hin, welche durch die unkonventionelle Kombination von traditionellen Motiven der Lyrik, wie zum Beispiel dem des Sonnenunterganges, mit dem Stadt-Land-Gegensatz veranschaulicht wird.

Aufgabe 5.15

? Versuchen sie nun die Gesamtaussage des Gedichtes unter besonderer Berücksichtigung der ersten und der letzten Strophe zusammenzufassen.

Die erste und die letzte Strophe des Gedichtes sind die einzigen, in denen sich das lyrische Ich manifestiert. Dabei stellen die ersten beiden Verse der ersten Strophe eine existenzielle wie metapoetische Frage, nämlich die nach der Beziehung von Leben und Dichtung. In den folgenden zwei Versen wird die Existenz des lyrischen Ichs, angesichts des letzten Abendlichtes, quasi als Rückblick betrachtet. Das Motiv der letzten Abenddämmerung suggeriert dabei Endzeitstimmung. Diese wird wieder aufgenommen durch das letzte Wort der Strophe, die Ruinen, die wiederum Verfall symbolisieren. Das lyri-

Lyrisches Ich

Endzeitstimmung

Motiv der Ruinen

sche Ich selbst vergleicht sich hingegen mit einem kleinen Flecken Moos, dem wenigen Überlebenden inmitten des ‚Untergangs'. Auch in der letzten Strophe tauchen das lyrische Ich wie auch die „ruinas" gleichsam als Rahmen wieder auf. Im Gegensatz zur ersten Strophe befindet sich das lyrische Ich nun in der Gegenwart, in einem Hier und Jetzt: „Y aquí estoy yo, [...]". Wieder vergleicht es sich mit der Natur, diesmal allerdings eindeutig mit dem Leben, ja sogar mit dem Leben Gebenden, und seine Klage wird zum Leben spendenden Samen. Die eingangs gestellte Frage nach dem Verhältnis von Existenz und Dichtung erhält hier also abschließend eine bejahende Antwort.

? Versuchen sie nun rückblickend die Natur-Motivik und ihre Verknüpfungen über die Jahrhunderte hinweg anhand der Textbeispiele zu beschreiben. Aufgabe 5.16

Zusammenfassung

In der zurückliegenden Einheit wurden die theoretischen Grundlagen der Lyrikanalyse anhand von sechs Beispielgedichten konkretisiert. Das besondere Augenmerk galt hinsichtlich des Sonetts zunächst der Gattungsform und ihrer Beziehung zu inhaltlichem Bau und Logik. Bei allen Beispielanalysen wurde das Zusammenwirken von Ausdrucks- und Inhaltsseite vorgeführt. Die Texte von Garcilaso de la Vega, Sor Juana Inés de la Cruz und Góngora stehen im Kontext der Lyrik der Renaissance und des Barock, während die Gedichte Machados und Nerudas sich dem *Modernismo* zuordnen lassen. An den Texten, die den Zeitraum vom 16. Jh. bis zum 20. Jh. umfassen, lässt sich darüber hinaus die inhaltliche und formale Entwicklung der Gattung nachvollziehen. Dabei lässt sich über die Jahrhunderte hinweg eine Gemeinsamkeit feststellen: Lyrik ist immer auch ein Ort der Reflexion über die Literatur an sich.

Literatur

Sor Juana Inés de la Cruz: *Obras completas*. Mexico: Porrua 1969.

Luis de Góngora: *Sonetos completos*. Madrid: Castalia 1985.

Antonio Machado: *Poesía y prosa*. Tomo II. Madrid: Espasa-Calpe 1989.

Pablo Neruda: *Obras completas*. Buenos Aires: Losada 1956.

Garcilaso de la Vega: *Poesía*. Madrid: Anaya 1961.

Maximilan Gröne/Rotraud von Kulessa/Frank Reiser: *Italienische Literaturwissenschaft. Eine Einführung*. Tübingen: Narr 2007.

Weiterführende Literaturhinweise finden Sie unter www.bachelor-wissen.de.

Dramenanalyse

Inhalt

6.1	Dramatische Gattungen	94
6.2	Drama als Text und Aufführung	98
6.3	Raum und Zeit	99
6.4	Figuren	100
6.5	Figurenrede	103
6.6	Figurenkonstellation	105
6.7	Handlung	107
6.7.1	Aufbau und Untergliederung	108
6.7.2	‚Offene' und ‚geschlossene' Form des Dramas	109
6.7.3	Episches Theater	110
6.7.4	Experimentelles Theater	111

Überblick

Die Besonderheiten der literaturwissenschaftlichen Betrachtung von dramatischen Texten stehen im Mittelpunkt der beiden folgenden Einheiten. In Einheit 6 werden Ihnen zunächst die grundlegenden Gattungen vorgestellt. Im Anschluss daran können zentrale Aspekte der Analyse erläutert werden, so die Untersuchung der im Stück vorkommenden Figuren, ihrer Interaktion und der Formen der dramatischen Rede. Sie werden mit typischen Strukturmerkmalen der Handlung sowie mit Konzeptionen zur Wirkungsweise des Dramas vertraut gemacht. Die realisierte Aufführung eines Dramentextes eröffnet Ihnen schließlich eine zusätzliche Dimension der Interpretation.

6.1 | Dramatische Gattungen

Geistliches Schauspiel

Die Wurzeln des volkssprachigen Theaters liegen einerseits im antiken Drama, andererseits in den mittelalterlichen Schauspielen, die sich als eigenständige Formen ausprägten. Zu Beginn der letztgenannten Entwicklung standen kleinere szenische Dialoge, die den Evangelien entnommen wurden (*tropos*). Aus ihnen entwickelten sich längere Werke, wie die fragmentarisch überlieferte *Representación de los Reyes Magos* (12./13. Jh.) belegt. Einen wichtigen Platz hatten ferner die Mysterienspiele oder Moralitäten (*misterio*, *moralidad*) inne, die zumeist zu besonderen Anlässen im Laufe des Kirchenjahrs (v.a. Fronleichnam) auf öffentlichen Plätzen oder Straßen inszeniert wurden. Zur Aufführung gelangten auch biblische Stoffe oder Heiligenlegenden (*comedias de santos*), etwa die Bekehrung oder das Martyrium vorbildlicher Figuren, u. a. die Leidensgeschichte Christi, die im Passionsspiel auf die Bühne gebracht wurde (Alonso del Campo: *Auto de la pasión*, 1486–1499). Ab dem 16. Jh. setzt sich das sogenannte *auto* durch (abgeleitet von lat. ‚actus': Aufführung), das als meist einaktige Darstellung einer breiten Zuschauermenge anschaulich zentrale Inhalte des christlichen Glaubens vorführen sollte. Als Freilichtbühnen dienten prächtig ausgestattete Wagen mit teils mehrstöckiger Dekoration und Maschinerie, welche durch ihre Mobilität das Theater noch breitenwirksamer machten. Die religiöse Bedeutung des Stückes wurde in einem Vorspiel (*loa*) dargelegt, schwankhafte Zwischenspiele (*entremeses*) lockerten die erns-

Auto sacramental

Carro-Bühne

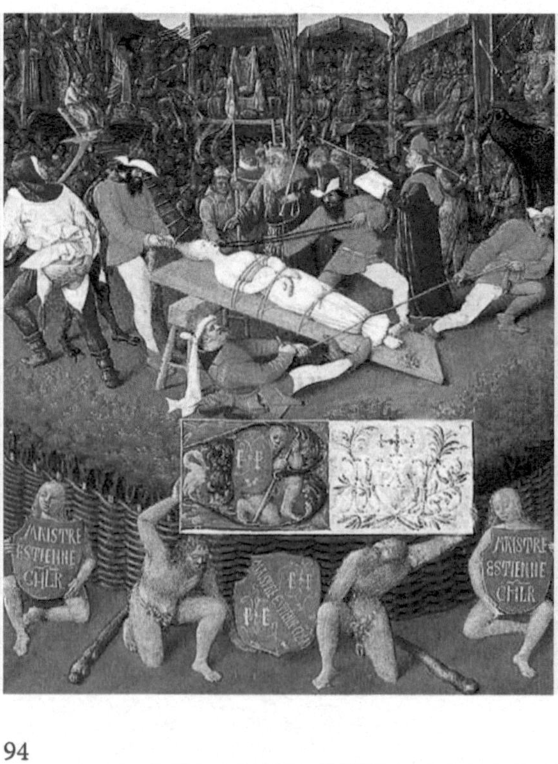

Abb. 6.1 | Das Martyrium der Heiligen als Schauspiel. Darstellung von Jean Fouquet (15. Jh.)

ten *autos* auf. Das religiöse Drama ist in der spanischen Literatur bis in die Moderne hinein lebendig geblieben, etwa in Miguel Hernández' *Quién te ha visto y quién te ve y sombra de lo que eras* (1929).

Auf Seiten des nur unzureichend überlieferten frühen weltlichen Theaters entstanden aus Jahrmarktsaufführungen kurze komische Szenen oder Stücke (etwa als Farce, *farsa*). Ihre Komik trug Züge der sozialkritischen Satire, wobei der derbe Witz auf den ungehobelten Figuren niederen Standes, ihrer groben (dialektalen) Sprache, pantomimischen Einlagen, eingeschobenen Liedern, Prügelszenen etc. beruhte. Als Farcen bezeichnet man dementsprechend Komödien mit einsträngig-pointierter Handlung und karikierend-typenhaften Figuren (Juan del Encina: *Auto del repelón*, ca. 1507).

Farce

Von diesen künstlerisch eher einfach gehaltenen Formen setzte sich in der Renaissance unter dem Einfluss der erneut rezipierten antiken Überlieferung die auf Latein verfasste *comedia humanística* ab, die allerdings in erster Linie zu Unterrichtszwecken an den Universitäten eingesetzt wurde. In diesem Zusammenhang steht zunächst auch die Tragödie (*tragedia*) nach antikem Vorbild, die durch ein Figureninventar von gehobenem Stand mit kunstvoll geformter Sprache, einen klar strukturierten Aufbau, eine ernste Thematik mit tragischem Konflikt und tragischem Ausgang gekennzeichnet ist (vgl. die Ausführungen zur Aristotelischen Tragödie in Einheit 2.1.1). Die regelkonforme Tragödie konnte als dramatische Gattung in der spanischen Literatur jedoch nur im 18.Jh. einen bescheidenen Platz neben den zahlreichen Sonderformen der *comedia* einnehmen.

Humanistentheater

Tragödie

! *Comedia* = Drama

Die Bezeichnung ‚comedia' umfasst so viele Erscheinungsformen, dass sie auch ganz allgemein ‚Theaterstück' bedeuten kann. Die notwendigen begrifflichen Unterscheidungen beruhen somit eher auf dem Gegenstand, auf der Verwendungsweise oder der Bauform typischer dramatischer (Unter-)Gattungen.

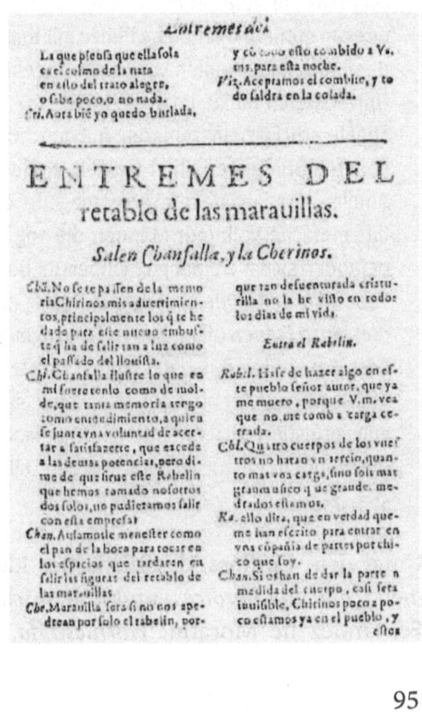
ENTREMES DEL
retablo de las marauillas.
Salen Chanfalla, y la Chirinos.

Abb. 6.2

Cervantes: Titelseite des *Entremés del retablo de las maravillas* (1615)

Der Begriff ‚Komödie' (*comedia*) bezeichnet im *engeren* Sinne eine der grundlegenden dramatischen Formen, ein Lustspiel mit einer meist auf Verwicklungen im Alltagsleben abzielenden komisch-persiflierenden Handlung, die ein glückliches Ende nimmt. Die Handlungsträger entstammen in aller Regel mittleren oder niederen sozialen Schichten. Als kurze Einakter (*entremeses*, ab dem 16. Jh. auch

Komödie

als *pasos*, ab dem 18. Jh. auch als *sainetes* bezeichnet) konnten komödiantische Stücke auch zwischen zwei nacheinander aufgeführte Dramen – oder sogar zwischen deren einzelne Akte – eingeschoben werden (Cervantes: *El retablo de las maravillas*, 1615). Die *comedia de figurón* zielt im Speziellen auf die lächerliche Charakterschwäche einer Hauptfigur (Lope de Vega: *La dama boba*, 1613) ab, in der *comedia de enredo* (Intrigenkomödie) steht die aus komplizierten Verwicklungen resultierende Komik im Vordergrund (Calderón: *La dama duende*, 1629).

Tragikomödie

Mischformen aus Komödie und Tragödie gruppieren sich allgemein betrachtet unter dem weit gefassten Begriff der Tragikomödie (*tragicomedia*); sie enthalten in der Regel einen dramatischen Konflikt, der durch komische Episoden aufgeheitert wird, jedoch ein tragisches Ende nimmt. Im *erweiterten* Sinne wurden schließlich im *Siglo de Oro* jene dramatischen Texte als ‚comedias' bezeichnet, die ihrerseits komische und tragische Elemente zugleich umfassen, so z. B. bei Lope de Vega (vgl. Einheit 2.1.2). In Anlehnung auf den Titel seiner Poetik spricht man zur besseren Unterscheidung hier auch von *comedia nueva*. Typisch für das auf Unterhaltung abzielende Theater der Zeit sind die bereits erwähnten Charakter-Komödien oder die *comedias de capa y espada*, welche auf einer handlungsreichen, mit Konflikten und Duellen durchsetzten Intrige beruhen (Lope de Vega: *El acero de Madrid*, ca. 1612), sowie das auf die Ausbildung eines spezifischen Ehrenkodex von innerer (*honra*) und äußerer Ehre (*honor*) bezogene *drama de honor* (Lope de Vega: *El castigo sin venganza*, 1631).

Comedia

Corrales

Dramatische Aufführungen waren in den Anfängen entweder an den kirchlichen Raum oder an größere öffentliche Plätze mit ihren Bühnen unter freiem Himmel gebunden. Seit dem Mittelalter kamen vereinzelt Inszenierungen in Adelspalästen oder den Aulen der Universitäten hinzu. Im ausgehenden 16. Jh. bildete sich eine neue Möglichkeit heraus, Theaterstücke zu inszenieren: Auf den zwischen städtischen Häusern befindlichen Höfen konnten Bühnen errichtet werden, wodurch sog. *corrales de comedias* entstanden. Die Abfolge der Zuschauerränge spiegelte dabei die gesellschaftliche Schichtung wider: das einfache Volk (nur Männer, die sog. *mosqueteros*) stand auf dem Hof, die Frauen befanden sich auf einer gegenüber der Bühne befindlichen erhöhten und abgesonderten Tribünenloge (*cazuela*). Reichere Bürger nahmen auf den Bänken oder wie die Adligen in den (auch Frauen offen stehenden) Logen (*palcos, aposentos*) Platz, die in unterschiedlichen Kategorien durch die großen Fensteröffnungen und Balkone gebildet wurden. Dem Klerus war auf der obersten Etage eine eigene kleine Loge (*tertulia*) vorbehalten. Im Übrigen verfestigte sich die interne Organisation der zuvor fahrenden Schauspielertruppen, die nunmehr einem verantwortlichen Leiter oder Schauspieldirektor unterstanden, dem sog. ‚autor'.

Klassizismus: *clasicismo*

Unter dem Einfluss klassizistischer Ideale brachte das 18. Jh. heroische Dramen (*comedias heroicas*) und Rührstücke (*comedias lacrimosas*) hervor (Nicolás Fernández de Moratín: *Hormesinda*, 1770; Gaspar Melchor de Jovellanos:

Abb. 6.3
Corral de Comedias, Almagro

Pelayo, 1769). Dass es sich dabei nur um eine von zahlreichen dramatischen Bühnenformen handelte, zeigen die zur gleichen Zeit entstandenen volkstümlichen *sainetes*, burlesk-schwankhafte Einakter, die mit Tanz- und Gesangseinlagen Szenen aus dem Alltagsleben Madrids präsentieren.

Gegen Ende des 19. Jh. konnten sich neue populäre Bühnenformen durchsetzen. So grenzten sich unter der Sammelbezeichung *género chico* unterhaltsame Einakter oder Schwänke gegenüber der *alta comedia*, dem bürgerlichen Gesellschaftsdrama (z. B. José Echegaray: *El gran galeoto*, 1881) ab. Als Weiterentwicklung der *sainetes* zeichnen sie sich oftmals durch musikalische Elemente aus und verweisen auf den Einfluss der spanischen Operette (*zarzuela*) und des französischen Boulevard-Theaters (*vodevil*, m.). Zu beliebten Vertretern des *género chico* zählen Ricardo de la Vega, Felipe Pérez und José López Silva.

Abb. 6.4
Género chico: *La gran via* (1886)

Als einflussreiche Sonderform dramatischer Gattungen ist schließlich das *esperpento* (wörtlich: „Vogelscheuche"/„Schreckgespenst") von Ramón María del Valle-Inclán anzusehen, eine sehr erfolgreiche Form der gesellschaftskritischen Groteske (etwa: *Divinas palabras*, 1920).

Aufgabe 6.1 | ? Suchen Sie anhand eines geeigneten Nachschlagewerkes (vgl. Einheit 3.4) ergänzende Informationen zur *comedia de capa y espada*. Welche Unterformen gibt es? Welche berühmten Autorennamen sind mit der Gattung verbunden?

6.2 | Drama als Text und Aufführung

! Drama bedeutet Handlung

Der Begriff ‚Drama' stammt aus dem Griechischen und bedeutet Handlung. Zum Ausdruck kommt dabei die Vorstellung, dass das Drama menschliches Handeln nachahmt oder darstellt. Die Figuren treten direkt auf die Bühne und können sogar mit dem Publikum wechselseitige Kommunikation aufnehmen. Die Präsenz der Figuren und ihre dialogische Rede steht somit im Gegensatz zur vermittelnden Erzählerfigur in der Epik. Nun liegen Dramen in der Regel in Form einer gedruckten Textvorlage vor, teilweise werden sie sogar in erster

Lesedrama

Linie nur für ein Lesepublikum verfasst (Lesedrama, *drama para lectura*), wie Fernando de Rojas' *Celestina* (1499), die zwar zu späteren Bühnenfassungen vielfachen Anlass gegeben hat, ursprünglich aber, wie schon der Textumfang erkennen lässt, kaum für eine Aufführung, sondern wohl eher für ein lautes Vorlesen konzipiert worden war. Auf der anderen Seite gibt es Theaterstücke, denen überhaupt keine Textgrundlage vorausgeht und die eventuell auch nachträglich niemals schriftlich fixiert werden. Hierzu zählen die verschiedenen Formen des Stegreiftheaters (*comédia de improviso*), in dem der detaillierte Handlungsverlauf nicht im Vorfeld geplant wird, sondern auf der Bühne aus dem spontanen Agieren der Schauspieler und Schauspielerinnen heraus entsteht. Die wichtigste literaturhistorische Vertreterin dieser Spielform ist die aus den mittelalterlichen Jahrmarktsspielen hervorgegangene *commedia dell'arte*, die aus Italien kommend seit dem frühen 16. Jh. auch in Spanien ihre Wirkung entfalten konnte, etwa bei Lope de Rueda (1510–1565).

¶ Argumẽto del primer auto desta comedia.

Melibea — Calisto

Entrando Calisto vna huerta empos d vn falcon suyo fallo y a Melibea de cuyo amor preso començole de hablar: dela qual rigorosamẽte despedido: fue para su casa muy sangustiado. hablo con vn criado suyo llamado sempronio. el qual despues de muchas razones le endereço a vna vieja llamada celestina: en cuya casa tenia el mesmo criado vna enamorada llamada elicia: la qual viniẽdo sempronio a casa d celestina cõ el negocio de su amo tenia a otro consigo llamado crito: al qual escondierõ. Entre tanto q̃ sempronio esta negociãdo con celestina: calisto esta razonando cõ otro criado suyo por nõbre parmeno: el qual razonamiẽto dura fasta q̃ llega Sempronio y celestina a casa de calisto. Parmeno fue conoscido de celestina: la qual mucho le dize delos fechos y co-

a 1.

COMEDIA DE CALIXTO Y MELIBEA

Impresa en Burgos, 1499

Abb. 6.5 | Erstdruck der *Celestina* (1499)

Dramen liegen also in mindestens zweierlei medialen Kontexten vor, nämlich im Objekt Buch und in der individuellen Aufführung eines Stückes, welche noch ergänzt werden können durch die filmische Aufzeichnung einer Theaterinszenierung, weiterhin die eigentliche Verfilmung einer dramatischen Textvorlage oder ihre Hörspielfassung. Während sich die Literaturwissenschaft im Allgemeinen – aber nicht nur! – mit der Analyse des gedruckten Theaterstücktextes auseinandersetzt, ist die aus der Literaturwissenschaft hervorgegangene Theaterwissenschaft stärker mit den Aspekten der wechselnden Inszenierungen und der Aufführungspraxis befasst.

Haupt- und Nebentext

Der Unterscheidung von gedrucktem Text und Bühnenaufführung entspricht im gedruckten Text selbst die Aufteilung in Haupt- und Nebentext. Der Haupttext (*texto principal*) umfasst dabei alle auf der Bühne geführten Redepassagen, d.h. in erster Linie die Dialogpartien und Monologe (s. Abschnitt 6.5). Der Nebentext (*texto secundario*) hingegen enthält alle zusätzlichen Informationen, welche die Verfasserin oder der Verfasser des Stückes für dessen Inszenierung (oder aber für das Lesepublikum) vorgesehen hat, v.a. Bühnenanweisungen (auch: Regieanweisungen, Didaskalien, span. *didascalia, acotación*).

Zum Nebentext, der typographisch und im Layout vom Haupttext deutlich abgesondert wird, gehören:

- Titel,
- evtl. Motto, Widmung, Inhaltsangabe,
- ggf. Vorwort/Nachwort,
- Angaben zum Schauplatz und Zeitpunkt der Handlung,
- Personenverzeichnis,
- Bezeichnung oder Nummerierung der Handlungsunterteilung in Akte, Szenen etc. (s. Abschnitt 6.7.1),
- Nennung der auftretenden Figuren, evtl. mit kurzer Beschreibung,
- Bühnenanweisungen für die Gestaltung des Schauplatzes und
- Bühnenanweisungen für das schauspielerische Agieren.

Vom Haupt- und Nebentext, den der Autor bzw. die Autorin aufgesetzt hat, sind sämtliche weiteren Texte, die eine gedruckte Ausgabe eines Bühnenstücks enthalten kann, zu unterscheiden, etwa die Einleitung oder das Nachwort eines Herausgebers, die von ihm erstellten Anmerkungen (in Fuß- oder Endnoten), Literaturhinweise, Angaben zur Rezeptions- oder Inszenierungsgeschichte oder die Kommentare, Zusammenfassungen und Schauspielerlisten in einem Programmheft (sog. Paratexte, siehe Einheit 12.2.1).

6.3 Raum und Zeit

Aus dem Nebentext gehen in der Regel wesentliche Informationen über die Gestaltung des Bühnenraums hervor. Es können aber auch die Figuren selbst sein, die in ihrer Rede die von ihnen wahrgenommene räumliche Umgebung beschreiben (die für die Zuschauer oft so detailliert gar nicht zu erkennen ist); in diesem Fall spricht man von einer ‚Wortkulisse' (*la hipotiposis*). Je nachdem, wie viele Informationen der Dramentext über die Schauplätze der Handlung bereithält, kann eine Kategorisierung in einen neutralen, einen stilisierten (wenn er z. B. eine gezielte Wahrnehmungslenkung des Publikums beabsichtigt) oder einen konkretisierten (d. h. detaillierten) Raum vorgenommen werden. Darüber hinaus ist beim realisierten Stück natürlich die Arbeit des Regisseurs maßgeblich für die räumliche Gestaltung. Die Häufigkeit und Radikalität von Ortswechseln gibt schließlich Aufschluss über den Grad der Orientierung des Dramas an der Aristotelischen Einheit des Ortes.

Die vom Stück vorgegebene zeitliche Struktur zerfällt in die Ebene der dargestellten Zeit (also die in der Handlung vorgeführte Chronologie der Ereignisse) und die Ebene der Darstellungszeit (also die Aufführungsdauer). Während das Aristotelische Theater von einem dargestellten Zeitraum eines Sonnenumlaufs ausgeht, erlauben Auslassungen im Handlungskontinuum und ggf. nicht der Chronologie gehorchende Zeitsprünge eine davon abweichende freie zeitliche Gestaltung (vgl. hierzu Einheit 8.2.2). Ein Beispiel ist etwa das Drama *¡Ay Carmela!* von José Sanchis Sinisterra, in dem die Darstellung früherer Ereignisse den Handlungsfortgang unterbricht und sogar die männliche Hauptfigur innerhalb der Geschichte angesichts dieser Achronologie kurzfristig die zeitliche Orientierung verliert.

Aufgabe 6.2

? Wieso gibt es im Drama (normalerweise) keinen Erzähler? Wer könnte auf dem Theater dennoch seine Funktion einnehmen?

Aufgabe 6.3

? Weshalb setzte sich die traditionelle Literaturwissenschaft mit gedruckten Dramentexten, selten jedoch mit deren einzelnen Aufführungen kritisch auseinander?

Aufgabe 6.4

? Überprüfen Sie anhand einer beliebigen Ausgabe, welche Informationen der Nebentext in *Don Álvaro o la fuerza del sino* des Duque de Rivas bereithält.

6.4 Figuren

Definition: Figur

Abb. 6.6 Antike Theatermaske

Protagonist = Hauptfigur

Handlungsträger in einem Stück sind die Schauspieler, die als Darsteller historische oder fiktive Personen verkörpern. Sie spielen eine Rolle und werden auf der Bühne zu Figuren (*personaje*) innerhalb eines Stückes, die vom Autor zumeist namentlich benannt werden (gerne spricht man aber auch von dramatischen Personen, wobei der Begriff ‚Person' jedoch auf das lateinische *persona* = ‚Maske' zurückgeht). Zu unterscheiden sind Neben- und Hauptfiguren (die zentrale Hauptfigur nennt man Protagonist, span. *protagonista*, m./f.), eine Unterteilung, die sich aus der Anzahl und Länge ihrer Auftritte, evtl. abweichend davon aber auch durch ihre besondere Funktion innerhalb des Handlungszusammenhangs ergibt. Erste Hinweise auf die Anlage und Deutung der einzelnen Figuren kann die Leserschaft eines Stückes in den Angaben des Nebentextes erhalten, falls der Verfasser entsprechende Hinweise vorgesehen hat (und sei es nur die Beschreibung ihres Kostüms). Weitere Informationen liegen häufig in der für die Figuren gewählten Namensgebung vor: Eindeutig sind die Kontexte im Falle von historischen Persönlichkeiten mit bekannter Biographie; ähnlich verhält es sich mit sprechenden Namen, die aus Berufsbezeichnungen oder Funktionen/Rollen abgeleitet werden oder die eine metaphorische bzw. symbolische Auslegung ermöglichen.

Sprechende Namen

Der Haupttext eines Stückes hält seinerseits in Form der Figurenrede wichtige Elemente für die Einschätzung der dargestellten Personen bereit: So sind es neben den Charakterisierungen aus dem Munde der anderen an der Handlung Beteiligten die Figuren selbst, die sich in Rede (z. B. Selbstreflexion im Monolog) und Handeln vorstellen. In diesem Falle handelt es sich somit um eine *figurale* Charakterisierung der Betreffenden (*caracterización por personajes*), die explizit erfolgen kann (*caracterización explícita*), oder implizit angelegt ist und aus den Aussagen erst gefolgert werden muss (*caracterización implícita*).

Bisweilen dient ein Monolog auch der Zusammenfassung von Geschehnissen, die nicht direkt auf der Bühne zur Aufführung gelangen können.

Figuren als Funktionsträger im Handlungsgefüge

Zu den im Text erwähnten Hinweisen auf die Anlage der jeweiligen Figur kommen schließlich noch die Interpretation durch den Schauspieldirektor/Regisseur (und in Abhängigkeit: durch den Kostümbildner und den Maskenbildner) sowie durch den Schauspieler selbst in Betracht. Festzuhalten bleibt, dass jede Figur im übergeordneten Zusammenhang der Dramenhandlung eine ganz bestimmte Funktion besitzt, die es in der Analyse zu benennen gilt. Dabei geht es im Allgemeinen um Kriterien wie ihre Charaktereigenschaften, ihre Handlungsmächtigkeit, ihr Recht oder Unrecht im Handeln, ihre Beziehung zu den anderen Figuren des Stücks (s. die Einheiten 6.6 und 8.3.1).

Die Anlage der Figuren ist nicht zuletzt im Hinblick auf ihre psychologische Komplexität und ihre Realität suggerierende Überzeugungskraft hin interessant. Zwei Pole rahmen die Bandbreite der Möglichkeiten: die schematische und einseitige Konzeption von Figuren als *Typen* oder aber ihre Ausgestaltung zu komplex veranlagten *Charakteren*.

Typen

Typen sind als festgelegte Rollen zu verstehen, denen ein ganz bestimmtes Charakterbild mit zugehörigen Verhaltensweisen, sozialem Status, spezifischem sprachlichen und gestischen Repertoire zu Grunde liegen. Sie verfügen häufig nur über wenige aufeinander abgestimmte Eigenschaften, können in diesem Fall als eindimensional gelten, und durchlaufen im Verlauf des Stückes keine Wandlung, weshalb sie grundsätzlich als statische Figuren zu betrachten sind. Ein Beispiel aus der *comedia* des Barock ist der sog. *gracioso*, der Spaßmacher, eine Figur, die durch Wortwitz und vorgegebene Eigenschaften wie Faulheit, Feigheit und ständigen Appetit einen komischen Kontrapunkt zu den existenziellen Problematiken bildet, die im Hauptplot behandelt werden. Im oftmals satirischen *entremés* wiederum dient die Typologisierung der Darstellung unterschiedlicher sozialer Schichten oder Berufsstände. Darüber hinaus können gezielt eindimensional angelegte Theaterfiguren als Personifikation bestimmter Ideen dienen und eine herausragende symbolische Aussagekraft besitzen, die sie als Allegorien erscheinen lässt, so im *auto sacramental*. In Pedro Calderón de la Barcas *El gran teatro del mundo* (verfasst ca. 1635) erscheinen sie beispielsweise nicht nur als Vertreter bestimmter gesellschaftlicher Stände, sondern auch als Ausdruck menschlicher Gefühle oder abstrakter Konzepte:

Text 6.1 | *El gran teatro del mundo* (Erstausgabe 1655)

PERSONAS
EL AUTOR
EL MUNDO
EL REY
LA DISCRECIÓN
LA LEY DE GRACIA
LA HERMOSURA
EL RICO
EL LABRADOR
EL POBRE
UN NIÑO
UNA VOZ
Acompañamiento
(Calderón: 1983, 39)

Aufgabe 6.5 |

? Schlagen Sie in einem literaturwissenschaftlichen Wörterbuch den Begriff ‚Allegorie' nach. Bei welchen der genannten Figuren handelt es sich um Allegorien?

Charaktere

Im Gegensatz zu den Typen sind mehrdimensional angelegte Charaktere zu einer inneren Entwicklung fähig, wobei meist eine Verlagerung des dramatischen Konflikts auf die Ebene der Psyche der Protagonisten zu beobachten ist (dynamische Figuren).

Ständeklausel

Jedoch konnte bis zum ausgehenden 18. Jh. nicht beliebig mit den Figuren verfahren werden. Die aus der antiken Poetik tradierte und in der Renaissance wiederbelebte sog. Ständeklausel regelte das Figureninventar der Dramen hinsichtlich ihres sozialen Status. Der tragische Held blieb dem adligen Geblüt vorbehalten, denn seine Fallhöhe, das heißt der Umschwung vom Glück in die Katastrophe, verstärkte den tragischen Effekt in ganz besonderem Maße (siehe Einheit 2.1.1). Auch musste der tragische Held sich insgesamt betrachtet ethisch lauter verhalten, mit Ausnahme eines aus Verblendung und Überheblichkeit (Hybris, span. *hibris/hybris*, f.) gegenüber den Göttern bzw. dem Schicksal begangenen schweren tragischen Fehlers (*hamartia*), der das Verhängnis nach sich zieht. Im Sinne des Aristoteles handelte es sich daher um einen ‚mittleren Helden' (*héroe ‚medio'*), der weder zu edel noch zu schlecht angelegt war, z. B. die Figur Ödipus in Sophokles' (496–406 v. Chr.) Tragödie *König Ödipus* (429–425 v. Chr.).

Tragische Fallhöhe

Hybris

Mittlerer Held

Dem Gelächter durfte im Gegenzug nur das einfache Volk bzw. später das sich formierende Bürgertum preisgegeben werden. Der sozialen Hierarchie entspricht insofern eine parallele Hierarchie der moralischen Qualitäten und zugleich eine Hierarchie der Gattungen, die sich bereits in der Aristotelischen Poetik abzeichnet. In ihr heißt es von Tragödie und Komödie: „Die eine ahmt edlere, die andere gemeinere Menschen nach, als sie in Wirklichkeit sind."

? Welchen Vorteil könnte es aus Sicht des Autors/der Autorin haben, in einem Drama historische Persönlichkeiten als Figur auftreten zu lassen?

Aufgabe 6.6

Figurenrede

6.5

Die Handlung entwickelt sich in der abendländischen Tradition des Sprechtheaters vornehmlich aus der Rede der Figuren. Ihnen stehen mehrere Möglichkeiten des Ausdrucks zur Verfügung, die um die nicht-sprachlichen Kommunikationsweisen (Gestik, Mimik) ergänzt werden. Grundsätzlich kann zwischen gebundener und ungebundener Sprache, also zwischen Vers und Prosa, unterschieden werden.

? Worin berühren und worin unterscheiden sich der Vortrag (die Deklamation) von Lyrik und das auf einem dramatischen Text beruhende Schauspiel?

Aufgabe 6.7

Ungeachtet der diversen Untergattungen und Typen des Dramas stehen den Figuren verschiedene typische Formen der Rede zur Verfügung.

▶ Dialog

Dreipersonenregel

Der weitaus größte Teil der dramatischen Produktionen ist durch Dialoge (*diálogo*) gekennzeichnet, welche von mindestens zwei Personen auf der Bühne gehalten werden. In Anlehnung an die antike Theaterkunst erlaubte die klassizistische Normpoetik sogar nur maximal drei gleichzeitig auf der Bühne präsente Handlungsträger, die einen Wortwechsel führen konnten (von Komparsen [span. *comparsa*, m./f.] einmal abgesehen). Unabhängig von der Anzahl der Dialogpartner ist es interessant zu verfolgen, welche Figur wieviel Anteil an dem Dialog erhält und wie Handeln und Sprechen im Stück miteinander verwoben werden (vor allem die Inszenierungspraxis durch einen Regisseur findet hier großen Spielraum). Ist der Dramentext in gebundener Rede verfasst, können Sprecherwechsel auch in rascher Folge stattfinden, wobei der Redeanteil der einzelnen Figuren auf einen oder zwei (maximal vier) Verse begrenzt ist. Dieses Verfahren, das sich vor allem zu Gestaltung einer erregten Wechselrede eignet, nennt man Stichomythie (*esticomitía*, f.). Sie kann sich sogar auf die Verkürzung der Figurenrede zu Halbversen erstrecken (Hemistichomythie, span. *hemisticomitía*). Im Gegensatz dazu kann der Redeanteil

Zusatzmaterialien zu Inszenierung und Regie finden Sie unter www.bachelor-wissen.de

Stichomythie

eines Dialogpartners einen Umfang erreichen, der einem längeren Monolog ähnelt; hierbei spricht man von einer Tirade (*perorata*).

▸ Monolog

Gedankenmonolog

Der Monolog (*monólogo*) wird als längere zusammenhängende Redepartie von einer einzelnen Figur im Sinne eines Selbstgesprächs gehalten. Die Figur befindet sich zumeist alleine auf der Bühne oder aber isoliert am Rande einer den Hintergrund oder Rahmen der Szenerie bildenden Gruppe bzw. in Gegenwart einer stumm verharrenden Nebenfigur. Wichtigste Funktion des Monologs ist es, dem Publikum einen Einblick in die Gedanken und Gefühle der Figur zu verschaffen, die für sich selbst formuliert, was sie im Inneren bewegt. Abgesehen davon kann ein solches Selbstgespräch als verknüpfendes Element die nächste Szene oder den nächsten Akt vorbereiten.

▸ Beiseite-Sprechen

Rollenbruch

Wendet sich die Figur nur kurz von den anderen Darstellern auf der Bühne ab, um eine meist witzige und an das Publikum gerichtete Bemerkung ‚beiseite' zu sprechen (*hacer un aparte*), so durchbricht sie für einen Moment die Illusion des Schauspiels und macht das Publikum zu komplizenhaften Mitwissern ihrer Gedanken.

▸ Botenbericht und Mauerschau

Die im Vergleich zum Film sehr eingeschränkten Möglichkeiten des Bühnenraums zur Darstellung von Ereignissen haben zwei Techniken hervorgebracht, die es erlauben, in der erzählenden Rede von Figuren ein für die Zuschauer nicht sichtbares Geschehen zu beschreiben. Der Botenbericht (*informe del mensajero*) dient der nachträglichen Bekanntgabe eines vergangenen und sich eventuell in weiterer Entfernung zugetragenen Geschehens, über das die auf der Bühne anwesenden Figuren in Kenntnis gesetzt werden. Gerne werden im Botenbericht wichtige Auskünfte im Hinblick auf das Schicksal der oder des Protagonisten mitgeteilt, so dass er an strategischen Punkten der Dramenhandlung (Schürzung oder Lösung des dramatischen Knotens, Höhepunkt der Handlung, s. Abschnitt 6.7.1) eingesetzt werden kann. Spielt sich das erzählte Geschehen hingegen gleichzeitig zur Bühnenhandlung ab, kann oder soll aber nicht auf der Bühne dargestellt werden (z. B. aus Gründen der Schicklichkeit), so gestattet die sog. Mauerschau (Teichoskopie/*teichoscopia*) einer Figur, den anderen wie auch dem Publikum das nur von ihr Gesehene zu beschreiben. Als Beispiel für eine sich dem Zuschauerblick entziehende Schlacht sei auf das oben bereits erwähnte Drama *Don Álvaro o la fuerza del sino* des Duque de Rivas verwiesen:

Text 6.2 *Don Álvaro o la fuerza del sino* (III, 6)

CAPITÁN. – Granaderos, en su lugar descanso. Parece que lo entiende este ayudante. *(Salen los oficiales de las filas y se reúnen, mirando con un anteojo hacia donde suena rumor de fusilería.)*

TENIENTE. – Se va galopando al fuego como un energúmeno[1], y la acción se empeña más y más.
SUBTENIENTE. – Y me parece que ha de ser muy caliente.
CAPITÁN. – *(Mirando con el anteojo.)* Bien combaten los granaderos del Rey.
TENIENTE. – Como que llevan a la cabeza a la prez[2] de España, al valiente don Fadrique de Herreros, que pelea[3] como un desesperado.
SUBTENIENTE. – *(Tomando el anteojo y mirando con él.)* Pues los alemanes cargan a la bayoneta, y con brío; adiós, que nos desalojan[4] de aquel puesto. *(Se aumenta el tiroteo.)*
CAPITÁN. – *(Toma el anteojo.)* A ver, a ver... ¡ay! Si no me engaño, el capitán de granaderos del Rey ha caído muerto o herido; lo veo claro, claro.
TENIENTE. – Yo distingo que se arremolina[5] la compañía... y creo que retrocede.
SOLDADOS. – ¡A ellos, a ellos!
CAPITÁN. – Silencio. Firmes. *(Vuelve a mirar con el anteojo.)* Las guerrillas también retroceden. [...] (Saavedra: 2001, 122)

1 energúmeno *Besessener* – 2 prez *Ruhm, Ehre* – 3 pelear *hier: kämpfen* – 4 desalojar *hier: zurückdrängen* – 5 arremolinarse *sich zerstreuen, auflösen*

Figurenkonstellation

6.6

Konstellationsschema

Die Charakteranlage der Figuren, handele es sich nun um individuelle Charaktere oder schematisch gezeichnete Typen, gewinnt ihre Bedeutung für die Handlung des Stücks aus dem Zusammenspiel mit den anderen Figuren. Dabei entsteht ein Beziehungsgeflecht, das von Gemeinsamkeiten und Gegensätzen, von Allianzen, erwiderter oder einseitiger Liebe, Konkurrenz oder offener Auseinandersetzung gekennzeichnet ist. Die Figuren treten zueinander in eine Konstellation (*constelación de personajes*), aus deren Mitte sich der dramatische Konflikt (ob Haupt- oder ein Nebenkonflikt) entwickelt.

Bevor die genaue Analyse erfolgen kann, sollte deswegen zunächst ein Überblick über die Gesamtkonstellation der Figuren in einem Drama geschaffen werden (bisweilen auch als ‚Konfiguration' bezeichnet). Als sehr hilfreich erweist sich hierfür eine Skizzierung der Beziehungen zwischen den Figuren, die je nach Zugehörigkeit gruppiert werden. Den Helden eines Stücks stehen in der Regel Freunde, Vertraute, Berater oder Verbündete zur Seite, ihnen gegenüber finden sich die Widersacher, die ihrerseits Nebenfiguren um sich sammeln.

In Lope de Vegas Komödie *La dama boba* (1613) muss sich der edle Brautwerber Liseo zwischen den beiden Töchtern Octavios entscheiden: der intelligenten Nise und ihrer tölpelhaft-ungebildeten Schwester Finea, der allerdings eine große Mitgift zur Heirat verhelfen soll. Unter anderem erwächst ihm in Laurencio ein vermeintlicher Konkurrent. Das Verzeichnis der Figuren im Nebentext liest sich wie folgt:

Text 6.3 *La dama boba* (1613)

LISEO, caballero.
TURÍN, lacayo.
LEANDRO, caballero.
OTAVIO, viejo.
MISENO, su amigo.
DUARDO, caballero.
FENISO, caballero.
LAURENCIO, caballero.
RUFINO, maestro.
NISE, dama.
FINEA, su hermana.
CELIA, criada.
CLARA, criada.
PEDRO, lacayo.
(Lope de Vega: 1989, 3)

Anhand der nachstehenden schematischen Darstellung lässt sich ablesen, wie die wichtigsten Figuren des Dramas in die Handlung eingebunden sind:

Abb. 6.7 Die Figurenkonstellation in Lope de Vegas *La dama boba*

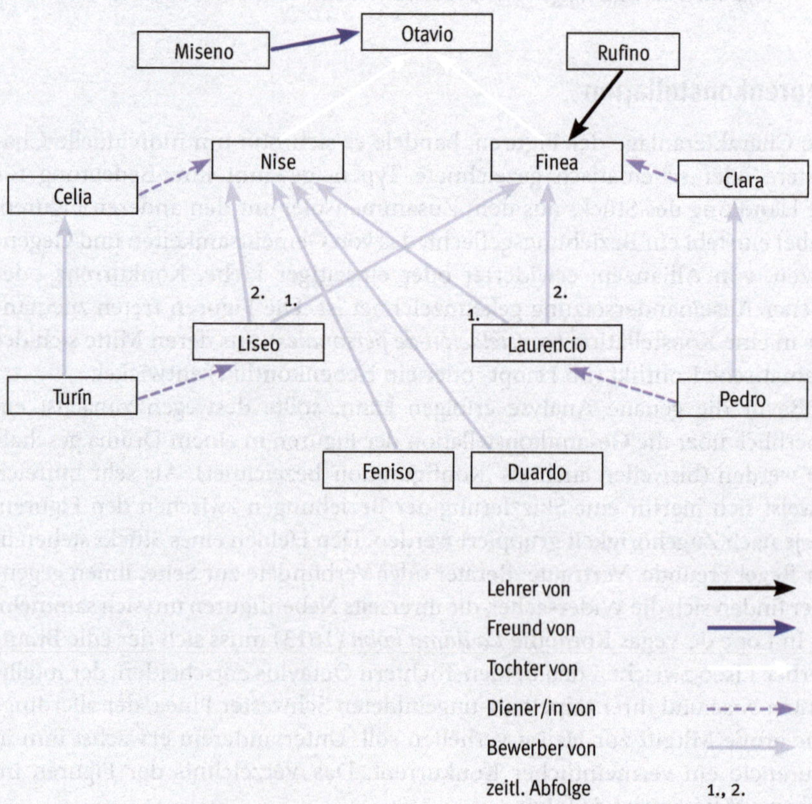

? Welche dramatischen Konflikte lassen sich bereits aus dieser Konstellation ablesen? Welche Beobachtungen lassen sich hinsichtlich dieser Figurenkonstellation formulieren?

Aufgabe 6.8

? Erstellen Sie eine Skizze der Figurenkonstellation zu Lope de Vegas *El caballero de Olmedo* (1615–26) nach dem Muster in Abb. 6.7. Sie können sich dabei auf eine Zusammenfassung des Inhalts, beispielsweise in Kindlers Literaturlexikon (vgl. Einheit 3.4), stützen.

Aufgabe 6.9

Handlung

6.7

Aus der Charakteranlage der Figuren, aus ihrer Motivation und aus ihrer Einbindung in ein Beziehungsgefüge mit anderen Figuren entwickelt sich die dramatische Handlung, die Intrige (*el enredo/la trama/el argumento*). Die Gattungsbezeichnung gibt hierbei einen ersten Hinweis auf ihren Verlauf: Tragödie, Komödie, Tragikomödie oder Hirtendrama geben bereits grundlegende Tendenzen vor.

Von der Anlage eines Stücks her betrachtet, kann im Weiteren zwischen dem Konfliktdrama, das aus der Entwicklung eines Konfliktes heraus entsteht (innerer Konflikt im Protagonisten, z. B. zwischen Pflicht und Neigung, oder Parteien-Konflikt zwischen Gruppen von Figuren), und dem analytischen Drama (auch: Urteilsdrama) unterschieden werden. Das analytische Drama setzt mit einer problematischen Situation ein, deren Entstehung nachträglich aufgedeckt wird. Klassisches Beispiel für diesen Dramentyp ist *König Ödipus* von Sophokles (ca. 496–406 v. Chr.), in dem der Protagonist – im Gegensatz zu den Zuschauern – erst allmählich von seinem tragischen Los erfährt, das ihn dazu brachte, den Vater zu töten und die Mutter zu heiraten. Der Ausgestaltung und Lösung des Konflikts wurde in der antiken und in allen später sich auf sie berufenden Dramentheorien eine besondere Bedeutung zugemessen. Aristoteles, der die Literatur gegen Platons Vorwurf der Lügenhaftigkeit in Schutz nimmt, stellt speziell das Verdienst der Tragödie heraus. Hier erlebt der von einem tragischen Fehler (Hamartia, span. *hamartia*, f.) belastete Held den Umschwung (Peripetie, *peripecia*) des Schicksals vom hoffnungsvollen Agieren in die unausweichlich werdende Katastrophe; in der Szene des (Wieder-)Erkennens (Anagnorisis, *agnición*, f.) erlangt der Protagonist das zuvor fehlende Bewusstsein; am Ende steht sein Scheitern (Katastrophe, *catástrofe*, f.). Indem das Publikum die tragische Heldin oder den tragischen Helden bemitleidet und von diesem Schicksal erschüttert wird, durchläuft es während der Aufführung ‚Jammer' und ‚Schauder' (mit Lessing auch: Furcht und Mitleid, span. *compasión y terror*). Diese heftige emotionale Einbindung in das Bühnengeschehen übt laut Aristoteles auf die Psyche der Betrachter

Abb. 6.8
Ödipus und die Sphinx

Jammer und Schaudern

Katharsis

eine läuternde Wirkung aus: Sie erfahren eine Reinigung von ihren Affekten (Katharsis, *catarsis*, f.), d. h. die angestaute emotionale Erregung wird abgeführt (‚Affektabfuhr') und das Publikum kann das Theater innerlich gelöster wieder verlassen.

6.7.1 | Aufbau und Untergliederung

! In der antiken Tragödie begleitete der Chor als Gruppe von Schauspielern, Tänzern und Sängern die Handlung

Gewöhnlich weisen längere szenische Darbietungen eine innere Untergliederung auf, die Handlungseinheiten zusammenfasst. Sieht man einmal von der Sonderform des Einakters (*pieza en un acto*) oder anderer kurzer Schauspielnummern ab, so orientierte sich der Großteil der dramatischen Texte an der bereits in der Antike angelegten Einteilung des Stückes in Akte, die voneinander durch Auftritte des Chors abgetrennt werden. Teilweise wurden derartige Akteinteilungen von den Herausgebern und Überarbeitern älterer Stücke sogar nachträglich eingefügt.

Akte und Szenen als traditionelle Untergliederung der Handlung

Ein Akt (*acto/jornada*) ist demnach ein in sich geschlossener Handlungsabschnitt, der in sich noch einmal in Szenen (*escena*) untergliedert werden kann. Häufig entspricht den Aktgrenzen ein Schauplatzwechsel, der ggf. hinter einem heruntergelassenen Vorhang als Umbau des szenischen Dekors vorgenommen werden kann. Auch entsprechen Akte oftmals eigenen Schwerpunkten in der Figurenkonstellation eines Dramas, so dass im Verlauf des Stückes in den einzelnen Akten unterschiedliche Konfrontationen durchgespielt werden.

Dreiaktschema

Unter Abwendung von den antiken Vorbildern setzte sich mit Lope de Vegas Dramen endgültig das Dreiaktschema als bevorzugte Bauform im Theater des *Siglo de Oro* durch. Die Abfolge der Akte entspricht schließlich der Entwicklung des Handlungsverlaufs. Der erste Akt liefert die Exposition (*exposición*), in der die wichtigsten Figuren (zumindest mündlich durch andere) vorgestellt werden und der Konflikt sich bereits abzeichnet. Im Weiteren erhält dieser Konflikt seine eindeutige Form und wird entfaltet (‚erregendes Moment' als Auslöser der Handlung, bisweilen auch als ‚Schürzung des dramatischen Knotens', span. *nudo dramático*, bezeichnet), wonach er eine Steigerung erfährt und im zweiten Akt auf seinen Höhepunkt (*punto culminante/catástasis*, f.) zusteuert. Bereits hier, spätestens aber zu Beginn des dritten Aktes, kann die

Peripetie

Peripetie, die Wende im Handlungsverlauf, einsetzen. Auch eine Abfolge mehrerer Peripetien ist möglich. Ein oder mehrere sog. retardierende Momente zögern den Ausgang der Handlung hinaus. Im dritten Akt erfolgt schließlich die Lösung des dramatischen Konflikts (bzw. des Knotens). In seinem in Einheit 2.1.2 bereits vorgestellten Traktat *Arte nuevo de hacer comedias en este tiempo* empfiehlt Lope de Vega, die Lösung so spät wie möglich zu erkennen zu geben, denn das (in Lopes Volkstheater häufig ungebildete und undisziplinierte) Publikum wende der Bühne sonst aus Langeweile bald den Rücken zu!

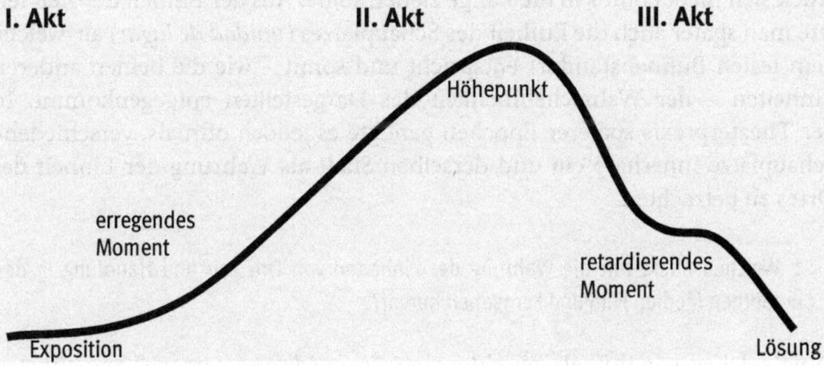

Abb. 6.9 Idealtypischer Handlungsverlauf im Drama als Kurvendiagramm

Die Handlungsentwicklung verläuft allerdings nicht so schematisch, wie die obige, an Gustav Freytags *Technik des Dramas* (1863) angelehnte Skizze suggeriert: In der Realität setzt sie sich vielmehr aus einer ganzen Reihe ‚kleinerer' Peripetien zusammen, die für einen kontinuierlichen Wechsel der dramatischen Spannung sorgen.

Die Szene (auch: der ‚Auftritt') als untergeordnete dramaturgische Einheit wird einerseits durch den Auftritt oder Abgang einer Figur begrenzt, kann aber zusätzlich auch durch einen Ortswechsel motiviert werden.

‚Offene' und ‚geschlossene' Form des Dramas 6.7.2

Die klassizistische Regelpoetik verdichtete Strukturmerkmale der antiken Dramen und erhob eine auf ‚Geschlossenheit' und Symmetrie beruhende Bauform des Stückes zum Ideal, wie sie sich vor allem in der Tragödie verwirklichte. Hier sollte die Handlung nicht nur den Ansprüchen der Wahrscheinlichkeit und Schicklichkeit entsprechen, sondern sie sollte ein in sich geschlossenes Gesamtbild bieten.

Die drei Einheiten: Handlung, Ort und Zeit

Dazu bedarf es eines ausgewogenen Dramenaufbaus mit Exposition, Höhepunkt und Lösung des Konflikts, der sich in einer kausal-logischen Folge entwickelt, einer überschaubaren und durchgängigen Figurenkonstellation, einer übergeordneten thematischen Einheitlichkeit des Stückes sowie seiner sprachlichen Stimmigkeit. Hinzu kommen grundlegende Vorschriften, die als Lehre von den drei aristotelischen Einheiten ihren festen Platz in der Theatergeschichte eingenommen haben.

In seiner Poetik stellte Aristoteles bereits die Forderung nach der Einheit der Handlung (*unidad de acción*), die sich nicht in Parallel- und Nebenhandlungen verlieren darf und eine schlüssige Entwicklung nehmen soll, und nach der Einheit der Zeit (*unidad de tiempo*) auf, wonach die dargestellten Ereignisse nicht die Zeitspanne eines Sonnenumlaufs überschreiten sollten. Sie ist unter anderem den Erfordernissen der Aufführungspraxis geschuldet, da ein

Stück sich nicht endlos in die Länge ziehen sollte. Aus der Einheit der Zeit leitete man später auch die Einheit des Schauplatzes (*unidad de lugar*) ab, welche dem festen Bühnenstandort entspricht und somit – wie die beiden anderen Einheiten – der Wahrscheinlichkeit des Dargestellten entgegenkommt. In der Theaterpraxis späterer Epochen genügte es jedoch oftmals, verschiedene Schauplätze innerhalb ein und derselben Stadt als Wahrung der Einheit des Ortes zu betrachten.

Aufgabe 6.10

? Welchen Effekt ruft die Wahrung der Einheiten von Ort, Zeit und Handlung in den modernen Medien Film und Fernsehen hervor?

Tektonischer und atektonischer Bau

Einer solchen von ihm als ‚geschlossene' Form (*drama ‚cerrado'*) angeführten Bauweise, die wegen ihres festgefügten Charakters auch als ‚tektonischer' Aufbau bezeichnet wird, stellte Volker Klotz in einer 1960 veröffentlichten Monographie eine ‚offene' Form (*drama ‚abierto'*) gegenüber, die man auch unter dem Begriff des ‚atektonischen' Aufbaus fassen kann. Hier stehen die einzelnen Teile des Stückes nur in einem locker-episodischen Zusammenhang, nicht in einem zwingenden Entwicklungsverlauf. Die strenge Abfolge der Akte und Verknüpfung der Szenen wird durchbrochen, die Handlung zerfällt in einzelne Fragmente und wird nicht mehr von einer grundlegenden Figurenkonstellation und Konfliktsituation getragen, eine einleitende und erklärende Exposition findet nicht statt, der Dramenausgang bleibt offen. Auch die Hauptfiguren erhalten nur noch bedingt eine Kontinuität innerhalb des Stückes aufrecht, da ihre Handlungsmotive und stilistischen Ausdrucksmittel wechseln können, wobei ohnehin auf die strenge metrische Form verzichtet wird.

Aufgabe 6.11

? Sind Einakter durch einen tektonischen oder atektonischen Aufbau gekennzeichnet?

6.7.3 Episches Theater

Unter ‚epischem' Theater (*teatro épico*) versteht man in der Nachfolge Bertold Brechts (1898–1956) eine moderne Dramaturgie, die durch Verfremdungseffekte (V-Effekt; *efecto de extrañamiento/alienación*) das Theaterpublikum daran hindern will, sich der dramatischen Illusion hinzugeben und somit zu einem nicht-reflexiven, unkritischen Unterhaltungskonsumenten zu werden. Folglich ist nicht eine mimetische Darstellung des Geschehens beabsichtigt, auch keine Identifikation mit den Bühnenfiguren, sondern die Zuschauer sollen sich jederzeit bewusst sein, einer fiktionalen Repräsentation beizuwohnen. Die Figuren sind nicht als realistisch-überzeugende Individuen konzipiert. Sie verkörpern eher die unterschiedlichen Aspekte von komplexen gesellschaftlichen Fragen, und ihre Argumente appellieren nicht an das Gefühl, sondern an den Verstand des Publikums, das über die eigene gesellschaftlich-politische

Situation nachdenken und darüber zum aktiven Handeln angeregt werden soll. Eingeschobene Kommentare, das selbst-distanzierte Spiel der Schauspieler und eine nicht-mimetische Bühnengestaltung sind weitere Mittel der Verfremdung.

Eine eigenständige Adaption Brechtscher Ansätze findet sich z. B. in spanischen Dramen über die Franco-Zeit, in denen das Publikum zu einer Bewusstwerdung gegenüber der diktatorischen Gewalt geführt werden soll, so bei Fernando Arrabal (*1932) oder Antonio Buero Vallejo (1916–2000): *La doble historia del doctor Valmy* (1976).

Experimentelles Theater |6.7.4

Im Gegensatz zu Autoren wie Buero Vallejo, die unter den Bedingungen des franquistischen Regimes im Lande geblieben sind und sich den gegebenen Möglichkeiten anglichen (*posibilismo*), entwickelten andere Schritsteller und Schriftstellerinnen ein stärker experimentell und gesellschaftskritisch geprägtes Theater, dessen Schwerpunkt in den 1960er Jahren liegt und das v. a. auch von Exilautoren und -autorinnen getragen wurde. Ein herausragendes Beispiel ist in diesem Zusammenhang Alfonso Sastre (vgl. auch Text 11.2: *Guillermo Tell tiene los ojos tristes*), der Anregungen aus dem epischen Theater, dem Theater des Absurden und dem *esperpento* Vallé-Incláns aufnahm (*M.S.V. o La sangre y la ceniza*, 1965; *Crónicas romanas*, 1968) und eher Aufführungskonzepte als vollendete Texte verfasste.

Zusammenfassung

Da das Drama in erster Linie als Aufführungspraxis anzusehen ist, gibt die gedruckte Fassung eines Stückes aufgrund der ihr eigenen medialen Beschränkung die Vielschichtigkeit einer Inszenierung nur ungenügend wieder. Nebentexte können in dieser Hinsicht die Intentionen des Autors andeuten. Die Konzeption der Figuren, des Handlungsverlaufs oder die Inszenierung unterliegen epochenbedingten Konventionen, wie sie etwa in poetologische Schriften eingegangen sind (vgl. Einheit 2.1). Die Durchformung der Bühnenrede, v. a. in der sorgfältigen Ausgestaltung der verwendeten Verse, muss in diesem Zusammenhang besonders beachtet werden.

Die Handlung eines Dramas beruht auf der Anlage der Figuren und ihrem Zusammenspiel im Rahmen des dramatischen Konflikts. Zu beachten sind in diesem Zusammenhang die Frage der Gattung (Komödie, Tragödie, Tragikomödie, etc.) und der gewählten ‚offenen' oder ‚geschlossenen' Form des Stückes, die ihrerseits dazu beitragen, dass es eine bestimmte dramatische Wirkung auf der Bühne entfalten kann, welche durch die interpretierende Leistung des Regisseurs und der Schauspieler noch weiter ausgestaltet wird.

Literatur

Aristoteles: *Poetik*. Hg. Manfred Fuhrmann. Stuttgart: Reclam ²1994.

Pedro Calderón de la Barca: *El gran teatro del mundo*. Hg. Eugenio Frutos Cortés. Madrid: Cátedra 1983.

Ángel de Saavedra, Duque de Rivas: *Don Álvaro o la fuerza del sino*. Hg. Alberto Sánchez. Madrid: Cátedra 2001.

Lope de Vega: *La dama boba. La moza de cántaro*. Hg. Rosa Navarro Dúran. Barcelona: Planeta 1989.

Weiterführende Literaturhinweise finden Sie unter www.bachelor-wissen.de.

Beispiele und Übungen zur Dramenanalyse

Inhalt

7.1	***La vida es sueño***	**114**
7.1.1	**Calderón de la Barca**	**114**
7.1.2	**Inhaltsangabe**	**114**
7.1.3	**Analyse ausgewählter Passagen**	**116**
7.2	***Bodas de sangre***	**121**
7.2.1	**Federico García Lorca**	**121**
7.2.2	**García Lorcas ‚*tragedias rurales*'**	**122**
7.2.3	**Zum Inhalt der *Bodas de sangre***	**123**
7.2.4	**Analyse ausgewählter Passagen**	**124**

Überblick

Die in Einheit 6 eingeführten Kriterien der Dramenanalyse können Sie nun am Beispiel von Textauszügen zweier bekannter Dramen der spanischen Literaturgeschichte eingehender erproben – an einer *comedia* des *Siglo de Oro*, Calderón de la Barcas *La vida es sueño*, sowie an einem ‚*poema trágico*' von Federico García Lorca, den *Bodas de sangre*.

7.1 | *La vida es sueño*

7.1.1 | Calderón de la Barca

Vanitas (lat.): Eitelkeit, Vergänglichkeit alles Irdischen

Pedro Calderón de la Barca (1600–1681) wurde in einem Madrilener Jesuitenkolleg erzogen, studierte Theologie und Jura, um schließlich als Soldat in Italien und Flandern zu dienen. 1635 wurde er zum Hofdramatiker Philipps IV. ernannt. Neben seinem erfolgreichen Theaterschaffen sollte er weiterhin teils militärisch (Feldzug gegen Katalonien), teils in kirchlichen Funktionen tätig bleiben (1663 Ehrenkaplan bei Hofe). Sein pessimistisches Weltbild betonte den Gedanken der Vergänglichkeit alles Irdischen und des freien Willens des Einzelnen, der sich tugendhaft zu bewähren habe. Sein Werk umfasst weltliche wie geistliche Dramen. Zu den ca. 120 weltlichen *comedias* zählen Geschichtsdramen (*El alcalde de Zalamea*, 1651), *comedias de capa y espada* (*La dama duende*, 1636; *El médico de su honra*, 1637), mythologische Dramen (*La hija del aire*, 1664) und das Ideendrama *La vida es sueño* (1635). Hinzu kommen mehrere *entremeses* und *loas*. Neben geistlichen *comedias* (*La devoción de la cruz*, 1636) sind schließlich vor allem seine *autos sacramentales* beachtenswert, die von Calderón zur vollendeten Form entwickelt wurden (*El gran teatro del mundo*, 1675; *Los encantos de la culpa*, 1634, *La cena del rey Baltasar*, 1632).

Abb. 7.1 | Felipe IV (1605–1665) auf einem Gemälde von Velázquez

7.1.2 | Inhaltsangabe

La vida es sueño (1635)

Der **1. Akt** eröffnet mit dem Auftritt der als Mann verkleideten Rosaura, die sich auf dem Weg zum polnischen Königshof befindet. Sie sucht dort den Moskauer Herzog Astolfo, der sie nach einer Liaison treulos verlassen hat, bei seinem Onkel, dem polnischen König Basilio. In ihrem Begleiter Clarín steht ihr ein sog. ‚gracioso', die charakteristische komische Figur in den *comedias* des *Siglo de Oro*, zur Seite. Zunächst treffen die beiden in einer unwirtlichen Bergwildnis jedoch auf einen einsamen Gefängnisturm, in dem Prinz Segismundo seit seiner Geburt gefangen gehalten wird. Noch während der Schwangerschaft hatte seine Mutter im Traum eine schreckliche Vision, die von den (nicht standesgemäßen) astrologischen Berechnungen seines Vater noch untermauert wurde: der Sohn werde die Mutter töten (die Geburt verlief für sie tatsächlich tödlich), zum Tyrannen entarten und den Vater in den Staub stoßen. Hierauf wurde die Einkerkerung befohlen, einziger menschlicher Kontakt ist seitdem der Erzieher Clotaldo. Segismundo selbst ahnt von diesen Zusammenhängen jedoch nichts. Vielmehr beklagt er sein Schicksal und zeigt tatsächlich Anzeichen eines cholerischen Gemüts. Als Clotaldo erscheint, lässt er die beiden ungebetenen Reisenden Rosaura und Clarín verhaften – ihnen droht der Tod, da niemand vom Aufenthalt Segismundos erfahren soll. Indes erkennt Clotaldo an Rosauras Schwert, dass es sich um seine eigene Tochter handeln muss, die offensichtlich einer einstigen Moskauer Liebschaft entstammt. Daraus entsteht der Gewissenskonflikt, ob er die Befehle seines Königs treu befolgen und Rosaura dem Tod ausliefern oder sie als Vater beschützen soll. Nur die unvermutete

Entscheidung des Königs, seinen Sohn doch auf seine Tauglichkeit als Nachfolger zu testen, rettet die Situation. Astolfo und Estrella, Neffe und Nichte Basilios, verbünden sich unterdessen gegen den ranghöheren Thronanwärter.

Im **2. Akt** erwacht Segismundo nach der Einwirkung eines Schlaftrunks in königlichen Gemächern. Er wird mit allem Prunk und aller Ehrerbietung als König behandelt, während Basilio und Clotaldo sein Verhalten verdeckt beobachten. Ihre Befürchtungen bewahrheiten sich indes: Im jähen Wechsel aus der erbärmlichsten Entbehrung in die ungeahnte Machtfülle verwandelt sich Segismundo in ein jähzorniges Monster, das mit Astolfo in Streit gerät, einen unvorsichtigen Diener ermordet, die zur Kammerzofe von Estrella avancierte Rosaura zu vergewaltigen sucht und auch Clotaldo umzubringen droht. Basilio bereitet durch die erneute Verabreichung eines Schlafmittels dem Experiment ein Ende. Erscheint die Thronfolge Segismundos nunmehr abgewendet, so nimmt die eheliche Verbindung zwischen Estrella und Astolfo Gestalt an. Allerdings verlangt Estrella die Aushändigung eines Porträtbildes, das sie flüchtig bei Astolfo gesehen hat, und das niemand anderen als Rosaura zeigt. Diese wendet geistesgegenwärtig die Situation zu ihren Gunsten und entzweit die beiden im Streit. Segismundo schließlich erwacht wie aus einem Traum in seinem Verlies, ohne das Geschehene begreifen zu können.

Abb. 7.2
Calderón de la Barca (1600–1681)

Zu Beginn des **3. Akts** verzweifelt Clarín über sein Los der Gefangenschaft, die er als Mitwisser um die Prüfung Segismundos erleidet, doch gilt seine Klage in erster Linie dem quälenden Hunger. Soldaten erscheinen daraufhin im Turmverlies, sie wollen den rechtmäßigen Thronfolger befreien, um mit ihm gegen den König und den als Fremdherrscher abgelehnten Astolfo ins Feld zu ziehen. Segismundo setzt sich an die Spitze der Volksbewegung, verschont aber das Leben Clotaldos, der seinem König treu bleibt. Rosaura plant unterdessen, Astolfo als Rache für die Entehrung zu ermorden. Ihr Vater Clotaldo versagt ihr dabei allerdings die Unterstützung, da er loyal zu Basilio und seinem designierten Nachfolger steht. So schließt sie sich Segismundo an, legt ihm ihre Lebensgeschichte offen und fordert ihn zur Hilfe auf. Dieser überwindet sein eigenes auf die hübsche Rosaura gerichtetes Begehren und will auch für ihre Ehre kämpfen. Er rückt mit seinen Anhängern rasch vor. Clarín, der sich vor der Schlacht verstecken wollte, wird von einer verirrten Kugel tödlich getroffen; der vor Segismundo fliehende Basilio erkennt nun, dass man dem eigenen Schicksal nicht entrinnen kann. Als Segismundo schließlich hinzukommt und Basilio sich ihm unterwirft, reagiert der Sohn mit Milde; nicht die Sterne täuschten über des Schicksals Lauf, sondern die Menschen irrten sich, wenn sie ihr irdisches Los abzuwenden suchten, so wie Basilio in seinem Sohn das barbarische Wesen erst erschuf, das er durch die unmenschliche Einkerkerung zu bannen glaubte. Gerührt vom großmütigen Wesen Segismundos ernennt er ihn zum Herrscher. Dieser stiftet daraufhin die Ehe zwischen Rosaura und Astolfo, der in die Heirat einwilligt, als Clotaldo sie vor allen als seine eigene Tochter und damit von edlem Geblüt offenbart. Die Ehre Rosauras ist damit wiederhergestellt. Segismundo bittet im Gegenzug Estrella als seinem Rang gemäße Partie um ihre Hand.

Aufgabe 7.1

? Erstellen Sie auf Grundlage der Inhaltsübersicht eine Skizze der Personenkonstellation im Stück. Welche inhaltlichen Elemente gehören zur Exposition des Dramas, an welcher Stelle findet sich das ‚erregende Moment' und worin dürfte der Höhepunkt der Handlung bestehen? Welche Handlunsstränge sind auszumachen?

7.1.3 Analyse ausgewählter Passagen

7.1.3.1 *Von der Freiheit (I,2)*

Text 7.1
La vida es sueño I,2

[...] ROSAURA: ¿No es breve luz aquella
caduca[1] exhalación[2], pálida estrella,
que en trémulos desmayos,[3]
pulsando ardores y latiendo[4] rayos,
hace más tenebrosa
la obscura habitación con luz dudosa[5]?
Sí, pues a sus reflejos
puedo determinar, aunque de lejos,
una prisión obscura,
que es de un vivo cadáver sepultura.
Y porque más me asombre,
en el traje de fiera[6] yace un hombre
de prisiones[7] cargado[8]
y sólo de la luz acompañado.
Pues huir[9] no podemos,
desde aquí sus desdichas[10] escuchemos,
sepamos lo que dice.
(Descúbrese SEGISMUNDO con una cadena y la luz, vestido de pieles.[11])
SEGISMUNDO: ¡Ay mísero de mí, ay, infelice!
Apurar[12], cielos, pretendo,
ya que me tratáis así,
qué delito cometí
contra vosotros, naciendo.
Aunque si nací, ya entiendo
qué delito he cometido:
bastante causa ha tenido
vuestra justicia y rigor,
pues el delito mayor
del hombre es haber nacido.
Sólo quisiera saber
para apurar mis desvelos[13]
dejando a una parte, cielos,

el delito del nacer,
qué más os pude ofender,
para castigarme más.
¿No nacieron los demás?
Pues si los demás nacieron,
¿qué privilegios tuvieron
que no yo gocé[14] jamás?
Nace el ave, y con las galas[15]
que le dan belleza suma,
apenas es flor de pluma
o ramillete[16] con alas,
cuando las etéreas[17] salas[18]
corta con velocidad,
negándose a la piedad
del nido que deja en calma;
¿y teniendo yo más alma,
tengo menos libertad?
Nace el bruto[19], y con la piel
que dibujan[20] manchas bellas,
apenas signo es de estrellas,
gracias al docto pincel,
cuando atrevida[21] y cruel
la humana necesidad
le enseña a tener crueldad,
monstruo de su laberinto;
¿y yo, con mejor distinto,
tengo menos libertad? [...]
(Calderón: 2005, 89–91)

1 caduco, -a *schwach* – 2 exhalación *hier: Lichtschein* – 3 desmayo *Kraftlosigkeit, Schwäche* – 4 latir *hier: aufflackern* – 5 dudoso, -a *unschlüssig* – 6 traje (m.) de fiera *Gewand* eines *wilden Tieres* – 7 prisiones (f. pl.) *hier: Fesseln* – 8 cargado *hier: bedrückt* – 9 huir *fliehen* – 10 desdicha *Unglück* – 11 piel (f.) *Tierfell* – 12 apurar *Klarheit erlangen* – 13 desvelos (m. pl.) *Eifer, Anliegen* – 14 gozar de *sich erfreuen an* –15 galas (f. pl.) *festliches Gewand* – 16 ramillete (f.) *kleiner Blumenstrauß* – 17 etéreo *himmlisch* – 18 salas (f. pl.) *der Raum* – 19 bruto *wildes, ungebändigtes Tier* – 20 dibujar *zeichnen* – 21 atrevido, -a *kühn*

? Welche Funktion erhalten die Redeanteile von Rosaura und Segismundo im obigen Auszug? Inwiefern sind sie aufeinander abgestimmt? Welche Bedeutung hat der Auszug im Hinblick auf die Zuschauer, die hier Segismundo zum ersten Mal erblicken? Untersuchen Sie abschließend die rhetorische Gestaltung des Textauszugs! Aufgabe 7.2

Der zitierte Textauszug ist Teil der Exposition des Dramas und dient zur Einführung der zentralen Figur Segismundo und grundlegender Motive des Stückes, nachdem in der vorhergehenden Szene Rosaura als seine Komplementärfigur vorgestellt wurde: Während Segismundo das menschliche Streben nach Freiheit bzw. Selbstbestimmung verkörpert, kämpft Rosaura um ihre persönlichen Ehre, wie sie über die Aufdeckung ihrer sozialen Herkunft wiedergewonnen und in der standesgemäßen Heirat bekräftigt werden wird.

Selbstbestimmung und Ehre als zentrale Elemente der menschlichen Identität

Wortkulisse

Rosauras Redepart nun beschreibt eingangs im Sinne einer Wortkulisse die Szenerie, in welcher der Protagonist in Erscheinung tritt, und gibt wichtige Hinweise zur Deutung dieser Figur, die sich daraufhin in einem Monolog selbst vorstellt, so dass sich Fremdbeobachtung und Selbstbeschreibung ergänzen. Rosauras Rede ist in thematischer Hinsicht von einer für das Barock typischen Ambivalenz gekennzeichnet, und das in dreifacher Weise:

Ambivalenzen

Hell – dunkel

1. Zum einen werden Licht und Schatten nicht nur kontrastiv gegenübergestellt (ein Verfahren des sog. *claroscuro*), sondern durchdringen sich gegenseitig, da das schwache Licht die Dunkelheit geradezu vergrößert („hace más tenebrosa/la oscura habitación con luz dudosa“). Dabei handelt es sich um ein typisch barockes Paradoxon mit pessimistischem Grundton: Allen Bemühungen zum Trotz ist der Mensch vom Dunkel des Nicht-Begreifens umgeben und kann bestenfalls erkennen, dass er nichts weiß. Dem entsprechen auf der Handlungsebene des Stückes Segismundos anklagende Fragen im folgenden Monolog. Auch für den weiteren Verlauf des Dramas ist das Motiv relevant: Da Segismundo abseits der menschlichen Gesellschaft gefangen gehalten wird, ist die Unkenntnis der Regeln des (zumal höfischen) Zusammenlebens mit einem Zustand unzivilisierter Rohheit und Wildheit gleichzusetzen und bildet die Grundlage für sein tyrannisches Verhalten, als er vom Vater versuchsweise als König eingesetzt wird und sich wie ein Barbar benimmt. Gleichzeitig erkennt Segismundo erst durch seine Erfahrung der anderen Welt (des Palastes) den vollen Umfang seiner Entrechtung, was eine wichtige Voraussetzung für den Bürgerkrieg und damit für den weiteren Plot wird.

Lebend – tot

Memento mori

2. Das Grabesdunkel von Segismundos isolierter Gefangenschaft setzt zum Anderen weitere Sinnbezüge frei: Die *contradictio in adiecto* des „vivo cadáver“ erinnert an die ständige Präsenz des Todes im Leben (ein sog. *memento mori*) und stellt eine rein irdisch-weltliche Lebensführung in Frage. Das menschliche Sein ist also von vornherein ambivalent, da es auf zwei unterschiedlichen Ebenen angesiedelt ist: einem minderen irdischen Leben, das in seiner Beschränktheit und Unfreiheit eher dem Tode gleicht, und einem jenseitigen, eigentlichen Leben, wie es die christliche Lehre, aus der sich das Weltbild des Stückes speist, verspricht.

Mensch – Tier

3. Der Zustand des Lebendig-Begrabenseins wird schließlich ergänzt um den Verweis auf die Gefangenschaft in einem tierhaft-primitiven Körper.

Bereits in Rosauras einleitendem Redepart erinnert Segismundo in seiner Erscheinung an ein wildes Tier (durch die „traje de fiera"); die antithetische Inbezugsetzung von „fiera" und „hombre" im selben Vers verschränkt die beiden Anteile von Segismundos Wesen (bzw. eines jeden Menschen) miteinander. In Segismundos Monolog wird das Motiv sodann über den mehrfachen Vergleich mit wilden Tieren aufgegriffen und die eigene Wandlung zum Unmenschen („monstruo") als notwendige Entwicklung unter den Bedingungen der leidvollen Existenz angedeutet. Der fundamentale Gegensatz zwischen der regelnden Vernunft (‚razón'), dem von ihr hervorgebrachten Gesetz (‚ley') und der alle Schranken brechenden instinktiven Leidenschaft (‚pasión'), der das Drama in mehrfacher Hinsicht bestimmt, zeichnet sich hier bereits ab. Die an Segismundo exemplarisch illustrierte ethische Aufgabe des Einzelnen besteht letztlich darin, die „fiera" in ihm der Ratio zu unterstellen (ein Grundgedanke des Neostoizismus), was dem Protagonisten am Schluss auch gelingt.

Def. Neostoizismus: An die antike Philosophie anknüpfende Ethik der Weisheit und Mäßgigung

Im vorliegenden Monolog wird die entscheidende Frage nach der Ursache für die eigene Unfreiheit von Segismundo im Sinne der Lehre von der Erbsünde beantwortet: Der Mensch ist von Anbeginn an unfrei und sündhaft geboren, wie es das Paradoxon „el delito mayor/del hombre es haber nacido" zum Ausdruck bringt. Dadurch wird der von Segismundo personifizierte Selbstbehauptungswille jedoch nicht ausgeschlossen: Indem er sich schließlich als Tatmensch militärisch durchsetzt, wird er gleichzeitig das ihm prophezeite Schicksal erfüllen, womit Willensfreiheit des Einzelnen und Vorbestimmtheit durch Gott bzw. das Schicksal paradoxerweise in eins fallen und der Gegensatz zwischen beiden aufgehoben wird.

Vorbestimmtheit und Willensfreiheit

Die Entwicklung Segismundos umfasst das allmähliche Reifen seiner Erkenntnisfähigkeit, die sich über den gesamten Ereignisverlauf der *comedia* hinweg ausbildet und eine Kontrolle über die impulsiven Leidenschaften ermöglicht. Rosauras Schilderungen des flackernden Scheins in den ersten vier Versen verweisen in ihrer enumerativen Aneinanderreihung auf die Schwäche Segismundos zu Beginn des Stückes. Sein gespaltenes Wesen und seine unglückliche Existenz werden von ihr in der genannten *contradictio in adiecto* des „vivo cadáver" auf den Punkt gebracht. Er verlangt in einer an Gott (über die Metonymie „cielos") gerichteten Apostrophe Aufklärung über sein Schicksal, wobei zahlreiche Wiederholungen (z. B. im Polyptoton „qué delito cometí [...] qué delito he cometido") und gleichsam rhetorische Fragen („¿y yo [...]/tengo menos libertad?") Unverständnis und Empörung über das ungerechte Los zum Ausdruck bringen. Der antithetisch angelegte Selbstvergleich mit diversen Tieren, der im Übrigen über den obigen Textauszug hinaus fortgesetzt wird, unterstreicht deren Bevorzugung durch das Schicksal noch durch gewählte Periphrasen und hyperbolische Wendungen („las galas/que le dan belleza suma") sowie durch Metaphern („flor de pluma"). Parallelismen,

Abb. 7.3 | Antoine Louis Barye: Theseus kämpft gegen den Minotaurus (1843)

Inversionen, Ellipsen oder Hyperbata charakterisieren zusammen mit anderen Stilmitteln die Satzstellung. Der allegorische Grundtenor des Monologs, der gleichermaßen rhetorisch wie gedanklich von hoher Komplexität gezeichnet ist, verweist insgesamt auf den kultistisch geprägten Kunstcharakter von Calderóns Dichtung, die gerade nicht auf eine ‚Natürlichkeit' der Darstellung im Sinne eines ungezwungenen subjektiven Selbstausdrucks ausgerichtet ist. Statt dessen erfordert das typisch kultistische Spiel mit hochgelehrten Anspielungen ein profundes Vorwissen auf Seiten der Leserschaft, etwa in den Versen 51–58: Bei dem schön gefleckten Tier („el bruto") handelt es sich um den Stier, der zwar an das vom Pinsel des Schöpfers an den Himmel gemalte Sternbild erinnert, durch äußeren Zwang jedoch zum grausamen Minotaurus wird, der als Monster in seinem labyrinthischen Gefängnis lebt – und hierin bildlich übertragen die Grundsituation Segismundos spiegelt.

7.1.3.2 | *Zwischen Träumen und Wachen (II,19)*

In der letzten Szene des II. Aktes erwacht Segismundo aus dem ohnmächtigen Schlaf, in den man ihn nach seiner gescheiterten Prüfung versetzt hatte. Er findet sich erneut in seinem Gefängnis wieder, als wäre nichts geschehen.

Text 7.2 | *La vida es sueño* II,19

SEGISMUNDO: Es verdad; pues reprimamos
esta fiera condición,
esta furia[1], esta ambición,
por si alguna vez soñamos.
Y sí haremos, pues estamos
en mundo tan singular,
que el vivir sólo es soñar;
y la experiencia me enseña,
que el hombre que vive, sueña
lo que es, hasta despertar.
Sueña el rey que es rey, y vive
con este engaño[2] mandando,
disponiendo y gobernando;
y este aplauso, que recibe
prestado, en el viento escribe
y en cenizas[3] le convierte
la muerte (¡desdicha fuerte!);
¡que hay quien intente reinar
viendo que ha de despertar
en el sueño de la muerte!
Sueña el rico en su riqueza,
que más cuidados le ofrece;
sueña el pobre que padece

su miseria y su pobreza;
sueña el que a medrar[4] empieza,
sueña el que afana[5] y pretende,
sueña el que agravia[6] y ofende,
y en el mundo, en conclusión,
todos sueñan lo que son,
aunque ninguno lo entiende.
  Yo sueño que estoy aquí
destas prisiones cargado,
y soñé que en otro estado
más lisonjero[7] me vi.
¿Qué es la vida? Un frenesí[8].
¿Qué es la vida? Una ilusión,
una sombra, una ficción,
y el mayor bien es pequeño,
que toda la vida es sueño,
y los sueños sueños son.
(Calderón: 2005, 164 f.)

1 furia *Wüten* – 2 engaño *Täuschung, Trug, Schein* – 3 ceniza *Asche* – 4 medrar *Erfolg haben* – 5 afanar *sich abplagen* – 6 agraviar *beleidigen* – 7 lisonjero *schmeichelnd* – 8 frenesí *Raserei*

? Um was für eine Form der Rede handelt es sich im vorliegenden Auszug? Mit welchen rhetorischen Mitteln ist sie gestaltet? | Aufgabe 7.3

? Fassen Sie in eigenen Worten das sich hier ausdrückende Grundanliegen des Dramas zusammen. Welche Formen der Vergänglichkeit (vanitas-Motiv) werden aufgeführt? | Aufgabe 7.4
Inwiefern wird durch den *desengaño* die Läuterung des III. Aktes vorbereitet?

Einen weiteren Textauszug aus *La vida es sueño* mit zugehöriger Aufgabenstellung finden Sie als Zusatzmaterial unter www.bachelor-wissen.de.

Bodas de sangre | 7.2

Federico García Lorca | 7.2.1

Federico Garcia Lorca wurde im Jahre 1898 in Fuente Vaqueros, einem Dorf in der Gegend von Granada (Andalusien) geboren. Lorca wuchs in einer andalusischen Großfamilie auf, die sich durch ihre Musikalität auszeichnete. Seine Herkunft und Kindheit übten großen Einfluss auf das Werk des Dichters aus. Im Sommer 1909 zog die Familie nach Granada, wo Lorca 1914 sein Universitätsstudium der Rechtswissenschaft, der Philosophie und der Literaturwissen-

Abb. 7.4 | Federico García Lorca (1898–1936), Statue in Rosario (Argentinien)

schaft aufnahm. 1920 wechselte er nach Madrid und lernte den Schriftsteller Juan Ramón Jiménez, den Regisseur Luis Buñuel sowie den Maler Salvador Dalí kennen, mit dem ihn bald eine enge Freundschaft verband.

In Madrid entstand auch sein bedeutendes lyrisches Werk, die Zigeunerromanzen (*Romancero gitano*, 1928), eine Hommage an Granada und zugleich Darstellung des gesellschaftlichen Konfliktes zwischen den *gitanos* und der Guardia Civil. Nach seiner Zeit in Madrid führte Lorca sein Studium an der Columbia University in New York fort. Es folgten Reisen nach Kuba und Argentinien. In den 1930er Jahren entstand ein Großteil seines dramatischen Werkes, darunter auch der Zyklus der ländlichen Tragödien (*tragedias rurales*). Die gesellschaftskritische Tendenz seiner Werke ließ ihn bei der politischen Rechten in Ungnade fallen. Diese Tatsache und seine Homosexualität haben vermutlich am 19. August 1936 zu seiner Ermordung durch spanische Nationalisten geführt.

Lieder in den Materialien

Lorcas Dichtkunst ist sehr durch seine Musikalität und seine Freundschaft zum Komponisten Manuel de Falla beeinflusst. Der Dichter improvisierte und schrieb selbst auch Lieder.

Generación del 27

Literaturhistorisch gehört Lorca zu der *Generación del 27*, die unter Berufung auf Góngora (siehe Einheit 5.1) eine hermetische und avantgardistische Lyrik ausprägte.

Bonus track: Lorca über Góngora in den Zusatzmaterialien

Die *Generación del 27* ist eine Gruppe herausragender Lyriker (z. B. Rafael Alberti, Pedro Salinas, Jorge Guillén, Vicente Aleixandre), die sich 1927 anlässlich der Feierlichkeiten zum 300. Todestag von Luis de Góngora zusammengeschlossen hat. Diesem Referenzpunkt gemäß schufen die 27er eine teils schwierige Metaphorik mit scheinbar dissonanten, kaum logisch zu vereinbarenden inhaltlichen Elementen. Lorca führt die Entwicklung von hier aus zum Surrealismus weiter, wie in Text 7.4 zu sehen ist; andere Mitglieder der Gruppe schlugen teils andere Wege ein, so dass nicht oder nicht lange von einer einheitlichen Konzeption, aber durchaus von einer literarhistorisch für das 20. Jh. wirkmächtigen Produktion der 27er die Rede sein kann.

7.2.2 | García Lorcas '*tragedias rurales*'

Tragödien

García Lorcas Ruf als bedeutender spanischer Dramenautor des 20. Jh. beruht maßgeblich auf seiner in den 1930er Jahren entstandenen Tragödientrilogie, bestehend aus *Bodas de sangre* (1933), *Yerma* (1934) und *La casa de Bernarda Alba* (1936 entstanden und 1945 in Buenos Aires uraufgeführt). Allen drei Dramen ist gemeinsam, dass sie vor dem Hintergrund der bäuerlichen andalusischen Lebenswelt spielen, deren gesellschaftliche Rückständigkeit problematisiert wird. Dies geschieht insbesondere in Bezug auf die Rolle der Frau in Form einer harschen Kritik am sogenannten *machismo*, einem übersteigerten Männlichkeitskonzept, das den Frauen jegliches Recht auf Selbstbestimmung versagt. So geht es in *Bodas de sangre* um die Unvereinbarkeit von Leidenschaft und Vernunftehe, in *Yerma* um die Problematik der Unfruchtbarkeit und in *La casa de Bernarda Alba* um die Auseinandersetzung mit dem spanischen Ehrenkodex (*honra pública*), der auch in den anderen beiden Dramen eine wichtige Rolle spielt. Die Kombination der Form der antiken Tragödie mit typisch andalusischen folkloristischen Elementen verleihen der Gesellschaftskritik so eine mythisch-zeitlose Dimension.

Ehrenkodex

Antike Tragödie und folkloristische Elemente

Zum Inhalt der *Bodas de sangre*

7.2.3

Lyrische Tragödie

Die lyrische Tragödie *Bodas de sangre* (Bluthochzeit) in drei Akten und sechs Bildern beruht auf einer Zeitungsnotiz über einen Brautraub, die am 25. Juli 1928 in der Tageszeitung *ABC* erschien. Während der Feier einer aus Vernunftgründen vollzogenen Heirat flieht die Braut mit ihrem ehemaligen und nun ebenfalls verheirateten Liebhaber Leonardo, dessen Familie mit der des Bräutigams verfeindet ist. Dieser folgt dem fliehenden Liebespaar, und die beiden Männer bringen sich schließlich gegenseitig um. Zurück bleiben nur die trauernden Frauen, die Mutter des Bräutigams, die Braut und die Frau Leonardos. In der lyrischen Tragödie wechseln Prosa- und Versform einander ab, wobei die Verspartien die Chorfunktion der antiken Tragödie erfüllen und die Prosapartien für die dramatischen Dialoge zwischen den Hauptpersonen reserviert sind, die bis auf Leonardo keine Namen tragen.

Aufgabe 7.5

? Begründen Sie auf Grundlage der Ausführungen in Einheit 6, weshalb die Personen keine Eigennamen tragen und stattdessen lediglich durch ihre Funktion bzw. Stellung in der Gesellschaft bzw. der Familie definiert sind („La Madre", „La Novia", „La Suegra", „La Criada", „La Vecina", „El Novio" etc.).

Archetypen

Es handelt sich bei den namenlosen Personen letztlich um so genannte Archetypen. Die Mutter erscheint als eine Art Demeter (dreifache Muttergöttin aus dem griechisch-kleinasiatischen Raum, die für die Fruchtbarkeit steht) mit bäuerlich andalusischen Zügen, der Bräutigam und Leonardo vertreten dagegen das männliche Prinzip der Kraft und der Gewalt.

Der erste Akt setzt ein mit einem Dialog zwischen der Mutter und dem Bräutigam, in dem die Mutter am Beispiel des Vaters und des Bruders das männliche Gewaltprinzip beklagt, das zwangsläufig mit dem Tod der Männer ende. Mit dieser Klage wird auf den tragischen Ausgang der Tragödie vorausgedeutet. Das anschließende Gespräch der Mutter mit der Nachbarin stellt die Person der Braut (novia) und ihre Vorgeschichte vor. Die Exposition wird im 2. Bild fortgeführt, das im Hause Leonardos situiert ist. Die Schwiegermutter singt dem Kind das Schlaflied vom verwundeten Pferd vor, das nicht trinken möchte, während Leonardos Frau – angesichts seines völlig erschöpften Pferdes – mit Misstrauen über Ziel und Grund der offenbar immer extremeren Ausritte ihres Mannes spekuliert. Durch den Dialog zwischen der Mutter

Exposition

des Bräutigams und dem Vater der Braut erfahren wir die Hintergründe der geplanten Vernunftehe, die vor allem auf materiellen Grundlagen beruht. Der zweite Akt schildert in zwei Bildern die Hochzeit und die Entführung der Braut. Der dritte Akt, dessen erstes Bild im Wald spielt, kombiniert den Auftritt allegorischer Figuren, wie der des Mondes in Gestalt eines Holzfällers mit weißem Gesicht und einer Bettlerin, die beide für den Tod stehen, mit dem Dialog des geflüchteten Paares und dem Erscheinen des suchenden Bräutigams. Das tragische Ende wird allein durch die allegorischen Partien angedeutet. Das Schlussbild zeigt die trauernden Frauen, die den Tod der beiden Männer besingen.

Aufgabe 7.6 | **? Versuchen Sie anhand der Inhaltsangabe den Zusammenhang von Figurengestaltung, Aufbau des Dramas und Handlungsführung zu beschreiben.**

7.2.4 | Analyse ausgewählter Passagen

Text 7.3 | *Bodas de sangre*, I,2

Habitación pintada de rosa con cobres[1] y ramos de flores populares. En el centro, una mesa con mantel. Es la mañana.

(Suegra de Leonardo con un niño en brazos. Lo mece[2]. La mujer, en la otra esquina, hace punto de media[3].)

Suegra: Nana, niño, nana
del caballo grande
que no quiso el agua.
El agua era negra
dentro de las ramas.
Cuando llega el puente
se detiene y canta.
¿Quién dirá, mi niño,
lo que tiene el agua
con su larga cola[4]
por su verde sala[5]?
Mujer *(bajo)*:
Duérmete, clavel[6],
que el caballo no quiere beber.
Suegra: Duérmete, rosal[7],
que el caballo se pone a llorar.
Las patas heridas,
las crines[8] heladas,
dentro de los ojos
un puñal[9] de plata.
Bajaban al río.

¡Ay, cómo bajaban!
La sangre corría
más fuerte que el agua.
Mujer: Duérmete, clavel,
que el caballo no quiere beber.
Suegra: Duérmete, rosal,
que el caballo se pone a llorar.
Mujer: No quiso tocar
la orilla mojada
su belfo[10] caliente
con moscas de plata.
A los montes duros
solo relinchaba[11]
con el río muerto
sobre la garganta[12].
¡Ay caballo grande
que no quiso el agua!
¡Ay dolor de nieve,
caballo del alba!
Suegra: ¡No vengas! Detente,
cierra la ventana
con rama de sueños
y sueño de ramas.
Mujer: Mi niño se duerme.
Suegra: Mi niño se calla.
Mujer: Caballo, mi niño
tiene una almohada[13].
Suegra: Su cuna[14] de acero.
Mujer: Su colcha de holanda[15].
Suegra: Nana, niño, nana.
Mujer: ¡Ay caballo grande
que no quiso el agua!
Suegra: ¡No vengas, no entres!
Vete a la montaña.
Por los valles grises
donde está la jaca[16].
Mujer *(mirando)*:
Mi niño se duerme.
Suegra: Mi niño descansa.
Mujer *(bajito):*
Duérmete, clavel,
que el caballo no quiere beber.
Mujer *(levantándose y muy bajito)*:

Duérmete, rosal,
que el caballo se pone a llorar.
(Entran al niño. Entra Leonardo)

Leonardo: ¿Y el niño?

Mujer: Se durmió.

Leonardo: Ayer no estuvo bien. Lloró por la noche.

Mujer *(alegre)*: Hoy está como una dalia. ¿Y tú? ¿Fuiste a casa del herrador[17]?

Leonardo: De allí vengo. ¿Querrás creer? Llevo más de dos meses poniendo herraduras[18] nuevas al caballo y siempre se le caen. Por lo visto se las arranca[19] con las piedras.

Mujer: ¿Y no será que lo usas mucho?

Leonardo: No. Casi no lo utilizo.

Mujer: Ayer me dijeron las vecinas que te habían visto al límite de los llanos.

Leonardo: ¿Quién lo dijo?

Mujer: Las mujeres que cogen las alcaparras[20]. Por cierto que me sorprendió. ¿Eras tú?

Leonardo: No. ¿Qué iba a hacer yo allí en aquel secano[21]?

Mujer: Eso dije. Pero el caballo estaba reventando de sudor.

Leonardo: ¿Lo viste tú?

Mujer: No. Mi madre.

Leonardo: ¿Está con el niño?

[...]

(García Lorca: 2005, 100–103)

1 cobres (m. pl.) *Kupfertöpfe* – 2 mecer *wiegen* – 3 hacer punto de media *stricken* – 4 cola *Schwanz* – 5 sala *Saal* – 6 clavel *Nelke* – 7 rosal *Rosenstock/Rosenstrauch* – 8 crines (f. pl.) *Mähne* – 9 puñal *Dolch* – 10 belfo *Pferdelippe* – 11 relinchar *wiehern* – 12 garganta *Kehle, Hals* – 13 almohoda *Kopfkissen* – 14 cuna *Wiege* – 15 holanda *feiner Leinenstoff* – 16 jaca *Stute* – 17 herrador *Hufschmied* – 18 herradura *Hufeisen* – 19 arrancar *(her)ausreißen, (her)ausziehen* – 20 alcaparras (f. pl.) *Kapern* – 21 secano *Trockenland*

Aufgabe 7.7

? Beschreiben Sie das Verhältnis von Vers- und Prosapartien in diesem Textausschnitt.

Aufgabe 7.8

? Suchen Sie nach Leitmotiven in dem Wiegenlied und beziehen Sie diese auf das Ende des Dramas.

Aufgabe 7.9

? Analysieren Sie die Bedeutung des verwundeten Pferdes in dieser Textpassage.

Vers- und Prosapartien

Chorfunktion

Wie bereits erwähnt, alternieren in einigen Bildern in diesem Drama gebundene (Vers) und ungebundene Rede (Prosa). Die Verspartien beinhalten die lyrischen und die allegorischen Szenen und nehmen die Chorfunktion der antiken Tragödie ein, während die Prosapartien für die dramatischen Dialoge zwischen den Hauptpersonen bestimmt sind. In diesem Textausschnitt weist das von der Schwiegermutter und der Frau Leonardos gesungene balladenartige Wiegenlied vom Todeslauf des verwundeten Pferdes auf das tragische Ende des Dramas voraus. Das Leitmotiv des Pferdes findet sich auch in dem Dialog in Prosaform von Leonardo und seiner Frau wieder. Letztere wundert sich darüber, dass das Pferd schweißgebadet zurückkommt und erneut nach kurzer Zeit die Hufeisen verloren hat. Bezüglich der Aktivitäten Leonardos kommen ihr deshalb Zweifel. Das Sinnbild des Pferdes, das hier die männliche Kraft repräsentiert und gleichzeitig auf die Verwundbarkeit Leonardos hindeutet, stellt eine inhaltliche Verbindung zwischen den Prosa- und den Verspartien her.

Balladenartiges Wiegenlied

Leitmotiv des Pferdes

Neben dem Pferd erscheint auch der Dolch (*puñal*) als leitmotivische Vorausdeutung auf das Ende der Tragödie, genauso wie er das männliche Prinzip der Gewalt versinnbildlicht. Im Gegensatz dazu steht die Natur, die hier in Analogie zur Wiege des Kindes als *sala verde*, als ‚grünes Zimmer' des Pferdes, d.h. als Mutter Natur und das weibliche Prinzip dargestellt wird. Weitere Motive, wie der Fluss und das Blut als Titelsymbol des Werkes, verweisen auf die Gegenüberstellung von Leben und Tod. Das Wasser wird dabei grundsätzlich mit Leben assoziiert, insbesondere im andalusischen Kontext, in dem der Ackerbau häufig durch die extreme Trockenheit (*secano*) erschwert wird.

Wir wollen nun einen zweiten Ausschnitt aus dem dritten Akt näher betrachten.

Text 7.4
Bodas de sangre, III,1

Luna: Ya se acercan.
Unos por la cañada[1] y otros por el río.
Voy a alumbrar[2] las piedras. ¿Qué necesitas?
Mendiga: Nada.
Luna: El aire va llegando duro, con doble filo.
Mendiga: Ilumina el chaleco[3] y aparta los botones,
que después las navajas[4] ya saben el camino.
Luna: Pero que tarden mucho en morir. Que la sangre
me ponga entre los dedos su delicado silbo[5].
¡Mira que ya mis valles de ceniza despiertan
en ansia de esta fuente de chorro[6] estremecido[7]!
Mendiga: No dejemos que pasen el arroyo[8]. ¡Silencio!
Luna: ¡Allí vienen!
(Se va. Queda la escena oscura.)
Mendiga: De prisa. Mucha luz. ¿Me has oído?
¡No pueden escaparse!
(Entran el Novio y Mozo 1.° La Mendiga se sienta y se tapa con el manto.)
Novio: Por aquí.
Mozo 1.°: No los encontrarás.

Novio *(enérgico)*: ¡Sí los encontraré!

Mozo 1.°: Creo que se han ido por otra vereda[9].

Novio: No. Yo sentí hace un momento el galope.

Mozo 1.°: Sería otro caballo.

Novio *(dramático)*: Oye. No hay más que un caballo en el mundo, y es éste. ¿Te has enterado? Si me sigues, sígueme sin hablar.

Mozo 1.°: Es que yo quisiera…

Novio: Calla. Estoy seguro de encontrármelos aquí. ¿Ves este brazo? Pues no es mi brazo. Es el brazo de mi hermano y el de mi padre y el de toda mi familia que está muerta. Y tiene tanto poderío, que puede arrancar este árbol de raíz si quiere. Y vamos pronto, que siento los dientes de todos los míos clavados[10] aquí de una manera que se me hace imposible respirar tranquilo.

Mendiga *(quejándose)*: ¡Ay!

Mozo 1.°: ¿Has oído?

Novio: Vete por ahí y da la vuelta.

Mozo 1.°: Esto es una caza[11].

Novio: Una caza. La más grande que se puede hacer.

(Se va el Mozo. El Novio se dirige rápidamente hacia la izquierda y tropieza[12] *con la Mendiga, la muerte.)*

Mendiga: ¡Ay!

Novio: ¿Qué quieres?

Mendiga: Tengo frío.

Novio: ¿Adónde te diriges?

Mendiga *(siempre quejándose como una mendiga)*: Allá lejos…

Novio: ¿De dónde vienes?

Mendiga: De allí…. de muy lejos.

Novio: ¿Viste un hombre y una mujer que corrían montados en un caballo?

Mendiga *(despertándose)*: Espera… *(Lo mira.)* Hermoso galán. *(Se levanta.)* Pero mucho más hermoso si estuviera dormido.

Novio: Dime, contesta, ¿los viste?

Mendiga: Espera… ¡Qué espaldas más anchas! ¿Cómo no te gusta estar tendido sobre ellas y no andar sobre las plantas de los pies, que son tan chicas?

Novio *(zamarreándola*[13]*)*: ¡Te digo si los viste! ¿Han pasado por aquí?

Mendiga *(enérgica)*: No han pasado; pero están saliendo de la colina. ¿No los oyes?

Novio: No.

Mendiga: ¿Tú no conoces el camino?

Novio: ¡Iré[, sea] como sea!

Mendiga: Te acompañaré. Conozco esta tierra.

Novio *(impaciente)*: ¡Pues vamos! ¿Por dónde?

Mendiga *(dramática)*: ¡Por allí!

(Salen rápidos. Se oyen lejanos dos violines que expresan el bosque. Vuelven los Leñadores. Llevan las hachas[14] *al hombro. Pasan lentos entre los troncos.)*

Leñador 1.°: ¡Ay muerte que sales!
Muerte de las hojas grandes.
Leñador 2.°: ¡No abras el chorro[15] de la sangre!
Leñador 1.°: ¡Ay muerte sola!
Muerte de las secas hojas.
Leñador 3.°: ¡No cubras de flores la boda!
Leñador 2.°: ¡Ay triste muerte!
Deja para el amor la rama verde.
Leñador 1.°: ¡Ay muerte mala!
¡Deja para el amor la verde rama!
(Van saliendo mientras hablan. Aparecen Leonardo y la Novia.)
Leonardo: ¡Calla!
Novia: Desde aquí yo me iré sola.
¡Vete! Quiero que te vuelvas.
Leonardo: ¡Calla, digo!
(García Lorca: 2005, 146–150)

1 cañada *Hohlweg* – 2 alumbrar *leuchten, beleuchten* – 3 chaleco *Weste* – 4 navaja *Taschenmesser* – 5 silbo *Pfiff, Zischen* – 6 chorro *Strahl* – 7 estremecer *erschaudern lassen* – 8 arroyo *Bach* – 9 vereda *Pfad, Weg* – 10 clavar *(fest)nageln* – 11 caza *Jagd* – 12 tropezar con *treffen, stoßen auf* – 13 zamarrear *schubsen, schütteln* – 14 hacha (f.) *Axt*

? Analysieren Sie die Personen dieses Textausschnittes in Bezug auf ihre Gestaltung und ihre Funktion. | Aufgabe 7.10

? Vergleichen Sie Textausschnitt 7.3 und 7.4 hinsichtlich der formalen Gestaltung, der Motivik und der Handlung. | Aufgabe 7.11

? Erstellen Sie nun in Kenntnis der Zusammenfassung und ausgewählter Passagen abschließend eine schematische Darstellung der Figurenkonstellation und formulieren Sie vor diesem Hintergrund den dramatischen Konflikt (vgl. Einheit 6.6). | Aufgabe 7.12

Zusammenfassung

Die beiden Dramen, die literaturgeschichtlich gänzlich unterschiedlichen Epochen angehören, wurden in Form von exemplarischen Textausschnitten untersucht. Dabei konnten in beiden Fällen typische Grundelemente der Dramenanalyse berücksichtigt werden, so die Entwicklung des dramatischen Konflikts, die sprachliche Gestaltung, die Figurenkonstellation wie auch zentrale Motive und Symbole. Eine gründliche Analyse muss sich darüber hinaus auf den Zusammenhang des Textganzen stützen und kann in einem weiteren Schritt zu einer methodengeleiteten Interpretation übergehen (vgl. Einheiten 10–12).

Literatur

Pedro Calderón de la Barca: *La vida es sueño*. Madrid: Cátedra 2005.

Federico García Lorca: *Bodas de sangre*. Madrid: Cátedra 2005.

Weiterführende Literaturhinweise finden Sie unter www.bachelor-wissen.de.

Epik und Erzähltextanalyse

Inhalt

8.1	Gattung Epik	132
8.2	Erzählerische Gestaltung oder *Diskurs*	140
8.2.1	Stimme	140
8.2.2	Zeit	142
8.2.3	Distanz	143
8.2.4	Fokalisierung	145
8.3	Struktur des Erzählten oder *Geschichte*	147
8.3.1	Figuren	148
8.3.2	Handlung, Geschehen und ‚Plot'	150

Überblick

Diese Einheit befasst sich neben einem Überblick über die epischen Textformen mit den spezifischen Merkmalen, die diese gegenüber den bereits behandelten Gattungen Lyrik und Dramatik auszeichnen. Davon ausgehend wird das terminologische und sachliche Instrumentarium für die Analyse von Erzähltexten erarbeitet und eingeübt, wie es sowohl hinsichtlich der Darstellung durch die Erzählerinstanz als auch der dargestellten Welt, des Inhalts von Erzählungen, Verwendung findet.

8.1 | Gattung Epik

'Epik' vom Wort her

Definition: Epos

Nähern wir uns der Epik vom Begriffsursprung her, so finden wir das *Epos* (span. *epopeya*, *cantar de gesta*) als Grundform der Epik. In der Tat ist das Epos nicht nur die älteste, sondern auch lange Zeit die prestigeträchtigste Form der europäischen Literatur. Es handelt sich hierbei um eine für den mündlichen Vortrag bestimmte Verserzählung von beträchtlicher Länge, die Heldentaten von nationalhistorischer und -mythischer Bedeutung schildert. Das erste und zugleich berühmteste antike Beispiel ist die *Odyssee* Homers. Das wichtigste altspanische Epos ist der *Cantar de mio Cid* (auch *Poema de mio Cid*). Die Begriffe ,Poema' und ,Cantar' lassen bereits erkennen, dass noch im Mittelalter die Gattungsgrenzen zwischen Epik und Lyrik nicht scharf gezogen wurden. Das Werk entstand in der zweiten Hälfte des 12. Jh. und steht im historischen Kontext der maurischen Herrschaft auf der iberischen Halbinsel und der christlichen Rückeroberung (*Reconquista*). Es schildert den siegreichen Kampf des christlichen Heerführers Rodrigo Díaz de Vivar, einer historisch eindeutig belegten Figur (1043–1099), die allerdings ohne die literarische Stilisierung wohl nicht zum Nationalhelden Spaniens schlechthin hätte werden können, dem zahlreiche weitere – auch außerspanische – Dichtungen (wie die berühmte Tragikomödie *Le Cid* von Pierre Corneille) gewidmet sind. Die besondere Rolle des *Poema de mio Cid* liegt auch in seiner konkurrenzlosen Stellung innerhalb der Gattung – lediglich zwei weitere kastilische Epen sind bruchstückhaft überliefert.

Cantar de mio Cid

Neuere epische Formen

Gehen wir zur Literaturgeschichte nachmittelalterlicher Zeit über, stellen wir fest, dass das ,älteste' Verständnis eines Begriffs wie ,Epik' doch nicht im allgemeinen Sinne das sachdienlichste ist, denn die späteren epischen Formen gehen auf vielfältige Weise über die Charakteristika des Epos hinaus:

Summarischer Überblick Roman:

Novela sentimental

Ritterroman

- Der *Roman* (*novela*) ist die wichtigste neuzeitliche epische Form. Er entwickelt sich in Spanien im ausgehenden Mittelalter als meist allegorische (sinnbildhafte) Prosadichtung über Liebe und das von ihr verursachte Unheil, für die sich der Begriff *novela sentimental* eingebürgert hat (Diego de San Pedro, *Cárcel de amor*, 1492). Weitere Kreise gezogen hat die vermutlich bereits im 13. Jh. entstandene Untergattung *Ritterroman* (*libro de caballerías*), die die Abenteuer und den Minnedienst eines tapferen Ritters in einer märchenhaften Welt zum Gegenstand hat. Der früheste erhaltene Text sind die *Quatro libros de Amadís de Gaula*, die Garci Rodríguez de Montalvo auf der Grundlage einer verlorenen Fassung zwischen 1482 und 1492 verfasste. Das von vielen zeitgenössischen Autoren als unglaubwürdig und von zweifelhaftem moralischem Wert kritisierte Genre feierte mit dem *Amadís* einen breiten Publikumserfolg zu einem Zeitpunkt, an dem das Rittertum militärisch und sozial bereits stark an Bedeutung verloren hatte. Umso mehr gilt das für den berühmtesten Text der Gattung und der spanischen Literatur überhaupt, den zweiteiligen Roman *El ingenioso hidalgo Don Quijote de la Mancha* (1605/1615) von Miguel de Cervantes. Der erklärten Absicht seines Autors gemäß lässt sich das Werk als Parodie auf die Ritterromane und allen voran den *Amadís* lesen: Es greift das Figureninventar (Ritter und Knappe), die Handlungselemente (Ritterschlag, Auszug zu Abenteuern, Verteidigung der Armen und Schwachen, Verehrung der Dame) und die archaisierende Sprache auf, erzeugt aber nicht die phantastische Welt der Ritterromane, sondern versetzt die Handlung in die zeitgenössische Wirklichkeit Spaniens, an der der durch die Lektüre von Ritterromanen verrückt gewordene Protagonist immer wieder scheitert. Der Text wäre nicht so berühmt, läge sein Anschluss- und Deutungspotenzial nicht weit jenseits der bloßen Parodie. Er berührt u. a. so überzeitliche Fragen wie die nach Idealismus und menschlicher Moral angesichts einer widerstrebenden Wirklichkeit, aber auch sehr moderne Problematiken wie den Ausschluss des Wahnhaften im Zeitalter der Vernunft (Foucault). Der Protagonist ist so über den Text hinaus zu einer archetypischen Figur geworden, die bis heute in Kunst und Literatur immer wieder aktualisiert wird. Den Beginn des Romans kennen Sie aus Text 1.1; eine Inhaltsangabe des Gesamtwerks finden Sie unter www.bachelor-wissen.de.

EL INGENIOSO
HIDALGO DON QVIXOTE DE LA MANCHA
Compuesto por Miguel de Ceruantes Saauedra.
DIRIGIDO AL DVQVE DE BEIAR,
Marques de Gibraleon, Conde de Barcelona, y Bañares, Vizconde de la Puebla de Alcozer, Señor de las villas de Capilla, Curiel, y Burguillos.
Año, 1605.
Con priuilegio de Castilla, Aragon, y Portugal.
EN MADRID, Por Iuan de la Cuesta.

Abb. 8.1

Frontispiz der ersten Quijote-Ausgabe von 1605

Don Quijote: Ursprünglich parodistischer Roman mit großer Anschlussfähigkeit

Abb. 8.2

Gustave Doré (1832–1883): Illustration zur Don-Quijote-Ausgabe von 1863 (Detail)

Schelmenroman

Ebenfalls in der frühen Neuzeit entsteht der *Schelmenroman* (*novela picaresca*), der meist in der Form eines fiktiven Lebensberichts die Geschichte eines Schelms (*pícaro*) erzählt, d. h. eines durch Unglücke, meist aber gesellschaftliche Bedingungen benachteiligten Hungerleiders und Vagabunden, der sich mit niederen Arbeiten für häufig wechselnde Herren durchschlägt und so die Welt ‚von unten' sieht – und mit ihm in einer frühen Form von

Allegorisch-moralistischer Roman

Briefroman

Historischer Roman

Kostumbrismus

Realistischer und naturalistischer Roman

Feuilletonroman

Modernistischer Roman

Ästhetizismus vs. Sorge um gesellschaftlich-politische Wirklichkeit

Bürgerkriegsroman

Indigenistischer Roman

‚Magischer Realismus'

Realismus auch der Leser (z. B. im gattungsbegründenden anonymen Text *Vida de Lazarillo de Tormes*, 1554). Gesellschaftskritik auf weniger burlesk-volkstümliche als elitär-philosophische Weise bietet der allegorisch-moralistische Roman, der philosophische Einsichten und Anleitungen zur Lebensführung in symbolhafte Bilder übersetzt (Baltasar Gracián, *El Criticón*, 3 Teile, 1651–57). Er belegt die Aufwertung der bis dahin populären, aber innerhalb des offiziellen Kanons als minderwertig geltenden Gattung Roman. Im 18. Jh. bereichert der *Briefroman* (*novela epistolar*), in dem Briefe fiktiver Figuren und ihr Austausch als Erzählmittel benutzt und damit verschiedene Stile, Perspektiven und Meinungen kontrastiert werden, das Formenspektrum der Gattung (José Cadalso, *Cartas marruecas*, 1793). Der Roman des 19. Jh. etabliert sich hinsichtlich des Produktionsaufkommens und der Rezeption definitiv an der Spitze der Gattungen. Dies geschieht zunächst mit dem *historischen Roman* (z. B. Enrique Gil y Carrasco, *El señor de Bembibre*, 1844), dann mit dem auf Abbildung gesellschaftlicher Wirklichkeit mit Landeskolorit zielenden Kostumbrismus (*costumbrismo*) (Fernán Caballero, *La Gaviota*, 1849). Dieser kann seinerseits als Vorläufer und mitunter Bestandteil des *realistischen* (z. B. Juan Valera, *Pepita Jiménez*, 1874, Benito Pérez Galdós, *La familia de León Roch*, 1878, siehe auch Einheit 9) sowie des *naturalistischen Romans* (z. B. Clarín, *La Regenta*, 1884/85, Emilia Pardo Bazán, *Los pazos de Ulloa*, 1886/87) gelten – beide Strömungen sind in Spanien nicht klar voneinander abzugrenzen, im Gegensatz zu Frankreich, wo mit Émile Zola der literarische Naturalismus seinen Ausgang nimmt. Verbreitet werden manche dieser Texte nunmehr in Form von Fortsetzungsepisoden in Zeitungen, eine Publikationsweise, die den sog. Feuilletonroman (*novela por entregas*) als populärliterarisches Genre begründet. Poetologische Zwänge schwinden bis zum Ende des 19. Jh. endgültig und der Roman wird vielgestaltiger. Er thematisiert sich – ebenso wie die Lyrik – zunehmend selbst und löst sich mitunter von Handlungsorientierung zugunsten des kunstvollen sprachlichen Ausdrucks (Ramón del Valle-Inclán, *Sonatas*, 1902–1905). Aber ein konkreter Wirklichkeitsbezug bleibt im Fokus der Romanproduktion, besonders in Form der Auseinandersetzung mit dem in der politischen und kulturellen Krise befindlichen Spanien und seinem vermeintlichen Wesen (so bei der ‚Generation von 98', Miguel de Unamuno, Pío Baroja, Ramón Pérez de Ayala u. a.) sowie später einer teils politisch engagierten Auseinandersetzung mit dem spanischen Bürgerkrieg (1936–39). In der lateinamerikanischen Literatur zeigt sich eine ähnliche Auseinandersetzung, nicht zuletzt im Bemühen um einen Einbezug der kulturellen Perspektive amerikanischer Ureinwohner im indigenistischen Roman (z. B. José María Arguedas, *Los ríos profundos*, 1958). Die Einbettung lebendiger indigener Mythen in die Darstellung alltäglicher Wirklichkeit hat in Lateinamerika als ‚magischer Realismus' in der zweiten Hälfte des 20. Jh. große Bedeutung erlangt (Alejo Carpentier, *El reino de este mundo*, 1949). Literarische Welterfolge feierten in der jüngeren Vergangenheit sowohl der lateinamerikanische (z. B. Gabriel García Márquez) als auch der spanische Roman (Javier Marías, Rosa Montero, Antonio Muñoz Molina).

Abgesehen von zahlreichen weiteren Untergattungen (Kriminalroman, Schauerroman usw.) bestanden und bestehen viele der genannten Romantypen mit ihren Formen und Themen bis heute weiter - ob Utopie, Fantastik, Realismus oder historischer Roman - und tragen dazu bei, den Roman zur reichsten epischen Form zu machen.

- Eine seit dem 18. Jh. produktive Gattung ist die *Autobiographie* (*autobiografía*), also der Bericht eines Autors über sein Leben und die Herausbildung seiner Persönlichkeit, die normalerweise referenziellen Anspruch erhebt und daher, wenngleich in der Gestaltung dem Roman durchaus ähnlich, nicht-fiktional ist (z. B. Diego de Torres Villarroel, *Vida, ascendencia, nacimiento, crianza y aventuras del Doctor don Diego de Torres Villarroel, escrita por él mismo*, 1743–58, Azorín, *Las confesiones de un pequeño filósofo*, 1904). Autobiographie
- Die *Novelle* (*novela corta*) ist eine fiktionale Kurzform, die sich meist auf einen thematischen Kern (dem Namen nach eine ‚neue' Begebenheit) und wenige Figuren beschränkt (z. B. Pedro Antonio de Alarcón, *El sombrero de tres picos*, 1874), jedoch häufig Teil eines Novellenzyklus oder einer Sammlung ist (z. B. Miguel de Cervantes, *Novelas ejemplares*, 1613 oder die *Novelas amorosas y ejemplares* von María de Zayas y Sotomayor, über die noch in Einheit 12 zu sprechen sein wird). Etwas pointierter, aber nicht stringent von der Novelle abgrenzbar ist der *Cuento*, die Kurzgeschichte, eine bis in die Gegenwart und besonders in Lateinamerika populäre Gattung. Er kann auch fantastische oder märchenhafte Elemente umfassen (Jorge Luis Borges, Mario Benedetti, Horacio Quiroga u. v. a.). Stärker noch ist letzteres bei der *Leyenda* der Fall, die sich aus mündlicher Tradition speist und in der Romantik eine Hochphase hat (José Zorrilla, Gustavo Adolfo Bécquer). Eine in der Verkürzung extreme Spielart des *Cuento* ist der besonders in Lateinamerika populäre *Microrrelato* oder *Minicuento* (z. B. der nur aus einem Satz bestehende Text *El dinosaurio* von Augusto Monterroso, 1959). Novelle *Cuento* *Leyenda* *Microrrelato*
- Der *Essay* (*ensayo*) ist eine Art kurzer Prosa-Abhandlung zu einem moralischen, philosophischen, politischen o. ä. Problem, ohne die Methodik und terminologische Strenge einer wissenschaftlichen Arbeit, stattdessen mit dem Ziel, Reflexion in ihrem Gang nachvollziehbar zu machen. Der Essay hat naturgemäß zentrale Funktion im Zeitalter der Aufklärung, wo überkommene Ansichten aus den verschiedensten Wissensbereichen auf den Prüfstand gestellt werden (z. B. Benito Jerónimo Feijóo, neunbändige Essaysammlung *Teatro crítico universal*, 1726–40), er wird aber auch im 19. und 20. Jh. gepflegt (Ángel Ganivet, José Ortega y Gasset, José Martí Essay

(Feuilleton-)Artikel

u.v.a.); besonders berühmt wurden die gesellschaftskritisch-satirischen Artikel von Mariano José de Larra (*Artículos*, 1832–37). Bis heute ist der Essay ein typisches Feuilleton- und damit journalistisches Genre.

Prosa als Kennzeichen von Epik?

Worin besteht angesicht einer solchen (keineswegs erschöpfenden) Aufzählung epischer Formen das Merkmal, das sie von anderen Gattungen unterscheidet? Die besondere Länge des Textes, die sich angesichts des Epos sowie der sprichwörtlich gewordenen „epischen Breite" als Kriterium aufdrängt, ist kein Kennzeichen der Novelle und anderer ‚kleiner Formen'. Da wir in Einheit 4 die Lyrik in Ermangelung eines besseren Kriteriums über Vers und Strophe identifiziert haben, kommt für die Epik *Prosa* in Betracht. Tatsächlich wird ‚Prosa' nicht selten als Gattungsbegriff gebraucht, obwohl es lediglich nicht-gebundene Sprache bezeichnet. Selbst wenn wir ignorieren, dass eben noch mit dem Epos eine Verstextsorte als Urform der Epik vorgestellt wurde, bleibt das Problem, dass die Mehrheit der Dramen seit dem 18. Jh. auch in Prosa verfasst sind. Tatsächlich bietet – unabhängig von der Unterscheidung Vers-Prosa – ein Vergleich mit dem Drama einen Einblick in die grundsätzliche strukturelle Eigenheit epischer Texte. Sehen wir uns also einen Auszug aus dem berühmtesten epischen Text der spanischen Literatur und die entsprechende Stelle aus einer der vielen dramatischen Adaptionen genauer an: Miguel de Cervantes' *Quijote* im Vergleich zu einem Drama des Romantikers Gustavo Adolfo Bécquer, der weniger seiner Dramen als seiner Gedichte wegen heute einen festen Platz in der spanischen Literaturgeschichte einnimmt. Es handelt sich um das 32. Kapitel des ersten Teils, in dem Quijote und sein Knappe Sancho Panza an einem Wirtshaus ankommen, das Quijote für ein Schloss hält und in dem Sancho bei einem früheren Aufenthalt (Kap. 16/17) übel mitgespielt wurde – er hatte sich, ganz gemäß den von seinem Herrn vertretenen Normen, geweigert, die Zeche für die (äußerst schäbige) Unterkunft und die Verpflegung zu zahlen, da diese fahrenden Rittern und ihren Schildknappen kostenlos gewährt werden müsse, woraufhin einige der Gäste ihn in der berühmten *manteamiento*-Szene mit einer Decke bis zu seiner völligen Erschöpfung durch die Luft warfen.

Abgrenzung zum Drama

Text 8.1
Miguel de Cervantes, *Don Quijote* (1605), Kap. 32 (Auszug)

Acabóse la buena comida, ensillaron[1] luego y, sin que les sucediese cosa digna de contar, llegaron otro día a la venta[2], espanto y asombro de Sancho Panza; y aunque él quisiera no entrar en ella, no lo pudo huir. La ventera, ventero, su hija y Maritornes[3], que vieron venir a don Quijote y a Sancho, les salieron a recibir con muestras de mucha alegría, y él las recibió con grave continente y aplauso[4], y díjoles que le aderezasen[5] otro mejor lecho[6] que la vez pasada; a lo cual le respondió la huéspeda que como[7] la pagase mejor que la otra vez, que ella se la[8] daría de príncipes[9]. (Cervantes: 2008, 440)

1 ensillar *aufsatteln* – 2 venta *Wirtshaus, Schänke* – 3 Maritornes *Name der Magd* – 4 grave continente y aplauso *würdevolle Haltung und feierlicher Ton* – 5 aderezar *herrichten* – 6 lecho *Bett* – 7 como *hier: wenn* – 8 la = la cama *(statt eigentlich* lecho*)* – 9 de príncipes *hier: ein fürstliches (Bett)*

Text 8.2
Gustavo Adolfo Bécquer, *La venta encantada* (1859), 2. Akt, 4. Szene (Auszug)

SANCHO. Yo no entro …
QUIJOTE. Vamos, Sancho,
ven a mi lado y no temas.
SANCHO. Señor, el gato escaldado[1] …
como el refrán nos lo enseña …
QUIJOTE. ¡Maldito tú y tus refranes!
SANCHO. Mas, señor, si aun se me acuerda
la aventura de la manta.
¿Quiere vuesarced[2] que vuelvan
a echarme por esos aires?
No … por vida de mi abuela.
Yo me quedo a campo raso[3].
QUIJOTE. Menguada la hora aquella
en que te elegí escudero
y te saqué de la aldea,
¡cobarde!
SANCHO. Yo por mi gusto
un Roldan[4] en valor fuera;
mas quien nació para ochavo,
en la vida a cuarto[5] llega,
y …
QUIJOTE. ¡Acabarás!
(Colérico.)
SANCHO. Acabé,
entremos, pues, en la venta.
QUIJOTE. Castillo dirás.
SANCHO. Castillo,
si así su merced lo sueña.
QUIJOTE. ¿Qué murmuras?
SANCHO. Nada, rezo:
¿acaso en rezar se peca?
pero … otro temor me asalta …
¿habrá aquí alguna hechicera
que maleficie a mi rucio[6]?
No, es que sería muy necia
la broma, si el mismo día
en que lo hallé lo perdiera.
QUIJOTE. Nada dicen las historias
que tus dudas borrar puedan;
pero me inclino a creer,
que los magos su destreza
no emplean sino en corceles[7];
el jumento es vil[8].

SANCHO. ¡De veras!
(Trae al rucio hacia el proscenio.)
Hijo de mi corazón,
salvaguardia es tu vileza,
ojalá que el ser villano
también para mí lo fuera.
QUIJOTE. *(Dirigiéndose a los grupos, que han suspendido su fiesta para contemplar tan extrañas figuras.)*
Escuderos, maestresalas,
heraldos, pajes, doncellas,
a juzgar por lo que veo,
mi llegada se celebra:
decid a la castellana
que tal regocijo ordena
que el valiente don Quijote
humilde los pies le besa. (Bécquer: 1949, 83 f.)

1 gato escaldado (del agua fría huye) *entspricht: Ein gebranntes Kind scheut das Feuer* – 2 vuesarced = vuestra merced – 3 a campo raso *auf offenem Feld* – 4 Roldan *Roland, Titelfigur des Rolandslieds, Neffe Karls des Großen, Held des Frankenheeres* – 5 ochavo, cuarto *alte Münzen* – 6 maleficiar al rucio *den Esel verzaubern* – 7 corcel *Streitross* – 8 el jumento es vil *der Esel ist schäbig*

Kommunikationstheoretische Unterschiede

Text 8.2: Präsenz von Akteuren, direkte Rede, Ablauf

Text 8.1: Gesteuerte, geordnete, resümierte Erzählung

Zeigen vs. Erzählen

Sehen wir von der Versifikation und den divergierenden inhaltlichen Details ab und konzentrieren wir uns auf den kommunikationstheoretischen Unterschied zwischen diesen beiden Fassungen. Text 8.2 lässt verschiedene Figuren auftreten und agieren: Wie beim Drama üblich, ist eine körperliche Präsenz von Akteuren in einer Aufführung intendiert, in der sich der Text auf die direkte Rede der Figuren beschränkt. Dementsprechend spielen die Eigenheiten der Figuren eine Rolle für die sprachliche Gestaltung, hier etwa der – im spanischen Drama für die Figur des *gracioso*, des Spaßmachers, typische – häufige und mitunter kreative Rückgriff auf Sprichwörter („el gato escaldado …"). Die Figuren interagieren als sie selbst, die Szene *läuft* gleichsam *ab*. In Text 8.1 seinerseits ‚spricht' auch jemand, aber nur eine einzige, allein aus dem vorliegenden Auszug nicht näher bestimmbare Person, die uns das Geschehen rückblickend *erzählt* und dabei – das ist ein wesentlicher Unterschied – *steuert*, *ordnet* und bisweilen *resümiert*. Dies zeigt sich gleich im ersten Satz, wo das für unwichtig Gehaltene ausdrücklich weggelassen wird („sin que les sucediese cosa digna de contar") und selbst wichtigere Handlungselemente wie die Angst Sanchos in knappe Worte gefasst werden, ohne dass wir – im Gegensatz zu Text 8.2 – sie ‚miterleben' könnten. Diesen ersten wichtigen Unterschied hat die Erzählforschung in verschiedenen gleichbedeutenden Begriffsoppositionen terminologisch erfasst: „Zeigen" vs. „Erzählen" bzw. „Showing" vs. „Telling", „Mimesis" (im Sinne von Abbildung, Adj. mimetisch) vs. „Diegese"

(Bericht, Adj. diegetisch) – oder gemäß der in Einheit 4.4 wiedergegebenen Formulierung Goethes „persönlich handelnde" vs. „klar erzählende" Form. Den gattungskonstitutiven Unterschied in der Vermittlung von Handlung hat bereits Aristoteles in seiner Poetik erkannt:

Text 8.3
Aristoteles, *Poetik*

> Nun zum dritten Unterscheidungsmerkmal dieser Künste: zur Art und Weise, in der man alle Gegenstände nachahmen kann. Denn es ist möglich, mit Hilfe derselben Mittel dieselben Gegenstände nachzuahmen, hierbei jedoch entweder zu berichten – in der Rolle eines anderen, wie Homer dichtet, oder so, daß man unwandelbar als derselbe spricht – oder alle Figuren als handelnde und in Tätigkeit befindliche auftreten zu lassen. (Aristoteles: 1994, 9)

Erzählerinstanz

Der letztgenannte Fall ist freilich das Drama, der erste die Epik, wobei Aristoteles zwischen den Möglichkeiten unterscheidet, entweder als Dichter direkt oder „in der Rolle eines anderen" zu sprechen. Man erkennt bereits an der etwas unbeholfenen Formulierung, dass dem antiken Theoretiker hier eine wichtige, heute geläufige Kategorie fehlt: der *Erzähler*.

Definition

Der **Erzähler** (*narrador*) ist die innerfiktionale Instanz, die das Geschehen in einem epischen Text berichtend wiedergibt. Sie kann als Figur bis zur scheinbaren Abwesenheit hinter das Geschehen zurücktreten, ist jedoch auch in diesen Fällen vom realen Autor zu unterscheiden, da der Bericht eines epischen Texts nicht mit den Meinungen, dem Wissen oder dem Blickwinkel des Autors übereinstimmen muss, der Erzähler außerdem innerhalb der fiktiven Welt auftreten, seine Funktion an eine andere Figur abgeben kann usw.

Mittelbarkeit als Gattungsmerkmal

Es zeichnet sich jetzt das entscheidende Gattungsmerkmal der Epik ab: Das Geschehen eines epischen Textes wird durch eine Erzählerinstanz vermittelt, epische Texte sind durch *Mittelbarkeit* bestimmt. Wenn eine Handlung, wenn Figuren nicht unmittelbar gezeigt werden, dann besteht ein gewisser Spielraum in der Art der Vermittlung. Damit wird die Notwendigkeit deutlich, bei Erzähltexten zwischen der

Geschichte vs. *Diskurs*

Geschichte (historia): dem ‚Erzählten', d. h. den handlungsrelevanten Teilen der fiktiven Welt in ihrem chronologischen, örtlichen und kausalen Zusammenhang,

und dem

Diskurs (discurso): dem ‚Erzählen', d. h. der spezifischen sprachlichen Präsentation der *Geschichte* durch die jeweilige(n) Erzählerfigur(en)

zu unterscheiden. Die Beschreibung der Strukturen auf jeder der Ebenen und des Verhältnisses der beiden zueinander ist eine zentrale Aufgabe der Erzähltheorie oder *Narratologie*. Ein besonders flexibler Ansatz ist der von Gérard Genette, den die nun folgenden Erläuterungen in den wichtigsten Zügen wiedergeben.

Narratologie

8.2 | Erzählerische Gestaltung oder *Diskurs*

8.2.1 | Stimme

Erzähler als ‚Ursprung' der Erzählung

Es liegt nahe, für eine Beschreibung der spezifischen Präsentation der Geschichte durch einen Text zunächst an der Erzählerinstanz anzusetzen, die wir ja eben als das wichtigste Gattungsmerkmal epischer Texte herausgestellt haben. Manche Texte führen eine Erzählerfigur derart ein, dass sie für den Leser die Konturen einer Person bekommt, etwa weil sie über sich selbst spricht. In anderen Texten erfahren wir nichts über den Erzähler. Dennoch ist klar, dass es selbst in diesen Fällen einen Erzähler gibt, denn die sprachlichen Äußerungen, die den epischen Text bilden, haben notwendigerweise einen Ursprung – schließlich gibt es, von Wahnzuständen einmal abgesehen, keine Rede ohne jemanden, der redet, und das gilt auch für solche Texte. Eine erste narratologische Frage zielt also auf diesen Ursprung: Wer spricht? Wer sagt ‚Ich' oder könnte ‚Ich' sagen?

Stimme (*voz narrativa*): Wer spricht?

Verhältnis des Erzählers zur erzählten Handlung

Abgesehen von möglichen Details zur Figur des Erzählers, die jeder Text beliebig setzen oder offen lassen kann, hat die Erzählforschung eine erste abstrakte Kategorisierung von Erzählertypen mit entsprechender Terminologie erarbeitet, die das Verhältnis des Erzählers zur erzählten Handlung erfasst. Es geht hier zunächst um die Frage, wie sehr er an den Geschehnissen beteiligt ist. Folgende Möglichkeiten sind hier zu differenzieren:

Abb. 8.3 | Heterodiegetischer Erzähler

- *Heterodiegetischer Erzähler* (*narrador heterodiegético*): Der Erzähler ist nicht Teil der erzählten Welt. Das Geschehen wird also in der dritten Person geschildert, was allerdings nicht ausschließt, dass der Erzähler als ‚Ich' hervortritt, etwa um seine Meinung zum Verhalten der fiktiven Figuren kundzutun – nur gehört dieses ‚Ich' nicht zur selben Welt wie die anderen Figuren.
- *Homodiegetischer Erzähler* (*narrador homodiegético*): Der Erzähler ist Teil der erzählten Welt. Hier sind verschiedene Abstufungen denkbar: Der Erzähler kann unbeteiligter Beobachter des Geschehens sein (Typ 1), er kann daran als Nebenfigur beteiligt sein (Typ 2) oder die Hauptfigur der Geschichte darstellen. Diese Unterscheidung ist keine absolute; ein Erzähler kann beispielsweise am Beginn seiner Schilderung unbeteiligter Beobachter sein, im weiteren Verlauf die Rolle einer Nebenfigur annehmen und am Ende zur Hauptfigur werden. Für letztgenannten Fall existiert aufgrund seiner besonderen Relevanz ein eigener Terminus, nämlich
- *Autodiegetischer Erzähler* (*narrador autodiegético*): Der Erzähler ist Protagonist (Hauptfigur). Dies ist nicht nur in vielen Romanen, sondern typischerweise in autobiographischen Texten der Fall.

Abb. 8.4 | Homodiegetischer Erzähler (Typ 1 und 2)

Abb. 8.5 | Autodiegetischer Erzähler

Jeder Erzähler wendet sich an einen Erzähladressaten – das ist in der Regel der *implizite Leser* (*lector implícito*), also die vom Text vorgesehene Stelle, die der jeweilige reale Leser im Leseakt einnimmt und individuell ausfüllt (in einzelnen Fällen kann dies auch eine fiktive Figur sein). Dieser in jedem Erzähltext notwendigerweise stattfindende Vorgang markiert die erste Ebene der erzählerischen Kommunikation, die wir *extradiegetische Ebene* (*nivel extradiegético*) nennen („extra-“ deshalb, weil der implizite Leser und die Kommunikation mit ihm normalerweise nicht Teil der erzählten Welt sind, also außerhalb der Diegese stehen). Diese Ebene kann auch als Rahmenerzählung (*marco narrativo*) realisiert sein.

extradiegetische Ebene

Die erste Handlungs- oder Geschichtsebene (siehe Abschnitt 8.3), die von der Erzählerrede auf der extradiegetischen Ebene konstituiert wird, nennen wir Ebene der Diegese oder *intradiegetische Ebene* (*nivel intradiegético*). Auf dieser Ebene spielt sich in der Regel die ‚eigentliche‘ Handlung der Erzählung ab.

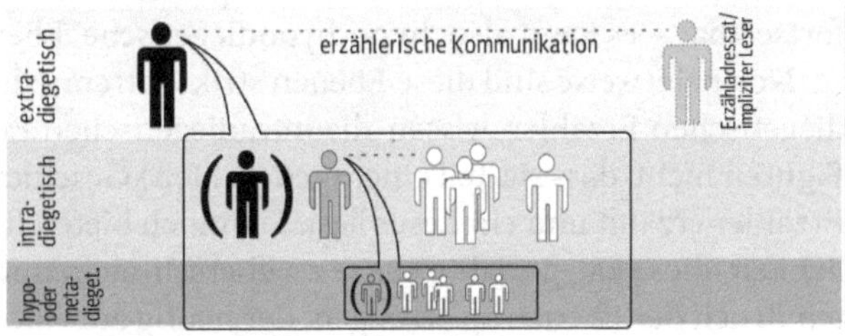

Abb. 8.6 Narrative Ebenen

Auf ihr gibt es auch unter Umständen den Erzähler der extradiegetischen Ebene nochmals, nämlich im genannten Falle eines homo- oder autodiegetischen Erzählers; es ist dann meist notwendig, seine intradiegetische Realisierung von der extradiegetischen zu unterscheiden, denn selbst wenn es sich um ‚dasselbe‘ Individuum handelt, so sind doch oft sein Status, sein Kenntnishorizont etc. jeweils sehr unterschiedlich: Wenn etwa in einem autobiographischen Text ein hochbetagter Autor seine Kindheit erzählt, so kann die Person, die er mit „Ich“ bezeichnet, in jedem Einzelfall entweder das *erzählende Ich* (sp. *yo narrante* oder *yo narrador*, also der Greis mit all seinem Wissen und seiner Erfahrung) oder aber das *erzählte Ich* (sp. *yo narrado* oder *yo-personaje*, also das Kind von damals, das sein Leben noch vor sich hat) sein.

erzählendes vs. erzähltes Ich

Zusätzlich zum extradiegetischen Erzähler gibt es häufig Figuren innerhalb der erzählten Welt, die ihrerseits erzählen, wobei sie sich an andere fiktive Figuren wenden. Dieser Fall einer ‚Erzählung in der Erzählung‘ ist eher die Regel als die Ausnahme. Wir haben dann einen *intradiegetischen narrativen Diskurs* (oder eine *Binnenerzählung*, sp. *relato enmarcado*), dessen *Geschichte* dann wiederum eine Ebene tiefer, auf der sog. *hypo- oder metadiegetischen Ebene* (*nivel hipo-/metadiegético*) situiert ist (und auf der dann wieder der intradiegetische Erzähler vorkommen kann, je nachdem, ob er seinerseits hetero-, homo- oder autodiegetisch ist). Ein Beispiel mag diese verwickelten Verhältnisse deutlicher machen: In dem aus Text 1.1 bekannten Auftakt zu Cervantes' *Don Quijote* erzählt ein zunächst nicht näher bestimmter Erzähler die Geschichte des Kleinadligen Alonso Quijano, der aufgrund allzu ausgiebigen Konsums von Ritterromanen verrückt geworden ist. Die dort beginnenden Erlebnisse von Quijano alias Don Quijote konstituieren die *intradiegetische*

hypo-/metadiegetische Ebene

Ebene, auf der es zu Begegnungen kommt, bei denen die Figuren ihrerseits Geschichten erzählen, beispielsweise die Lebens- und Leidensgeschichte des Adligen Cardenio, den Quijote und Sancho zerlumpt und ausgemergelt in der Sierra Morena antreffen (Teil I, Kap. 24) und dessen berichtete Erlebnisse sich narrativ auf der *hypodiegetischen* Ebene abspielen. Die *extradiegetische* Ebene wiederum wird im Roman spätestens in Kap. 9 fassbar, wo der Erzähler seinen Diskurs mit dem Hinweis unterbricht, das ihm vorliegende Manuskript ende an dieser Stelle. Wir erfahren jedoch sofort im Anschluss, dass er bei einem Antiquar in Toledo zufällig auf die Fortsetzung von Quijotes Geschichte aus der Feder des (fiktiven) arabischen Historikers Cide Hamete Benengeli gestoßen ist, die er von da an in Übersetzung zitiert und damit weitererzählt.

Die Verschachtelung von Erzählungen ist theoretisch natürlich beliebig fortsetzbar – es kann also ‚hypo-hypodiegetische' Ebenen usw. geben.

Normalerweise sind diese Ebenen strikt getrennt: Im Gegensatz zum extradiegetischen Erzähler ‚wissen' die intradiegetischen Erzähler wie alle anderen Figuren nicht, dass sie Teil einer (gedruckten) Geschichte sind, die ein anderer Erzähler erzählt und ein Leser liest. Dennoch bieten fiktionale Texte die Möglichkeit, diese kategoriale Grenze zu überschreiten und damit einen kalkulierten Bruch der Ebenen zu erzeugen, der häufig auf eine Zerstörung der Illusion oder spielerisch-parodistische Effekte abzielt. Eine solche *Metalepse* liegt beispielsweise vor, wenn die Hauptfigur eines Romans beschließt, den Autor desselben und damit ihren Schöpfer aufzusuchen, um ihm gegenüber ihr Recht auf eine autonome Existenz einzufordern, wie dies in Miguel de Unamunos *Niebla* (1914) der Fall ist, oder auch wenn, wie im zweiten Teil des *Quijote*, die Figuren von der nicht autorisierten Fortsetzung des ersten Teils erfahren und daraufhin beschließen, eine andere Route zu wählen, um den Plagiator Lügen zu strafen (Kap. 59) – ein sehr modernes Element in einem alten Text. Ähnliches liegt in Text 1.5 vor, wo die Figuren eines Theaterstücks sich über das Theater unterhalten. – Die Metalepse wird uns in in Kap. 9.2 wieder begegnen.

Kategoriale Grenze zwischen Ebenen

Metalepse

8.2.2 Zeit

Erzählte Zeit vs. Erzählzeit

Wir hatten eben den Erzähler als diejenige Instanz herausgestellt, die die Wiedergabe des Geschehens bestimmt und dabei das Geschehen ordnet und resümiert. Dass der Erzähler in Text 8.1 insbesondere letzteres tut, wird nicht nur durch seinen expliziten Hinweis deutlich, sondern durch den bereits bei flüchtiger Betrachtung offensichtlichen Umstand, dass der *Diskurs* der narrativen Fassung kürzer ausfällt als derjenige der dramatischen Version. Der in beiden Fällen gleichen Zeit, die die Ereignisse der erzählten Welt für ihren Ablauf benötigen (sog. *erzählte Zeit*, span. *tiempo de la historia*), entsprechen unterschiedlich große Zeiträume, die der Vorgang des Erzählens bzw. Lesens in Anspruch nimmt (sog. *Erzählzeit*, span. *tiempo del discurso*). Geht man davon aus, dass dramatische Darstellungen grundsätzlich die Echtzeit abbilden und damit hier die Erzählzeit gleich der erzählten Zeit ist, dann erweist sich Text 8.1 als geraffte erzählerische Darstellung, da die Erzählzeit kürzer als die erzählte Zeit ist.

Verhältnis der Zeiten

Für das Verhältnis von Erzählzeit (die man angesichts unterschiedlicher individueller Lesegeschwindigkeiten objektiv nach dem Seiten- bzw. Wortumfang des Erzähltextes bemisst) und erzählter Zeit bestehen fünf terminologisch unterschiedene Möglichkeiten:

Abb. 8.7

Möglichkeiten des Zeitverhältnisses

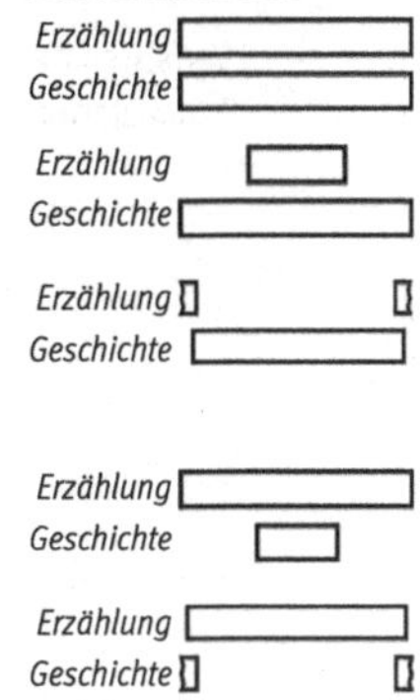

- *Zeitdeckendes Erzählen* (*narración en tiempo real*) liegt vor, wenn, wie im dramatischen Modus, Erzählzeit und erzählte Zeit übereinstimmen.
- Ist die Erzählzeit, wie in Text 8.1, kürzer als in einer zeitdeckenden Erzählung, so spricht man von einer *Raffung* (*aceleramiento*).
- Im Extremfall wird die Erzählzeit so verkürzt, dass Vorgänge der erzählten Welt nicht mehr wiedergegeben, sondern übersprungen werden. Man spricht hier von einer Auslassung oder *Ellipse* (*elipsis*, f.).
- Ist die Erzählzeit länger als in einer zeitdeckenden Erzählung, liegt eine narrative *Dehnung* (*dilatación*) vor.
- Der Extremfall ist hier eine Erzählerrede, die keine Vorgänge der erzählten Welt mehr beschreibt, d. h. der Ablauf auf der Ebene der Geschichte steht gleichsam still. Dieser Fall heißt daher *Pause* (*pausa*).

Aufgabe 8.1

? Wie könnten Ihrer Meinung nach konkret erzählerische Mittel aussehen, die zu einer Raffung, einer Dehnung und einer Pause führen?

Ordnung

Ebenso, wie der Erzähler sich (und dem Leser) mehr oder weniger Zeit für die Darstellung von Ereignissen lassen kann, ist er frei, die Reihenfolge der Darstellung zu bestimmen; nichts zwingt ihn, die Dinge gemäß der Chronologie zu präsentieren, in der sie sich abgespielt haben. Tatsächlich sind Teilumstellungen erzählter Episoden relativ häufig in Texten anzutreffen – und auch im Film, wo Sie sie sicherlich als ‚Rückblende' bereits kennen. Hier haben sich die folgenden Termini eingebürgert:

Formen achronologischen Erzählens

- *Anachronie* (*anacronía*): Oberbegriff für den Bruch der chronologischen (also den realen Abläufen innerhalb der Geschichte entsprechenden) Ordnung. Man unterscheidet weiter zwischen
  - *Analepse* (*analepsis*): ‚Rückblende', nachträgliche Darstellung des Früheren (also bspw. B–C–A–D), und
  - *Prolepse* (*prolepsis*): Vorschau, erzählerische Vorwegnahme des Späteren (also bspw. A–B–D–C).

Distanz

8.2.3

Reduktion der Mittelbarkeit

Oben wurde bereits die Möglichkeit erwähnt, dass der Erzähler bis zur scheinbaren Abwesenheit hinter die erzählte Geschichte zurücktritt: In der Tat kann eine längere Passage eines Erzähltextes das Gespräch zweier oder mehrerer Figuren in direkter Rede wiedergeben, ohne dass irgendeine erkennbare Intervention seitens eines Erzählers erfolgt. Die für epische Texte charakteristische Mittelbarkeit ist in solchen Fällen aufgehoben, der Text geht zum *dramatischen Modus* über, *stellt* wie in einem Theaterstück *dar*, statt im eigentlichen Sinne zu *berichten*. Es sind also verschiedene Grade von Mittelbarkeit möglich, je nachdem wie präsent der Erzähler ist und wie stark er die Darstellung kontrolliert. Dieser Grad der Mittelbarkeit heißt *Distanz* (*distancia*).

Dramatischer Modus

Distanz als Grad der Mittelbarkeit

Verfahren der Distanzierung

Minimale Distanz liegt also im dramatischen Modus vor. Sie nimmt zu, je mehr der Text die Präsenz des Erzählers markiert. Dies ist beispielsweise der Fall, wenn der Erzähler als ‚Ich' auftritt, eventuell Einzelheiten zu seiner Person erkennen lässt oder gar die narrative Situation selbst thematisiert, sei es explizit durch Kommentare zu seiner Erzählerrede, sei es implizit, etwa indem er die Hauptfigur als „unseren Helden" bezeichnet und so nicht nur auf die Fiktionalität des Erzählten, sondern auch auf die Kommunikation mit dem Leser hinweist. Derart offensichtliche Distanznahme ist freilich, von bestimmten Kontexten wie dem realistischen Roman des 19. Jh. abgesehen, eher selten. Verhältnismäßig leicht zu ermitteln ist die Distanz indes anhand der *Figurenrede*, für deren erzählerische Präsentation ein breites Spektrum an Ausdrucksmöglichkeiten besteht. Die direkte Rede ohne Einleitung entspricht dem dramatischen Modus und stellt die unmittelbarste Form der Redewiedergabe dar. Sie kann aber auch stärker durch den Erzähler, also mit größerer Distanz, geleistet werden.

Figurenrede

Aufgabe 8.2

? Unterbrechen Sie hier für einen Moment die Lektüre und versuchen Sie, die ersten vier Zeilen der zweiten Tirade Sanchos aus Text 8.2 („Mas, señor [...]") mit größerer Distanz, also mit mehr Steuerung durch den Erzähler wiederzugeben.

Direkte – indirekte – resümierte Rede

Die Präsenz des Erzählers wird stärker, wenn die Figurenrede nicht mehr direkt ‚gehört', sondern ‚aus zweiter Hand' wiedergegeben wird. Dies ist zunächst der Fall bei Formen der indirekten Redewiedergabe, schließlich bei resümierender Präsentation, die den Wortlaut der ursprünglichen Rede nicht mehr erkennen lässt. Der Protest Sancho Panzas könnte z. B. auf folgende Weise erzählt werden:

Text 8.4
Narrative Varianten der zweiten Tirade Sanchos aus Text 8.2

(1) „Mas, señor, si aún se me acuerda la aventura de la manta. ¿Quiere vuesarced que vuelvan a echarme por esos aires?" (wie Original)

(2) Sancho protestó. Era que aún se acordaba de la aventura de la manta. ¿Quería Don Quijote que volvieran a echarle por esos aires?

(3) Sancho protestó diciendo que aún se acordaba de la aventura de la manta y preguntándole a Don Quijote si quería que volvieran a echarle por los aires.

(4) Sancho protestó temiendo que las cosas se repitieran.

(5) Sancho protestó.

Beispiel (1) entspricht der direkten Rede (*discurso directo*) des Originals aus Text 8.2, also dem unmittelbaren dramatischen Modus. Die Versionen (2) und (3) sind Formen indirekter Redewiedergabe, wobei (2) ein Beispiel der sog. *erlebten Rede* (*discurso* oder *estilo indirecto libre*) darstellt, einer Form von Erzählerbericht (hier erkennbar durch 3. Person sowie Vergangenheitstempus), in dem die direkte Rede durch Syntax (hier Frage ohne Redeeinleitung) und Deixis (Perspektive, hier „esos", das natürlich auf den Standort der Figuren bezogen ist) noch spürbar ist; bei (3) handelt es sich dagegen um gewöhnliche indirekte Rede (*discurso indirecto*) im Erzählerbericht. Die Beispiele (4) und (5) geben die Rede unterschiedlich stark resümierend wieder – der genaue Wortlaut ist nicht mehr zu erahnen. Die Präsenz des Erzählers nimmt innerhalb unserer Beispiele von Version zu Version zu, und mit ihr die Distanz. Diese Verfahren der Redewiedergabe und damit Distanzierung sind freilich nicht nur für Gesprochenes, sondern ganz analog auch für Gedanken (also ‚unausgesprochene' Rede) möglich.

Direkte Rede

Erlebte Rede

Indirekte Rede

Resümierende Rede

Zunahme der Distanz

? Wiederholen Sie nun die Aufgabe: Wenden Sie die unterschiedlichen Verfahren der Redewiedergabe, die Sie kennengelernt haben, auf die anschließende Tirade Quijotes („Menguada la hora [...]") in Text 8.2 an.

Aufgabe 8.3

Fokalisierung

8.2.4

Mit den Kategorien Stimme und Distanz haben wir uns bislang mit dem Standort des Erzählers und seiner Präsenz in der Erzählung befasst. Im Gegensatz zur realen Welt ist in der Fiktion mit Sprecherstandort und -präsenz aber noch nicht alles über den *Blickwinkel* gesagt, aus dem ein Geschehen berichtet wird: Der Einblick in und das Wissen um die Vorgänge in der erzählten Welt sind nicht zwangsläufig identisch mit dem ‚natürlichen' Kenntnisstand der erzählenden Person. Auch wenn es in der literarischen Praxis oft der Fall ist, dass ein außerhalb der erzählten Welt stehender, also heterodiegetischer Erzähler alles weiß, also etwa in die Köpfe der Figuren sehen kann, ist das dennoch nicht zwangsläufig der Fall, ebensowenig wie eine in der ersten Person erzählende Figur der erzählten Welt (homodiegetischer Erzähler) notwendigerweise auf ihren Standpunkt festgelegt ist: Es spricht nichts dagegen, dass sie im Unterschied zu den Möglichkeiten der realen Welt genauen Einblick in das Innenleben der übrigen Figuren hat. Von der Frage, wer spricht, ist also die Frage nach dem Wissenshorizont oder dem Blickwinkel zu unterscheiden: *Wer sieht?*

Blickwinkel ≠ Sprecherposition

Um die Spielarten der *Fokalisierung* (*focalización*), die als narratologische Kategorie auf diese Frage antwortet, genauer zu umreißen, sehen wir uns eine weitere Textstelle aus dem *Quijote* sowie mögliche erzählerische Varianten derselben an. Es handelt sich um die berühmte Episode des Kampfs gegen die Weinschläuche aus dem 35. Kapitel des ersten Teils.

Wer sieht?

Fokalisierung

Text 8.5 | Narrative Varianten einer Textstelle aus dem *Quijote*, Kap. 35

(1) Y, con esto, entró [el ventero] en el aposento[1], y todos tras él, y hallaron a don Quijote en el más estraño traje del mundo [...] y en la derecha, desenvainada[2] la espada, con la cual daba cuchilladas a todas partes, diciendo palabras como si verdaderamente estuviera peleando con algún gigante. Y es lo bueno que no tenía los ojos abiertos, porque estaba durmiendo y soñando que estaba en batalla con el gigante: que fue tan intensa la imaginación de la aventura que iba a fenecer[3], que le hizo soñar que ya había llegado al reino de Micomicón[4], y que ya estaba en la pelea con su enemigo. Y había dado tantas cuchilladas en los cueros[5], creyendo que las daba en el gigante, que todo el aposento estaba lleno de vino. Lo cual visto por el ventero, tomó tanto enojo, que arremetió[6] con don Quijote [...]. (Cervantes: 2008, 488)

(2) Llegando don Quijote al gran reino de Micomicón, vio al gigante que había usurpado el reino de la princesa. Y como a ésta le había prometido deshacer aquel agravio y matar a ese follón, desenvainó su espada, se encomendó[7] de todo corazón a su señora y arremetió a su adversario con una increíble furia, dándole gritos y diciendo que le daría venganza a la alta princesa desta tierra, ejercitando el oficio para el que Dios le había echado al mundo. Lo pasó muy mal el atrevido gigante; diole don Quijote tantas cuchilladas que se derramó su sangre por todas partes. Estaba el caballero por tajarle[8] la cabeza cuando oyó tras él una voz conocida.

(3) Entró el ventero en el aposento, y todos tras él, y hallaron a don Quijote en el más extraño traje del mundo, y en la derecha, desenvainada la espada, con la cual daba cuchilladas a todas partes, diciendo palabras como si estuviera peleando con algún gigante. Aunque tenía los ojos cerrados y parecía estar dormido, rajaba los cueros de tal modo que todo el aposento estaba lleno de vino. Lo cual visto por el ventero, arremetió contra don Quijote.

1 aposento *Gemach, Kammer* – 2 desenvainada *(Schwert) gezückt* – 3 fenecer *hier: bestehen* – 4 Micomicón *äthiopisches Königreich, das ein Riese der rechtmäßigen Herrscherin entrissen haben soll; Erfindung der Dorfbewohner, um don Quijote in die Schänke zurückzulocken (Kap. 29)* – 5 cueros *hier: Weinschläuche (aus Leder)* – 6 arremeter *angreifen* – 7 encomendarse *sich anempfehlen* – 8 tajar *abschneiden*

Die drei Fassungen gleichen sich hinsichtlich der Stimme – es spricht eine hier nicht näher bestimmte Erzählerfigur, die aber jedenfalls nicht an der Handlung beteiligt ist – sowie weitgehend der Distanz. Sie unterscheiden sich aber durch den jeweiligen Einblick, das Wissen des Erzählers:

- Version (1), die dem Originaltext entspricht, bietet dem Leser nicht nur die äußeren Vorgänge (Situation in Quijotes Zimmer), sondern auch die Wahrnehmungen des Protagonisten („estaba en batalla [...] había llegado al reino de Micomicón [...]“ usw.), die explizit als Traum gekennzeichnet werden, sowie die Gemütslage, die dieser unerfreuliche Vorfall beim Gastwirt hervorruft. Der Erzähler hat den Überblick, er weiß *mehr*, als jede

Figur wissen kann. Er hat keinen Fokus, keine eingegrenzte Wahrnehmung. Man nennt diese Einstellung daher *Nullfokalisierung* (*focalización cero*).

- Version (2) schildert das Geschehen aus dem Blickwinkel und dem Wissenshorizont – nicht aber mit der Stimme (!) – einer der Figuren, nämlich des Protagonisten. Dies zeigt sich deutlich daran, dass wir die Wahrnehmung don Quijotes teilen, also auf die Traumszene beschränkt sind und zunächst nichts von den äußeren Vorgängen erfahren (die erst am Ende durch die Stimme des Gastwirts in die Szene eindringen), und darüber hinaus die subjektive Bewertung des Erlebten durch die Hauptfigur präsentiert bekommen („atrevido gigante"). Der Erzähler sagt hier *genau so viel*, wie eine bestimmte Figur weiß. Diese erzählerische Einstellung nennt man *interne Fokalisierung* (*focalización interna*).
- Version (3) wiederum zeigt das Geschehen kameragleich ‚von außen'. Wir erfahren nur, was die beteiligten Personen auch sehen und hören können, Bewusstseinsvorgänge werden ausgespart. Der Erzähler sagt also *weniger*, als jede einzelne Figur weiß. Diese erzählerische Einstellung nennt man *externe Fokalisierung* (*focalización externa*).

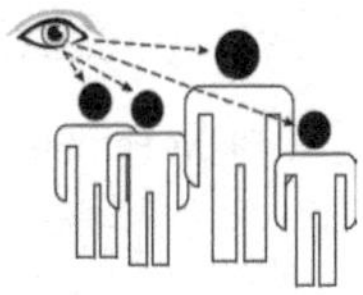

Nullfokalisierung

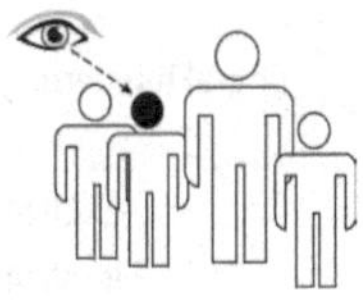

Interne Fokalisierung

Externe Fokalisierung

Abb. 8.8

Fokalisierungswechsel

Die Fokalisierung gibt *grosso modo* an, welcher Figur das Interesse des Erzählers gilt und steuert die Wahrnehmung und Bedeutungskonstruktion des Lesers. Anders als bei der Kategorie Stimme ist ein Wechsel der Fokalisierung insbesondere innerhalb längerer Texte durchaus häufig. Die Kategorien Stimme, Distanz und Fokalisierung sind die wesentlichen Merkmale narrativer Präsentation im *Diskurs*, sie bestimmen die sog. *Erzählsituation*, ihre Entwicklung im Laufe eines Textes das sog. *Erzählprofil*. Bestimmte Erzählsituationen können typisch für literarische Epochen und Strömungen werden. Wir werden dies in Einheit 9 am Beispiel von Text 9.3 noch genauer sehen.

Erzählsituation
Erzählprofil

8.3 Struktur des Erzählten oder *Geschichte*

Inhaltsanalyse bei epischen und dramatischen Texten

Auf der Ebene des erzählten Inhalts besteht kein grundsätzlicher Unterschied zwischen epischen und dramatischen Texten – das sie unterscheidende Merkmal ist ja, wie wir oben sahen, das der Vermittlung, also der Diskurs. Daher stellt auch die Strukturanalyse der Inhaltsseite epischer Texte ähnliche Fragen und benutzt vergleichbare Verfahren wie die Dramenanalyse. Die hier dargestellten Ansätze sind also – je nach Untersuchungsobjekt – nicht nur für Erzähltexte, sondern auch für Theaterstücke verwendbar und umgekehrt (vgl. Einheit 6, Dramenanalyse). Auch hier ist Aufgabe einer Strukturanalyse, wie bereits in den Grundüberlegungen in Einheit 4 skizziert wurde, die Teile des Erzählten zu ermitteln und ihre Beziehung zueinander herauszuarbeiten. Dies ermöglicht es, von der nacherzählbaren ‚Textoberfläche' zu einer Beschreibung der abstrakten Funktionen zu gelangen. Die offensichtlichen und wichtigsten Teile eines Erzähltextes sind die Figuren/Personen und die Handlung/Ereignisse.

8.3.1 | Figuren

Fiktive Personen

Unter Figuren versteht man die fiktiven Personen, d.h. Menschen oder vermenschlichte Wesen (etwa die Tiere in Fabeln), die in einem Text auftreten und die Handlung tragen. In aller Regel liegt diesen Figuren ein mehr oder weniger kohärentes Muster von Handlungsweisen und Eigenschaften zugrunde, das man in Analogie zu demjenigen realer Menschen ihren Charakter nennen kann. Für eine Figurenanalyse ist eine Charakterisierung ein möglicher erster Schritt. Sie kann sich, besonders häufig etwa im realistischen Roman des 19. Jh., auf explizite Kommentare des Erzählers stützen, der seine Figuren eigens in die Geschichte ‚einführt', oder aber den impliziten Weg einer Rekonstruktion aus dem Verhalten einer Figur in der fiktiven Welt gehen. Je nach Fall kommt unter Umständen auch ein Blick auf die Stoffgeschichte in Betracht, wenn es sich nämlich um eine Figur handelt, die nicht nur im vorliegenden Text entwickelt wird, sondern eine literarhistorische Vergangenheit hat. Dies ist beispielsweise für die Titelfigur des Theaterstücks *Las mocedades del Cid* (1618) von Guillén de Castro der Fall, in dem der Autor die Jugendjahre des spanischen Nationalhelden und damit die Vorgeschichte des *Cantar de mio Cid* auf die Bühne bringt. Es gilt aber auch für weniger mythenumwobene Gestalten wie beispielsweise den Marqués de Bradomín, einen dandyhaften Adligen und Hauptfigur der bereits erwähnten *Sonatas* (1902–05) von Ramón del Valle-Inclán. Insbesondere solche über einen einzelnen Text hinausgehenden Figuren scheinen ein Eigenleben zu entwickeln und machen einen Hinweis vonnöten, der bei der Charakterisierung fiktiver Figuren grundsätzlich beachtet werden sollte:

Charakterisierung

Explizit

Implizit

Stoffgeschichte

Hinweis: Gefahr der Psychologisierung fiktiver Figuren

- Literarische Figuren sind nicht Menschen aus Fleisch und Blut, sondern Zeichensysteme innerhalb eines Textes und auf diesen beschränkt. Die Vorstellung von realen Personen und Emotionen spielt zwar sicherlich bei der Textabfassung durch Autorinnen und Autoren eine gewichtige Rolle, und umgekehrt entstehen, teilweise gesteuert durch den Text, beim mehr oder weniger empathischen Leserindividuum im Leseakt wiederum Gefühle und die Vorstellung von menschlichen Individuen – ein Prozess, den die in den letzten Jahren verstärkt im Fokus stehende *literaturwissenschaftliche Emotionsforschung* analytisch zu beschreiben sucht. Eine Charakteranalyse überschreitet aber die Grenze zu unzulässiger Spekulation, wenn Aussagen über die ‚Psyche' ohne Textgrundlage („Rodrigo fühlt sich dadurch wahrscheinlich provoziert …") oder ‚nach' dem Text (z. B. zukünftiges Weiterleben) getroffen werden, denn *es gibt* – im Falle fiktiver Figuren – *nur den Text*.

Emotion

Figurenkonstellation

Für ein Verständnis der Struktur der erzählten Welt ist es zentral zu wissen, welche Funktion und ggf. symbolische Bedeutung eine Figur im System der Figuren hat. Hierbei spielt u. U. die Charakterisierung eine wichtige Rolle, weil sie die Handlungsmöglichkeiten und -motivationen vorgibt; es geht darüber hinaus aber um eine *abstraktere* und *relationale* Beschreibung einer Figur. Der

Weg dorthin führt normalerweise über die Ermittlung der Personenkonstellation, einer (beispielsweise grafischen) Übersicht über die Figuren und ihre Konflikte und Allianzen, bei der die folgenden Fragen als Leitfaden dienen können:

Leitfragen für die Erstellung einer grafischen Personenkonstellation

- Welche Figuren gibt es im Text?
- Auf welchen Ebenen (emotional, rechtlich, wirtschaftlich ...) stehen sie in Beziehung zueinander? (Hier werden bei komplexen Geschichten ggf. mehrere Schemata vonnöten sein.)
- Sind sie eigenständig oder treten sie nur mit anderen Figuren auf?
- Wo bestehen – auf den verschiedenen Interaktionsebenen – Oppositionen zwischen den Figuren?
- Beruhen die jeweiligen Beziehungen auf Gegenseitigkeit oder bestehen sie nur in einer Richtung?
- Welchen Wert hat eine Figur für die andere?
- Welche anderen Figuren beeinflusst jede Figur im Lauf der Handlung?

Greimas' Aktantenschema

Eine Übersicht über die Personenkonstellation kann den Platz einer Figur im System und damit ihre Funktion für das Geschehen verdeutlichen. Diese und die symbolische Bedeutung sind je nach Text und erzählter Welt verschieden; es gibt aber Ansätze, um solche Funktionen ganz abstrakt zu beschreiben. So hat der Strukturalist Algirdas Julien Greimas, von dem auch der Isotopie-Begriff stammt (Einheit 4.2) vorgeschlagen, die sog. ‚Tiefenstruktur' von Erzähltexten mit Hilfe von 6 Aktantenkategorien (*actantes*) zu beschreiben, die in drei Oppositionspaare gegliedert sind und die jeweils eine Funktion in der Handlung definieren: Subjekt (Held; *sujeto*) vs. Objekt (*objeto*), Adressant (Sender; *destinador*) vs. Adressat (Empfänger; *destinatario*), Adjuvant (Helfer; *ayudante*) vs. Opponent (Gegenspieler; *oponente*). Eine Figur kann dabei im Laufe der Handlung verschiedene Aktanten realisieren (beispielsweise vom Opponenten zum Adjuvanten werden) oder ein Aktant kann von mehreren Figuren (oder aber durch Nichtpersonales oder Abstrakta wie die Natur, u. U. auch gar nicht) realisiert werden. So könnte im Falle von Calderóns Drama *La vida es sueño*, das Sie in Einheit 7 kennen gelernt haben, Rosaura als Subjekt, Astolfo als Objekt, Clotaldo als Adjuvant, Segismundo zunächst als Opponent, dann als Adjuvant (wodurch sich die Konversion dieser Figur abbilden lässt), die Ehre (die handlungsbestimmender Faktor und damit durchaus Aktant ist) als Adressant, Rosaura selbst (gleichzeitig mit ihrer Subjekt-Rolle) als Adressat formalisiert werden (da sie das ‚Objekt' Astolfo *sich selbst* ‚zuführen' muss). Dabei ist die Zuweisung der Subjektrolle, hier an Rosaura, keineswegs immer zwingend, sondern hängt vom jeweiligen hermeneutischen Standpunkt ab: Je nach Vorannahme über die Gattung, die relevante Sinnebene usw. kann eine andere Figur als Protagonist/in erscheinen. Auch zeigt ein Quervergleich mit Lorcas ebenfalls in Einheit 7 vorgestelltem Drama *Bodas de sangre*, dass das Modell nicht problemlos auf alle Texte anwendbar ist, beispielsweise weil manche Werke der Moderne das ‚Subjekt' als handlungstragende und -verantwortende Einheit selbst in Frage stellen. Eine Beschäftigung mit den von Greimas vorgeschlagenen Kategorien ist aber auch in solchen Fällen sinnvoll, weil selbst ihr Scheitern oder die Notwendigkeit, sie anzupassen, im Umkehrschluss etwas über das untersuchte Werk verraten.

8.3.2 | Handlung, Geschehen und ‚Plot'

Motiv als ‚Mini-Ereignis'

Folgt man dem Programm der Strukturanalyse und zerlegt die Handlung bis in ihre kleinsten Bestandteile, also gewissermaßen die ‚Atome' der Geschichte, hat man es mit Mikroereignissen zu tun, die wir in Kapitel 4.2 bereits unter dem Begriff *Motiv* eingeführt haben. Im Grunde ist jeder Satz, der einen (absichtsvollen oder sich von selbst vollziehenden) Vorgang beschreibt, ein solches Motiv. (Die Motivgeschichte allerdings verwendet den Begriff ausschließlich für größere Zusammenhänge, vgl. Einheit 11.1.1.) Die Handlung eines Textes setzt sich aus diesen Motiven zusammen, aber allein die Summe der Motive macht noch nicht die Handlung aus. Der zweite Teil des Strukturanalyse-Programms besteht, wie Sie sich erinnern, darin, die Beziehung der ermittelten Teile eines Ganzen zu klären. Die Beziehung zwischen Motiven ist zunächst natürlich eine *chronologische*: Die Vorgänge eines Erzählstrangs (von dem es mehrere geben kann) folgen in der Zeit aufeinander – in der Zeit der erzählten Welt, die nicht unbedingt mit der Chronologie des Diskurses, der erzählerischen Vermittlung übereinstimmt (s. o.: Anachronie). Die Motive in ihrer zeitlichen Ordnung nennt man *Geschehen*. Die meist wichtigere Art von Beziehung zwischen Motiven ist jedoch die *kausale*: Bestimmte Motive folgen nicht nur zeitlich auf frühere, sondern gehen auch ursächlich auf sie zurück, werden von ihnen ausgelöst, sind *verknüpft*. Andere, die sog. *freien* Motive, hängen kausal nicht mit anderen zusammen, sie dienen allein der Gestaltung der erzählten Welt und ihrer Figuren, können beispielsweise deren Plausibilität erhöhen, dienen mit den Worten Roland Barthes' dem ‚Realitätseffekt' (*efecto de lo real*). Innerhalb des Geschehens gibt es nun eine oder mehrere Ketten von Ereignissen, die zueinander in einem Verhältnis von Ursache und Wirkung stehen. Diese Ketten nennen wir *Plot* (*trama*). Folgende Fragen sind hier interessant:

Geschehen: chronologische Abfolge der Motive

Freie Motive und ‚Realitätseffekt' (Barthes)

Plot: kausale Abfolge von Motiven

Leitfragen für die Plotbeschreibung

- Wie ist die Gesamtgestalt des Plots: linear, zirkulär, episodisch, …?
- Wenn es mehrere Handlungslinien gibt: Sind die Plots unabhängig voneinander oder interferieren sie? Auf welche Weise?
- Wo liegen die Wendepunkte eines Plots? – das heißt:
- Wo verändert sich der Konflikt (steigert oder entspannt sich)?
- Wo verändert sich die Personenkonstellation? Wo nehmen die Figuren etwa neue Aktantenrollen an?

Ereignis und Grenzüberschreitung (Jurij M. Lotman)

Für die Suche nach den entscheidenden Ereignissen innerhalb eines Plots kann der Ansatz des estnischen Strukturalisten Jurij M. Lotman hilfreich sein, der abschließend skizziert werden soll. Er geht davon aus, dass die entscheidenden Ereignisse eines Plots diejenigen sind, bei denen eine Grenze überschritten wird – streng genommen macht für Lotman diese Grenzüberschreitung erst den Gehalt (das *Sujet*) eines Erzähltextes aus, sie sind seine notwendige Bedingung, im Unterschied etwa zu Empfindungslyrik. Die Grenze ist dann relevant, wenn sie die erzählte Welt in zwei Teilräume (evtl. bei mehreren Grenzen mehr als zwei Teilräume) teilt, die einander in verschiedenerlei Hinsicht entgegengesetzt sind: Sie sind als Räume, d. h. *topografisch* (z. B. Wald vs. Zivilisation) und ggf. *topologisch* (z. B. innen vs. außen), aber vor allem auch *semantisch* getrennt, also mit bestimmten gegensätzlichen Bedeutungen assoziiert (z. B. gut vs. böse).

Unüberschreitbarkeit der Grenze

Entscheidend für die Handlung ist, dass diese Grenze von der betreffenden Figur (in der Regel dem Helden) normalerweise nicht überschritten werden kann. Der oder die zentralen Momente eines Erzähltextes sind die versuchten oder geglückten Übergänge zwischen den Teilräumen. Lotmans Ansatz weist darauf hin, dass die Frage der Räume innerhalb fiktiver Welten und ihre Beziehung zur Handlung von entscheidender Bedeutung sein können, wenn es darum geht zu beschreiben, wovon ein Text eigentlich ‚handelt'.

Bedeutung des erzählten Raums

Aufgabe 8.4

? Wählen Sie, wie die frühen Strukturalisten, einen Ihnen bekannten einfachen Text (etwa das Grimmsche *Rotkäppchen* oder die Leyenda *El monte de las ánimas* von Gustavo Adolfo Bécquer, die Sie in einer Werkausgabe des Autors oder online bei Wikisource [*http://es.wikisource.org/wiki/Portada*] finden), und versuchen Sie ihn mithilfe der Greimasschen Aktantenkategorien und der Lotmanschen Sujettheorie zu beschreiben.

Zusammenfassung

Die vielfältigen Formen epischer Texte sind im Unterschied zu Dramen durch die Mittelbarkeit der von einem Erzähler getragenen Darstellung bestimmt. Der Erzähler ordnet, rafft oder dehnt die Erzählung in zeitlicher Hinsicht. Er steht zum Geschehen in einem bestimmten Beteiligungsverhältnis, das durch die narratologische Kategorie der Stimme beschrieben wird. Seine Präsenz schafft eine mehr oder minder große Distanz des Lesers zum Geschehen, die sich besonders deutlich an Formen der Redewiedergabe ablesen lässt. Die Darstellung kann unabhängig vom Standort des Erzählers auf unterschiedliche Wissenshorizonte ausgerichtet, d. h. fokalisiert sein. Die Beschreibung der Inhaltsseite von Erzähltexten hat v. a. die Charakterisierung, Aktantenrolle und Konstellation der Figuren sowie die entscheidenden Momente der Handlungsentwicklung, Wendepunkte des Plots zum Gegenstand. Strukturalistische Ansätze wie diejenigen Greimas' und Lotmans bieten Kategorien für eine funktionsbezogene, abstrakte Beschreibung erzählter Personen und Handlungen.

Literatur

Aristoteles: *Poetik*. Hg. Manfred Fuhrmann. Stuttgart: Reclam [2]1994.

Gustavo Adolfo Bécquer: La venta encantada, in: *Teatro de Gustavo Adolfo Bécquer*. Hg. Juan Antonio Tamayo. Madrid: Consejo superior de investigaciones científicas, 1949, 45–134.

Miguel de Cervantes: *Don Quijote de la Mancha*. Band I. Madrid: Cátedra [27]2008.

Gérard Genette: *Die Erzählung*. München: Fink [3]2010.

Algirdas Julien Greimas: *Strukturale Semantik*. Braunschweig: Vieweg 1971.

Jurij M. Lotman: *Die Struktur literarischer Texte*. München: Fink [4]1993.

Matias Martinez/Michael Scheffel: *Einführung in die Erzähltheorie*. München: Beck [9]2012.

Weiterführende Literaturhinweise finden Sie unter www.bachelor-wissen.de.

Epik analysieren – Beispiele und Übungen

Inhalt

9.1	**Benito Pérez Galdós und das Spanienproblem**	154
9.1.1	**Kontext eines literarischen Projekts**	154
9.1.2	***Doña Perfecta***	157
9.2	**Selbstbezügliches Erzählen: Julio Cortázar, *Continuidad de los parques***	164

Überblick

Wie schon bei den Gattungen Lyrik und Dramatik hat diese zweite Einheit zur Epik und Erzählanalyse das Ziel, die Konzepte und Hilfsmittel aus der zurückliegenden theoretischen Einführung in ihrer Anwendung zu zeigen und ihre Relevanz für das Verständnis epischer Texte zu verdeutlichen. Die Fülle epischer Texte macht hier auch ein exemplarisches Vorgehen notwendig. Unser Augenmerk gilt daher der bis heute wichtigsten epischen Gattung, dem Roman, und hier zunächst der entscheidenden Entwicklungsphase auf dem Weg zu seiner modernen Form, dem Realismus des 19. Jh. In einem anschließenden zweiten Schritt geht es um den experimentellen Umgang mit erzählerischen Verfahren in der Literatur des 20. Jh. Es werden Analysebeispiele auf makrostruktureller (Ganztext-) Ebene auf der Grundlage von Inhaltsangaben sowie mikrostrukturelle Analysen anhand von Textauszügen demonstriert und in Übungen vertieft.

9.1 | Benito Pérez Galdós und das Spanienproblem

9.1.1 | Kontext eines literarischen Projekts

Zur Person

Benito Pérez Galdós ist mit nicht weniger als 78 Romanen, 24 Theaterstücken und einer großen Zahl von Artikeln einer der produktivsten Autoren der spanischen Literatur und prominenter Vertreter des Realismus in Spanien. Aufgewachsen auf den Kanarischen Inseln in bürgerlichem Milieu, lernt Galdós schon früh die englische Sprache und Literatur kennen und beginnt im Alter von 20 Jahren das Jura-Studium in Madrid. Er verkehrt in den *tertulias*, Gesprächskreisen, die Zentren des intellektuellen Lebens der Hauptstadt waren, und im *Ateneo*, einer damals außerordentlich einflussreichen privaten Akademie. Nach einem Frankreichaufenthalt, während dessen er sich mit den Werken Balzacs und Dickens' beschäftigt, bricht er sein Studium ab und widmet sich ab 1870 ganz der Schriftstellerei, schon bald mit großem Erfolg. 1889 wird er in die Real Academia Española gewählt. Überdies engagiert er sich politisch und wird mehrmals als Abgeordneter ins Parlament gewählt, zunächst als liberaler Monarchist, dann nach der Jahrhundertwende zweimal für die Sozialisten.

Abb. 9.1 | Benito Pérez Galdós (1843–1920) auf einer 1971 veröffentlichten Sondermarke

Die *Generación del 68* und der intellektuelle Aufbruch

Galdós ist der herausragende Vertreter einer Aufbruchbewegung, die gemäß dem für die spanische Literatur häufig herangezogenen Generationenmodell als *Generación del 68* bezeichnet wird und zu der weitere sehr bekannte Autoren wie Pedro Antonio de Alarcón (1833–91), José María de Pereda (1833–1906), Clarín (Pseudonym von Leopoldo Alas, 1852–1901) und Emilia Pardo Bazán (1851–1921) zählen. Bei aller Veschiedenheit lassen sich die genannten Autoren annähernd auf den gemeinsamen Nenner einerseits des literarischen Realismus, von dem noch die Rede sein wird, und des Naturalismus, andererseits einer Sehnsucht nach politischer Erneuerung Spaniens und eines entsprechenden literarischen Engagements bringen. Ihre Werke beschäftigen sich mit Spanien, seinem Nationalcharakter und seinen Werten, und stellen die Frage nach dem Weg aus einer nicht zu Unrecht als krisenhaft empfundenen Gegenwart. Diese Frage möchten – vereinfacht gesagt – manche mit der Rückbesinnung auf das vermeintlich originär Spanische, die Traditionen und Werte der Vergangenheit, manche mit zivilisatorischer und technischer Innovation sowie politischer Öffnung beantwortet sehen, etwa nach dem Vorbild europäischer Nachbarländer. Galdós vertritt entschieden die zweite, liberale Position und befürwortet den Anschluss an die europäische Entwicklung sowie die Demokratisierung.

Realismus – Naturalismus

Erneuerung

Liberalismus

‚Zweigleisiges' Romanprojekt

Das umfassende Romanprojekt, das Galdós nach dem Modell der *Comédie humaine* von Honoré de Balzac entwirft, besteht aus zwei Serien, die einen unterschiedlichen Zeitrahmen in den Blick nehmen, aber nicht zuletzt aufgrund einer bestimmten sozialen und politischen Perspektivierung und der (ebenfalls an Balzac angelehnten) Technik wiederkehrender Figuren zwischen den Romanen durchaus ein Ganzes bilden. Die *Episodios nacionales* sind

Episodios nacionales

Abb. 9.2
Erschießung von Aufständischen in Estella (1836) während des ersten Karlistenkriegs (anonyme Zeichnung von 1846)

relativ kurze Texte über die jüngste politische Geschichte und decken den Zeitraum von der Seeschlacht von Trafalgar 1805 (*Trafalgar*, 1873), in der die alliierte spanisch-französische Flotte durch die Engländer unter Admiral Nelson geschlagen wurde, bis zum Ende des dritten Karlistenkriegs 1876 unter Cánovas del Castillo (*Cánovas*, 1912) ab. Es handelt sich gleichsam um Momentaufnahmen ‚individualisierter' Geschichte, also entsprechend der Gattung des historischen Romans um die Einbettung des Einzelnen in die bekannten großen Zusammenhänge, worin freilich der Mehrwert der romanhaften gegenüber der objektiv-historischen Darstellung besteht. Das synchrone Pendant hierzu bilden die *Novelas contemporáneas*, die in ihren überwiegend in der Hauptstadt Madrid situierten Plots das Ringen Spaniens um den Anschluss an die Moderne und die ihn hemmenden rückwärtsgewandten Kräfte thematisieren. Historischer Wendepunkt für Galdós – und das macht ihn zum exemplarischen Vertreter der *Generación del 68* – sind dabei die sechs Jahre Liberalismus nach der Septemberrevolution von 1868, das sog. *sexenio democrático*, in dessen Verlauf es zu einer ersten kurzlebigen Republik auf spanischem Boden kommt. Galdós' politische Warte ist denn auch stets die des Liberalen, sein sozialer Fokus liegt auf der bürgerlichen Mittelschicht, die für ihn Träger der Entwicklung ist und der er im späteren Werk unter der Restauration Versagen vorwirft. Seine Tendenz zeigt sich, insbesondere in den frühen Werken, auch in einer starken Polarisierung: Spanien ist in seinen Romanen Bühne antagonistischer Kräfte, Schauplatz des Widerstreits zwischen einem modern-liberalen und einem traditionalistisch-konservativen Weltbild, womit er das in der spanischen Kulturgeschichte immer wieder diskutierte Thema der ‚Zwei Spanien' in besonders drastischer Form aktualisiert. Ungeachtet der von Galdós kaum verhohlenen Parteinahme erhebt sein Werk durchaus den Anspruch, ähnlich wie Balzacs *Comédie humaine* die Totalität

Karlistenkriege: Aufstände absolutistisch-katholischer Kräfte gegen die liberale Regierung, benannt nach dem 1830 aus der Thronfolge verdrängten Don Carlos (V.)

Novelas contemporáneas

Politisches Engagement und Polarisierung

‚Zwei Spanien'

gesellschaftlicher Wirklichkeit der ersten Hälfte des 19. Jh. exemplarisch darzustellen, vertritt also neben der auf politische Bildung und Beeinflussung des Lesers ausgerichteten Intention auch eine mimetische Poetik (vgl. Einheit 2.1).

Mimesis und Realismus

Wenn Galdós für die spanische Literatur ein Modell realistischen Schreibens *par excellence* schafft, das ‚Realismus' mit zu einem Epochenbegriff macht, dann liegt das einerseits sicherlich an dem angestrebten Wirklichkeitsbezug seiner Romane, andererseits aber auch an der Erzähltechnik, denn:

Definition

Der Begriff **Realismus** verweist an sich weniger auf einen exakten Wirklichkeitsbezug – denn die realistischen Texte sind doch nahezu immer *fiktional* und nicht im strengen Sinne realitätsbezogen – als auf eine spezifische *Darstellungsweise*, die eine ‚Als-ob-Situation' erzeugt und über die Fiktivität der Gegenstände hinwegtäuscht, etwa durch besonders detaillierte Beschreibungen, Übereinstimmung mit den Gesetzmäßigkeiten der empirischen Welt u. ä.

Vorgebliche Wirklichkeitsentsprechung

Dass das Fiktive aufgrund einer spezifischen Präsentationsweise real, das Reale hingegen mitunter unwirklich scheinen kann, literarischer Realismus also nicht tatsächliche, sondern meist nur *vorgebliche Wirklichkeitsentsprechung* bedeutet, betont Galdós selbst in seinem programmatischen Aufsatz „Observaciones sobre la novela contemporánea en España":

Text 9.1
Benito Pérez Galdós: Observaciones sobre la novela contemporánea en España (1870)

La verdad es que existe un mundo de novela. En todas las imaginaciones hay el recuerdo, la visión de una sociedad que hemos conocido en nuestras lecturas: y tan familiarizados estamos con ese mundo imaginario que se nos presenta casi siempre con todo el color y la fijeza[1] de la realidad, por más que[2] las innumerables figuras que lo constituyen no hayan existido jamás en la vida, ni los sucesos tengan semejanza ninguna con los que ocurren normalmente entre nosotros. Así es que cuando vemos un acontecimiento extraordinariamente anómalo y singular, decimos que *parece cosa de novela*; y cuando tropezamos con algún individuo extremadamente raro, le llamamos *héroe de novela*, y nos reímos de él porque se nos presenta con toda la extrañeza e inusitada forma con que le hemos visto en aquellos extravagantes libros. En cambio, cuando leemos las admirables obras de arte que produjo Cervantes y hoy hace Charles Dickens, decimos: „¡Qué verdadero es esto! Parece cosa de la vida. Tal o cual personaje, parece que le hemos conocido." (Galdós: 1990, 108)

1 fijeza *Festigkeit* – 2 por más que *so sehr, obschon*

Aufgabe 9.1

? Wo wird Galdós' Parteinahme für eine ‚realistische' Poetik sichtbar?
Zeigen Sie, wie hier literarische Wertung mit Kanonbildung (vgl. Einheit 2.5) einhergeht.

Doña Perfecta

9.1.2

Provinz und Spanienproblem

Als Anschauungsmaterial für die Romananalyse soll nun einer der bekanntesten Romane Pérez Galdós' dienen, *Doña Perfecta* (1876), in dem er im Gegensatz zu den meisten seiner *Novelas contemporáneas* nicht Madrid, sondern die Provinz zum Mittelpunkt der Darstellung macht. Sie ist für Galdós ein beispielhafter Ort, an dem das für die geistige Modernisierung Spaniens entscheidende Problem der Religion und der Toleranz verhandelt werden kann – mit einem klaren publikumsbildenden Engagement, für das dem Autor nach dem Ende des letzten Karlistenkriegs 1876 der richtige historische Moment gekommen zu sein schien.

Inhaltsangabe zu *Doña Perfecta*

> Der junge, gebildete und weltläufige Ingenieur Pepe Rey reist aus Madrid in die Provinzstadt Orbajosa, um seine Tante Perfecta, die neben dem Kleriker Don Inocencio in der religiös-konservativen und antiliberalen Gesellschaft ihres Ortes eine Führungsrolle spielt, und deren Tochter Rosario zu besuchen. Hintergrund des Besuchs ist die von Pepes Vater vorgeschlagene Eheschließung zwischen seinem Sohn und Rosario. Perfecta, die sich ihrem Bruder nicht zuletzt aufgrund seiner früheren finanziellen Unterstützung verpflichtet fühlt, befürwortet zunächst diesen Plan. Pepe ist von Rosario angetan, nicht jedoch von Orbajosa. Die anfangs nur auf dem verwahrlosten Erscheinungsbild des Ortes beruhende Abneigung Pepes bekommt weitere Nahrung durch die sich mehr und mehr abzeichnende Rückständigkeit der Bewohner sowie den unaufgeklärten Katholizismus, die Pepe Rey besonders in Gestalt des Geistlichen Don Inocencio brüsk gegenübertreten. Die ihrerseits unübersehbare Lust des Städters an der Provokation und sein ungestümes Drängen auf Veränderung lässt die anfängliche vordergründige Freundlichkeit der Bewohner Orbajosas in immer deutlichere Ablehnung umschlagen. Allein im Verhältnis zu Rosario entwickelt sich Nähe und schließlich Liebe. Doña Perfecta ist allerdings inzwischen entschlossen, die Verbindung ihrer Tochter mit Pepe Rey um jeden Preis zu verhindern und weitere Begegnungen zwischen den beiden zu unterbinden. Eines Morgens werden Truppen aus Madrid nach Orbajosa verlegt, um karlistische Umtriebe gegen die liberale Zentralregierung zu stoppen. Es stellt sich heraus, dass der Oberst der Kavallerie, der im Hause Doña Perfectas einquartiert wird, Pinzón, ein alter Freund Pepe Reys ist. Nach dessen offenem Bruch mit der Tante gewährleistet Pinzón die Kommunikation zwischen den Liebenden und gibt Pepe zudem ein Gefühl der Sicherheit, ungeachtet des wachsenden, sich im Haus Perfectas selbst formierenden Widerstands der Bewohner Orbajosas gegen die Militärs und mit ihnen Pepe Rey. Die Bedrohung wird indes konkret: María Remedios, die Hausdame Perfectas und Nichte Inocencios, schlägt vor, ihm nachts aufzulauern und ihn einzuschüchtern; insgeheim ist sie vom Wunsch besessen, ihren Sohn Jacinto an Pepes Stelle mit Rosario zu verheiraten und damit den sozialen Aufstieg ihrer Familie zu vollenden. Als Perfecta ihre Tochter bei dem Versuch ertappt, nachts heimlich zu Pepe zu gehen, eskaliert

die Situation: Rosario verteidigt ihre Liebe und kündigt an, Pepe zu heiraten und mit ihm zu gehen, woraufhin Perfecta unverzüglich ihre Getreuen mobilisiert, insbesondere den einfältigen, grobschlächtigen Caballuco. Kurz darauf findet man Pepe Rey erschossen im Garten. Die offizielle Erklärung lautet Selbstmord. Rosario verfällt dem Wahnsinn, Doña Perfecta flieht in übersteigerte Religiosität.

Aufgabe 9.2

? Wenden Sie das Aktantenmodell von Greimas auf den Roman, soweit Sie ihn nun kennen, an. Wie stellt sich Ihrer Meinung nach die Personenkonstellation dar?

Aufgabe 9.3

? Beschreiben Sie in Kenntnis des Lotmanschen Ansatzes die Raumstruktur der erzählten Welt und bringen Sie sie mit der politischen Position des Autors in Zusammenhang. Achten Sie hierbei insbesondere auf die semantischen Konnotationen verschiedener Räume und ihrer Angehörigen.

Die Beziehung zwischen dem Protagonisten und Rosario bildet nicht nur innerfiktional den Anstoß für die Handlung, sondern stellt auch im weiteren Verlauf die zentrale Achse dar, um die herum sich der Konflikt entwickelt: Rosario ist zu Beginn für Pepe bestimmt, der während des gesamten Romans auf sie als Ziel (oder ‚Objekt' im Sinne Greimas') ausgerichtet bleibt und zudem von ihr dabei unterstützt wird. Die bei Romanbeginn vorgezeichnete Handlungstendenz wird hinsichtlich dieser beiden Figuren beibehalten bzw. verstärkt. Gegenüber dieser Konstante schöpft der Roman seine Dynamik aus dem sich vom zunächst Positiven zum Negativen umkehrenden Verhältnis Pepes zu den übrigen Bewohnern Orbajosas: Sie alle, die zunächst für den Leser mehr oder minder als Helfer erscheinen, werden zu Gegnern. Mit Greimas ließe sich die Konstellation der in unserem Resümee erwähnten Figuren ungefähr wie in Abb. 9.3 (gegenüberliegende Seite oben) veranschaulichen.

Doppelte Grenzüberschreitung

Das Sujet des Textes lässt sich bereits anhand der Personenkonstellation, aber auch an der räumlichen Struktur ablesen, und dies sogar in doppeltem Sinne: Pepe Rey verlässt ‚seinen' Raum Madrid und kommt in die Provinz; diese Grenzüberschreitung spiegelt Rosario, indem Sie sich anschickt, ‚ihren' Raum zu verlassen und mit Pepe in die Stadt zu gehen. Durch die Ermordung des Protagonisten wird dessen Transgression aufgehoben, die seiner Verlobten verhindert – beide Grenzüberschreitungen sind letztlich ohne Bestand, was in der Terminologie Lotmans zu einer *restitutiven Handlung* führt.

Restitutive Handlung

Topographische, topologische und semantische Opposition

Die notwendige Opposition der Teilräume ist in Galdós' Roman außerordentlich deutlich markiert. Sie besteht auf *topographischer* Ebene in dem Gegensatz zwischen der Großstadt Madrid und dem Provinzstädtchen Orbajosa, in der hierzu parallelen *topologischen* Verortung im Zentrum bzw. in der Peripherie sowie – und das ist freilich der wichtigste Aspekt – in einer vielschichtigen semantischen Antithese: Kazikentum (*caciquismo*) und Selbstjustiz

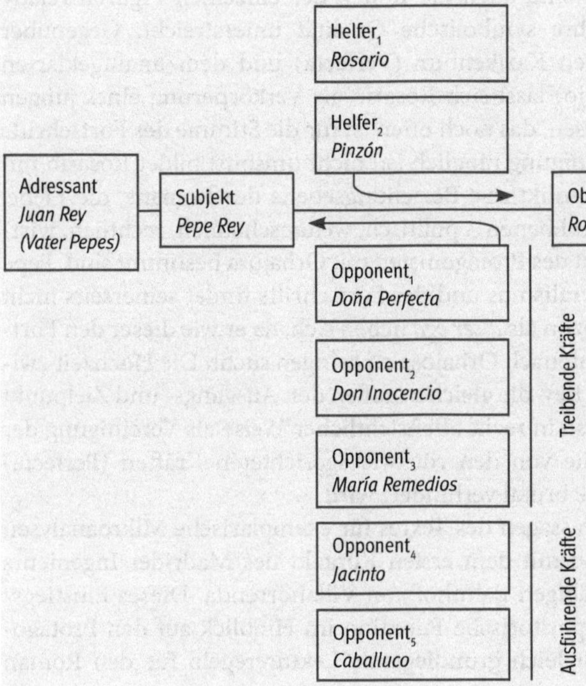

Abb. 9.3
Mögliches Aktantenmodell zu *Doña Perfecta*

versus Rechtsstaatlichkeit, katholischer Traditionalismus versus aufgeklärtes Fortschrittsdenken, Karlismus versus Liberalismus, Armut versus Prosperität.

Kazikentum: Inoffizielles System politischer Einflussnahme einer lokalen gesellschaftlichen Führungsperson (*cacique*)

Semantische Einordnung der Figuren durch den Text

Galdós' Sorge um eine klare politische Aussage, die sich auf die ästhetische Qualität seines Romans mitunter nachteilig auswirkt, zeigt sich dadurch, dass die semantische Einordnung der Figuren nicht allein durch ihre eindeutige Zugehörigkeit zu einem der Teilräume, sondern zudem über ‚sprechende' Namen nahegelegt wird. Caballuco ist nicht nur ein versierter Reiter, sondern er ist im übertragenen Sinne auch derjenige, der sich von der Kazikin und dem Dorfgeistlichen lenken lässt und die ausführende, selbst aber nicht verantwortliche Kraft (auch in physischem Sinne) darstellt. Die eigentlich positive Konnotation der Namen Perfecta und Inocencio erweist sich angesichts eines frühen Kommentars des Protagonisten als ironisch. Im zweiten Kapitel stellt er bei seinem Pferderitt durch die karge Provinz wiederholt die Diskrepanz zwischen Benennung und tatsächlicher Beschaffenheit fest:

Namen

Text 9.2
Benito Pérez Galdós, *Doña Perfecta*, Kap. 2

> – ¿El *Cerrillo de los Lirios*? – dijo el caballero, saliendo de su meditación –. ¡Cómo abundan los nombres poéticos en estos sitios tan feos! [...] Palabras hermosas, realidad prosaica y miserable. (Galdós: 1996, 13)

Rollen und Symbolwert der Figuren

Wie der erzählte Raum sind auch die Rollen der einzelnen Figuren relativ klar abgegrenzt, was ihre symbolische Qualität unterstreicht. Gegenüber dem rückwärtsgewandten Kazikentum (Perfecta) und dem unaufgeklärten Katholizismus (Inocencio) lässt sich Rosario als Verkörperung eines jungen provinziellen Spanien lesen, das noch offen ist für die Stimme des Fortschritts und mit dem eine Vereinigung möglich ist; nicht umsonst bildet Rosario mit Pepe Rey die einzige konfliktfreie Beziehungsebene des Romans, die Liebe, wohingegen alle anderen Ebenen – politisch, weltanschaulich, rechtlich, wirtschaftlich – vom Konflikt des Protagonisten mit Orbajosa bestimmt sind. Pepe Rey als Symbol des Liberalismus und des Fortschritts findet seinerseits nicht umsonst den Militär Pinzón als *alter ego* neben sich, da er wie dieser den Fortschritt notfalls mit Gewalt nach Orbajosa zu bringen sucht. Die Hochzeit zwischen Rosario und Pepe Rey, die gleichermaßen den Ausgangs- und Zielpunkt des Plots darstellt, wird so in recht offensichtlicher Weise als Vereinigung der ‚zwei Spanien' lesbar, die von den rückwärtsgerichteten Kräften (Perfecta) ebenso heimtückisch wie brutal verhindert wird.

Hochzeit der ‚zwei Spanien'

Sehen wir uns nun Passagen des Textes für exemplarische Mikroanalysen an. Der Roman setzt ein mit dem ersten Kontakt des Madrider Ingenieurs mit der Provinz im schäbigen Bahnhof von Villahorrenda. Dieses Einstiegskapitel hat nicht nur expositorische Funktion im Hinblick auf den Protagonisten, sondern stellt zugleich grundlegende Lektüreregeln für den Roman auf.

Text 9.3
Benito Pérez Galdós, *Doña Perfecta*, Kap. 1

Cuando el tren mixto descendente, núm. 65 (no es preciso nombrar la línea), se detuvo en la pequeña estación situada entre los kilómetros 171 y 172, casi todos los viajeros de segunda y tercera clase se quedaron durmiendo o bostezando[1] dentro de los coches, porque el frío penetrante de la madrugada no convidaba a pasear por el desamparado[2] andén. El único viajero de primera[3] que en el tren venía bajó apresuradamente, y dirigiéndose a los empleados, preguntóles si aquél era el apeadero[4] de Villahorrenda. (Este nombre, como otros muchos que después se verán, es propiedad del autor.)

– En Villahorrenda estamos – repuso el conductor, cuya voz se confundía con el cacarear de las gallinas que en aquel momento eran subidas al furgón[5] –. Se me había olvidado llamarle a usted, señor de Rey. Creo que ahí le esperan a usted con las caballerías.

– ¡Pero hace aquí un frío de tres mil demonios! – dijo el viajero envolviéndose en su manta–. ¿No hay en el apeadero algún sitio dónde descansar y reponerse antes de emprender un viaje a caballo por este país de hielo?

No había concluido de hablar, cuando el conductor, llamado por las apremiantes[6] obligaciones de su oficio, marchóse, dejando a nuestro desconocido caballero con la palabra en la boca. Vio éste que se acercaba otro empleado con un farol pendiente de la derecha mano, el cual movíase al compás de la marcha[7], proyectando geométrica serie de ondulaciones luminosas. La luz caía sobre el piso del andén, formando un zig-zag semejante al que describe la lluvia de una regadera.

– ¿Hay fonda o dormitorio en la estación de Villahorrenda? – preguntó el viajero al del farol.

– Aquí no hay nada – respondió éste secamente, corriendo hacia los que cargaban y echándoles tal rociada[8] de votos, juramentos, blasfemias y atroces invocaciones que hasta las gallinas escandalizadas de tan grosera brutalidad, murmuraron dentro de sus cestas.

– Lo mejor será salir de aquí a toda prisa – dijo el caballero para su capote[9] –. El conductor me anunció que ahí estaban las caballerías[10].

Esto pensaba, cuando sintió que una sutil y respetuosa mano le tiraba suavemente del abrigo. Volvióse y vio una oscura masa de paño pardo sobre sí misma revuelta y por cuyo principal pliegue asomaba el avellanado[11] rostro astuto de un labriego castellano. Fijóse en la desgarbada[12] estatura que recordaba al chopo[13] entre los vegetales; vio los sagaces ojos que bajo el ala de ancho sombrero de terciopelo viejo resplandecían; vio la mano morena y acerada que empuñaba una vara verde, y el ancho pie que, al moverse, hacía sonajear el hierro de la espuela.

– ¿Es usted el señor don José de Rey? – preguntó echando mano al sombrero.

– Sí; y usted – repuso el caballero con alegría – será el criado de doña Perfecta que viene a buscarme a este apeadero para conducirme a Orbajosa.

– El mismo. Cuando usted guste marchar... La jaca corre como el viento. Me parece que el señor don José ha de ser buen jinete. Verdad es que a quien de casta le viene...

– ¿Por dónde se sale? – dijo el viajero con impaciencia –. Vamos, vámonos de aquí, señor... ¿Cómo se llama usted?

– Me llamo Pedro Lucas – respondió el del paño pardo, repitiendo la intención de quitarse el sombrero – pero me llaman el tío Licurgo. ¿En dónde está el equipaje del señorito?

– Allí bajo el reloj lo veo. Son tres bultos. Dos maletas y un mundo de libros para el señor don Cayetano. Tome usted el talón.

Un momento después señor y escudero hallábanse a espaldas de la barraca llamada estación, frente a un caminejo que partiendo de allí se perdía en las vecinas lomas desnudas, donde confusamente se distinguía el miserable caserío[14] de Villahorrenda. Tres caballerías debían transportar todo, hombres y mundos. [...]

Antes de que la caravana se pusiese en movimiento, partió el tren [...]. Al entrar en el túnel del kilómetro 172, lanzó el vapor por el silbato[15], y un aullido estrepitoso[16] resonó en los aires. El túnel, echando por su negra boca un hálito blanquecino, clamoreaba como una trompeta, al oír su enorme voz, despertaban aldeas, villas, ciudades, provincias.

Aquí cantaba un gallo, más allá otro. Principiaba a amanecer. (Pérez Galdós: 1996, 7–10)

1 bostezar *gähnen* – 2 desamparado *verlassen* – 3 de primera = de primera clase – 4 apeadero *Haltestelle* – 5 furgón *Gepäckwagen* – 6 apremiante *dringend* – 7 al compás de la marcha *im Rhythmus des Schritts* – 8 rociada *Schwall* – 9 capote *Regenmantel* – 10 caballería *hier: Pferd* – 11 avellanado *haselnussfarben, hier: dunkel* – 12 desgarbado *grobschlächtig* – 13 chopo *Pappel* – 14 caserío *Weiler* – 15 silbato *Pfeife* – 16 aullido estrepitoso *ohrenbetäubendes Geheul*

Aufgabe 9.4

? Inwiefern verdeutlicht der Textauszug die Vereinbarkeit von Realismus und Fiktionalität?

Aufgabe 9.5

? Untersuchen Sie die vorhandenen Motive auf Isotopien und beziehen Sie sie auf die Struktur des erzählten Raums.

Aufgabe 9.6

? Zeigen Sie die Parteinahme des Autors. Bedienen Sie sich dabei narratologischer Kategorien.

Vermeintlicher Wirklichkeitsbezug

Gleich zu Beginn stellt der Text den realismustypischen Eindruck von Wirklichkeitsbezug her, indem das Geschehen anhand exakter Koordinaten lokalisiert wird („el tren mixto descendente, núm. 65“, „estación situada entre los kilómetros 171 y 172“ [1 f.]). Diese Referenzialität ist allerdings eine nur scheinbare, da die Kilometerangaben aufgrund der explizit nicht genannten Bahnlinie („no es preciso nombrar la línea“) keine Verortung in der tatsächlichen spanischen Provinz ermöglichen und zudem weitere Fiktionalitätssignale („autor“ [8], „nuestro desconocido caballero“ [17 f.]) eine strikt realitätsbezogene Lektüre verhindern. Der Text suggeriert so *Wirklichkeitsnähe* bei gleichzeitiger *Exemplarität* und *Allgemeingültigkeit* des Dargestellten: Was hier so genau beschrieben wird, kann überall in Spanien sein. Der Realismus der Darstellung speist sich weiter aus einer Vielzahl von Details, die der erzählten Welt Konsistenz und Kontur verleihen, also eine konkrete Vorstellung von ihr begünstigen. Hierzu gehören insbesondere eine Reihe freier, d. h. im weiteren Verlauf nicht handlungsrelevanter Motive, deren Aufgabe es ist, einen Realitätseffekt (vgl. Einheit 8.3.2) zu erzeugen, so etwa die eingehend beschriebenen Lichtreflexe, die die Lampe des Bahnbediensteten auf den Bahnsteig wirft („un farol pendiente de la derecha mano, el cual movíase al compás de la marcha, proyectando geométrica serie de ondulaciones luminosas“ [19 f.] usw.).

Fiktionalität

Realitätseffekt

Negativ konnotierte Isotopien

Die meisten Motive der Schilderung besitzen allerdings semantische Gemeinsamkeiten, die für die Struktur des erzählten Raums und damit für den Gesamttext durchaus bedeutsam sind. Der überaus negative Eindruck vom Schauplatz dieses Kapitels beruht, wie ein genauerer Blick zeigt, auf einer

Reihe solcher Isotopien. Hierzu zählen etwa die *Verlassenheit* und *Traurigkeit* des Ortes („desamparado andén" [5], „Aquí no hay nada" [25], „barraca llamada estación" [53 f.], „lomas desnudas" [55], „miserable caserío" [55 f.]), die *Kälte* („el frío penetrante de la madrugada" [4], „un frío de tres mil demonios" [13], „país de hielo" [15]), die *Grobschlächtigkeit* der Menschen („dejando a nuestro desconocido caballero con la palabra en la boca" [17 f.], „respondió éste secamente, corriendo hacia los que cargaban y echándoles tal rociada de votos, juramentos, blasfemias y atroces invocaciones [...]" [25 ff.], „grosera brutalidad" [27]), die ironisch mit dem mehrfach erwähnten Gegacker der Hühner überblendet wird („cuya voz se confundía con el cacarear de las gallinas" [9 f.]) sowie die *Dunkelheit*, insbesondere in der Beschreibung des Pedro Lucas („oscura masa de paño pardo" [32], „avellanado rostro" [33], „mano morena" [36]), die mit der Dunkelheit der Nacht („madrugada" [4]) vor dem Sonnenaufgang und dem Handlungsauftakt am Ende des Kapitels korrespondiert.

Diese umfassende, weil mehrere Sinne einbeziehende Negativcharakterisierung findet ihr Gegenstück in der Figur des Pepe Rey, nicht nur durch dessen Fremdheit und seinen mehrfach betonten Abscheu angesichts der Umgebung („Pero hace aquí un frío de tres mil demonios" [13], „Lo mejor será salir de aquí a toda prisa" [29], „Vamos, vámonos de aquí, señor" [46 f.]), sondern durch einige wenige Elemente, die ihn jedoch signifikant von der Umgebung absetzen: das *soziale Niveau* („[e]l único viajero de primera que en el tren venía" [5 f.]), die *Ungeduld* („apresuradamente" [6], „con impaciencia" [46] vgl. dagegen die Trägheit des Aufbruchs) sowie die *Bildung* („un mundo de libros" [51]). Hinter diesem Kontrast verbirgt sich die Opposition zweier Sphären, nämlich Stadt und Land, die ihrerseits u. a. mit Fortschritt bzw. Zurückgebliebenheit assoziiert sind, was sich im vorliegenden Text bereits anhand der Verkehrsmittel (Zug vs. Pferd) zeigt. Der Zug als Symbol des technischen Fortschritts wird erneut am Ende in geradezu ironischer Weise an die Stelle der ländlichen Umgebung gesetzt, indem er und nicht die Hähne, mit denen das Kapitel endet, die Welt aufweckt.

Abgrenzung des Protagonisten

Zwei Sphären

Diese Beobachtungen zeigen, dass sich bereits in diesem ersten Kapitel das Ereignis im Sinne Jurij M. Lotmans vollzieht, nämlich die Überschreitung einer Grenze, die vom Protagonisten und seinesgleichen im Regelfall nicht überschritten werden kann oder wird – und in der Tat ist Pepe Rey, wie wir oben bereits sahen, offenbar der einzige seiner ‚Art', der in Villahorrenda aussteigt („[e]l único viajero de primera"). Innerhalb der Opposition zwischen liberal-progressivem und konservativ-restriktivem ‚schwarzen' Spanien zeigt sich Galdós' Parteinahme für die liberale Seite bereits zu Beginn an dem illusionsbrechenden Verfahren, den sprechenden Namen des Ortes, an dem sich das erste Kapitel abspielt, ausdrücklich als Erfindung des Autors zu kennzeichnen („Este nombre, como otros muchos que después se verán, es propiedad del autor" [7 f.]), womit dem Namen „Villahorrenda" („entsetzliche Kleinstadt")

Parteinahme des Autors

Heterodiegetischer Erzähler-Autor

Interne Fokalisierung

die Qualität eines Kommentars zukommt. Dem entspricht die narrative Gestaltung, da der heterodiegetische Erzähler, der sich eingangs als der Autor zu erkennen gibt, zwar überwiegend extern und damit neutral fokalisiert, jedoch in Bezug auf den Protagonisten – und *nur* auf ihn – auch interne Fokalisierung zulässt („Lo mejor será salir de aquí a toda prisa – dijo el caballero para su capote [...] Esto pensaba [...]" [29–38]). Er schafft mit diesem Verfahren die Grundlage für eine Identifikation nicht zuletzt des Lesers mit Pepe Rey, der gemäß der Formulierung des Erzählers zu „unserem", nämlich Galdós' und des Lesers, Helden wird („nuestro desconocido caballero" [17 f.]). Das einleitende Kapitel erweist sich so als programmatischer Auftakt des politisch engagierten Romans.

Aufgabe 9.7

? Lesen Sie nun den zweiten Auszug aus *Doña Perfecta* und beantworten Sie die anschließenden Leitfragen.

Text 9.4

Benito Pérez Galdós, *Doña Perfecta*, Kap. 18

Y ya que se ha dicho esto tan importante, bueno será añadir que los batallones enviados allá en los días de la historia que referimos no iban a pasearse por las calles; llevaban un objeto que clara y detalladamente se verá más adelante. Como dato de no escaso interés, apuntaremos que lo que aquí se va contando ocurrió en un año que no está muy cerca del presente, ni tampoco muy lejos, así como también puede decirse que Orbajosa (entre los romanos *urbs augusta*[1], si bien algunos eruditos modernos, examinando el *ajosa*, opinan que este rabillo[2] lo tiene por ser patria de los mejores ajos[3] del mundo) no está muy lejos ni tampoco muy cerca de Madrid, no debiendo tampoco asegurarse que enclave sus gloriosos cimientos al Norte, ni al Sur, ni al Este, ni al Oeste, sino que es posible esté en todas partes y por doquiera[4] que los españoles revuelvan sus ojos y sientan el picar[5] de sus ajos. (Pérez Galdós: 1996, 167–168)

1 urbs augusta *lat.: erhabene Stadt* – 2 rabillo *hier: Endung* – 3 ajo *Knoblauch* – 4 por doquiera *wo auch immer* – 5 picar *hier: stechender Geruch*

? Kommentieren Sie den Auszug hinsichtlich des Realismus. Welche Stellung nimmt der Erzähler bezüglich der erzählten Welt ein? Mit welchen stilistischen Mitteln beschreibt er sie?

9.2 | Selbstbezügliches Erzählen: Julio Cortázar, *Continuidad de los parques*

Mit dem argentinischen Schriftsteller Julio Cortázar begegnen wir im zweiten Schritt dieser exemplarischen Einheit zur Epikanalyse einer repräsentativen Figur der neueren spanischsprachigen Literatur. Dies gilt zunächst einmal insofern, als er neben bekannten anderen Autoren wie Gabriel García Márquez den sog. ‚Boom' der lateinamerikanischen Literatur ab den 1960er Jahren verkörpert, ihn im Urteil nicht weniger Literaturwissenschaftler sogar ausgelöst hat. Diesem Interesse der breiten europäischen Öffentlichkeit an lateinamerikanischer Literatur geht ein weniger auffälliger, aber wichtiger Austausch zwischen Lateinamerika und Europa voraus, der sich wesentlich auf der Achse Buenos Aires – Paris abspielt. Julio Cortázar symbolisiert diese bezeichnenderweise schon in seiner Person: Als Sohn eines argentinischen Handelsattachés und einer französischstämmigen Mutter in Brüssel geboren, kam er über die Schweiz und Spanien nach dem Ende des Ersten Weltkriegs nach Argentinien. Er studierte Literatur und Philosophie an der Universität von Buenos Aires und wurde Mitte der 1940er Jahre Professor für französische Literatur in Mendoza, bevor er 1951 aufgrund seiner Gegnerschaft zum Peronismus nach Frankreich emigrierte und dort mit Unterbrechungen bis zu seinem Lebensende blieb. Er ist heute als Übersetzer insbesondere von Edgar Allan Poe sowie als Autor von Kurzgeschichten (als deren Meister er neben seinem Landsmann Jorge Luis Borges gelten kann) und Romanen bekannt. Diese greifen – und das macht ihn in einem dritten Sinne zu einem repräsentativen Autor der neueren spanischsprachigen Literatur – typische spätmoderne Problematiken auf und entwickeln sie weiter. Dazu zählt v. a. der – vom literaturwissenschaftlichen Poststrukturalismus (vgl. Einheit 12.2) geteilte – Zweifel an der Transparenz von Sprache, an ihrer eindeutigen Zuordnung zu Bedeutung, an der Trennung zwischen Signifikant und Signifikat (vgl. Einheit 1.2, 4.2 und 12.1) und damit an der Abbildbarkeit von Wirklichkeit durch Sprache, die doch dem literarischen Realismus, wie Sie ihn im vorigen Abschnitt streiflichtartig kennengelernt haben, letztlich zu Grunde liegt. Die ästhetischen Ausdrucksmittel Cortázars und anderer avantgardistischer Autoren des 20. Jh. führen stattdessen die traditionellen Erzählformen teils spielerisch, teils phantastisch-verfremdend an einen Punkt, wo die vertrauten Kategorien instabil werden und Sprache nicht mehr die Wirklichkeit abbildet und ihr nachgeordnet ist, sondern ein ‚Eigenleben' entwickelt. Dementsprechend besitzt der Autor nicht mehr, wie bei Galdós, die ‚Autor-ität' in einem wohlgeordneten Textuniversum, sondern der Leser wird explizit zum Mitschaffenden – etwa in der Weise, dass Cortázar dem Leser im Vorwort seines wohl berühmtesten Romans *Rayuela* (1963) bei der Lektüre die Reihenfolge der Kapitel und damit die Struktur des erzählten Plots überlässt.

‚Boom' lateinamerikanischer Literatur

Buenos Aires – Paris

Abb. 9.4
Julio Cortázar (1914–1984)

Abb. 9.5
Jorge Luis Borges (1899–1986), argentinische 2-Peso-Münze anlässlich seines 100sten Geburtstages

Sprachskepsis und ‚Entmachtung' des Autors

Als Analyseobjekt bietet sich eine der vielen Kurzgeschichten Cortázars an, in denen er phantastische Elemente so dosiert, dass der Bezug zu einer an sich glaubwürdigen Realität bestehen bleibt, diese aber dadurch als umso befremdlicher erscheint und ihre Selbstverständlichkeit für den Leser verliert. Wir wählen *Continuidad de los parques*, erschienen in Cortázars zweitem Kurzgeschichtenband *Final del juego* von 1956.

Text 9.5 | Julio Cortázar, *Continuidad de los parques* (1956)

Había empezado a leer la novela unos días antes. La abandonó por negocios urgentes, volvió a abrirla cuando regresaba en tren a la finca; se dejaba interesar lentamente por la trama, por el dibujo de los personajes. Esa tarde, después de escribir una carta a su apoderado[1] y discutir con el mayordomo[2] una cuestión de aparcerías[3] volvió al libro en la tranquilidad del estudio que miraba hacia el parque de los robles. Arrellanado[4] en su sillón favorito de espaldas a la puerta que lo hubiera molestado como una irritante posibilidad de intrusiones[5], dejó que su mano izquierda acariciara una y otra vez el terciopelo[6] verde y se puso a leer los últimos capítulos. Su memoria retenía sin esfuerzo los nombres y las imágenes de los protagonistas; la ilusión novelesca lo ganó casi en seguida. Gozaba del placer casi perverso de irse desgajando[7] línea a línea de lo que lo rodeaba, y sentir a la vez que su cabeza descansaba cómodamente en el terciopelo del alto respaldo, que los cigarrillos seguían al alcance de la mano, que más allá de los ventanales danzaba el aire del atardecer bajo los robles. Palabra a palabra, absorbido por la sórdida disyuntiva[8] de los héroes, dejándose ir hacia las imágenes que se concertaban y adquirían color y movimiento, fue testigo del último encuentro en la cabaña del monte. Primero entraba la mujer, recelosa; ahora llegaba el amante, lastimada la cara por el chicotazo[9] de una rama. Admirablemente restañaba[10] ella la sangre con sus besos, pero él rechazaba las caricias, no había venido para repetir las ceremonias de una pasión secreta, protegida por un mundo de hojas secas y senderos furtivos. El puñal se entibiaba[11] contra su pecho, y debajo latía[12] la libertad agazapada[13]. Un diálogo anhelante corría por las páginas como un arroyo de serpientes, y se sentía que todo estaba decidido desde siempre. Hasta esas caricias que enredaban el cuerpo del amante como queriendo retenerlo y disuadirlo, dibujaban abominablemente la figura de otro cuerpo que era necesario destruir. Nada había sido olvidado: coartadas[14], azares, posibles errores. A partir de esa hora cada instante tenía su empleo minuciosamente atribuido. El doble repaso despiadado[15] se interrumpía apenas para que una mano acariciara una mejilla. Empezaba a anochecer.

Sin mirarse ya, atados rígidamente a la tarea que los esperaba, se separaron en la puerta de la cabaña. Ella debía seguir por la senda que iba al norte. Desde la senda opuesta él se volvió un instante para verla correr con el pelo suelto. Corrió a su vez, parapetándose[16] en los árboles y los setos, hasta distinguir en la bruma malva del crepúsculo la alameda que llevaba a la casa. Los perros no debían ladrar, y no ladraron. El mayordomo no estaría a esa hora, y no estaba. Subió los tres peldaños del porche[17] y entró. Desde la sangre galopando en sus oídos le llegaban las palabras de la mujer: primero una sala azul, después una galería, una escalera alfombrada. En lo alto, dos puertas. Nadie en la primera habitación, nadie en la segunda. La puerta del salón, y entonces el puñal en la mano. La luz de los ventanales, el alto respaldo de un sillón de terciopelo verde, la cabeza del hombre en el sillón leyendo una novela. (Cortázar: 1973, 9–11)

1 apoderado *Bevollmächtigter, Verwalter* – 2 mayordomo *Hausverwalter* – 3 aparcería *Verpachtung* – 4 arrellanado *gemütlich ausgebreitet* – 5 intrusión *Eindringen* – 6 terciopelo *Samt* – 7 desgajar *losreißen, -lösen* – 8 sórdida disyuntiva *schmutzige Alternative, Wahl* – 9 chicotazo *Schnellen, Hieb* – 10 restañar *(Blutung) stillen* – 11 entibiarse *lauwarm werden* – 12 latir *pulsieren* – 13 agazapada *kauernd* – 14 coartada *Alibi* – 15 repaso despiadado *hier: erbarmungsloses gedankliches Durchspielen* – 16 parapetarse *sich verstecken* – 17 peldaños del porche *Treppenstufen zur Veranda*

Aufgabe 9.8

? Beziehen Sie diesen Text auf die allgemeinen Ausführungen zu Cortázar. Worin besteht das Befremden, das dieser Text beim Leser auslösen kann?

Aufgabe 9.9

? Beschreiben Sie die narrativen Verfahren, die der Wirkung des Textes zu Grunde liegen. Konzentrieren Sie sich dabei auf die Kategorie der Distanz.

Erzählter Leseakt

Cortázars Kurzgeschichte beschreibt, wie ein Leser sich in die Handlung eines Romans vertieft, in dem zwei Liebende den Mord an einem Dritten planen, der ihnen im Wege steht. Es liegt nahe anzunehmen, dass wir es mit dem trivialen Sujet einer Liebesaffäre und eines Mordes am Ehemann der Frau zu tun haben, aber streng genommen steht das überhaupt nicht im Text, sondern entspringt der Hypothese, die der Leser aufgrund seines Weltwissens über menschliche Untreue oder seines Lektürewissens über publikumswirksame literarische Themen sogleich bildet – ein Beispiel für den hermeneutischen Prozess (vgl. Einheit 4.1). Am Ende betritt die Hauptfigur der gelesenen Geschichte den Raum, in dem der Leser sitzt, der sich somit als Opfer des fiktiven Verbrechens in dem Roman erweist, den er selbst gerade liest. Die Identität des Mordopfers und des fiktiven Lesers wird dabei unzweideutig durch eine Reihe von Wiederholungen („novela" [1,42], „mayordomo" [4,36], „puerta" [7,40], „terciopelo verde" [8,41 f.], „alto respaldo" [13,41], „ventanales" [14,41]) sowie durch die – bei Kenntnis des Gesamttextes als Vorgriff erkennbare – Angst des fiktiven Lesers vor einem möglichen Eindringling („irritante posibilidad de intrusiones", 7) markiert. Der Mörder ‚überspringt' also, ohne dass man es während des Lesens wirklich bemerkt, eine der drei Ebenen der Erzählung:

Wiederholungen und ‚Kurzschluss' der Ebenen

E_1: extradiegetisch
Erzähler und vom Text intendierter Leser

E_2: intradiegetisch
Fiktiver Leser in seinem Sessel

E_3: metadiegetisch
Liebespaar, Mordgeschichte

Abb. 9.6
Strukturebenen in *Continuidad de los parques*

Extradiegetische, intradiegetische und metadiegetische Ebene

Die *extradiegetische* Ebene ist die der für jeden Erzähltext konstitutiven Kommunikation zwischen der Erzählerinstanz und dem impliziten Leser, an dessen Stelle in jedem einzelnen Leseakt vorübergehend der reale Leser tritt; die *intradiegetische* Ebene ist die (ebenfalls in jedem Erzähltext notwendigerweise vorhandene) erste Handlungsebene; die (nicht notwendige) *metadiegetische* Ebene ist die der *Erzählung in der Erzählung*. Normalerweise sind die Ebenen getrennt: So ‚weiß' eine Figur normalerweise nicht, dass sie Teil eines erzählten und gelesenen Textes ist. Ein Bruch dieser Trennung haben wir unter dem Begriff *Metalepse* im vorigen Kapitel kennen gelernt. Wie wird dieser Effekt hier narrativ realisiert?

Metalepse

Wir hatten festgestellt, dass Erzähltexte durch die Präsenz einer Vermittlerfigur gekennzeichnet sind und diese Präsenz stärker oder weniger stark markiert sein kann; wir hatten die Bandbreite von Möglichkeiten unter den Begriff der narrativen *Distanz* gefasst (vgl. Einheit 8.2.3). Im vorliegenden Text besteht eine solche Distanz nicht nur zwischen dem realen Leser (E_1) und dem fiktiven Leser (E_2), sondern auch zwischen E_1 und der metadiegetischen Ebene E_3. Die Vermittlerfigur ist hier kein Erzähler, sondern der fiktive Leser, der als einziger die Geschichte E_3 liest und über dessen Wahrnehmung wir an ihr teilhaben. Eine genaue Analyse der Kategorie Distanz anhand des fiktiven Lesers zeigt, dass letzterer und mit ihm die Ebene E_2 aus dem Diskurs verschwinden. Dies vollzieht sich nahezu unmerklich in mehreren Schritten.

Distanz

Fiktiver Leser als Vermittlerfigur

Passivität-Rezeptivität des fiktiven Lesers

Die anfänglich aktive Rolle des fiktiven Lesers, verstärkt durch den abrupten Beginn der Erzählung, geht rasch in eine passiv-rezeptive Haltung über. Dies ergibt sich scheinbar aus der geschilderten Situation einer Romanlektüre – ‚scheinbar' deshalb, weil Lektüre, wie wir schon sahen (vgl. Einheit 4.1, Hermeneutik) und noch sehen werden (vgl. Einheit 11.2), keineswegs ein passiver, sondern äußerst aktiver Vorgang der Bedeutungserzeugung ist –, lässt sich aber auch konkret anhand der Verben aufzeigen: Ab Mitte des zweiten Satzes, als der Lesevorgang beginnt, drücken die auf den fiktiven Leser bezogenen Verben *Passivität* und *Rezeptivität* aus, sei es durch ihre *Semantik* (dreimal passivisches „lassen" [„se dejaba" [2], „dejó" [8], „dejándose ir" [15 f.]], dann mehrfach Sinneswahrnehmung [„gozaba" [11], „sentir" [12], „fue testigo" [16 f.]]), sei es durch ihre *grammatische Form* (Partizip Perfekt mit typischer Passivbedeutung: „[a]rrellanado" [6], „absorbido" [15]). Wo dies nicht der Fall ist, geht die grammatische *Subjektposition* vom fiktiven Leser metonymisch auf andere Instanzen über; so behält nicht er die Namen der Figuren, sondern sein *Gedächtnis* („[s]u memoria retenía [...]" [9]), nicht er vertieft sich, sondern die *Illusion nimmt ihn ein* („la ilusión novelesca lo ganó" [10]), nicht er raucht, sondern die *Zigaretten halten sich in Reichweite* („los cigarillos seguían al alcance de la mano" [13]). Dadurch ist die Präsenz des fiktiven Lesers und mit ihr die Distanz so weit reduziert, dass wir ‚nahtlos' in E_3 wechseln können („Primero entraba la mujer [...]" [17]), zumal dort nicht gleich eine Handlung, sondern vielmehr eine *Situation* geschildert wird: die „schmutzige Alternative" („sór-

Freiwerden der Subjektposition

Situation auf E_3 mit minimaler Distanz

dida disyuntiva" [15]) der Figuren zwischen Gewalt und Zärtlichkeit, die in Gestalt von Isotopien umgesetzt ist („besos" [19], „caricias" [20,24], „pasión" [20] vs. „sangre" [19], „puñal" [21], „destruir" [26]). Dass die Situation und nicht die Handlungskette oder handelnde Figuren im Mittelpunkt der Darstellung steht, zeigt sich an den *Imperfecto*-Formen (mit Verben, die im gegebenen Kontext normalerweise im *Pretérito indefinido* stehen würden: „entraba" [17], „llegaba" [18], „restañaba" [19] usw.) sowie dem Umstand, dass auch hier die Subjektposition auffallend häufig nicht von den eigentlich Handelnden eingenommen wird („[e]l puñal se entibiaba" [21 f.], „latía la libertad" [22], „[u]n diálogo anhelante corría" [22 f.], „esas caricias [...] dibujaban" [24 f.], „[n]ada había sido olvidado" [26 f.], „cada instante tenía su empleo" [27 f.], „[e]l doble repaso se interrumpía" [28 f.], „una mano acariciara" [29]). Die Formulierung „[u]n diálogo anhelante corría por las páginas" (22 f.) ist zugleich der letzte explizite Hinweis darauf, dass wir es mit einem (fiktiven) Text zu tun haben.

Wechsel der Protagonistenrolle: Metalepse durch Elimination von E_2

Mit Beginn des zweiten und letzten Absatzes erst übernehmen zunächst beide Figuren, dann der Mann die Protagonistenrolle in einer nun im *Pretérito indefinido* gestalteten Handlungskette, die sich in kürzer werdenden und teils elliptischen Sätzen steil auf die Schlusspointe hin beschleunigt. Dass er weniger als Held einer Geschichte-in-der-Geschichte, sondern eher als Protagonist ‚ersten Grades' wahrgenommen wird, liegt daran, dass die eigentliche Hauptfigur der ohnehin handlungsarmen und wenig markanten Plotebene E_2, nämlich der fiktive Leser, längst schrittweise aus dem erzählerischen Diskurs eliminiert wurde und die narrative Distanz so gering ist, dass wir den Inhalt von E_3 für die intradiegetische Ebene halten können, wodurch die paradoxe Begegnung am Ende des Textes scheinbar ‚bruchlos' möglich wird. Ohne den geschulten narratologischen Blick, den Sie in Einheit 8 erworben haben, ist diese Funktionsweise von Cortázars Kurzgeschichte freilich kaum zu erkennen.

Aufgabe 9.10

? Erstellen Sie einen Strukturplan des Textes, aus dem die schrittweise Vorbereitung der Metalepse, wie wir sie analysiert haben, sichtbar wird.

Aufgabe 9.11

? Interpretieren Sie den Titel der Erzählung.

Zusammenfassung

Eine erste exemplarische Beschäftigung mit spanischsprachiger Erzählliteratur hatte mit Benito Pérez Galdós einen Hauptvertreter des literarischen Realismus und der ‚Schriftstellergeneration' von 1868 zum Gegenstand, dessen Literatur sowohl Wirklichkeitsnähe und erzählerische Glaubwürdigkeit als auch eine Parteinahme zugunsten des politischen Liberalismus und der umfassenden Erneuerung Spaniens anstrebt. Sein Roman *Doña Perfecta* bezieht aus dem Gegensatz zwischen einem religiös geprägten, rückständigen

Provinzspanien und dem weltlich-aufgeklärten und fortschrittlichen Spanien der Metropole sein inhaltliches und strukturelles Grundmodell. Dies lässt sich auf der Makroebene anhand der Personenkonstellation und des erzählten Raums, aber auch mikrostrukturell in dem von uns untersuchten ersten Kapitel zeigen, wobei der heterodiegetische Erzähler erkennbar Stimme und Meinung des Autors vertritt. Eine zweite exemplarische Analyse galt antirealistisch-experimentellen Erzählverfahren des 20. Jh. Julio Cortázars Kurzgeschichte *Continuidad de los parques* nutzt geschickt eine schrittweise bis zum Extrempunkt reduzierte narrative Distanz, um einen überraschenden Bruch der Wirklichkeitsebenen herbeizuführen und damit die Trennung von Text und Inhalt, Sprache und Wirklichkeit zu problematisieren.

Literatur

Julio Cortázar: *Final del juego*. Buenos Aires: Ed. Sudamericana [15]1973.

Benito Pérez Galdós: *Doña Perfecta*. Madrid: Alianza 1996.

Benito Pérez Galdós: Observaciones sobre la novela contemporánea en España, in: Ders., *Ensayos de crítica literaria*. Barcelona: Península [2]1990, 105–120.

Weiterführende Literaturhinweise finden Sie unter www.bachelor-wissen.de.

Text und Autorschaft

Inhalt

10.1	Literarische Kommunikation und Interpretationsansätze	172
10.2	Positivismus	173
10.3	Exkurs: Frühe Philologie in Spanien	175
10.4	Psychoanalyse	176
10.5	Literatursoziologie	180
10.5.1	Marxistische Literaturwissenschaft	181
10.5.2	Gattungen als ‚Sitz im Leben'	183
10.5.3	Feldtheorie	185

Überblick

In diesem ersten Kapitel zu den literaturwissenschaftlichen Interpretationsmethoden lernen Sie Ansätze kennen, die literarische Texte im Hinblick auf ihren Entstehungskontext erklären. Literatur spiegelt, so die Prämisse, ihren Ursprung wider und bezieht aus ihm ihre Bedeutung, sei es auf individueller Ebene, wie positivistische und psychoanalytische Deutungen meinen, sei es auf überindividuell-gesellschaftlicher Ebene, wie die Literatursoziologie in ihren verschiedenen Ausprägungen annimmt.

10.1 | Literarische Kommunikation und Interpretationsansätze

Objektivierung von Verstehen

Will man sich über die Bedeutung von literarischen Texten verständigen, so bedarf es einer Objektivierung des prinzipiell subjektiven Verstehensprozesses. In Einheit 4 wurden zwei Ansatzpunkte für eine solche Objektivierung genannt. Der erste begreift den Text als vorgegebene Menge sprachlicher Zeichen mit einem idealerweise auszumachenden überindividuellen Bedeutungsgehalt, wie er etwa in Wörterbüchern fixiert wird, und untersucht ihre wechselseitigen Beziehungen. Auf diesen Ansatzpunkt stützt sich die Strukturanalyse, die ein Modell der Funktionsweise eines Textes zu erarbeiten und dabei weitestmöglich von textexternen Faktoren abzusehen versucht. Sie wurde in den zurückliegenden sechs Einheiten anhand der drei Großgattungen vorgeführt. Der zweite Ansatzpunkt jener Objektivierung besteht darin, die theoretischen Voraussetzungen (Prämissen) und den Weg (Methode), die zu den jeweiligen Befunden geführt haben, offenzulegen und einer kritischen Überprüfung zugänglich zu machen. Eine Aussage über die Bedeutung des Textes, die diesen Ansprüchen genügt, heißt *Interpretation.* Sie ist unabdingbar, um über das Potenzial und den literarhistorischen Stellenwert eines Textes zu urteilen, und stellt eines der zentralen Aufgabengebiete der Literaturwissenschaft dar.

Strukturanalyse

Interpretation

Pluralität der Interpretationen

Die Bandbreite verschiedener, teilweise konträrer Interpretationen eines Textes rühren von den unterschiedlichen Prämissen und methodischen Zugängen her, die ihnen jeweils zugrunde liegen. Eine gültige Interpretation ist dann gegeben, wenn die Prämissen und der Wortlaut des interpretierten Werks schlüssig zu einer Feststellung über seine Bedeutung vereint werden. Die Prämissen aber werden erst vom jeweils Untersuchenden an den Gegenstand herangetragen; sie müssen ihrerseits natürlich plausibel sein, aber zwingend sind sie in aller Regel nicht. Aus diesem Grund gibt es zu einem bestimmten Zeitpunkt, insbesondere aber auch in verschiedenen Entwicklungsphasen der Literaturwissenschaft, mehrere unterschiedliche Annahmen darüber, worauf sich eine Textdeutung stützen sollte. Da im Gegenstandsbereich der Geisteswissenschaften der (auch ‚professionell') Verstehende mit seinen Fragen und Vorerwartungen stets an seinem Untersuchungsobjekt teilhat, können konträre Forschungsmeinungen nebeneinander bestehen und beide gleichermaßen ‚objektiv' und gültig sein (was nicht bedeutet, dass die jeweiligen Vertreter nicht auch energisch um ihre Thesen streiten). Die Vielfalt möglicher Ansätze, die sich im Laufe der Fachgeschichte herausgebildet haben, sollen in den nun folgenden Einheiten in Auswahl umrissen werden. Da es sich nicht selten um recht komplexe Theoriegebäude und Methoden handelt, bleiben die Ausführungen notwendigerweise summarisch.

Literarische Kommunikation

Versteht man Literatur als einen Sonderfall sprachlicher Kommunikation, in der von einem Sender eine Botschaft auf einem Trägermedium über einen Kanal an einen Empfänger übermittelt wird, der sich, wie wir im Zusammenhang mit der Hermeneutik bereits sahen, dialogisch mit der Botschaft auseinandersetzt und sie mitgestaltet, so zeigt sich eine Reihe möglicher Faktoren, die eine Interpretationsmethode in den Mittelpunkt rücken kann.

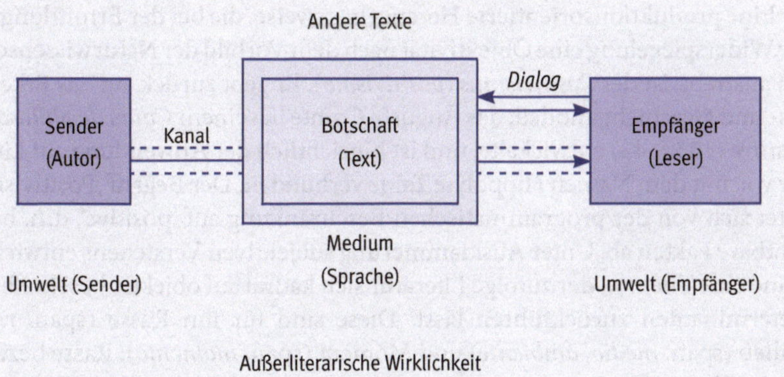

Abb. 10.1
Vereinfachtes Modell literarischer Kommunikation

Eine auf den Text bezogene, also textimmanente Herangehensweise haben Sie bereits mit der Strukturanalyse in Theorie und Praxis kennengelernt. Da jegliche Interpretation sich zwangsläufig auf den Text bezieht, auf diesem also immer der Fokus liegt, bildet die Strukturanalyse auch eine sinnvolle Vorarbeit für Textinterpretation allgemein. Interessiert man sich nicht nur für eine sprachliche Äußerung als solche, liegt es wohl am nächsten, nach ihrem Urheber zu fragen – schließlich gilt ihm auch im Alltag oft der erste Blick, etwa bei einem Brief, den man bekommt, oder beim Stöbern in einer Buchhandlung. Eine fachgeschichtlich besonders frühe Frage ist daher die nach dem Autor. *Produktionsorientierte Interpretationsmodelle*, die also von der Prämisse ausgehen, dass es für den Sinn und die Relevanz eines Textes entscheidend ist, von wem und aus welchem Kontext heraus er verfasst wurde, haben, in sehr unterschiedlicher Ausprägung und mit wechselnder Konjunktur, bis heute ihren Platz im literaturwissenschaftlichen Instrumentarium.

Autorschaft als Interesse der Interpretation: Produktionsorientierte Interpretationsmodelle

10.2 Positivismus

Literarische Texte zeichnen sich meist dadurch aus, dass sie ihre Gegenstände selbst erzeugen und sich auch, im Unterschied zu Sachtexten, nicht daran messen lassen (müssen), inwieweit sie mit realen, überprüfbaren Gegebenheiten übereinstimmen. Jedoch erschöpft sich ein Text nicht in der von ihm dargestellten Textbedeutung, sondern besitzt darüber hinaus eine bestimmte Botschaft, Aussageabsicht, ein Ziel oder einen *Textsinn*. Dieser Sinn ist immer Sinn *für jemanden*, und es erscheint durchaus plausibel, sich hier auf den Autor und seine lebensweltliche und intellektuelle Umgebung zu konzentrieren und literarische Werke als Verweis auf Wirklichkeit (*mimetisch*) oder

Positivismus: Objektivität der Fakten

Autorpersönlichkeit (*expressiv*) zu lesen. Wenngleich es durchaus Texte gibt, die ihren eigenen literarischen Ursprungsstandort und ihren Zweck explizit thematisieren (Autobiographien beispielsweise), haben wir es doch zumeist mit einer indirekten Form der Widerspiegelung zu tun.

Abb. 10.2 | Hippolyte Taine (1828–1893)

Rasse, Milieu, Moment

Eine produktionsorientierte Herangehensweise, die bei der Ermittlung dieser Widerspiegelung eine Objektivität nach dem Vorbild der Naturwissenschaften anstrebt, ist der *Positivismus* (*positivismo*). Er geht zurück auf das Erkenntnis- und Geschichtsmodell, das Auguste Comte in seinem *Cours de philosophie positive* (1830–42) entwickelte, und ist hinsichtlich der Anwendung auf Literatur v. a. mit dem Namen Hippolyte Taine verbunden. Der Begriff ‚Positivismus' leitet sich von der programmatischen Beschränkung auf ‚positive', d. h. beobachtbare Fakten ab. Unter Ausklammerung subjektiven Verstehens entwickelte Taine eine Theorie, der zufolge Literatur sich kausal auf objektiv beschreibbare Determinanten zurückführen lässt. Diese sind für ihn Rasse (span. *raza*), Milieu (span. *medio*, *ambiente*) und Moment (span. *momento*): Rasse bezeichnet im Unterschied zu den unguten Assoziationen des Begriffs im Deutschen nicht nur Ererbtes, sondern auch soviel wie ‚Nationalcharakter', Moment den geschichtlichen Zeitpunkt einer kulturellen Erscheinung bzw. ihres Urhebers, Milieu als der wichtigste Terminus deren soziale Ursprungsumgebung. Als *literarisches* Konzept hat Taines Positivismus sich v. a. im Naturalismus des 19. Jh. niedergeschlagen. Als *literaturwissenschaftlicher* Zugang widmete sich der Positivismus einem ausgiebigen Quellenstudium, das insbesondere den biographischen Fakten zum jeweiligen Autor und seinem Umfeld sowie dem jeweiligen Text und seinen mutmaßlichen Vorgängern galt, wobei man sich zuallererst mit einer genauen Ermittlung der Textgestalt im Rahmen der Editionsphilologie beschäftigte. Das Ziel war die Schaffung einer möglichst großen Basis belegbarer außertextueller, aber den Textsinn determinierender Fakten und der Verzicht auf eine wie auch immer geartete ‚ideologische' oder systematisierende Interpretationsperspektive seitens des Untersuchenden.

Literatur: Naturalismus

Problematik des literaturwissenschaftlichen Positivismus

Der Positivismus ist in seiner Reinform aus heutiger Sicht unhaltbar, da er etwa Einsichten der Hermeneutik in die Eigengesetzlichkeit kultureller Untersuchungsgegenstände und damit der Geisteswissenschaften (vgl. Einheit 3.3) nicht berücksichtigt, was dazu geführt hat, dass der Begriff „positivistisch" spätestens seit den 1960er Jahren mithin eher als Schimpfwort für theoretisch unbedarftes und unkritisches Faktensammeln gebraucht wird. Der Positivismus ist insbesondere aus drei Gründen dennoch bedeutsam:

Leistungen positivistischer Literaturwissenschaft

- Im Unterschied zu vielen vorpositivistischen Auseinandersetzungen mit Dichtung bedeutete er eine nicht-normative Herangehensweise, die den Gegenstand verstehen, beschreiben, erforschen will, ohne ihn sogleich an poetologischen Normen zu messen.
- Der Positivismus hat mit der Berücksichtigung des Milieus eine wichtige Kategorie der produktionsorientierten Literaturinterpretation eingeführt.

Sie wird zwar bei Taine entgegen seinem Anspruch nicht ‚objektiv' genutzt, sondern bleibt spekulativ, u. a. weil die Hilfswissenschaft Soziologie noch nicht weit genug entwickelt war, wird aber später von der Literatursoziologie (siehe unten, Abschnitt 10.5) in methodisch reflektierter Form und mit Erkenntnisgewinn aufgegriffen.

- Er hat gegen Ende des 19. Jh. zu einem Quellen- und Faktenstudium geführt, durch das zahllose Texte genau erschlossen und ediert wurden – eine wertvolle Forschungsleistung, auf der vielfach noch heutige Textausgaben und andere Hilfsmittel beruhen.

Exkurs: Frühe Philologie in Spanien | 10.3

Abb. 10.3 Marcelino Menéndez Pelayo (1856–1912)

Das eigentliche positivistische Quellenstudium zur spanischen Literatur nahm, wie die Romanistik als Disziplin insgesamt, von Deutschland seinen Ausgang. Als in der zweiten Hälfte des 19. Jh. spanische Philologen die Aufarbeitung ihrer Literatur begannen, ging es neben der Textedition bereits um das Bemühen, Spezifika der spanischen Nationalliteratur und innerspanische Traditionslinien herauszuarbeiten. Diese wurden dann als Symptome eines überzeitlichen spanischen ‚Wesens' verstanden, ähnlich wie bereits zuvor in der deutschen Romantik, die in Spanien begeistert eine mittelalterliche, nicht durch aufklärerischen Rationalismus steril gewordene Kultur wiederzuerkennen glaubte und spanische Texte ins Deutsche übertrug (August Wilhelm Schlegel übersetzte Calderóns Dramen, Ludwig Tieck Cervantes' *Don Quijote*). Ein solcher Ansatz, den man als *geistes-* oder *ideengeschichtlich* bezeichnet, ist der des Gründervaters der spanischen Philologie, Marcelino Menéndez Pelayo. Seine Editionstätigkeit galt neben einer Gesamtausgabe der Werke Lope de Vegas der Erarbeitung von Anthologien (Zusammenstellungen) mittelalterlicher spanischer (*Antología de poetas líricos castellanos,* 1890–1916) und hispanoamerikanischer Dichtung (*Antología de poetas hispano-americanos,* 1893–95). Dabei ist sein Standpunkt, im Gegensatz zum Programm des Positivismus, bewusst kein neutraler, sondern der des orthodoxen Katholizismus, der für ihn den Kern der spanischen Kultur ausmacht und den er teilweise recht vehement vertritt – so besonders eindrücklich in dem achtbändigen religions- und kulturgeschichtlichen Monumentalwerk *Historia de los heterodoxos españoles* (1880–82), in dem er eine Lanze für die aus seiner Sicht reine Lehre brechen wollte und doch den außer- und antikatholischen Strömungen in Spanien letztlich ein Denkmal gesetzt hat. Auch sein Schüler Ramón Menéndez Pidal widmete sich der Editionsphilologie, so mit einer *Antología de prosistas españoles,* die in 10 Auflagen 1832 bis 1978 den älteren literarischen Kanon Spaniens festschrieb. Daneben betrieb er Stilstudien, d. h. er versuchte den typischen Autorstil etwa der Mystikerin Teresa de Ávila allein anhand einer genauen Beschreibung sprachlicher Strukturen von der Satz- bis zur Lautebene zu fassen – ein Beispiel dafür, dass die heute geläufige Trennung

Geistesgeschichte (*historia de las ideas* oder *del pensamiento*): Forschungsrichtung, die Kunst als Ausdruck eines übergeordneten (und überindividuellen) National- oder Epochengeistes versteht

Abb. 10.4 Ramón Menéndez Pidal (1869–1968)

Stilistik (*estilística*): Textanalyse, die sich auf von der Norm abweichende sprachliche Oberflächenmerkmale bezieht, um einen Autoren-, Werk- oder Epochenstil zu ermitteln

von Sprach- und Literaturwissenschaft damals so nicht existierte, was sich auch an den Arbeiten seiner Schüler Dámaso Alonso und Rafael Lapesa zeigt. Auch Menéndez Pidal suchte in *Los españoles en la literatura* nach dem ‚roten Faden' in der spanischen Literatur, den er allerdings nicht, wie sein Lehrer, im orthodox-katholischen Volksgeist, sondern in Konstanten wie der formalen Schlichtheit („sobriedad"), der Volksnähe („el arte para todos") und ethischer wie ästhetischer Strenge („austeridad ética y estética") fand. Aber auch diese letztlich geistesgeschichtlich anmutende Vereinfachung blendet Entscheidendes aus, etwa im Mittelalter die arabischen, jüdischen und provenzalischen Kultureinflüsse, und behauptet eine Geschlossenheit der spanischen Nationalliteratur, die es so nicht gibt. Unter seinen zahlreichen Schülern, die ihrerseits zu Autoritäten der spanischen Philologie des 20. Jh. geworden sind, hat sich insbesondere Américo Castro gegen diese Kontinuitätsthese gewandt.

10.4 | Psychoanalyse

Abb. 10.5 | Sigmund Freud (1856–1939)

Mit der von Sigmund Freud etwa ab der Jahrhundertwende entwickelten und vertretenen Psychoanalyse (*psicoanálisis*, m.) wird das Bild vom Individuum und den psychischen Bedingungen seines – auch künstlerischen – Handelns revolutioniert. Identifizierte man bis dato ein Individuum in geistiger Hinsicht mit der Gesamtheit seiner aktuellen Bewusstseinsvorgänge (Gedanken, Absichten usw.) und Erinnerungen, so bemerkte Freud in seiner klinischen Arbeit, dass die beobachteten ‚abnormen' psychischen Symptome und Verhaltensweisen sich nicht mit den bewussten, von den Patienten wahrnehmbaren Prozessen erklären ließen; sie rührten vielmehr von seelischen Strukturen und Kräften her, die sich dem Bewusstsein entziehen, *unbewusst* (*inconsciente*) waren, im Gegensatz zu den *bewussten* Wahrnehmungen und Gedanken im jeweiligen Moment und denjenigen, die durch einen Aufwand des Individuums wieder bewusst werden können und die er *vorbewusst* (*preconsciente*) nennt – wie etwa Erinnerungen. Freud postulierte die Existenz unbewusster psychischer Prozesse nicht nur für diejenigen Fälle, wo sie zu behandlungsbedürftigen Verhaltensweisen führen, sondern in der menschlichen Psyche schlechthin, was eine differenzierte Darstellung des *psychischen Apparats* (*aparato psíquico*) notwendig machte. Hier erkennt Freud drei sog. Instanzen:

Psychische Qualitäten: bewusst, vorbewusst, unbewusst

Psychischer Apparat

Instanzen: Ich–Es–Über-Ich

- Den bisher mit der Psyche allein identifizierten Teil, der bewusst wahrnimmt, fühlt, Bewegungen auslöst etc., nennt Freud das *Ich* (*el Yo*).
- Die Sphäre der ererbten, physiologischen Bedürfnisse, der häufig unbewussten *Triebe* nennt Freud das *Es* (*el Ello*). Das Es ist der älteste, sozusagen ‚primitivste' Teil des psychischen Apparats.
- Im Heranwachsen bildet sich durch den Einfluss der sozialen Umgebung, insbesondere der Eltern, eine innere Instanz der Normenkontrolle und des Verbots heraus, die *Über-Ich* (*el Superyó*) genannt wird.

In der psychoanalytischen Theorie erweisen sich die Psyche eines Individuums und die auf ihr gründenden Handlungen also nicht als einheitliches und stimmiges Ganzes, sondern als Zusammenspiel mehrerer Instanzen mit radikal entgegengesetzten Zielen.

Psyche als Ort von Konflikten

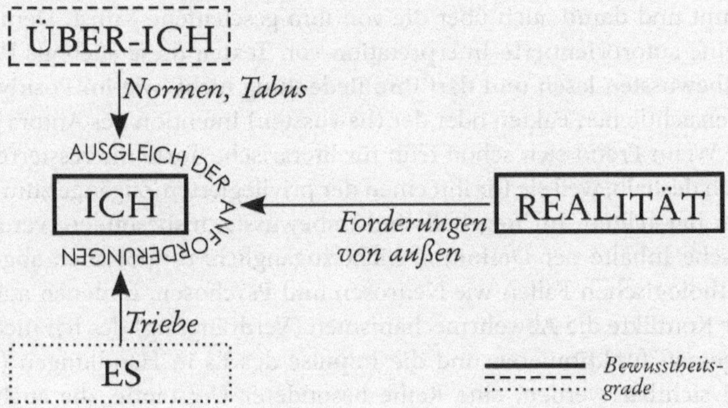

Abb. 10.6
Psychischer Apparat nach Freud

Die Ansprüche des Es stehen häufig in Konflikt mit den – teils unbewussten, teils vorbewussten – Normen und Tabus, deren Einhaltung das Über-Ich fortwährend einfordert. Dem Ich als dem bewussten und handelnden Teil der Psyche kommt die Aufgabe zu, zwischen den konträren Anforderungen zu vermitteln: zulässige Triebe (etwa Nahrungsaufnahme) zu befriedigen, verbotene zu *verdrängen* (*reprimir*; subst. *represión*), also in unbewusstem Zustand zu halten, oder aber *maskiert*, d. h. durch Zensur unkenntlich gemacht oder auf akzeptable Ersatzbefriedigungen (darunter künstlerisches Schaffen) umgeleitet (*sublimiert*), zuzulassen. Zudem muss das Ich sein Handeln mit den Gegebenheiten der äußeren Umwelt abstimmen, ist dem *Realitätsprinzip* verpflichtet – im Gegensatz zum Es, dass allein dem *Lustprinzip* gehorcht (*principio del placer/ de realidad*). Es gibt gemäß der psychoanalytischen Theorie keine ruhende Psyche, kein absolut stimmiges Handeln – jede psychische Äußerung ist das Ergebnis dynamischer Prozesse, ist potenziell spannungsreicher Kompromiss. Eine Handlung ist in diesem Sinne dann ‚korrekt', wenn sie den Ansprüchen des Über-Ichs und der Realität genügt, dabei verbotene Triebe auf akzeptablen Umwegen befriedigt (sog. Triebabfuhr) und Triebverzicht und die daraus resultierende Unlustspannung in möglichst engen Grenzen hält. Unter den Trieben ist nach Freudscher Vorstellung der *Sexualtrieb* (die sog. *Libido*, span. *la libido*) der wichtigste. ‚Sexuell' ist hier in einem weiten psychoanalytischen Sinne zu verstehen, denn das Objekt des Sexualtriebs ist meist variabel, also nicht etwa immer nur ein Partner, sondern evtl. ein beliebiges Ersatzobjekt, und die Triebquelle sind nicht etwa immer die Genitalien, sondern auch andere erogene Zonen, von denen einige in bestimmten kindlichen Entwicklungsphasen besonders wichtig werden. Freud ging davon aus, dass psychische Probleme

Über-Ich, Normen und Tabus

Verdrängung

Sublimation

Realitätsprinzip vs. Lustprinzip

Kompromiss

Sexualtrieb

Kurzübersicht über die Entwicklungsphasen nach Freud unter www.bachelor-wissen.de

des Erwachsenen maßgeblich von einem gestörten oder unvollkommenen Übergang zwischen diesen Phasen und damit einer fehlenden Ablösung von frühkindlichen Triebobjekten verursacht werden.

Bezug zu Literatur

Was hat all dies mit Literatur zu tun? Zunächst einmal ist die Psychoanalyse ihrem Anspruch nach eine Theorie über die mentale Seite des Menschen insgesamt und damit auch über die von ihm geschaffene Kunst. Demgemäß muss eine autororientierte Interpretation von Texten diese auch als Produkt des Unbewussten lesen und darf ihre Bedeutung nicht, wie im Positivismus, mit offensichtlichen Fakten oder der (bewussten) Intention des Autors gleichsetzen. Wenn Freud sich schon früh für literarische Texte interessierte, dann v. a. auch deshalb, weil sie für ihn einen der privilegierten Zugänge zum Unbewussten darstellten. Im Regelfall sind unbewusste, insbesondere verdrängte psychische Inhalte per Definition nicht zugänglich; es gibt aber, abgesehen von pathologischen Fällen wie Neurosen und Psychosen, in denen aufgrund innerer Konflikte die Abwehrmechanismen (Verdrängung) des Ich nicht ordnungsgemäß funktionieren und die Impulse des Es in Handlungen (Symptomen) sichtbar werden, eine Reihe besonderer Umstände, die auch beim gesunden Individuum Einblick in das Unbewusste gewähren. Hierzu gehören der *Traum*, der Freud als Königsweg zum Unbewussten gilt, ebenso wie der *Tagtraum* und andere Fantasiebefriedigungen, zu denen auch die Literatur zählt, sowie die *Fehlleistungen*, also unbeabsichtigte Äußerungen und Handlungen wie etwa Versprecher. Da, so Freuds Annahme, im Schlaf keine Verbindung zwischen Gedachtem und Realität (Handeln) besteht, ist die Kontrolle der Impulse aus dem Es weniger notwendig als im Wachzustand und daher die zensierend-verdrängende Ichfunktion schwächer, weshalb sich im Traum unbewusste Gedanken und Wünsche in maskierter Form artikulieren können.

Literatur als Fantasiebefriedigung im abgekoppelten Raum

Tagtraum und künstlerische Aktivitäten vollziehen sich zwar im Wachzustand und unter ‚regulärer' Zensur, sie sind aber ebenfalls als Fantasien von der Realität abgekoppelt, haben keinen äußeren Nutzwert, sondern folgen dem

Traum-Analogie

Lustprinzip. Es besteht für Freud eine strukturelle Analogie zwischen Traum

Abb. 10.7 | Traumarbeit und Kunstarbeit

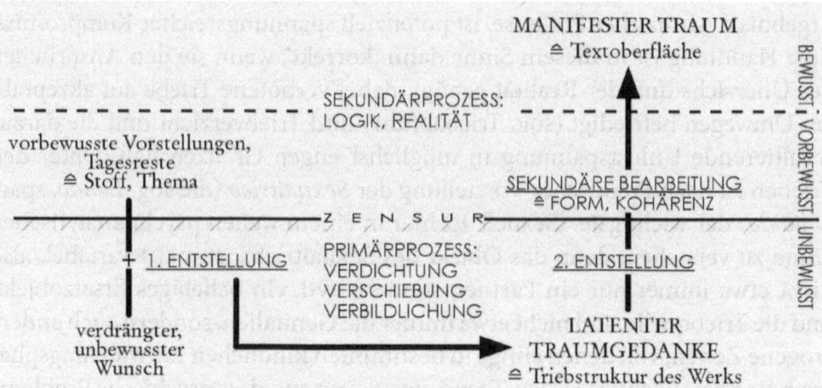

und Kunstwerk, zwischen Traumentstehung und künstlerischer Produktion, wodurch letztere mit den am Traum erprobten Methoden entschlüsselt, *interpretiert* werden kann.

Entstehung eines Traums nach Freud

Durch seine Beobachtungen an Patienten ging Freud davon aus, dass ein verdrängter, unbewusster Wunsch, der in das Bewusstsein gelangen will, sich zunächst mit vorbewussten Inhalten verknüpft – etwa jenen Erinnerungen an kürzlich oder am zurückliegenden Tag Erlebtes (Tagesreste), die erkennbar in Träumen wieder auftauchen. Dadurch entstellt (maskiert) sich der Wunsch ein erstes Mal. Er ist jetzt latenter Traumgedanke, jenes verbotene Substrat eines Traums, das die Traumanalyse aufzudecken sucht. Um die Zensurschranke, die das Ich infolge der Ansprüche des Über-Ichs errichtet, zum Bewusstsein hin passieren zu können, muss sich der latente Traumgedanke erneut entstellen, bis gewährleistet ist, dass das Bewusstsein den anstößigen Gehalt des Traums nicht mehr aus eigener Kraft zu entschlüsseln vermag. Beide Entstellungen vollziehen sich nach den alogischen Prinzipien des Unbewussten (Primärvorgang), insbesondere der *Verdichtung* (*condensación*; Zusammenführung mehrerer Wünsche oder Gedanken zu einem), *Verschiebung* (*desplazamiento*; Übertragung der Triebintensität auf ein anderes, im Traum möglicherweise nebensächlich scheinendes Objekt) und *Verbildlichung* (*simbolización*; Darstellung abstrakter Sachverhalte als Bild, etwa sexuelle Anziehung als Zug an einem Seil). Passiert der latente Traumgedanke die Zensur und erreicht die Qualität des Vorbewussten, wird er vom Ich noch nach den Regeln des Sekundärvorgangs (*proceso secundario*; Realitätsprinzip), also gemäß der Logik, Chronologie usw. geordnet, bevor er vom Träumer als manifester Traum geträumt wird, von dem er berichten, den er aber nicht eigentlich verstehen kann. Beim literarischen Text verläuft der Weg analog, wobei die vorbewussten Inhalte seinem Stoff oder Thema entsprechen, der latente Traumgedanke dem unbewussten, durch das Werk befriedigten Wunsch, die sekundäre Bearbeitung der sprachlichen Gestaltung und Anpassung an Gattungsregeln (z. B. Verse, Erzählstruktur) und der manifeste Traum dem ‚manifesten Text', also der Textoberfläche, wie sie der Lektüre direkt zugänglich ist. Wie die psychoanalytische Traumdeutung mit Hilfe der Assoziationen des Patienten, seiner Reaktionen auf die Analysesituation und biographischer Informationen den Weg vom manifesten Traum zurück zum latenten Traumgedanken zu gehen versucht, verfolgt eine psychoanalytische Textdeutung das Ziel, die unbewussten Anteile des Werks herauszuarbeiten, mithin die verdrängten Wünsche, die der Autor mit dem jeweiligen Text zu befriedigen sucht, die Konflikte, aus denen er hervorgegangen ist – und die in der Psyche des Lesers wiederum entsprechende Abwehr- oder Befriedigungsreaktionen hervorrufen können.

Erste Entstellung

Latenter Traumgedanke

Zweite Entstellung

Sekundäre Bearbeitung

Traumdeutung – Textinterpretation

Selbst wenn die Psychoanalyse heute in einigen Aspekten als überholt oder zumindest spekulativ gilt, weil etwa für ihre Behauptungen zur frühkindlichen Psyche naturgemäß keine empirischen Belege erbracht werden können, so liefert sie doch Einblick in grundlegende psychische Strukturen und Vorgänge und kann zum Verständnis der Textentstehung wie der Bedeutungskonstitution oder der Rezeption (Wirkung) eines Werks beitragen. Zudem ist sie v. a. in Gestalt des Surrealismus auch für künstlerisches Schaffen selbst unmittelbar produktiv geworden.

Aufgabe 10.1

? Lesen Sie folgenden Auszug aus einem Methodenaufsatz zur Psychoanalyse. Auf welche Unterschiede zwischen der Traumdeutung in der therapeutischen Situation einerseits und der Literaturinterpretation andererseits weist der Verfasser hin und wie ist ihnen zu begegnen? Welche psychoanalytischen Deutungsebenen werden genannt und worin besteht die Problematik ihres Verhältnisses?

Text 10.1
Methodenfragen bei der Anwendung der Psychoanalyse auf Literatur

[C]ualquier psicólogo o psiquiatra, digno de tal nombre, no interpreta un sueño 'desde los elementos constitutivos del mismo', sino desde las asociaciones del paciente al sueño, que, aunque con él se relacionan, no forman parte de él. Es decir, no forman parte de su contenido manifiesto. El caso del crítico literario es algo distinto; no tiene al autor tendido en un diván. Tiene, sin embargo, un contexto: la obra literaria del autor estudiado, dentro de la cual insertar el símbolo o pasaje objeto de análisis. Para esta tarea encuentra apoyo en el acceso a una metodología, sin la cual no hay análisis ni ciencia posibles. Aguirre[1] mismo acaba reconociéndolo cuando matiza[2] el párrafo anterior: "La suma de las interpretaciones de distintos sueños puede conducir a establecer 'verdades generales', o, mejor, 'leyes generales de tendencia', pero resultará siempre muy peligroso aplicar las mismas, sin previa y cuidadosa discriminación[3], a los casos concretos e individuales". Esto es otra cosa. El peligro es cierto, pero no puede excluir la referencia al método, ni deja tampoco de aplicarse a otros métodos. Existe, además, el peligro contrario de inclinarse excesivamente por lo concreto o individual con olvido de lo general; o sea, con olvido de que las verdades individuales son también verdades generales o humanas. Con olvido, en otros términos, de la universalidad de los símbolos o del carácter colectivo del inconsciente. (Feal Deibe: 1977, 312)

1 Aguirre *Literaturwissenschaftler, gegen dessen Kritik sich der Verfasser wendet* – 2 matizar *nuancieren* – 3 discriminación *hier: Abwägung, Differenzierung*

Aufgabe 10.2

? Sehen Sie sich nochmals die Personenkonstellation und den Handlungsverlauf des Dramas *La vida es sueño* (Einheit 7) an. Welche grundlegenden Einsichten der Psychoanalyse lassen sich auf dieses Stück anwenden?

10.5 Literatursoziologie

Individuelle vs. kollektive Dimension

Die in Text 10.1 angesprochene Spannung zwischen individueller und kollektiver Dimension betrifft freilich nicht allein die Befunde der Psychoanalyse;

sie gilt für Literatur insgesamt, da nicht nur die Publikation eines Textes ein sozialer Akt und daher bestimmten gesellschaftlichen Bedingungen (Normen, Codes etc.) unterworfen ist, sondern auch die beteiligten Individuen, allen voran der Autor, von ihrem sozialen Umfeld beeinflusst werden, mithin von einer bestimmten Position aus die Gesellschaft wahrnehmen. Mitte des 20. Jh. kommt es unter dem Einfluss des Marxismus zu einer Erneuerung der literaturwissenschaftlichen Theorie- und Methodenbildung, deren wichtigste Forderung darin besteht, einen literarischen Text nicht mehr allein als Ergebnis eines individuellen Schaffensprozesses aufzufassen, sondern ihn als in erster Linie gesellschaftliches Produkt in seiner spezifischen *sozialen Funktion* zu begreifen.

literarischen Schaffens

Soziale Funktion

Die These der sozialen Bedingtheit literarischer Texte ist natürlich nichts Neues; sie findet sich – wie übrigens viele literaturwissenschaftliche Theoreme – lange vorher in der Literatur selbst, nämlich beispielsweise in Texten der Romantik, die sich selbst als breite Bewegung aus einer neuen postrevolutionären Gesellschaft verstand und Literatur dementsprechend in den Worten ihres herausragenden Vertreters Mariano José de Larra als „la expresión, el termómetro verdadero del estado de la civilización de un pueblo" (Larra: 1940, 158) begriff. Auch die positivistische Methode hatte für sich in Anspruch genommen, den sozialen Entstehungskontext eines Werks mit zu bedenken, tat dies aber unkritisch und ohne eine theoretische Reflexion über Gesellschaft und ihren Bezug zum Werk.

‚Gesellschaft' in der Literatur

Abb. 10.8
Mariano José de Larra (1809–1837)

10.5.1 Marxistische Literaturwissenschaft

Marxismus

Ein Modell für eine kritische Literatursoziologie (*sociología de la literatura*) fand die neuere Literaturwissenschaft beim Marxismus. Karl Marx (1818–1883) hatte zwischen der ökonomischen *Basis* (*base económica*) einer Gesellschaft, d. h. den miteinander verschränkten Produktionsverhältnissen (*condiciones de producción*; z. B. Arbeitsteilung, Entlohnung, Konsum) und Produktivkräften (*fuerzas productivas*; z. B. den am Produktionsprozess beteiligten Menschen), und dem sog. *Überbau* (*superestructura*), der ‚geistigen' Seite, der Ideologie und ihrer Bereiche (z. B. Recht, Religion, Kunst), unterschieden. Der Stand und die Entwicklung einer Gesellschaft sind für Marx bedingt durch das Wechselspiel (Dialektik) dieser beiden Pole, wobei letztlich die ökonomische Basis der bestimmende Faktor sei. So werden beispielsweise die materiellen Eigentumsverhältnisse in einer Gesellschaft durch die Gesetze geregelt, die ‚Eigentum' definieren, es vor bestimmten Formen der Aneignung (Diebstahl) schützen und seinen Transfer (Verkauf) ordnen; zugleich wird die Rechtsordnung einer Gesellschaft von den materiellen Machtverhältnissen an der Basis bestimmt – also, sehr vereinfacht gesagt, die Gesetze werden von denjenigen gemacht, die das Geld haben, was letztlich aus marxistischer Sicht der entscheidende Faktor ist. Der für die Literaturwissenschaft folgenreichste Aspekt dieses *dialektischen*,

Abb. 10.9
Marxistisches Gesellschaftsmodell

Dialektischer, basisbegründeter Determinismus

basisbegründeten Determinismus ist die These, dass Kunst als Überbauschicht – und damit auch Literatur – von der ökonomischen Basis bestimmt wird und diese widerspiegelt, wenn nicht in ihrer Gesamtheit, so doch ausschnittsweise (etwa je nach der Klasse, der der Autor zugehört, und ihrer Partizipation an den Produktionsmitteln): Ein Autor des Großbürgertums, so die Überlegung, reflektiert in seinen Werken die Basis anders als ein schreibender Proletarier und wählt hierfür andere Formen (Gattungen).

Vermittelte Widerspiegelung in Literatur

Die Prämisse einer weitgehenden Determination von Literatur durch die ökonomische Basis birgt insofern ein methodisches Problem, als in vielen literarischen Texten nicht direkt von Produktionsverhältnissen die Rede ist. Die Widerspiegelung (*reflejo*) lässt sich also häufig nicht, wie noch in den interpretatorischen Arbeiten von Georg Lukács, einem der Wegbereiter marxistischer Literaturbetrachtung, durch einen Blick auf den ideologischen Gehalt eines Textes und seine Übereinstimmung mit dem gesellschaftlichen Entwicklungsstand aufzeigen; vielmehr ist der Zusammenhang sehr viel vermittelter.

Abb. 10.10 | Georg Lukács (1885–1971)

Eine Vorstellung von einem vermittelten Zusammenhang zwischen materieller Situation und literarischem Schaffen bietet ein Blick auf die Produktionskontexte mittelalterlicher und frühneuzeitlicher Literatur in Europa:

Text 10.2 | Literatur und materieller Status des Autors

En la Edad Media las condiciones también cambian con los tiempos: los *juglares*[1] recorren los caminos de la Europa occidental recitando aquellos pasajes de los cantares de gesta[2] más en boga[3]. Los *trovadores*[4], por lo general, recitan sus propios poemas, y suelen ser personas de una situación social más bien elevada [...], pero también puede darse el trovador que vive de su profesión. De los tres ambientes que caracterizan la Edad Media – el castillo, la iglesia y la calle – procederán producciones orientadas distintamente: en el castillo será el juglar o el trovador quien tendrá la palabra[;] en la Iglesia son los religiosos quienes, con una gran independencia económica, pueden escribir las obras religiosas que caracterizan a este estamento[5] (piénsese en Berceo o en el Arcipreste de Hita[6]); en la calle es el juglar. En la época renacentista se volverá necesariamente al sistema del mecenazgo[7], que perdurará hasta bien entrado el siglo XVIII. Cierto que la invención de la imprenta permitirá una mayor difusión de la Literatura, y, por ello, una cierta independencia del autor. Pero no nos engañemos: el escritor continuará en gran medida dependiendo de su 'protector' a quien dedica, naturalmente, sus producciones. En el siglo XVIII será la posibilidad de tratarse con la nobleza y la asistencia a las sesiones de los célebres *salones*[8] lo que permitirá el progreso social y literario del autor. Es a partir del siglo XIX cuando, de hecho, el escritor conquista su libertad económica, y cuando, por ende[9], puede practicar su profesión para vivir. (Alsina Clota: 1984, 222)

Abb. 10.11 | Mittelalterliche Juglares (Abbildung aus den *Cantigas* von Alfonso el Sabio, 2. Hälfte des 13. Jh.)

1 juglar *Spielmann, der niederer Herkunft war und Verse meist populärer Herkunft oder anderer Autoren vortrug und mit Instrumentalbegleitung sang* – 2 cantar de gesta *Epos (siehe Beginn Einheit 8.1)* – 3 en boga *en vogue, ‚angesagt'* – 4 trovador

Troubadour – 5 estamento *Stand* – 6 Gonzalo de Berceo (ca. 1197–ca. 1264) und Juan Ruiz, Arcipreste de Hita (1. Hälfte 14. Jh.) *berühmteste Vertreter der mittelalterlichen geistlichen Dichtung in Spanien* – 7 mecenazgo *Mäzenatentum* – 8 salones *Salons, regelmäßige Treffen von (oft einflussreichen) Intellektuellenzirkeln, bei denen Literatur, Kunst und Philosophie, aber auch aktuelles Zeitgeschehen diskutiert wurden* – 9 por ende *folglich*

Aufgabe 10.3

? Wie hängen Ort und Medien der literarischen Produktion mit den Inhalten zusammen? Welchen Einfluss könnten die Orte *Schloss*, *Kloster* und *Straße* auf die dort gepflegte Literatur, ihre Inhalte und Formen gehabt haben?

10.5.2 Gattungen als ‚Sitz im Leben'

Vermittlung durch Gattung

Der Romanist Erich Köhler (1924–1981) hat den marxistischen Ansatz aufgegriffen und weiterentwickelt, indem er der Individualität des Autors, der ja bei aller geschichtlichen und sozialen Bedingtheit das Werk erst realisiert, einen größeren Stellenwert einräumte und zudem das Abbildungsverhältnis zwischen Basis und Literatur auf der Ebene des *Gattungssystems* (*el sistema de los géneros literarios*) – und nicht im offensichtlichen Inhalt eines einzelnen Werks – ansiedelte. Einzelne Gattungen, so Köhlers These, haben einen spezifischen ‚Sitz im Leben', werden getragen von bestimmten Gruppen oder Klassen und repräsentieren deren Blick auf die Basis – aber nicht unmittelbar, sondern durch ihren Platz im System der Gattungen, das in seiner Gesamtheit dem gesellschaftlichen Leben homolog ist: Gesellschaftliche Rivalitäten und historische Veränderungen, insbesondere an Wendepunkten der Geschichte (Revolutionen etwa), zeigen sich nach Köhler also durch Umbesetzungen im Gattungssystem: Einzelne Gattungen sterben aus oder erfahren formale oder inhaltliche Modifikationen, wenn die sie tragenden Klassen bedeutungslos werden oder aber aufsteigen. Besondere Blütephasen führt Köhler dabei weniger auf einzelne Gruppen als auf vorübergehende Allianzen rivalisierender sozialer Klassen zurück.

Abb. 10.12 Erich Köhler (1924–1981)

Eines der klarsten Beispiele dafür, dass Literatur in vermittelter Weise soziale Veränderungen spiegelt, ist der Schelmenroman (siehe Einheit 8.1, Übersicht Roman), der Mitte des 16. Jh. mit dem anonymen *Lazarillo de Tormes* seinen Anfang nimmt und sich von bestehenden Gattungen deutlich abhebt:

Text 10.3 Die Gattung Schelmenroman als Symptom sozialer Veränderung

> La novela picaresca [...] es la historia de un personaje vulgar[1].
>
> Precisamente por esto la novela picaresca se opone en esta época al libro de caballería que no se sitúa en ninguna época, en ningún espacio, termina por poner los pies en tierra. La nueva ficción se inserta en estas tres categorías: tiempo, espacio y causalidad. La novela picaresca es un relato la mayoría de las veces en forma autobiográfica; el personaje narra sus desventuras[2] en el mundo. Ya desde este momento el mundo es visto desde una perspectiva personal y no

Abb. 10.13 | Der Schelm trinkt heimlich den Wein des Herrn (aus einem Manuskript des 14. Jh.

objetiva; no se abre ante la mirada del pícaro, como un espectáculo; es sentida por el personaje; esto origina una especie de relativismo; cada uno tenemos nuestra perspectiva, ideas y puntos de vista sobre el mundo, sobre lo que éste es y lo que debería ser. Pues si el pícaro describe el mundo tal como cree que fue y será es porque, en lo que se refiere al presente, el personaje se siente totalmente inadaptado, no está a gusto[3].

Así la novela picaresca corresponde al estado tambaleante4 de la sociedad en que aparece. La aristocracia y el comercio se disputan el poder, sobre todo en Sevilla, ciudad a la vez noble y comercial. ¿El prestigio social procede del dinero? ¿Está ligado, por el contrario, a la sangre, a la herencia5, a la ascendencia? El autor plantea la pregunta y la responde. [...]

Antes los mendigos pedían pan, vestidos, pero nunca dinero. La novedad es el cura avaro que hace dinero, el hidalgo6 que necesita dinero para vivir. En resumen, existe como una nostalgia de un estado anterior basado en el equilibrio de los tres órdenes: la aristocracia, el clero y el tercer estado. El autor no condena el nuevo régimen, prefiere burlarse de él y hacer reír a los demás.

[...] ¿Cuál es la relación del Lazarillo con la realidad? El autor no se propone en absoluto copiar la realidad, sino construir un mundo novelesco que, curiosa coincidencia, corresponde, a su nivel, a la esencia de la sociedad de su época. Repetimos: no se trata de una copia porque en 1550 sólo existen 150000 pícaros sobre nueve millones de habitantes en España. En el caso del Lazarillo no se trata de la sociedad tal como aparece, en la superficie, se trata de la sociedad tal como es en el fondo, en su red de fisuras7, en su red de rupturas; la sociedad va a desmoronarse8 y esto es lo que nos dice el autor. (Aubrun: 1969, 144–148)

1 vulgar *hier: von niederer Herkunft, aus dem Volk* – 2 desventura *Unglück* – 3 estar a gusto *sich wohl fühlen* – 4 tambaleante *schwankend, im Umbruch begriffen* – 5 herencia *Erbe* – 6 hidalgo *Kleinadliger* – 7 en su red de fisuras *in den Rissen, die sie (die Gesellschaft) durchziehen* – 8 desmoronarse *bröckeln, auseinanderfallen*

Aufgabe 10.4 | ? Wie stellt sich, gemäß dieser Analyse, das Verhältnis von sozialer Wirklichkeit und literarischem Text im Falle des Schelmenromans dar? In welcher Hinsicht entspricht dies Köhlers Ansatz, in welcher nicht?

Etwa zeitgleich zu Köhlers Arbeiten werden in der spanischsprachigen Literaturwissenschaft ähnliche literatursoziologische Ansätze entwickelt. So geht etwa Juan Ignacio Ferreras in seinen *Fundamentos de sociología de la literatura* (1980) davon aus, dass in einer Gesellschaft bestehende Weltanschauungen (Ideologien, also Überbauphänomene) ihren literarischen Artikulationsort häufig in tradierten Formen, insbesondere bereits existierenden Gattungen finden, die mit neuen Inhalten verbunden werden, oder mehr noch: die eine neue *Funktion* annehmen. Umgekehrt können Gattungen und Texte ‚sterben', wenn die Weltanschauungen, die ihre Genese bedingt haben, innerhalb einer Gesellschaft an Wert verlieren, etwa weil es die sie tragende(n) Gruppe(n) nicht mehr oder unter veränderten Bedingungen gibt. Solche Texte bestehen an sich natürlich weiter, sind dann aber nicht mehr als ‚Literatur' wirksam, sondern nur noch als historisches, gleichsam zum Gegenstand akademischen Interesses erstarrtes Dokument. Ferreras weist ausdrücklich darauf hin, dass die für ihn zentrale soziologische Funktionsbeschreibung stets um andere genetische (produktionsästhetische) Ansätze, wie wir sie bisher in diesem Kapitel vorgestellt haben, sowie um textimmanent-strukturbezogene Analysen zu ergänzen sind, bewahrt sich also eine methodische Offenheit, wie sie auch für Köhlers Ansatz gilt. Innerhalb der marxistischen Literaturwissenschaft ist weiterhin die *Historia social de la literatura española (en lengua castellana)* (1978/79) von Carlos Blanco Aguinaga, Julio Rodríguez-Puértolas und Iris M. Zavala zu nennen, die Literaturgeschichte unter dem Aspekt der Spiegelung von Produktionsverhältnissen und Klassengegensätzen, aber auch der intendierten Rückwirkung auf Leser, also *dialektisch* neu betrachten.

Zusatzmaterial zur spanischsprachigen Literatursoziologie finden Sie unter www.bachelor-wissen.de.

Feldtheorie

10.5.3

Differenzierung: Gesellschaftliche Felder

Auch der Ansatz des Soziologen Pierre Bourdieu (1930–2002) beleuchtet den Zusammenhang zwischen sozialen Strukturen und kultureller Produktion, lehnt aber den Totalitätsanspruch einer letztlich die gesamte Gesellschaft bestimmenden ökonomischen Basis zugunsten eines differenzierteren Modells ab. Er greift hierfür auf die – in verschiedenen Ausprägungen auch bei anderen Soziologen wie Niklas Luhmann formulierte – Beobachtung zurück, dass sich die moderne Gesellschaft in verschiedene Bereiche untergliedert, die er ‚Felder' (*campos*) nennt: u. a. Ökonomie, Recht, Politik, aber auch Kunst und Literatur. Innerhalb dieser Felder spielen durchaus Determinanten wie das *Kapital* eine Rolle; in Abgrenzung vom Materialismus marxistischer Ansätze betont Bourdieu allerdings, dass nicht allein ökonomisches Kapital (Geld), sondern auch andere Formen wie Prestige oder fachliche Autorität auschlaggebend sind, die er unter dem Begriff des *symbolischen Kapitals* (*capital simbólico*) zusammenfasst. Die Felder besitzen zwar Anknüpfungspunkte und geben sich gegenseitig Impulse – allein schon dadurch, dass jeder von uns notwendigerweise in mehreren Feldern agiert, aber auch durch institutionelle Verbindungen wie die zwischen Recht und Ökonomie –, müssen aber getrennt betrachtet werden, da sie *autonom* sind, also verschiedenen Regeln gehorchen und verschiedene Zustände kennen: Jemand, der innerhalb des Feldes der Politik eine dominante Position einnimmt (sagen wir: die Regierungschefin), ist dadurch innerhalb eines anderen Feldes (etwa der Kultur) nicht automatisch bedeutsam, verfügt dort nicht über vergleichbares Kapital (selbst wenn immer wieder der Versuch zu beobachten ist, die Dominanz innerhalb

Kapital als Determinante

Abb. 10.14
Pierre Bourdieu (1930–2002)

Symbolisches Kapital

Relative Autonomie der Felder

eines Feldes für den Erfolg in anderen, zumal im ökonomischen, nutzbar zu machen, etwa durch den Absatz von Politikermemoiren).

Konkurrenz innerhalb der Felder

Dominierender und dominierter Pol

Die Felder definieren nicht nur gesellschaftliche Teilräume, sondern sind Macht- und Konkurrenzbereiche, innerhalb derer die beteiligten Individuen und Gruppen rivalisieren. Ihr jeweiliges Kapital bestimmt die Position innerhalb eines feldinternen Koordinatensystems zwischen dominierendem und dominiertem Pol, wobei der dominierende Pol sich dadurch auszeichnet, dass hier überwiegend die Normen und Zugangskriterien des Feldes definiert werden. Welche Form(en) von Kapital (ökonomisch, kulturell, symbolisch etc.) ausschlaggebend sind, hängt vom jeweiligen Feld ab: So ist im literarischen Feld der Besitz von ausschließlich ökonomischem Kapital (durch Absatz von ‚Bestsellern') eher ungünstig, das durch die Anerkennung kleinerer intellektueller Kreise (etwa Kritiker oder akademische Literaturwissenschaft) erlangte symbolische Kapital hingegen oft entscheidend für Aufstieg und Annäherung an den dominierenden Pol, auch (und u. U. gerade) ohne kommerziellen Erfolg. Hier zeigen sich für Bourdieu die Unzulänglichkeiten eines marxistischen Ansatzes, der die materielle Basis generell zum bestimmenden Faktor erhebt. Vielmehr steht Literatur in einem breiteren feldinternen institutionellen Kontext, bei dem neben kommerziellen Faktoren auch die durch Kritiker, Verlage, Wissenschaft, Autoren usw. vermittelte Anerkennung und das daraus bezogene symbolische Kapital zu berücksichtigen sind.

Literarische Texte und die Position des Autors/der Autorin im literarischen Feld

Literarische Texte werden also auch mit Bourdieus Feldtheorie auf ihren sozialen Entstehungskontext hin untersucht, dabei aber innerhalb des – seit Mitte des 19. Jh. weitgehend eigengesetzlichen – literarischen Feldes mit seinen spezifischen Determinanten betrachtet. So sind beispielsweise nicht allein das Klassenbewusstsein eines Autors und die materielle Situation seiner sozialen Gruppe soziale Determinanten für Form (z. B. Gattung) und Inhalt seiner Werke, sondern die Position im literarischen Feld: Ein junger, aufstrebender Autor wird v. a. die Genres und Inhalte meiden, die von etablierten, mit hohem Kapital ausgestatteten Literaten vertreten werden, und stattdessen die ‚Lücken' im Feld suchen, die er besetzen kann, die Möglichkeiten der Subversion und Innovation ausloten. Grundlage dieses Agierens im Feld, der Stellungnahme (*toma de posición*) durch literarische Produktion, ist der individuelle ‚Habitus' (*habitus*, m.), eine (meist unbewusste) Verhaltensdisposition, die das jeweilige Individuum im Laufe seiner Auseinandersetzungen im Feld erworben hat, also die Anpassung seiner mentalen Strukturen an diejenigen des Feldes und seine Regeln. Feldexterne Impulse (wie Klassengegensätze) werden demgegenüber im autonomen literarischen Feld nicht direkt wirksam, sondern reinterpretiert.

Individueller Habitus

Aufgabe 10.5

? Lesen Sie den folgenden Textauszug aus einer literatursoziologischen Studie zum spanischen 18. und 19. Jh. und beantworten Sie die anschließenden Fragen.

Text 10.4
Autonomisierung des literarischen Feldes im spanischen 18. und 19. Jh.

Insertado en un campo social estratificado[1], el ámbito[2] que hacia finales del siglo XIX español iba a constituir lo que P. Bourdieu denomina los "campos artístico y literario", estaba determinado en la primera mitad del siglo XVIII por mecanismos de control ajeno[3]. Los representantes de los grupos sociales dominantes en el campo del poder, los nobles y el clero, seguían acuñando[4] las convenciones del gusto. Así como el acceso a la erudición[5] estaba reservado a los que disponían de prestigio social y del capital económico necesario, así la producción y el consumo del arte estaban reservados a las mismas élites. Los inicios de la formación de un campo (artístico y) literario y con ello el cambio del concepto de *poesía* se explican en el marco de un proceso durante el cual empezaba a flexibilizarse la rígida jerarquía[6] social. Correspondían estas transformaciones estructurales con las que se estaban produciendo paralelamente en los subcampos, de la economía, de la administración pública y de la educación. En este último campo se manifestaban los primeros indicios de una diferenciación de espacios dedicados a la producción y el consumo de saberes específicos y de su institucionalización. Este desarrollo, si bien no[7] comenzó abruptamente con el cambio de dinastías, sí era llevado adelante por el "clima reformista" de los gobiernos de Felipe V y Fernando VI. Ahora bien, la presentación de la organización del campo social y de las fuerzas que obraban en él se dedicará en lo siguiente a la identificación de aquellos actores e instituciones que iban a constituir el campo (artístico y) literario, la determinación de su posición en el campo social y de sus relaciones con el campo del poder. Para ello se ofrece partir de las clasificaciones españolas de las Artes y las Ciencias, con el fin de aclarar, en particular, el concepto de lo que oficialmente se llamaba el *Arte* en aquellos años. (Gunia: 2008, 89)

1 estratificado *stratifiziert, in Schichten strukturiert* – 2 ámbito *Bereich, Sphäre* – 3 ajeno *fremd* – 4 acuñar *prägen* – 5 erudición *Bildung, Gelehrsamkeit* – 6 jerarquía *Hierarchie* – 7 si bien no *wenn nicht*

? Welche Konzepte der Bourdieuschen Feldtheorie werden von der Autorin aufgegriffen? Welche Voraussetzungen und welche Folgen hat der beschriebene Prozess der Autonomisierung des literarischen und künstlerischen Feldes?

Zusammenfassung

Literaturwissenschaftliche Interpretationsmethoden zielen auf objektiviertes Textverstehen ab, das erreicht werden kann, wenn der Erkenntnisweg (Methode) und die Prämissen (Vorannahmen über eine sinnvolle ‚Frage an den Text', über den entscheidenen Faktor der literarischen Kommunikation) offengelegt und plausibel gemacht werden. Die jeweiligen Prämissen ermöglichen eine Klassifizierung von Interpretationsansätzen. Autor- und produktionsorientierte Zugänge gehören mit dem Positivismus und den teils als Gegenbewegung entstandenen geistesgeschichtlichen und autorstilistischen Ansätzen zu den fachgeschichtlich ersten Interpretationsmodellen. Das durch Freuds Psychoanalyse radikal veränderte Bild vom Individuum führte zu Literaturauffassungen, die nunmehr weniger auf die bewusste als die unbewusste psychische Leistung des Autors abheben. Freud sieht den künstlerischen Schaffensprozess analog zur Fantasiebefriedigung im Traum und postuliert die Übertragbarkeit entsprechender Deutungsmethoden auf den literarischen Text. Literatursoziologischen Ansätzen ist demgegenüber gemeinsam, dass sie Literatur als zwar durch ein Individuum realisiert, aber letztlich durch gesellschaftliche Gegebenheiten bedingt sehen. Die marxistische Literaturwissenschaft geht von einer letztinstanzlichen Determinierung des literarischen Textes durch die ökonomischen Grundlagen (Basis) aus. Der Ansatz von Erich Köhler stimmt grundsätzlich damit überein, berücksichtigt aber stärker die Tatsache einer meist nur sehr indirekten Spiegelung des Ökonomischen in literarischen Texten. Bourdieus Feldtheorie engt demgegenüber den Fokus auf das weitgehend autonome literarische Feld ein, in dem sich ein Text und sein Autor positioniert.

Literatur

José Alsina Clota: *Problemas y métodos de la Literatura*. Madrid: Espasa-Calpe 1984.

Charles Aubrun: La miseria en España en los siglos XVI y XVII y la novela picaresca, in: Arthur Doucy u. a. (Hg.), *Literatura y sociedad. Problemas de metodología en sociología de la literatura*. Barcelona: Roca 1969, 143–152.

Carlos Blanco Aguinaga u. a.: *Historia social de la literatura española (en lengua castellana)*. 3 Bände. Madrid: Akal ³2000.

Pierre Bourdieu: *Die Regeln der Kunst. Genese und Struktur des literarischen Feldes*. Frankfurt a. M.: Suhrkamp ⁶2014.

Johannes Cremerius (Hg.): *Psychoanalytische Textinterpretation*. Hamburg: Hoffmann und Campe 1974.

Carlos Feal Deibe: García Lorca y el psicoanálisis. Apostillas a unas apostillas, in: *Bulletin of Hispanic Studies* 54/1977, 311–314.

Juan Ignacio Ferreras: *Fundamentos de sociología de la literatura*. Madrid: Cátedra 1980.

Sigmund Freud: *Abriss der Psychoanalyse. Einführende Darstellungen*. Frankfurt/Main: Fischer ³2014.

Inke Gunia: *De la* poesía *a la* literatura. *El cambio de los conceptos en la formación del campo literario español del siglo XVIII y principios del IXI*. Frankfurt a. M.: Vervuert/Madrid: Iberoamericana 2008.

Joseph Jurt: *Das literarische Feld. Das Konzept Pierre Bourdieus in Theorie und Praxis*. Darmstadt: Wiss. Buchgesellschaft 1995.

Erich Köhler: *Vermittlungen. Romanistische Beiträge zu einer historisch-soziologischen Literaturwissenschaft*. München: Fink 1976.

Jean Laplanche/Jean-Bertrand Pontalis: *Das Vokabular der Psychoanalyse*. Frankfurt a. M.: Suhrkamp ¹⁸2008.

Mariano José de Larra: Literatura. Rápida ojeada sobre la historia e índole de la nuestra. Su estado actual. Su porvenir. Profesión de fe (*El Español*, 18 de enero de 1836), in: Ders., *Artículos de crítica literaria y artística*. Hg. J. R. Lomba y Pedraja. Band II. Madrid: Espasa-Calpe 1940, 158–169.

Weiterführende Literaturhinweise finden Sie unter www.bachelor-wissen.de.

Textvergleich und Textwirkung

Inhalt

11.1	Komparatistische Literaturwissenschaft	190
11.1.1	Thema, Stoff, Motiv	190
11.1.2	Typologischer und genetischer Vergleich	192
11.1.3	Exkurs: Allgemeine Literaturwissenschaft	199
11.1.4	Imagologie	200
11.1.5	Kulturtransfer	201
11.2	Die Rezeption literarischer Werke	202
11.2.1	Rezeptions- und Wirkungsgeschichte	203
11.2.2	Rezeptionsästhetik	204
11.3	Feministische Literaturwissenschaft und *Gender Studies*	207

Überblick

Das Phänomen Literatur lässt sich nicht allein von der Seite ihrer Hervorbringung durch einen Autor oder eine Autorin aus betrachten. In einem nächsten Schritt sollen daher theoretische Ansätze vorgestellt werden, die sich mit den literaturgeschichtlichen Wechselbeziehungen zwischen Texten, der Frage nach ihrer Vergleichbarkeit und der Wahrnehmung von Texten durch ihre Leserschaft (Rezeption) auseinandersetzen. Im Anschluss an die bereits in Einheit 2 betrachteten literaturgeschichtlichen Aspekte kann als Ausgangspunkt die Erforschung von Themen, Motiven und Stoffen genutzt werden.

11.1 | Komparatistische Literaturwissenschaft

Bezüge zwischen Texten

Die Literaturgeschichte ist keine schier endlose Aneinanderreihung von Einzeltexten oder ein chronologisch geordnetes Inventar der AutorInnennamen (siehe Einheit 2.4). Einen übergeordneten Sinn erhalten die jeweiligen Informationen erst dann, wenn sie in einen Kontext eingebunden werden, der sie auf der Grundlage einer speziellen Fragestellung analysiert und zueinander in Beziehung setzt. Eine dieser werkübergreifenden Beziehungen liegt bereits in der Bildung literarischer Tradition vor, wie sie sich etwa aus der Entwicklung der Gattungen oder Textsorten (siehe Einheit 2.2), bestimmter Stilarten oder aber inhaltlicher Aspekte und Elemente heraus ablesen lässt. So hat sich die Literatur unterschiedlicher Epochen und Strömungen durchaus einer Vielzahl von immer wiederkehrenden Fragestellungen, Problemen und Geschichten angenommen, die es wert erschienen, noch einmal aufs Neue gestaltet zu werden. Sie sind Gegenstand der Motiv-, Stoff- und Themenforschung, die nicht zuletzt auf die literaturgeschichtliche Erforschung von Volksmärchen zurückzuführen ist.

11.1.1 | Thema, Stoff, Motiv

Stoff

Die Abgrenzung zwischen den drei Begriffen Stoff (*materia*), Motiv (*motivo*) und Thema (*tema*, m.) ist in der Forschung nicht immer einheitlich geregelt. Als Konsens lässt sich aber festhalten, dass der ‚Stoff' eine bereits in ihren wichtigsten Grundzügen bestehende Handlung bzw. einen Plot (siehe Einheit 8.3.2) mit seinem Figureninventar bezeichnet, wie er sich in der literarischen Überlieferung etabliert hat und z. B. in mythischen oder religiösen Erzählungen bzw. in den Legenden vorliegt, die bestimmte historische Persönlichkeiten umgeben. Ein Beispiel hierfür wäre der antike Daphne-Mythos, wie er von Garcilaso de la Vega in seinem *Soneto XIII* verarbeitet wird (vgl. Zusatzmaterial zu Einheit 5.1), oder der Cid-Stoff (Einheit 8.1). Der Stoff ist stets eine charakteristische Kombination von Motiven, die mit den Personen und einer zu Grunde liegenden Problematik eine Einheit eingehen.

Abb. 11.1 | El Cid (Denkmal in Burgos)

Motiv

Das *Motiv* selbst ist eine kleinere Einheit innerhalb des Handlungsgefüges, das mit anderen Motiven zusammen in den Gesamttext eingewoben ist und das Geschehen maßgeblich bestimmt oder in kondensierter Form enthält. Als Beispiele seien das Motiv der ‚Verwechslung', der ‚Reise' oder der ‚verlorenen

Jugend' genannt. Relevante Motive für die in Einheit 9.2 behandelte Erzählung *Continuidad de los parques* von Julio Cortázar sind der Eifersuchtsmord und die Begegnung der Liebenden. Dem Drama *Bodas de sangre* (vgl. Einheit 7.2) und dem Roman *Doña perfecta* (vgl. Einheit 9.1) wäre das Motiv der Flucht der Liebenden gemein. Das *Thema* wiederum formuliert in ganz grundlegender und abstrakter Weise den Sinngehalt des Textes, wie er aus der Verknüpfung von Motiven, Handlungseinheiten und Charakteren entsteht; im Thema wird die zentrale Idee des Textes erfasst, die oftmals auf einer Konfliktsituation beruht und die Entwicklung der Charaktere beeinflusst. Im Falle des Romans *Doña perfecta* wie in Lorcas ‚Tragedia rural' *Bodas de sangre* wäre das Thema der Rückständigkeit der ländlichen Regionen Spaniens festzuhalten.

Thema

Text 11.1 Das Zusammenspiel von Themen und Motiven

> Themen und Motive haben einen entscheidenden Einfluß auf das Netz textinterner Beziehungen: Sie koordinieren Handlungsverläufe, verknüpfen diskursive Beziehungen, in denen sich das Geschehen zuspitzt, und integrieren das Textfeld. Darüber hinaus erschließt das Themenstudium die wechselseitige Abhängigkeit von Figurenkonzeption, Motiven und Themen. Ersichtlich wird das Problem eines bisher wenig beachteten Funktionszusammenhangs: Themen und Motive bestimmen häufig wiederkehrende Grundmuster literarischer Werke, die Aufschluss geben über ein unausgesprochenes Regelsystem, das der individuellen Formgebung innerhalb einer unüberschaubaren literarischen Produktion zugrunde liegt. (Daemmrich: 1995, XII)

Aufgabe 11.1

? Erstellen Sie ein Inventar wichtiger Motive des in Text 7.1 abgedruckten Auszugs aus Calderons *La vida es sueño*.

Aufgabe 11.2

? Untersuchen Sie *Continuidad de los parques* von Julio Cortázar (Text 9.5) auf weitere hervorstechende Motive.

Aufgabe 11.3

? Klären Sie anhand eines literaturwissenschaftlichen Nachschlagewerks den Begriff ‚Leitmotiv'.

Nachschlagewerke

Für das Gebiet der Stoff- und Motivforschung liegen nützliche Nachschlagewerke vor, welche bei der Analyse eines entsprechenden Textes eine wertvolle Hilfestellung geben. Für den deutschen Sprachraum sind an erster Stelle Elisabeth Frenzels *Motive der Weltliteratur* und *Stoffe der Weltliteratur* zu nennen. Sie führen in die wesentlichen Elemente des jeweiligen Gegenstandes ein und verfolgen ihn über die Grenzen der Nationalliteraturen hinweg.

Aufgabe 11.4

? Überprüfen Sie anhand des erwähnten Bandes *Stoffe der Weltliteratur* den Aufbau des Artikels „Cid". Welche Nationalliteraturen werden in die Darstellung einbezogen, inwieweit werden die genannten Texte zueinander in Beziehung gesetzt?

11.1.2 | Typologischer und genetischer Vergleich

Komparatistik

Die Vernetzung der Nationalliteraturen dank eines ihnen gemeinsamen Kulturguts (so der antiken Mythologie oder der christlichen Überlieferung) über gefestigte Stoffe, typische Motive und themenbildende Grundprobleme zeigt ihre mögliche Vergleichbarkeit, gleichzeitig weist sie aber auch auf die Notwendigkeit hin, bei den jeweiligen Betrachtungen das Spezifische hervorzuheben. Die Beziehungen, Verwandtschaften, Gemeinsamkeiten und Unterschiede zwischen den Nationalliteraturen (bzw. Sprachbereichen oder gar Kulturkreisen) werden in diesem Sinne von einem Zweig der Literaturwissenschaft behandelt, die als vergleichende Literaturwissenschaft oder Komparatistik (*literatura comparada*) inzwischen den Weg zur akademischen Institutionalisierung zurückgelegt hat (Einrichtung eigener Lehrstühle und Studiengänge). Voraussetzung für ein entsprechendes Vorhaben ist die fundierte Kenntnis der literatur- und kulturgeschichtlichen Entwicklung aller in den Vergleich einbezogenen Nationalliteraturen sowie die sichere Beherrschung der jeweiligen Sprachen. In diesem Zusammenhang spielt die Behandlung von Problemen bei der Übersetzung von Texten, vor allem aber bei der Rezeption von Literatur, die aus einem fremden kulturellen Kontext stammt, eine wichtige Rolle. Es versteht sich, dass sich die Komparatistik daher in verschiedener Hinsicht mit dem Themenkomplex der Rezeption und der Intertextualität (siehe Einheit 11.2 bzw. 12.2.1) auseinandersetzt.

Genetischer Vergleich

Um die Entstehung von literarischen Texten in einem größeren Zusammenhang nachvollziehbar zu machen, gilt es, sich die jeweiligen Einflüsse und Rahmenbedingungen zu vergegenwärtigen. Der Erforschung der direkten oder vermittelten, offen ersichtlichen oder verdeckten Einflüsse auf die Textentstehung durch andere Texte widmet sich der genetische Vergleich. Er zeigt die ausdrücklich erwähnten oder nachträglich rekonstruierbaren Bezüge zwischen dem untersuchten Text und anderen, von seinem Verfasser wahrgenommenen Texten auf. Im Vordergrund stehen die Lektüren oder anderweitigen Werk-Kontakte des Autors. Im Falle von Galdós (Einheit 9.1) stellt sich beispielsweise die Frage nach dem Einfluss des historischen Romans in der Tradition Sir Walter Scotts oder des französischen Realismus. Ebenso lässt sich fragen, welche Bedeutung der italienische Petrarkismus für das dichterische Schaffen eines Góngora und eines Garcilaso de la Vega hatten (Einheit 5.1). Die Schwierigkeit besteht häufig darin, die wirksamen Bezüge aufzudecken und den Grad ihrer Vermitteltheit entsprechend plausibel zu machen. Ein Beispiel für eine relativ klare Einbeziehung eines literarischen Modells, nämlich des Wilhelm-Tell-Stoffes mit seiner Thematik der Freiheit und der politischen Revolte, in das eigene Schreiben liefert Alfonso Sastre (geb. 1926) in seinem Drama *Guillermo Tell tiene los ojos tristes* (1955).

Text 11.2 und Text 11.3
Wilhelm Tell Stoff

Abb. 11.2
Wilhelm Tell-Statue in Altdorf

Alfonso Sastre: *Guillermo Tell tiene los ojos tristes* (1955)

TELL. – Gobernador, puede que mate a mi hijo. Quiero hablar con él antes de hacerlo.

GOBERNADOR. – (*Divertido.*) Aceptado. Señores, siéntense por ahí. Vamos a asistir a una conmovedora[1] escena. Cojan sitio. Pónganse cómodos. Teatro gratis para todos. „La tragedia de Guillermo Tell". Pasen, pasen, señores. (*La gente se acomoda en semicírculo alrededor de Tell y Walty. Una pausa. Expectación*[2].) Vamos a empezar. (*TELL y su hijo no se mueven.*) ¡Adelante! ¡Arriba el telón[3]! ¡Enciendan las candilejas[4]! ¡Acción!

(*Un silencio. Tell se aproxima a su hijo.*)

TELL. – Ya lo ves, Walty. Es como un teatro. Hay muchos ojos indiferentes puestos en nosotros.

WALTY. – Sí, padre.

TELL. – (*Señala hacia el público.*) Nos mira mucha gente.

[...]

(*Un silencio.*)

TELL. – Entonces, ¿debo intentarlo?

WALTY. – Sí.

TELL. – (*grita*). ¡Puedo matarte!

WALTY. – Vamos a ver.

TELL. – (*casi solloza*). ¡Walty, no me atrevo a tirar sobre ti!

WALTY. – Si aciertas, volveremos a casa cogidos de la mano. Mamá no sabrá nunca nada. Volveremos riéndonos como si hubiéramos bebido un poco. Mamá nos reprenderá y le diremos que no volveremos a hacerlo nunca. Nos echaremos a dormir y mañana será un día como otro cualquiera. Todo esto nos parecerá una pesadilla[5] tonta. Adelante. Estoy dispuesto.

TELL. – ¡Walty, si te mato...!

WALTY. – Entonces sea lo que Dios quiera.

(*Se separa de Tell. El Gobernador aplaude.*)

GOBERNADOR. – ¡Muy bien! ¡Muy bien! ¡Una bonita escena!

(*Walty está quieto, lejos de su padre. Alguien coloca sobre su cabeza una manzana. Tell carga su ballesta. Hay un silencio absoluto. Tell apunta. Baja la ballesta.*)

TELL. – (*casi desfallecido*[6]). ¡No puedo!

GOBERNADOR. – ¡O disparas, o toda mi escolta tirará sobre vosotros! ¡O disparas, o...!

TELL. – Voy a disparar, gobernador. (*Vuelve a apuntar. Dispara. Todas las miradas se vuelven hacia Walty, que vacila*[7]. *Cae al suelo pesadamente. Gritos.*)

UNO. – ¡Qué horror!

(*Rumores.*)

OTRO. ¡Le ha destrozado[8] la cabeza!

OTRO MÁS. – ¡Está muerto!

(*Rumores. Algún grito de ira.*)

TELL. – (*trata de abrirse paso hacia su hijo. Grita.*) ¿Qué ha ocurrido? ¿Qué ha ocurrido?
(*El segundo hombre de Uri lo detiene.*)
SEGUNDO HOMBRE DE URI. – Cálmate, compañero.
TELL. – ¿Qué ha ocurrido?
SEGUNDO HOMBRE DE URI. – Has fallado. Tu hijo ha muerto. (*Tell da un terrible alarido*[9]*. Es como un aullido de fiera*[10].)
TELL. – (*grita desesperadamente*). ¡Muera el gobernador! (*Dispara su ballesta sobre el Gobernador, que cae atravesado.*) ¡Muera el gobernador!
UNO. – ¡Mueran los tiranos!
TODOS. – ¡Mueran!
(Sastre: 1968, 648–651)

1 commovedor(a) *bewegend, rührend* – 2 expectación *Erwartung* – 3 telón *Theatervorhang* – 4 candileja *Bühnenbeleuchtung, Rampenlicht* – 5 pesadilla *Albtraum* – 6 desfallecido *ohnmächtig* – 7 vacilar *schwanken, wanken* – 8 destrozar *hier: zerfetzen* – 9 alarido *Geschrei, Geheul* – 10 aullido de fiera *Heulen eines Tieres*

Friedrich Schiller: *Wilhelm Tell* (1804)

TELL *(zum Landvogt).*
Erlasset mir den Schuss. Hier ist mein Herz!
(Er reißt die Brust auf.)
Ruft Eure Reisigen und stoßt mich nieder.
GESSLER. Ich will dein Leben nicht, ich will den Schuss.
– Du kannst ja alles, Tell, an nichts verzagst du:
Das Steuerruder führst du wie den Bogen,
Dich schreckt kein Sturm, wenn es zu retten gilt –
Jetzt Retter hilf dir selbst – du rettest alle!
(Tell steht in fürchterlichem Kampf, mit den Händen zuckend, und die rollenden Augen bald auf den Landvogt, bald zum Himmel gerichtet. – Plötzlich greift er in seinen Köcher, nimmt einen zweiten Pfeil heraus und steckt ihn in seinen Goller. Der Landvogt bemerkt alle diese Bewegungen.)
WALTER TELL *(unter der Linde).*
Vater schieß zu, ich fürcht mich nicht.
TELL. Es muß!
(Er rafft sich zusammen und legt an.)
RUDENZ *(der die ganze Zeit über in der heftigsten Spannung gestanden und mit Gewalt an sich gehalten, tritt hervor).*
Herr Landvogt, weiter werdet Ihr's nicht treiben,
Ihr werdet *nicht* – Es war nur eine Prüfung –
Den Zweck habt Ihr erreicht – Zu weit getrieben
Verfehlt die Strenge ihres weisen Zwecks,

Und allzu straff gespannt zerspringt der Bogen.
GESSLER. Ihr schweigt, bis man Euch aufruft.
RUDENZ. Ich *will* reden,
Ich darf's, des Königs Ehre ist mir heilig,
Doch solches Regiment muß Haß erwerben.
Das ist des Königs Wille nicht – Ich darf's
Behaupten – Solche Grausamkeit verdient
Mein Volk nicht, dazu habt Ihr keine Vollmacht.
GESSLER. Ha, Ihr erkühnt Euch!
RUDENZ. Ich hab stillgeschwiegen
Zu allen schweren Taten, die ich sah;
Mein sehend Auge hab ich zugeschlossen,
Mein überschwellend und empörtes Herz
Hab ich hinabgedrückt in meinen Busen.
Doch länger schweigen wär' Verrat zugleich
An meinem Vaterland und an dem Kaiser.
BERTA *(wirft sich zwischen ihn und den Landvogt).*
O Gott, Ihr reizt den Wütenden noch mehr.
RUDENZ. Mein Volk verließ ich, meinen Blutsverwandten
Entsagt' ich, alle Bande der Natur
Zerriß ich, um an Euch mich anzuschließen –
Das Beste aller glaubt' ich zu befördern,
Da ich des Kaisers Macht befestigte –
Die Binde fällt von meinen Augen – Schaudernd
Seh ich an einen Abgrund mich geführt –
Mein freies Urteil habt Ihr irrgeleitet,
Mein redlich Herz verführt – Ich war daran,
Mein Volk in bester Meinung zu verderben.
GESSLER. Verwegner, diese Sprache deinem Herrn?
RUDENZ. Der Kaiser ist mein Herr, nicht Ihr – Frei bin ich
Wie Ihr geboren, und ich messe mich
Mit Euch in jeder ritterlichen Tugend.
Und stündet Ihr nicht hier in Kaisers Namen,
Den ich verehre, selbst wo man ihn schändet,
Den Handschuh wärf' ich vor Euch hin, Ihr solltet
Nach ritterlichem Brauch mir Antwort geben.
– Ja winkt nur Euren Reisigen – Ich stehe
Nicht wehrlos da, wie *die* – *(auf das Volk zeigend)*
Ich hab ein Schwert,
Und wer mir naht –
STAUFFACHER *(ruft).* Der Apfel ist gefallen!
*(Indem sich alle nach dieser Seite gewendet und Berta zwischen
Rudenz und den Landvogt sich geworfen, hat Tell den Pfeil abgedrückt.)*

RÖSSELMANN. Der Knabe lebt!
VIELE STIMMEN. Der Apfel ist getroffen!
(Walther Fürst schwankt und droht zu sinken, Berta hält ihn.)
(Schiller: 1988, 68–70)

Aufgabe 11.5

? Formulieren Sie die thematischen Gemeinsamkeiten zwischen den beiden Dramen. Welche unterschiedlichen Akzente werden dabei gesetzt?

Typologischer Vergleich

Eine zweite Möglichkeit des Vergleiches bietet die Untersuchung der nur mittelbar wirksamen (literatur-)geschichtlichen oder sozio-kulturellen Kontexte auf die Entstehung von Werken, die nicht auf einen direkten (oder über Dritte vermittelten) Kontakt mit Werken anderer Autoren zurückzuführen sind. So können ähnliche Rahmenbedingungen in unterschiedlichen Nationalliteraturen wirksam werden, ohne dass die davon betroffenen Autorinnen oder Autoren einander rezipiert hätten. Als Beispiel kann das Lob der Stadt Granada in der spanischen Lyrik angeführt werden. Bei diesem sog. typologischen Vergleich stehen demnach Analogien im Vordergrund, die durch eine plausible Auswahl der zu untersuchenden Texte, die in einem nicht zu weit gefassten historisch-thematischen Rahmen stehen sollten, ablesbar werden. Zwei oder mehrere literarische Texte können dann unter einer genau festzulegenden Leitfrage einander gegenübergestellt werden. Auch die bereits erläuterten stoff-, motiv- und themengeschichtlichen Bezüge gehören in diesen Zusammenhang.

Als Beispiel mag eine Gegenüberstellung zweier romanzenartiger Dichtungen dienen, die unter jeweils eigenen Vorzeichen und einem spezifischen historischen Kontext das Lob der Stadt Granada verarbeiten.

Abb. 11.3 Granada

Text 11.4 und Text 11.5
Vergleich zweier Romanzen

Anonym, *Romance de Abenámar y el rey don Juan* (15. Jh.)

„¡Abenámar[1], Abenámar,
moro de la morería[2],
el día que tú naciste
grandes señales había!
Estaba la mar en calma,
la luna estaba crecida:
Moro que en tal signo nace
no debe decir mentira."
Allí respondiera el moro,
bien oiréis lo que decía:
„Yo te lo diré, señor,
aunque me cueste la vida,
porque soy hijo de un moro
y una cristiana cautiva[3];
siendo yo niño y muchacho,
mi madre me lo decía:
que mentira no dijese,
que era grande villanía[4]:
por tanto, pregunta, rey,
que la verdad te diría."
„Yo te agradezco, Abenámar
aquesa tu cortesía.
¿Qué castillos son aquéllos?
¡Altos son y relucían!
„El Alhambra era, señor,
y la otra la Mezquita;
los otros los Alixares,
labrados a maravilla.
El moro que los labraba
cien doblas[5] cobraba al día,
y el día que no los labra,
otras tantas se perdía.
El otro es Generalife,
huerta[6] que par no tenía;
el otro Torres Bermejas,
castillo de gran valía[7]."
Allí habló el rey don Juan,
bien oiréis lo que decía:
„Si tú quisieses, Granada,
contigo me casaría;

José Zorrilla: *Oriental* (1837)

Corriendo van por la vega
a las puertas de Granada
hasta cuarenta gomeles[1]
y el capitán que los manda.
Al entrar en la ciudad,
parando su yegua[2] blanca,
le dijo éste a una mujer
que entre sus brazos lloraba:
„Enjuga[3] el llanto, cristiana
no me atormentes así,
que tengo yo, mi sultana,
un nuevo Edén para ti.
Tengo un palacio en Granada,
tengo jardines y flores,
tengo una fuente dorada
con más de cien surtidores[4].
[...]
Y olmos[5] tengo en mi alameda[6]
que hasta el cielo se levantan
y en redes[7] de plata y seda
tengo pájaros que cantan.
Y tú mi sultana eres,
que desiertos mis salones
están, mi harén sin mujeres,
mis oídos sin canciones.
Yo te daré terciopelos[8]
y perfumes orientales;
de Grecia te traeré velos[9]
y de Cachemira chales.
Y te daré blancas plumas
para que adornes tu frente,
más blanca que las espumas
de nuestros mares de Oriente.
Y perlas para el cabello,
y baños para el calor,
y collares para el cuello;
para los labios... ¡amor!"
„¿Qué me valen tus riquezas
– respondióle la cristiana –,
si me quitas a mi padre,

daréte en arras[8] y dote[9]
a Córdoba y Sevilla.“
„Casada soy, rey don Juan,
casada soy, que no viuda;
el moro que a mí me tiene
muy grande bien me quería.“
(Deutschmann: 1989, 79–80)

1 Abenámar *Maure, der mit König Juan II verbündet war, sollte Stadthalter von Granada werden* – 2 morería *Maurenland* – 3 cautiva *gefangen* – 4 villanía *Niedertracht* – 5 dobla *Goldmünze* – 6 huerta *Obst-Gemüsegarten* – 7 valía *Wert, Schönheit* – 8 arras (f. pl.) *Brautgabe* – 9 dote *Mitgift*

mis amigos y mis damas?
Vuélveme, vuélveme, moro
a mi padre y a mi patria,
que mis torres de León
valen más que tu Granada.“
Escuchóla en paz el moro,
y manoseando[10] su barba,
dijo como quien medita,
en la mejilla una lágrima:
„Si tus castillos mejores
que nuestros jardines son,
y son más bellas tus flores,
por ser tuyas, en León,
y tú diste tus amores
a alguno de tus guerreros,
hurí[11] del Edén, no llores;
vete con tus caballeros.“
Y dándole su caballo
y la mitad de su guardia,
el capitán de los moros
volvió en silencio la espalda.
(Zorrilla: 1943, 47–48)

1 gomel *maurischer Soldat* – 2 yegua *die Stute* – 3 enjugar *trocknen* – 4 surtidor *Springbrunnen* – 5 olmo *Ulme* – 6 alameda *Allee* – 7 red *Netz* – 8 terciopelo *Samt* – 9 velo *Schleier* – 10 manosear *betasten* – 11 hurí *schöne Frau aus dem (islamischen) Paradies*

Weitere Informationen zu José Zorrilla finden Sie auf www.bachelor-wissen.de.

Aufgabe 11.6

? Vergleichen Sie die beiden Texte miteinander. Wie wird jeweils das Granada-Lob verarbeitet? Begründen Sie Ihr Ergebnis.

Epochen und Gattungen

Im Hinblick auf die Auswahl der betrachteten Texte stellt sich nicht zuletzt die Frage nach ihrer Epochen- und Gattungszugehörigkeit (siehe Einheit 2.2 und 2.3) als weiteren typologischen Faktoren. Hier gilt es zu klären, ob die Texte auch in dieser Hinsicht eine gemeinsame Basis haben (gehören sie einer ähnlichen literaturgeschichtlichen Strömung oder Epoche an? Gibt es parallele Gattungsmerkmale?) bzw. welche Folgerung man aus den entsprechenden Differenzen ziehen kann.

Medienwechsel

Ein entscheidendes Kriterium liegt schließlich noch in der Wahl der jeweils herangezogenen Medien vor. So befasst sich die Vergleichende Literaturwissenschaft in ihrem Grenzbereich mit der Adaptation von literarischen Texten in anderen Medien, z. B. im Hörspiel oder in einer Verfilmung (siehe Einheiten 1.2, 13.5 und 14).

Exkurs: Allgemeine Literaturwissenschaft | 11.1.3

Ausgehend von der Vergleichbarkeit literarischer Texte aus unterschiedlichen Sprachbereichen und der ihnen eigenen kulturellen Besonderheiten ist der Schritt zur theoretischen Ergründung allgemeiner übernationaler und überzeitlicher Eigenschaften von Literatur nicht weit. Der Komparatist Hugo Dyserinck bestimmt demgemäß als Aufgabenfeld einer „Allgemeinen Literaturwissenschaft“:

Text 11.6
Bestimmung der Allgemeinen Literaturwisssenschaft

> Wir müssen uns in der Tat vergegenwärtigen, daß es über alle einzelphilologische Grundlagenforschung hinaus auch eine supranationale literaturwissenschaftliche Spezialforschung gibt, von der solche theoretischen und systematischen Probleme behandelt werden, die mehreren Nationalliteraturen gemeinsam sind und deren für mehrere Nationalphilologien relevante Lösung eben nur auf supranationaler Ebene erreicht werden kann. (Dyserinck: 1991, 150)

Die Fragestellungen, die sich aus diesem Anspruch ergeben, sind vielgestaltig; zu ihnen zählen:

- die Ausarbeitung von Theorieansätzen, welche die Entstehungsbedingungen, charakteristischen Merkmale und die Wirkung von Literatur klären sollen;
- die Untersuchung von literarischen Formen und
- die Untersuchung literaturgeschichtlicher Strömungen, die über den Horizont der Nationalphilologien oder der Einzelsprachen hinaus wirksam sind;
- die kritische Erprobung geeigneter Methoden bei der Analyse unterschiedlicher Texte, beispielsweise des psychoanalytischen Ansatzes (vgl. Einheit 10.4).

In der Praxis der Textanalyse (wie auch in der institutionellen Verankerung) bleibt diese Allgemeine Literaturwissenschaft – zumindest im Bereich der deutschsprachigen Forschung – in der Regel eng an die Vergleichende Literaturwissenschaft gekoppelt, aus der sich ihre Ergebnisse ableiten.

11.1.4 Imagologie

Eine Sonderform der Vergleichenden Literaturwissenschaft widmet sich der Frage, wie Nationen oder Ethnien bzw. deren Angehörige aus der Sicht anderer Literaturen heraus wahrgenommen und beschrieben werden. Dabei rückt die kritische Sichtung vor allem der stereotypen Vorurteile, der Klischees über den Anderen, in den Mittelpunkt des Interesses. Diese Bilder vom Anderen (*imágenes del otro*) sind namensgebend für die Disziplin der Imagologie (*imagología*), die sich methodisch v. a. strukturalistischer oder semiotischer Ansätze bedient (siehe Einheit 12.1). Das erklärte Ziel dieser Richtung ist die Entlarvung bewusster oder unbewusster Klischees und die Ablösung des Vorurteils durch einen (ideologisch) unverstellten und offenen Blick auf die fremde Kultur.

Vor dem Hintergrund der Kritik nationaler Stereotypen und besonders der Selbstkritik an den spanischen Verhältnissen im 18. Jh. ist folgender Textausschnitt aus Cadalsos *Cartas Marruecas* (1793) zu lesen. Es handelt sich um einen Ausschnitt aus dem 29. Brief des Werkes:

Text 11.7
José Cadalso: *Cartas Marruecas* (1793)

Abb. 11.4
Castas Romero: José Cadalso (1855)

Cuando hice el primer viaje por Europa, te di noticia de un país que llaman Francia, que está más allá de los montes Pirineos. [...] Los franceses están tan mal queridos en este siglo como los españoles lo estaban en el anterior, sin duda porque uno y otro siglo han sido precedidos de las eras gloriosas respectivas de cada nación, que fue la de Carlos I para España, y la de Luis XIV para Francia. Esto último es más reciente, con que también es más fuerte su efecto; pero bien examinada la causa, creo hallar mucha preocupación de parte de todos los europeos contra los franceses. Conozco que el desenfreno[1] de su juventud, la mala conducta de algunos que viajan fuera de su país profesando un sumo desprecio de todo lo que no es Francia; el lujo[2] que ha corrompido la Europa y otros motivos semejantes repugnan a todos sus vecinos más sobrios, a saber: al español religioso, al italiano político, al inglés soberbio, al holandés avaro y al alemán áspero; pero la nación entera no debe padecer[3] la nota por culpa de algunos individuos. En ambas vueltas que he dado por Francia he hallado en sus provincias, que siempre mantienen las costumbres más puras que la capital, un trato humano, cortés y afable para los extranjeros, no producido de la vanidad que les resulta de que se les visite y admire, como puede suceder en París, sino dimanado verdaderamente de un corazón franco y sencillo, que halla gusto en procurárselo al desconocido. Ni aun dentro de su capital, que algunos pintan como centro de todo el desorden, confusión y lujo, faltan hombres verdaderamente respetables. Todos los que llegan a cierta edad son, sin duda, los hombres más sociables del universo, porque, desvanecidas las tempestades[4] de su juventud, les queda el fondo de una índole[5] sincera, prolija[6] educación, que en este país es común, y exterior agradable, sin la astucia del italiano, la soberbia del inglés, la aspereza del alemán ni el desapego[7] del español. En llegando a los cuarenta años se transforma el francés en otro hombre distinto de lo que era a los veinte. El militar concurre al trato civil con suma urbanidad, el magistrado con sencillez, y el particular con sosiego[8]; y todos con ademanes de agasajar[9] al extranjero que se halla medianamente introducido por su embajador, calidad, talento o otro motivo. Se entiende todo esto entre la gente, de forma que, con la mediana y común, el mismo hecho de ser extranjero es una recomendación superior a cuantas puede llevar el que viaja[10]. [...] (Cadalso: 1950, 84–86)

1 desenfreno *Zügellosigkeit, Ungestüm* – 2 lujo *Luxus* – 3 padecer *erleiden, erdulden* – 4 desvanecidas las tempestades *wenn sich die Stürme verzogen haben* – 5 índole *Natur, Wesen* – 6 prolija *umfassend* – 7 desapego *Abneigung* – 8 sosiego *Ruhe, Gelassenheit* – 9 agasajar *freundlich aufnehmen, bewirten* – 10 superior a cuantas puede llevar el que viaja *höher als alle, die den Reisenden zukommen mögen*

Mehr zu den *Cartas Marruecas* finden Sie unter www.bachelor-wissen.de.

Aufgabe 11.7

? Auf welche Stereotypen des Franzosen greift Cadalso zurück? Wie wird dieses Bild wiederum relativiert?

Kulturtransfer

11.1.5

Kulturtransfer

Aus der Komparatistik und aus den Kulturwissenschaften hat sich die Kulturtransferforschung entwickelt, die sich im Gegensatz zu einer Beschreibung von literaturgeschichtlichen Einflüssen auf den wechselseitigen Prozess kultureller Identitätsbildung konzentriert. Entwickelt wurde der Ansatz von Michael Werner und Michel Espagne an Beispielen der deutsch-französischen Beziehungen. Bei der Transferforschung steht der Prozess der Überführung eines Kulturgegenstandes von einem Ausgangs- in einen Aufnahmekontext im Mittelpunkt. Besonderes Augenmerk gilt dabei der Rolle der Akteure (Reisende, Übersetzer, Buchhändler, Verleger, Sammler) bzw. der Vermittlungsinstanzen (Medien, Universitäten, Schulen, Bibliotheken) des Kulturtransfers. Dabei berücksichtigt man vor allem, dass der Ausgangs- wie der Aufnahmekontext bereits hybrid, d. h. von verschiedenen kulturellen Einflüssen geprägt, ist.

Wenden wir uns nun der Aufsatzsammlung *La cuestión palpitante* (1882/1883) von Emilia Pardo Bazán zu, die maßgeblich an der Einführung des französischen Naturalismus in die spanische Literatur am Ende des 19. Jh. beteiligt war.

Text 11.8
Emilia Pardo Bazán: *La cuestión palpitante* (1882/1883)

Hemos llegado al fin de la jornada, no porque se agotase[1] la materia, sino porque se cumplió mi propósito de reseñar la historia del naturalismo, sobre todo en la novela, campo donde con más lozanía[2] crece esa planta tenida por ponzoñosa[3]. Tela queda cortada, no obstante, para el que venga atrás: aparte del interesantísimo estudio que podrán hacer sobre la novela italiana, alemana, portuguesa, rusa – en todas ellas ha penetrado, con más o menos pujanza[4], el

Abb. 11.5 | Emilia Pardo Bazán (1851–1921), Denkmal in La Coruña

espíritu del realismo –, le dejo intacto y virgen el casi pavoroso problema de la renovación del arte dramático y la poesía lírica por medio del método naturalista. Yo bien diría mi parecer acerca de todo eso que paso por alto; sólo que si de la novela italiana, rusa y alemana conozco lo más culminante – las obras de Farina, Turgueneff, Evers, Freytag, Sacher - Masoch –, apenas me formo clara idea del conjunto, y sentiría proceder con esas literaturas del modo que suelen los críticos franceses con la nuestra, hablando a tun tun y sin conocimiento de causa; y por lo que hace al naturalismo en las tablas, se me ocurren tantas cosas, y algunas tan peregrinas[5] y desusadas por acá, que me sería forzoso escribir otro libro si había de exponerlas debidamente. [...] Zola siente acertadamente que el naturalismo más se ha de considerar método que escuela; método de observación y experimentación, que cada cual emplea como puede; instrumento que todos manejan en diferente guisa[6]. [...] Un fiel pintor de paisaje no pone en la paleta para copiar el sol y el firmamento de Andalucía las mismas tintas que empleó para celajes[7] del Norte. En España, realismo y naturalismo han de tener muy distinto color que en Francia. Es el realismo tradición de nuestra literatura y arte en general; nuestros narradores se distinguieron por la frase gráfica y la observación franca y sincera; [...].
(Pardo Bazán: 1947, 644–46)

1 agotarse *ausgehen, erschöpfen* – 2 con más lozanía *kräftiger* – 3 ponzoñoso *giftig* – 4 pujanza *Gewalt* – 5 peregrino *seltsam, ungewöhnlich* – 6 en diferente guisa *auf andere Art* – 7 celaje *Gewölk*

Aufgabe 11.8 |

? Wie äußert sich Pardo Bazán über den französischen Naturalismus und welche Gründe gibt sie dafür an? Welche Aussagen lassen sich in Bezug auf den Kulturtransfer zwischen Frankreich und Spanien im 19. Jh. tätigen?

11.2 | Die Rezeption literarischer Werke

Wer versteht was wie und warum?

Gegen Ende der 1960er Jahre gewann die Erkenntnis zunehmend an Einfluss, dass jegliche Bedeutungszuschreibung an einen Text nicht allein auf der Aussageabsicht des Autors oder den biographischen bzw. (literatur-)geschichtlichen Bedingungen der Textentstehung beruht (produktionsästhetische Deutung; *estética de la producción*), auch nicht einseitig auf den formalen und inhaltlichen sinnstiftenden Bezügen im einzelnen Text selbst (werkimmanente Analyse; *análisis inmanente*, m.), sondern in besonderem Maße von der individuellen Wahrnehmung durch die Leserin oder den Leser erst geschaffen wird. Damit rückten die Fragen in den Vordergrund, wer auf Grund welcher Voraussetzungen was in einem literarischen Text auf welche Art versteht. Ausgangspunkt dieser auf den Leser ausgerichteten Theorie ist das bereits in Einheit 4.1 vorgestellte hermeneutische Grundprinzip, welches Sinn immer nur aus dem Blickwinkel eines diesen Sinn stiftenden Subjekts begreift, das von spezifischen historischen Rahmenbedingungen geprägt ist. Das heißt aber auch, dass es niemals eine endgültige Interpretation eines Textes geben kann, sondern nur eine geschichtliche Abfolge (ebenso wie ein zeitgleiches Nebeneinander) von unterschiedlichen Betrachtungsweisen, die auf je unterschiedlichen Voraussetzungen beruhen. Damit verliert das Kunstwerk seinen überzeitlichen Charakter; nicht seine unwandelbare, da formal-ästhetisch oder ideell vollendete Einzigartigkeit gilt es von Seiten der Leserinnen und Leser nachzuvollziehen und zu erläutern, sondern seine zeitgebundene einstige wie auch davon abweichend gegenwärtige Bedeutung ist zu erschließen.

Text 11.9
Andrés Amorós: *Introducción a la literatura* (1980)

Claro está que el éxito popular masivo (ambicionado por todo escritor, lo confiese o no) también tiene sus inconvenientes. Supongamos que el escritor ha alcanzado ya una cierta fama y – lo que es más importante, a estos efectos – posee un público lector, más o menos amplio, que le sigue con fidelidad. En ese caso, no es aventurado suponer que los lectores, en general, seguirán pidiendo siempre a „su" autor el mismo tipo de obra; si se atreve a defraudar[1] estas esperanzas, es fácil que sus ventas desciendan y que le acusen de haber traicionado su auténtica línea, de que ya está en decadencia [...] A la vez, cualquier escritor *vivo* sentirá la necesidad íntima de renovarse, de abrirse a nuevos horizontes estéticos y vitales. En algunos casos, el conflicto puede llegar a plantearse con cierto dramatismo. El problema, por supuesto, no es exclusivo de los escritores; pensemos en el caso de los pintores de éxito, que forman parte de la „cuadra" de un *marchante* y se ven condenados, por razones comerciales, a repetirse monótonamente.

En términos generales, la imagen pública muy definida ayuda a vender un producto, pero también puede encadenar a su creador. Como se ha dicho tantas veces, se plantea el juego dialéctico entre la máscara y el rostro: algunos escritores crean su máscara, componen su propia figura; así, el público siente el placer de reconocer unos rasgos conocidos (como el visitante del museo disfruta comprobando que las figuras del Greco son alargadas y las mujeres de Rubens, opulentas). (Amorós: 2001, 98)

1 defraudar *hier: enttäuschen*

Aufgabe 11.9

? Wie stellt dieser Text die Beziehung zwischen Leser und Autor dar?

11.2.1 Rezeptions- und Wirkungsgeschichte

Literaturgeschichtliche Quellen

Wenn wir an dieser Stelle weiterdenken, so ergibt sich daraus für die Literaturwissenschaft die Notwendigkeit, den historischen oder soziokulturellen Abstand zwischen dem eigenen Standpunkt und der Textwahrnehmung durch die zeitgenössische Leserschaft zu klären. Die Untersuchung von überlieferten Rezeptionszeugnissen (Fremdkommentare zu den oder Selbstkommentare der Autoren; Stellungnahmen der Literaturkritik; literaturgeschichtliche Darstellungen oder Aufbereitung in schulischen Lehrbüchern, Rezensionen) hat insofern innerhalb der allgemeinen Literaturgeschichtsschreibung einen festen Platz. Sie vergegenwärtigen die historische Abfolge der einzelnen Interpretationen von literarischen Texten und werfen ein Licht auf ihre Wirkung auf das jeweilige Publikum. Es versteht sich, dass aus wissenschaftlicher Sicht die zeitbedingten Wandlungen in den Rezeptionsvoraussetzungen in eine solche Betrachtung mit einbezogen werden müssen.

Empirische Leserforschung

Im speziellen Sinn beschäftigt sich die Rezeptionsforschung mit der Aufnahme literarischer Texte einer Autorin bzw. eines Autors oder einer literarischen Bewegung bei ihrem Publikum. Eine mögliche methodische Herangehensweise besteht zum Beispiel in der Form von Umfragen beim literarischen Publikum der Gegenwart. Hierbei können umfassende empirische Datenmengen erhoben werden, welche über die sozialen oder psychologisch-kognitiven Faktoren Aufschluss geben, auf welchen die Lektüre und Wirkung der Texte beruht. Wichtige Faktoren können in diesem Zusammenhang sein:

- Alter
- Geschlecht
- Beruf
- Bildungsstand
- konfessionelle Ausrichtung
- soziales Umfeld
- Medienzugriff und Art ihrer Nutzung.

Bestimmte Gattungen oder Gruppen literarischer Werke lassen sich besonders prägnant vor dem Hintergrund ihres vorrangigen Publikums definieren, etwa die v. a. von einer weiblichen Leserschaft konsumierten Ärzteromane oder die Kinderliteratur, die eigenen Rezeptionsansprüchen genügen muss.

Eine andere Zugriffsmöglichkeit bietet die Auswertung historischer Quellen, etwa der Benutzerverzeichnisse von Leihbüchereien, die es ermöglichen, das Publikum bestimmter Textsorten im Hinblick auf seine sozialen Voraussetzungen und seine Geschmacksbildung näher zu bestimmen.

11.2.2 | Rezeptionsästhetik

Der hermeneutische Zirkel

Neben das hier grob umrissene historisch-soziologische Interesse an der Leserschaft tritt die theoretische Betrachtung des Lesevorgangs an sich, d. h. als Prozess der Informationsverarbeitung und Bedeutungsbildung. Als Basis dient den entsprechenden literaturtheoretischen Ansätzen die Annahme, dass ein Text in seinem Sinngehalt nicht von vornherein vollständig vorliegt, sondern vielmehr durch ‚Leerstellen' (‚*espacios vacíos*') bzw. eine charakteristische ‚Unbestimmtheit' gekennzeichnet ist: Sinn oder Bedeutung sind in der Regel gerade nicht explizit ausformuliert, sondern werden z. B. nur in Anspielungen, Symbolen, Auslassungen oder zu erstellenden Zusammenhängen erahnbar; dies zwingt die Lesenden, selbst aktiv zu werden, auf der Grundlage ihres augenblicklichen

Verständnisses Hypothesen über die Deutung des Textes aufzustellen und sie mit Hilfe der weiteren Informationen des Textes zu überprüfen.

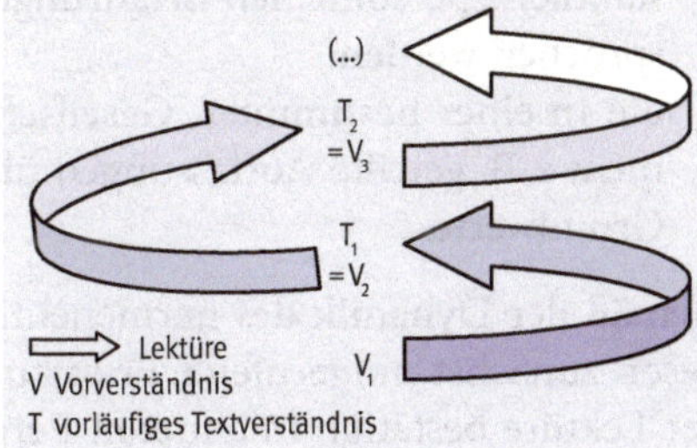

Abb. 11.6 Der hermeneutische Zirkel als Spiralmodell

Diese Beobachtung lässt sich in Anlehnung an Hans-Georg Gadamer im Modell des hermeneutischen Zirkels aufgreifen, der bereits in Einheit 4.1 vorgestellt wurde und auf den wir an dieser Stelle noch einmal zurückkommen: Das Vorwissen, das ein Leser mit in seine Lektüre eines Textes hineinträgt, ermöglicht ihm erste Deutungsansätze in Bezug auf den Gesamttext. Dieses anfängliche Textverständnis ändert sich jedoch im Laufe der Lektüre, je mehr neue Informationen gewonnen werden. Erst nach Abschluss der Lektüre ergibt sich für den Leser ein mehr oder weniger kohärenter Gesamteindruck. Erst die nochmalige Lektüre - und das kann nicht genügend betont werden! - ermöglicht als Vorverständnis (oder Teilverständnis) zweiten Grades, die zuvor oft nicht zufriedenstellend geklärten Textpartien sozusagen in einem neuen Licht zu lesen. Doch damit ist die Spiralbewegung des anwachsenden Textverständnisses noch nicht abgeschlossen: Immer neue Lektüren führen zu einem immer stimmiger erscheinenden Gesamteindruck vom Text (oder aber zur Erkenntnis seiner nicht auflösbaren Unstimmigkeiten; siehe Einheit 12.2.4), ohne aber freilich jemals die Gewähr für eine ‚richtige' oder einzig plausible Interpretation geben zu können.

Rezeptionsästhetik

Den wichtigsten Beitrag zur Theorie der literarischen Rezeption von Seiten der deutschsprachigen Romanistik legte der Konstanzer Literaturwissenschaftler Hans-Robert Jauß (1921–1997) in der von ihm begründeten Rezeptionsästhetik (*estética de la recepción*) vor. Ihr Augenmerk richtet sich auf die wechselseitige Bezogenheit von Geschichte, Werk und Leser im sinnbildenden Prozess der Lektüre. Von besonderer Bedeutung ist hierbei das von Seiten der Leserin oder des Lesers mit eingebrachte allgemeine Vorwissen bzw. sein Vorverständnis vom Text, das Jauß im Begriff des ‚Erwartungshorizonts' erfasst.

Erwartungshorizont

Der Erwartungshorizont (*horizonte de expectativas*) des Lesers leitet sich aus seinem persönlichen Vorwissen, seiner Leseerfahrung vor dem allgemeinen geschichtlichen Hintergrund ab:

- die Erfahrung des Lesers im Umgang mit literarischen Formen (etwa die adäquate Einschätzung von Fiktionalität) und seine Kenntnis von benachbarten Texten (evtl. vom betreffenden Autor selbst), zu denen sich inhaltliche oder formale Bezüge stiften lassen (literaturgeschichtliches Vorwissen);
- die sich daraus speisenden meist unbewussten Annahmen, die der Leser vor seinem kulturellen Hintergrund dem Text entgegenbringt, seine Erwartungshaltung (z. B. bezüglich des glücklichen Ausgangs einer Komödie oder der rhetorischen Gestaltung eines Renaissance-Sonettes);

- sämtliche persönlichen Erfahrungen des Lesers, die bei der Lektüre angesprochen werden;
- die in einer bestimmten Gesellschaft geltenden Konventionen und Normen, z. B. geteilte Auffassungen über Geschlechterrollen oder moralische Grundwerte.

Gemäß der Dynamik des hermeneutischen Zirkels wird der vom Text beim Leser zunächst aufgerufene Erwartungshorizont nur in Teilen im Verlauf der Lektüre bestätigt, in anderen Bereichen aber widerlegt oder modifiziert. Werden alle in einen Text gelegten Erwartungen des Publikums erfüllt, so ist dies für Jauß ein untrügliches Zeichen seiner Trivialität und eines nur geringfügigen ästhetischen Wertes. Denn die ästhetische Erfahrung, welche die Lesenden in ihrer Auseinandersetzung mit einem Text machen können, beruht genau auf seinem Anteil an unvermuteten Lösungen, seiner nicht-klischeehaften Neuerungskraft. Die Distanz zwischen dem Erwartungshorizont der Leserschaft und dem neuen Werk – die sog. ästhetische Distanz (*distancia estética*) – spricht Jauß zufolge für seine künstlerische Qualität. Sollte sie sich als wegbereitend für eine Umorientierung des herrschenden literarischen Geschmacks bzw. der gültigen literarischen Normen erweisen, so kann ein regelrechter Horizontwandel (*cambio de horizonte*) stattfinden, welcher den Erwartungshorizont des Publikums gegenüber den zukünftig erscheinenden Texten bedingt.

Ästhetische Distanz

Text 11.10 | Hans-Robert Jauß zum Erwartungshorizont

[…] Ein literarisches Werk, auch wenn es neu erscheint, präsentiert sich nicht als absolute Neuheit in einem informatorischen Vakuum, sondern prädisponiert sein Publikum durch Ankündigungen, offene und versteckte Signale, vertraute Merkmale oder implizite Hinweise für eine ganz bestimmte Weise der Rezeption. Es weckt Erinnerungen an schon Gelesenes, bringt den Leser in eine bestimmte emotionale Einstellung und stiftet schon mit seinem Anfang Erwartungen für ‚Mitte und Ende', die im Fortgang der Lektüre nach bestimmten Spielregeln der Gattung oder Textart aufrechterhalten oder abgewandelt, umorientiert oder auch ironisch aufgelöst werden können. Der psychische Vorgang bei der Aufnahme eines Textes ist im primären Horizont der ästhetischen Erfahrung keineswegs nur eine willkürliche Folge nur subjektiver Eindrücke, sondern der Vollzug bestimmter Anweisungen in einem Prozeß gelenkter Wahrnehmung, der nach seinen konstituierenden Motivationen und auslösenden Signalen erfaßt und auch textlinguistisch beschrieben werden kann. […]

Ein entsprechender Prozeß fortgesetzter Horizontstiftung und Horizontveränderung bestimmt auch das Verhältnis vom einzelnen Text zur gattungsbildenden Textreihe. Der neue Text evoziert für den Leser (Hörer) den aus früheren Texten vertrauten Horizont von Erwartungen und Spielregeln, die alsdann variiert, korrigiert, abgeändert oder auch nur reproduziert werden. Variation und Korrektur bestimmen den Spielraum, Abänderung und Reproduktion die Grenzen einer Gattungsstruktur.

Die interpretierende Rezeption eines Textes setzt den Erfahrungskontext der ästhetischen Wahrnehmung immer schon voraus: die Frage nach der Subjektivität oder Interpretation und des Geschmacks verschiedener Leser oder Leserschichten kann erst sinnvoll gestellt werden, wenn zuvor geklärt ist, welcher transsubjektive Horizont des Verstehens die Wirkung des Textes bedingt.

Der Idealfall der Objektivierbarkeit solcher literarhistorischen Bezugssysteme sind Werke, die den durch eine Gattungs-, Stil- oder Formkonvention geprägten Erwartungshorizont ihrer Leser erst eigens evozieren, um ihn sodann Schritt für Schritt zu destruieren, was durchaus nicht nur einer kritischen Absicht dienen, sondern selbst wieder poetische Wirkungen erbringen kann. [...] (Jauß: 1970, 175 f.)

? Wieso verläuft dem obigen Textauszug zufolge die sinngebende Lektüre eines Textes nicht willkürlich? Was versteht Jauß unter einem ‚transsubjektiven Horizont'? | Aufgabe 11.10

Horizontwandel

Der Erwartungshorizont ermöglicht es, dass der literarische Text im seltensten Fall als eine hoffnungslose Ansammlung von Unbestimmtheits- oder Leerstellen empfunden wird. Nicht zuletzt sorgt der Text selbst dafür, dass er die Lektüre der Leserschaft in gewissem Maße lenkt. Seine sog. Appellstruktur (*estructura apelativa*; Wolfgang Iser) plant die Mitarbeit der Lesenden an der Deutung von Leerstellen von vornherein mit ein, so dass bewusst gesetzte Textmerkmale die Aufmerksamkeit kanalisieren helfen. In Form des fiktiven, also nur gedachten impliziten Lesers (*lector implícito*) baut der Text seinerseits eine Art Erwartungsprofil im Hinblick auf sein vermutetes Publikum auf, indem er sich an dessen Erwartungshorizont anpasst, und suggeriert ihm fast unmerklich eine bestimmte Leserrolle (z. B. die Rolle des absichtlich provozierten Lesers in Teilen der surrealistischen Literatur).

Impliziter Leser

Feministische Literaturwissenschaft und *Gender Studies* | 11.3

Ausgehend von der Feminismusbewegung einer Simone de Beauvoir über die französischen Differenzfeministinnen hat sich ab Beginn der 1980er Jahre die sogenannte feministische Literaturwissenschaft herausgebildet, die sich zunächst der Untersuchung von Weiblichkeits- und Männlichkeitsbildern in der Literatur, anschließend zunehmend der weiblichen Autorschaft sowie einer weiblichen Schreibtradition zugewendet hat. Ab dem Ende der 1980er Jahre wurde die feministische Literaturwissenschaft von den *Gender Studies* abgelöst. Im Gegensatz zum Konzept des biologischen Geschlechts (*sex*) versteht der *Gender*-Begriff Geschlechterrollen bzw. -identitäten als soziokulturelle Konstrukte.

! Gender als sozial konstruierte Geschlechterrolle

Gender studies (*estudios de género*) sind keine literaturwissenschaftliche Methode an sich, sondern vielmehr ein interdisziplinärer Ansatz, der es

Geschlechterdifferenz

erlaubt, kulturelle Phänomene, die von Geschlechterdifferenz (bzw. dem hierarchischen Verhältnis zwischen Männern und Frauen) geprägt sind, zu untersuchen. Die Geschlechterdifferenz beruht unter anderem auf dem Phallogozentrismus (*falogocentrismo*), der unser Weltbild prägt (dem Mann, verbildlicht durch den Phallus, wird dabei allein das Wort [*logos*] zugeschrieben). Aus diesem Weltbild ergibt sich auch die feste Zuschreibung von Dichotomien in Bezug auf Geschlechteridentitäten, wie ‚Stärke', ‚Vernunft', ‚Kultur' für den Mann und ‚Schwäche', ‚Gefühl' und ‚Natur' für die Frau. Der sogenannte ‚Differenzfeminismus' (*feminismo de la diferencia*) in den 1970er Jahren versuchte, diese Zuschreibungen aufzulösen oder unter dem Aspekt der Differenz aufzuwerten, indem er in der Literatur das Konzept des ‚weiblichen Schreibens' (*escritura femenina*) vertrat. Im Gegensatz dazu löst der *Gender*-Begriff diese Geschlechterdifferenzen auf, indem er jegliche Geschlechteridentität als kulturelles Konstrukt entlarvt, das im poststrukturalistischen Sinn genauso auch wieder dekonstruiert (Einheit 12.2) werden kann. Darüber hinaus berücksichtigen die *Gender Studies* auch Geschlechteridentitäten jenseits des binären Modells Mann-Frau, wie Homosexualität oder Transsexualität (vgl. Einheit 14.4.1).

Literarische Produktion von Frauen

In der Literaturwissenschaft konzentrieren sich die *Gender Studies* in der Romanistik heute vor allem auf die literarische Produktion von Frauen (Frauenliteratur) und bedienen sich dabei, zuweilen in Kombination, der verschiedenen herkömmlichen Methoden. Nach wie vor interessiert dabei die Frage nach dem Status weiblicher Autorschaft, der bis in die heutige Zeit von Marginalisierung und Ausgrenzung gekennzeichnet ist, was sich häufig auch explizit oder implizit in den Texten von Frauen manifestiert.

Marginalisierung

Sehen wir uns hierzu einen Text einer prominenten spanischen Autorin des 17. Jh. an: María de Zayas y Sotomayor (1590–1661), die vor allem durch ihre Novellensammlung *Novelas amorosas y ejemplares* in der Tradition von Boccaccios *Decameron* und der *Novelas ejemplares* von Cervantes bekannt wurde.

Text 11.11 María de Zayas y Sotomayor: „Al que leyere" (1637)

Abb. 11.7 María de Zayas y Sotomayor

Al que leyere

Quién duda, lector mío, que te causará admiración que una mujer tenga despejo[1] no sólo para escribir un libro, sino para darle a la estampa, que es el crisol[2] donde se averigua[3] la pureza de los ingenios. Porque hasta que los escritos se gozan en las letras de plomo, no tienen valor cierto, por ser tan fáciles de engañar los sentidos, que la fragilidad de la vista suele pasar por oro macizo[4] lo que a la luz del fuego es solamente un pedazo[5] de bronce afeitado[6]. Quién duda, digo otra vez, que habrá muchos que atribuyan a locura esta virtuosa osadía[7] de sacar a luz mis borrones[8], siendo mujer, que en opinión de algunos necios es lo mismo que una cosa incapaz. Pero cualquiera, como sea no más de buen cortesano, ni lo tendrá por novedad ni lo murmurará por desatino[9]. Porque si esta materia de que nos componemos los hombres y las mujeres, ya sea una trabazón[10] de fuego y barro, o ya una masa de espíritus y terrones[11], no tiene más nobleza en ellos que en nosotras; si es una misma la sangre; los sentidos, las potencias y los órganos, por donde se obran sus efectos, son unos mismos; la misma alma que ellos, porque las almas ni son hombres ni mujeres: ¿qué razón hay para que ellos sean sabios y presuman que nosotras no podemos serlo? (Zayas: 2000, 159)

1 despejo *Klugheit, Talent* – 2 crisol *Prüfstein* – 3 averiguar *erforschen, herausfinden* – 4 macizo *massiv* – 5 pedazo *Stück* – 6 afeitado *hier blank geschliffen* – 7 osadía *Kühnheit* – 8 borrón *Entwurf, Manuskript* – 9 desatino *Unsinn* – 10 trabazón *Verbindung* – 11 terrones *Klumpen*

Aufgabe 11.11

? Welches Selbstbild liefert uns María de Zayas in Bezug auf den weiblichen Autorstatus ihrer Zeit?

Bezüge zu anderen Ansätzen

Die Problematik der weiblichen Autorschaft und der häufig festzustellenden Autozensur der Frauen führt uns in den Bereich der Literatursoziologie (Einheit 10.5). Die Untersuchung der Texte der Frauenliteratur dagegen bedient sich der Erzählforschung (Einheit 8), des Textvergleichs (Einheit 11.1), der Intertextualität (Einheit 12.2.1) sowie der Dekonstruktion (Einheit 12.2.4). Dabei steht die Frage im Mittelpunkt, wie Frauen mit ihren vorwiegend von Männern geprägten literarischen Vorbildern umgehen. Es lässt sich feststellen, dass diese von den Autorinnen häufig im Hinblick auf die spezifischen Lebensumstände der Frauen hin subvertiert, also unterlaufen, oder die binären Geschlechteroppositionen gar dekonstruiert werden.

Aufgabe 11.12

? Lesen Sie Cervantes Novelle *La fuerza de la sangre* und María de Zayas Novelle *La fuerza del amor* (Texte auf www.bachelor-wissen.de) im Vergleich und beantworten Sie folgende Fragen: Inwiefern kann man bei der Novelle von María de Zayas von der Subversion des cervantinischen Modells sprechen? Was lässt sich diesbezüglich über die Plotstruktur und die Botschaft des Textes aussagen?

Aus der Frage nach den literarischen Vorbildern für Autorinnen ergibt sich die Frage einer ‚weiblichen literarischen Tradition', wie sie sich z. B. in den Novellen von María de Zayas zeigt. Spezifika einer weiblichen literarischen Tradition lassen sich darüber hinaus an Plotstrukturen, Raum- und Zeitdarstellung sowie an der Erzählperspektive festmachen.

In diesem Zusammenhang steht auch die Frage nach der Rezeption von Frauenliteratur, die in der Vergangenheit häufig als ‚minderwertige' Imitationen eben der männlichen Vorbilder angesehen wurde und die mittels einer ‚Relektüre' vor dem Hintergrund ihrer ‚Alterität' (Differenz) neu gelesen und damit häufig revalorisiert, neu bewertet wird. Eines der wichtigsten Anliegen der *Gender*-Forschung in der Literaturwissenschaft ist somit die Revision des Kanons, d. h. das Überdenken der bisherigen Literaturgeschichtsschreibung, indem die literarische Produktion von Frauen sukzessive neu entdeckt, neu

Kanonrevision

ediert, neu gelesen wird. Dazu gehört natürlich auch die Reflexion über die Mechanismen der Kanonbildung, wie sie u. a. durch die Anwendung der Theorie des literarischen Feldes (Einheit 10.5.3) auf den Bereich der Frauenliteratur erfolgen kann.

Zusammenfassung

Die Rezeption literarischer Werke kann auf vielfältige Weise untersucht werden. Neben die Aufdeckung literaturgeschichtlicher Bezüge, die sich unter anderem am Umgang mit Motiven, Stoffen und Themen nachvollziehen und im komparatistischen Vergleich über die Grenzen der Einzelliteraturen hinaus verfolgen lassen, tritt das historisch-soziologische Interesse an der Leserschaft. Dabei wird deutlich, dass die Lektüre eines literarischen Werkes immer den Bedingungen eines geschichtlichen, sozio-kulturellen, literaturhistorischen, aber auch biographischen Kontextes unterliegt. Die genaue Untersuchung dieser Bedingungen ermöglicht daher erst eine wissenschaftliche Betrachtung von Literatur, die nicht aus für sich autonomen Texten besteht, sondern sich erst über die Rezeption durch Leser realisiert. Theoretische Betrachtungen des Leseprozesses können den vom Leser durchlaufenen hermeneutischen Zirkel bewusst machen und die Sinnkonstruktion, die sich bei der Begegnung von Texten und ihren Lesern ereignet, erklären. Auch in der Frage nach den Mechanismen der Kanonbildung, gerade im Bereich der *Gender Studies,* ist die Rezeptionsforschung von besonderem Interesse.

Literatur

Emilia Pardo Bazán: *Obras completas*. Madrid: Aguilar 1973.

José de Cadalso: *Cartas marruecas*. Madrid: Espasa-Calpe 1950.

Miguel de Cervantes: *Novelas ejemplares*. Bd II. Madrid: Cátedra 1994.

Alfonso Sastre: *Obras completas*. Madrid: Aguilar 1966.

Friedrich Schiller: *Wilhelm Tell*. Stuttgart: Reclam 1988.

María de Zayas y Sotomayor: *Novelas amorosas y ejemplares*. Madrid: Cátedra 2000.

José Zorrilla: *Obras completas*. Valladolid: Librería Santarén 1943.

Andrés Amorós: *Introducción a la literatura*. Madrid: Castalia ²2001.

Horst S. Daemmrich/Ingrid Daemmrich (Hg.): *Themen und Motive in der Literatur*. Tübingen: Francke ²1995.

Olaf Deutschmann (Hg.): *Spanische Romanzen*. Frankfurt a. M.: Lang 1989.

Hugo Dyserinck: *Komparatistik. Eine Einführung*. Bonn: Bouvier ³1991.

Elisabeth Frenzel: *Motive der Weltliteratur*. Stuttgart: Kröner ⁶2008.

Elisabeth Frenzel: *Stoffe der Weltliteratur*. Stuttgart: Kröner ¹⁰2005.

Hans-Robert Jauß: *Literaturgeschichte als Provokation*. Frankfurt a. M.: Suhrkamp 1970.

Weiterführende Literaturhinweise finden Sie unter www.bachelor-wissen.de.

Strukturalismus und Poststrukturalismus

Inhalt

12.1	Strukturalismus	212
12.1.1	Zum Begriff ,Struktur'	213
12.1.2	Der strukturalistische Umgang mit Texten	215
12.2	Poststrukturalistische Ansätze	217
12.2.1	Intertextualität	218
12.2.2	Historische Diskursanalyse	219
12.2.3	Postkoloniale Literaturtheorien	222
12.2.4	Dekonstruktion	225

Überblick

In der dritten methodenzentrierten Einheit werden Sie zunächst mit den Grundzügen des sog. *linguistic turn* verschiedener Wissenschaften vertraut gemacht, der die Sprache als ein grundlegendes Ordnungsmodell auffasste und zu einer (teilweisen) Umorientierung des literaturwissenschaftlichen Feldes führte. Vor dem Hintergrund der Erkenntnisse des Schweizer Linguisten Ferdinand de Saussure wurde ,Text' in erster Linie als Struktur und System und nicht mehr als durch Schrift fixierte Gedanken verstanden. Der Einfluss dieser Betrachtungsweise auf zahlreiche weitere Entwicklungslinien theoretischer Ansätzen soll Ihnen anschließend in Auswahl vorgestellt werden. So wurde die Ausweitung des Textbegriffs von einer allgemeinen Theorie der Intertextualität begleitet, welche auf die unüberschaubare Vielfalt der Sinnbezüge zwischen Texten verschiedenster medialer Form hinwies. Damit ging aber auch in der sog. poststrukturalistischen Phase der Theoriebildung eine Betonung der Vieldeutigkeit (Polysemie) des Textes einher, die jegliche eindeutige Sinnfixierung in Frage stellte, sie *dekonstruierte*. Andere Richtungen der nach-strukturalistischen Theoriebildung wie z. B. die Historische Diskursanalyse oder die postkoloniale Theorie setzten den Akzent stattdessen auf die Analyse von gesellschaftlichen Machtstrukturen, auf die innige Verbindung zwischen Herrschaftsformen und den in ihnen vermittelten Wertordnungen.

12.1 | Strukturalismus

Unter dem Sammelbegriff ‚Strukturalismus' (*estructuralismo*) werden in der Regel eine Reihe von Modellen und Methoden zusammengefasst, die sich in literaturtheoretischer Hinsicht seit der Mitte der 1950er Jahre entfalten konnten und bis heute in vermittelter Form einen nachhaltigen Einfluss auf die Literaturwissenschaft ausüben. Bereits der russische Formalismus hatte zu Beginn des Jahrhunderts versucht, literarische Texte anhand linguistischer Kriterien von alltagssprachlichen Texten zu unterscheiden. Die Prager Strukturalisten um Roman Jakobson (1896–1982) sahen darauf aufbauend hinter der poetischen Funktion der Sprache eine besonders dichte Strukturierung des Signifikanten, also des Lautbildes bzw. der materiell fassbaren äußeren Textgestalt. Dadurch wurde eine neue Sichtweise vom Text als geordnetes System von Zeichen entworfen. Der Text sollte aus strukturalistischer Sicht nicht mehr in Abhängigkeit von äußeren Faktoren interpretiert werden (auch nicht der etwaigen Aussageabsicht des Autors), sondern als ein selbständiges Gebilde, dessen Bedeutung sich allein aus den in ihm selbst verankerten Elementen und ihrer Verknüpfung zu einem eine Ganzheit formenden System ergibt. Der Frage, wie genau eine solche Bedeutung zustande kommt, widmet sich die strukturalistische Analyse, welche der interpretatorischen Willkür einer subjektiven Textauslegung vorbeugen will.

Der literarische Text als Zeichensystem

Saussures duales Zeichenmodell

Abb. 12.1 | Ferdinand de Saussure (1857–1930)

Der Vorstellung von Sprache und Text als einem in sich kohärenten System liegen unter anderem zwei Einsichten des Schweizer Sprachwissenschaftlers Ferdinand de Saussure (1857–1913) und seines 1916 erschienenen *Cours de linguistique générale* zu Grunde. Zum einen stellte er ein Zeichenmodell vor, in dem die lautliche Gestalt des Gesprochenen (der Signifikant; *el significante*) in einer willkürlichen (arbiträren), auf Konventionen beruhenden Beziehung zum inhaltlichen Konzept oder Vorstellungsbild (das Signifkat; *el significado*), steht (siehe Einheiten 1.2 und 4.2). Zum anderen verweist Saussure auf den Unterschied zwischen einem abstrakten Gesamtsystem der Sprache (frz. *langue*; span. *lengua*), das von bestimmten sprachlichen Regeln definiert wird und das beim Sprechen jeweils von den Sprechenden in einer individuellen Form einen Ausdruck findet (frz. *parole*; span. *habla*), der nur eine von zahllosen Möglichkeit darstellt. In einer solchen konkreten Äußerung, also etwa dem gesprochenen oder geschriebenen Satz, beruht die Bedeutung auf der Stellung des einzelnen sprachlichen Zeichens innerhalb größerer Zusammenhänge:

Langue und *parole*

Paradigma

- auf der paradigmatischen Ebene wird ein Zeichen unter vielen gleichartigen, assoziativ miteinander verknüpften Zeichen ausgewählt, wobei sich seine eigene Bedeutung erst aus der Abgrenzung zu den verwandten Zeichen derselben Gruppe, des Paradigmas (*el paradigma*), ergibt (ein vereinfachtes Beispiel: unter ‚Hut' verstehen wir etwas anderes als unter ‚Mütze' oder ‚Kappe', welche jeweils mögliche Bedeutungsunterschiede innerhalb des Oberbegriffs ‚Kopfbedeckung' angeben);

- auf der syntagmatischen Ebene wird das ausgewählte Zeichen in die syntaktische Struktur eingereiht, d.h. es tritt in Beziehung zu den anderen Bestandteilen des Satzes, welche unterschiedliche Funktionen tragen und erst in ihrer Gesamtheit die Satzaussage bilden (*el sintagma*). Syntagma

Aus diesen Grundannahmen leitet sich ab, dass sprachliche Zeichen (Laute, Wörter, Satzgebilde, etc.) sich nicht mehr vornehmlich aus dem Bezug zur Wirklichkeit ableiten, sondern zuerst als formale Relation betrachtet werden. Das Zeichen erhält einen Status als objektiv beschreibbarer wissenschaftlicher Gegenstand, der nur durch seine Stellung innerhalb des eigenen Systems definiert wird. Den sprachlichen Zeichen kann genau dann eine präzise Funktion zugeschrieben werden, wenn man ihre genaue Position innerhalb dieses übergeordneten Systems bestimmt: Sie müssen als Teil einer ‚Struktur' erkannt werden, welche allein die Bedeutung trägt.

Bedeutung als ‚relationaler' Begriff

Zum Begriff ‚Struktur' 12.1.1

Unter ‚Struktur' (*estructura*) ist die rein formale Beziehung der Teile eines Ganzen zueinander zu verstehen (vgl. Einheit 4.1). Daher kann der Strukturbegriff auch von zahlreichen Wissenschaften auf ihre diversen Untersuchungsgegenstände angewandt werden, außer in den Naturwissenschaften etwa in der Sprachwissenschaft, der Philosophie, der Geschichtswissenschaft, der Ethnologie, der Psychoanalyse etc. Die Art und Weise, wie welche Einzelelemente miteinander verknüpft sind, verleiht ihnen im Rahmen des übergeordneten Ganzen ihre jeweiligen Funktionen. Ein festes Beziehungsgefüge von Funktionen ergibt eine Struktur, die sich wiederum innerhalb eines Gesamtsystems von Strukturen (z.B. der Sprache) eingliedert. Eine Struktur kann nicht unter Anwendung empirischer Verfahren ‚bewiesen' werden, sondern ist nur über die theoretische Modellbildung ableitbar, also ein Konstrukt des menschlichen Geistes, nicht aber eine quasi materielle Eigenheit des betrachteten Objekts.

Ein System von Funktionen

Die Aufdeckung von Strukturen, die einem Untersuchungsgegenstand seine Bedeutung verleihen, läuft darauf hinaus, von den inhaltlichen oder formalen Details abzusehen, denn letztere sind lediglich Ausdruck einer spezifischen, auf externe Rahmenbedingungen zurückführbaren Aktualisierung oder Füllung ihres strukturellen Gerüsts. Die Perspektive richtet sich also nicht mehr auf eine historische Vielfalt von Formen (diachrone Perspektive; *perspectiva diacrónica*), sondern auf die Regeln, durch die ein Feld von gleichzeitig existierenden Phänomenen abgesteckt werden kann (synchrone Perspektive; *perspectiva sincrónica*). Damit einher geht aber zugleich die Suche nach abstrakten Formeln, nach möglichst allgemeingültigen Schemata, welche eine Vielzahl von gleichartigen individuellen Ausgestaltungen der Struktur erfassen können. Im Anklang an die Formulierung fundamentaler Gesetzmäßigkeiten, wie sie von den Naturwissenschaften vorgenommen wird, versuchen die Richtungen des Strukturalismus daher, abstrakte, formalisierte Beschreibungen ihrer Gegenstände zu erstellen.

Formalisierung

Aufgabe 12.1

? Betrachten wir zur Konkretisierung und gleichzeitig zur Übung als fiktives Beispiel folgenden Vorgang: Jemand möchte ein Medium an einer entsprechenden Leihstelle ausleihen. Dabei ist es im Prinzip unerheblich, ob es sich bei dem Medium um ein Buch, eine Zeitschrift, eine DVD, eine CD, eine Landkarte oder Ähnliches handelt. Auch macht es keinen grundlegenden Unterschied aus, ob er sein Medium einer kommunalen, kirchlichen oder universitären Einrichtung entnimmt oder ggf. von einer Videothek oder einem anderen spezialisierten Anbieter bezieht. Wie könnten Sie mit eigenen Worten die für das Entleihen nötigen Schritte beschreiben, so dass sie für alle möglichen Fälle zutreffen?

Die obige Aufgabe ist lediglich ein Beispiel für die vielfältigen Untersuchungsfelder, die mit Hilfe strukturalistischer Ansätze erschlossen werden können. Ihnen allen gemeinsam ist ein Vorgehen, das der französische Sprachwissenschaftler und Literaturkritiker Roland Barthes (1915–1980) in einem berühmten Aufsatz wie folgt beschrieb:

Text 12.1

Roland Barthes: Die strukturalistische Tätigkeit

[...] Der Strukturalismus ist demnach für *alle* seine Nutznießer im wesentlichen eine *Tätigkeit,* das heißt die geregelte Aufeinanderfolge einer bestimmten Anzahl geistiger Operationen: man könnte von strukturalistischer Tätigkeit sprechen, wie man von surrealistischer Tätigkeit gesprochen hat [...]

Das Ziel jeder strukturalistischen Tätigkeit, sei sie nun reflexiv oder poetisch, besteht darin, ein „Objekt" derart zu rekonstituieren, daß in dieser Rekonstitution zutage tritt, nach welchen Regeln es funktioniert (welches seine „Funktionen" sind). Die Struktur ist in Wahrheit also nur ein *Simulacrum*[1] des Objekts, aber ein gezieltes, „interessiertes" Simulacrum, da das imitierte Objekt etwas zum Vorschein bringt, das im natürlichen Objekt unsichtbar oder, wenn man lieber will, unverständlich blieb. Der strukturale Mensch nimmt das Gegebene, zerlegt es, setzt es wieder zusammen; das ist scheinbar wenig (und veranlaßt manche Leute zu der Behauptung, die strukturalistische Arbeit sei „unbedeutend, uninteressant, unnütz" usw.). Und doch ist dieses Wenige, von einem anderen Standpunkt aus gesehen, entscheidend; denn zwischen den beiden Objekten, oder zwischen den beiden Momenten strukturalistischer Tätigkeit bildet sich etwas *Neues,* und dieses Neue ist nicht Geringeres als das allgemein Intelligible: das Simulacrum, das ist der dem Objekt hinzugefügte Intellekt, und dieser Zusatz hat insofern einen anthropologischen Wert, als er der Mensch selbst ist, seine Geschichte, seine Situation, seine Freiheit und der Widerstand, den die Natur seinem Geist entgegensetzt.

Man sieht also, warum von strukturalistischer Tätigkeit gesprochen werden muß: Schöpfung oder Reflexion sind hier nicht originalgetreuer „Abdruck" der Welt, sondern wirkliche Erzeugung einer Welt, die der ersten ähnelt, sie aber nicht kopieren, sondern verständlich machen will. (Barthes: 1966, 191 f.)

1 Simulacrum – *Modell, Nachbildung*

? Nach welchen Kriterien erfolgt laut Barthes das Zerlegen und die Rekonstruktion des Untersuchungsgegenstandes? Was ist das Ziel dieser beiden Operationen?

Aufgabe 12.2

Der strukturalistische Umgang mit Texten

12.1.2

Die von Barthes vorgeschlagene Zergliederung und anschließende modellhafte Nachbildung eines Textes entspricht der in Einheit 4 eingeführten Strukturanalyse, wobei das „Objekt" oder „Simulacrum" bei Barthes auf das verweist, was wir als ‚Modell textinterner Funktionen' bezeichnet haben. Sie lässt sich prinzipiell auf jede Textsorte anwenden, doch verdienen gerade literarische Texte besonderes Interesse, denn sie zeichnen sich aus strukturalistischer Sicht durch eine spezielle Verwendung der Sprache aus (Literarizität bzw. Poetizität), welche sie von den Formen der Alltagssprache unterscheidet (vgl. hierzu Einheit 1.1). Literarische Texte verweisen auf die gesteigerte Bedeutung ihres sprachlichen Materials und seiner Anordnung, indem auf den Ebenen des Lautes, des Satzbaus und der Konzepte (also auf der phonologischen, syntaktischen und inhaltlich-konzeptuellen Ebene) Strukturen ablesbar werden. Der Text soll in der Gesamtheit seiner bedeutungstragenden Strukturen erfasst werden. Aufschlussreich für die Textanalyse sind insofern vor allem

Anordnung des sprachlichen Materials

- Äquivalenzen, Homologien (Entsprechungen, Ähnlichkeiten),
- Parallelen,
- Inversionen und
- Gegensätze (Oppositionen)

als mögliche Beziehungsmuster zwischen Textelementen im Gesamtzusammenhang. Wichtige strukturelle Beziehungen ergeben sich

- in der Gestaltung von Vers, Metrum, Rhythmus und
- im Aufbau und in der Anordnung der Strophen für die Lyrik;
- in Form von Stilmitteln und Tropen,
- als gemeinsamer semantischer Bezug einzelner Ausdrücke (die Bildung von Isotopieebenen; siehe Einheit 4.2),
- aus der Betrachtung von Handlungstypen, Figurentypen, Bewegungsrichtungen, örtlicher Lage, zeitlicher Abfolge und weiterer schematisierbarer Aspekte (vgl. Einheit 8.3).

Im Prinzip haben Sie das skizzierte Vorgehen bei der Textanalyse in einer grundlegenden Form bereits in Einheit 4 kennen gelernt. Eine strukturalistische Analyse im engeren Sinne geht jedoch bei ihrer Textbeschreibung weit über die dort vorgestellte Systematik hinaus.

Ihr streng formales Verfahren ist in Reinform allerdings nur selten befolgt worden. Seine konsequenteste Anwendung fand es bei der Untersuchung von Textsorten, die von vornherein über eine gewisse Geschlossenheit und sorgfältige Konstruktion verfügten, v. a. im Bereich der Lyrik. Daneben wurden besonders auf dem Gebiet der Analyse narrativer Texte Standards gesetzt (vgl. Einheit 8), denn die Zergliederung der Texte in ihre strukturbildenden Funktionszusammenhänge ermöglichte die Schaffung neuer Kategorien, so der Tiefenstruktur bei Greimas (vgl. Einheit 8.3.1) oder die narratologischen Untersuchungsfelder ‚Distanz', ‚Fokalisierung' oder ‚Stimme' bei Genette (vgl. Einheit 8.2).

Eine Illustration des Bestrebens, einen Text in seine grundlegenden Funktionen zu zergliedern, gibt Narciso Pizarro in *Análisis estructural de la novela* am Beispiel der fundamentalen Handlungselemente (hier: ‚acontecimiento').

Text 12.2

Narciso Pizarro: *Análisis estructural de la novela* (1970)

La noción de acontecimiento – definida como descripción de un proceso de producción o de cambio en el que interviene al menos un personaje – es un concepto fundamental del método de análisis aquí propuesto. [...]

En una novela, por ejemplo, un *acontecimiento* A_i es: *X se casó con Y*. Analizado como *acontecimiento* para X (*en el discurso de X*), A_i representa la producción de una significación por el intercambio con Y. En la *misma novela*, y en un elemento de discurso precedente, sabemos que *para X* (X soporte de ese elemento de discurso) el matrimonio con Y (potencial todavía) representa la realización del valor "*interés económico*", A_i es entonces, par X, *la realización del valor interés económico (en el proceso A_i).*

El esquema (1) indica las distinciones efectuadas. Estas distinciones no presentan demasiadas dificultades. Lo que sí es *difícil* es la representación de los valores realizados – o no – en cada acontecimiento. En efecto, decir que A_i es R (V_i) para X, no es difícil. Lo difícil es establecer *en el análisis del discurso soportado por X cuál es el conjunto de valores realizados en el acontecimiento*: es decir, establecer la notación completa de cada A_i en términos de V_i. En otras palabras, la *significación* de A_i *para* el personaje, en el *discurso* soportado por el personaje...

Esquema (1)

Acontecimiento A_i: "X (*se casa con*) Y"

representación de un proceso de *intercambio* entre X e Y: intercambio de *información significante* ("*sí quiero*").

representación de la realización de un *valor para X* (en el discurso de X) y de otro (que puede ser el mismo) valor *para* Y (en el discurso de Y), es decir, efectuación de la inserción del (de los) soporte(s) en un proceso (social) de producción de cambio.

El ancontecimiento *se analiza entonces como R (V_1) para X, como R (V_2) para Y.*

Para X casarse con Y. → realización del interés económico = R (V_1)

A_1 para X = R (V_1)

A_1 para Y = R (V_2)

(Pizarro 1970: 147–150)

1 soporte – *Träger, Urheber*

? Welche einzelnen Schritte durchläuft Pizarros Argumentation im obigen Textauszug? | Aufgabe 12.3

? Beziehen Sie Pizarros Beschreibung auf Barthes' Erläuterungen in Text 12.1. Inwiefern ist das, was Pizarro beschreibt, eine „strukturalistische Tätigkeit"? | Aufgabe 12.4

Der wegweisende Einfluss des strukturalistischen Ansatzes lässt sich letztlich darauf zurückführen, dass er zu einer neuen Systematisierung der Textanalyse führte, die intersubjektiv überprüfbare Aussagen ermöglicht. Während die strukturalistische Textanalyse im engeren Sinne jedoch darauf ausgerichtet war, am konkreten Textbeispiel objektivierbare Strukturen aufzudecken und daraus verallgemeinerbare Schlussfolgerungen zu ziehen, wurde die von Saussure eingeleitete Skepsis gegenüber der Eindeutigkeit sprachlicher Mitteilungen seit Ende der 1960er Jahre noch radikalisiert. Die Arbitrarität des Zeichens wurde nunmehr zum Anlass genommen, über die formale Anordnung sprachlicher Zeichen hinaus weiter reichende Aussagen über die Möglichkeiten der menschlichen Kommunikation zu treffen. In der Folge stießen von nun an die rein formale Analyse wie auch das strukturalistische Selbstverständnis einer ebenso exakten wie formalisierbaren Wissenschaft auf Ablehnung. Stattdessen wurde die grundlegende Frage nach den Möglichkeiten und Bedingungen der Entstehung oder Zuschreibung von Bedeutung in den Mittelpunkt gerückt. Vor allem in Frankreich, wo der Strukturalismus ausgehend von der Linguistik bereits in zahlreichen Disziplinen (Anthropologie, Psychologie, Literaturwissenschaft) präsent war, entwickelten sich eine ganze Reihe von theoretischen Ansätzen und Disziplinen, die sich mittelbar aus den strukturalistischen Vorgaben speisten. Nicht wenige der Beteiligten überwanden in diesem Zusammenhang ihre eigenen früheren Positionen oder führten sie in eine andere Richtung weiter. Dabei entstand ein komplexes wissenschaftliches Feld, das kein in sich geschlossenes Gesamtbild abgeben konnte oder wollte.

Poststrukturalistische Ansätze | 12.2

Ohne der Bandbreite der Ansätze gerecht werden zu können, kann festgehalten werden, dass mit der Zeit im Bereich der poststrukturalistischen Theoriebildung der Bezugsrahmen erweitert wurde und über den Einzeltext (oder das in sich geschlossene Zeichensystem) hinauswies (*postestructuralismo*). Indem der Referent (und damit letztlich außertextuelle Faktoren) erneut eine Rolle spielten, erfolgte eine Loslösung vom rein immanenten Vorgehen bei der Analyse. Je mehr das Gewicht dabei auf die Feststellung verlagert wurde, dass ein Zeichen eine schier unüberblickbare Vielfalt möglicher Bezüge und Bedeutungen umfassen kann, desto mehr wurde auch die Vorstellung aufgegeben, man könne feste Bedeutung tragende Strukturen und präzise modellierbare Systeme ausmachen, die als ebenso objektive wie eindeutige Analyseergebnisse vorlägen. Der Akzent wurde stattdessen bisweilen auf die prinzipielle Unendlichkeit der vom Zeichen hervorgebrachten Verweise gelegt.

12.2.1 Intertextualität

In diesem Zusammenhang ist es aus literaturwissenschaftlicher Sicht besonders interessant, sich mit den in einem Text enthaltenen Verweisen auf andere Texte, wie sie bereits in Einheit 11.1 zur Sprache gekommen sind, zu beschäftigen. Obwohl solche Bezüge im Allgemeinen ebenfalls unter den Begriff ‚Intertextualität' (*intertextualidad*) fallen, basiert der intertextuelle Ansatz in einem weitaus fundamentaleren Sinne gerade auf der Ausklammerung von absichtlichen Anspielungen eines Autors/einer Autorin auf ehemalige Lektüren. Dass literarische Texte sich auf andere Texte beziehen, wird vielmehr als eine ganz grundsätzliche Eigenschaft angesehen, die auf dem sozialen Charakter der Sprache beruht: Alles, was der Einzelne beim Sprechen äußert, hat er sich erst selbst zu einem früheren Zeitpunkt in anderen Zusammenhängen aneignen müssen. Das im Laufe des Lebens gesammelte Sprachmaterial (bspw. Worte, Formulierungen, Redewendungen etc.) wird lediglich für den konkreten Sprechakt neu zusammengestellt und akzentuiert. Insofern ist ein Text für die französische Literaturwissenschaftlerin Julia Kristeva, die maßgebliche Vordenkerin dieses theoriegeleiteten Intertextualitäts-Ansatzes, nichts weiter als ein Mosaik aus Zitaten oder Transformationen vorgängiger Texte.

Entgrenzung des Textes

Intertextualität als Grundphänomen

Abb. 12.2 | Julia Kristeva (*1941)

Indem die Grenzen des Textes aufgelöst werden, vollzieht die Intertextualitätstheorie einen radikalen Bruch mit der Vorstellung von der in sich geschlossenen Einheit des Werks, zugleich auch mit der Vorstellung von einer sinnstiftenden Autorschaft. Die Person der Autorin oder des Autors, ihre Aussageabsichten und Interpretationshinweise verwischen unter den unkontrollierbaren Verweismöglichkeiten des sprachlichen Materials, das niemandem alleine ‚gehört'. Damit wird ebenfalls die Fähigkeit der Leser in Frage gestellt, dem Text einen eindeutigen Sinn zuzuschreiben. Roland Barthes ging in diesem Zusammenhang so weit, den ‚Tod des Autors' als Instanz der Deutungshoheit auszurufen („La mort de l'auteur", 1968).

‚Tod des Autors'

Gegenüber der abstrakten Theorie der Intertextualität verspricht der von Gérard Genette formulierte Ansatz einer ‚Transtextualität' einen höheren pragmatischen Nutzen für die Untersuchung einzelner literarischer Texte. Genettes Ausführungen fügen sich in den Rahmen seiner breit angelegten Narratologie (vgl. Einheit 8.2) und gehen auch in diesem Fall mit einem speziellen begrifflichen Instrumentarium einher. Ausgangspunkt für die Beschäftigung mit transtextuellen Bezügen ist die Unterscheidung zwischen dem Hypotext (*ipotexto*), dem zuvor schon bestehenden Ausgangstext, und dem Hypertext (*ipertexto*),

Intertextualität als pragmatischer Ansatz

Transtextualität

welcher die Vorlage umformt. Insgesamt inventarisiert Genette fünf mögliche Beziehungen zwischen Texten:

- Intertextualität (*intertextualidad*): die absichtsvolle Bezugnahme auf einen Text, z. B. in Form von Zitaten oder Anspielungen, aber auch als Plagiat (ein Text wird unter falschem Autornamen noch einmal veröffentlicht);
- Metatextualität (*metatextualidad*): eine kritische Betrachtung eines anderen Textes, seine Beschreibung und Kommentierung, die sozusagen von einer übergeordneten Warte aus – der Metaebene – vorgenommen wird, den Bezugstext jedoch nicht mehr unbedingt zitieren muss;
- Hypertextualität (*ipertextualidad*): die als solche nicht mehr kommentierte Transformation eines Hypotextes, beispielsweise durch Neubearbeitung eines Stoffes oder Verwendung eines bestehenden Motives oder Themas; weitere Möglichkeiten der Transformation bieten etwa die Parodie, das Pastiche oder die Adaption in einem anderen Medium;
- Architextualität (*architextualidad*): die einer großen Gruppe von Texten gemeinsamen literarischen Merkmale, z. B. Gattungsmerkmale oder Entsprechungen auf der Ebene des Stils, die nur noch eine sehr allgemeine Zugehörigkeit zu literarischen Grundformen belegen.

Pastiche: literarische Nachahmung eines Text-Vorbilds

Eine Sonderrolle kommt der sog. Paratextualität (*paratextualidad*) zu; bei ihr handelt es sich um das Verhältnis zwischen dem (Haupt-)Text und den ihn einrahmenden textuellen Elementen (den Paratexten), beispielsweise Titel, Gattungsangabe, Widmung, Impressum, Vorwort, Anmerkungen, Nachwort usw.

Zur Verdeutlichung sei an dieser Stelle bereits im Vorfeld auf Einheit 14.3 verwiesen, welche sich am Beispiel des Mediums Film mit gezielten intertextuellen und intermedialen Verweisen befasst.

12.2.2 Historische Diskursanalyse

Michel Foucault

Zu den Autoren, deren philosophische Untersuchungen einen starken Einfluss auf die poststrukturalistisch ausgerichtete Literaturwissenschaft ausüben, zählt Michel Foucault (1926–1984). In seinem auf Grundideen des Strukturalismus aufbauenden Ansatz der historischen Diskursanalyse – die wegen ihrer weitreichenden kulturwissenschaftlichen Implikationen nicht mit der sprachwissenschaftlichen Diskursanalyse gleichgesetzt werden kann – widmete er sich der Untersuchung bestimmter geschichtlicher Verbindungen (‚Formationen') aus Denk-, Rede- und Verhaltensweisen. So stellte er heraus, dass die Geschichte einer Kultur in Abschnitten verläuft, die geprägt sind von einer jeweils vorherrschenden wissenschaftlichen Lehrmeinung vom Menschen und von den sie stützenden machthabenden Institutionen.

Diese unterschwellig funktionierende Allianz beeinflusst und durchdringt das Selbstverständnis des Menschen, seine Anschauungen, seine Verhaltensweisen – seine Subjektivität. An den Beispielen des ‚Wahnsinns' und der

Abb. 12.3 | Der Psychiater Pinel in der Salpêtrière, Gemälde von Robert Fleury 1795

Sexualität konnte Foucault mit Hilfe des von ihm untersuchten historischen Quellenmaterials verdeutlichen, wie Vorstellungen von ‚Gesundheit' und ‚Normalität' auf entsprechenden Diskursen und den mit ihnen verbundenen ‚diskursiven Praktiken' (als ihre Umsetzung in Handeln; *prácticas discursivas*) beruhen. Unter Diskursanalyse (*análisis del discurso*) ist demnach ebenso die Untersuchung von menschlichem Verhalten wie von Texten zu verstehen, an denen nachvollzogen wird, welches Wissen zirkuliert, welche Medien es benutzt, welche Tabus aufgebaut werden, mit welchen sprachlichen Mitteln und vor dem Hintergrund welcher Autorität dabei vorgegangen wird.

! Diskurse als epochenspezifisches Bild vom Menschen in einem speziellen Bereich des Wissens oder des Handelns

Literarische Texte bilden nur einen Teilbereich der analysierbaren Texte, indem auch sie Hinweise auf die zu ihrem Entstehungszeitpunkt gültigen Diskurse geben (man kann sie bspw. dahingehend untersuchen, welche Ansichten zu ‚abnormem' Verhalten oder sexual-moralischen Normen sich in ihnen finden). Texte können jedoch stets auch Gegendiskurse formulieren, welche sich von den vorherrschenden ‚offiziellen' Diskursen absetzen.

Obwohl Michel Foucault selbst keine spezielle Methode für die Analyse literarischer Texte ausgearbeitet hat, hat die Literaturwissenschaft von ihm wichtige Impulse in methodischer wie thematischer Hinsicht erhalten. Dazu zählt beispielsweise die Betrachtung der Textzeugnisse von gesellschaftlichen Außenseitern, wie sie zumal von der feministischen Kritik (vgl. Einheit 11.3) stark beachtet wurde.

Ein Beispiel für die kritische Analyse von Diskursen liefert Foucault anhand seiner bereits in Einheit 1.1 resümierten Beobachtungen zur Rede über ‚den Autor' bzw. zu den Vorstellungen, die zu unterschiedlichen historischen Zeitpunkten mit ‚Autorschaft' verbunden waren.

|Abb. 12.4
Der arme Poet von Carl Spitzweg (1839)

Im Vorwort zur deutschen Ausgabe von *Wahnsinn und Gesellschaft* (Originalausgabe 1961, erw. Ausg. 1972) hinterfragt Foucault den heute gültigen medizinischen (und daraus gespeist: sozio-kulturellen) Diskurs über den ‚Wahnsinn‘, bzw. versucht er zu ergründen, welche Bedeutung dem Wahn beigemessen wurde, bevor er zum Gegenstand psychiatrischer Lehrmeinungen wurde.

|**Text 12.3**
Michel Foucault: *Wahnsinn und Gesellschaft*, Vorwort zur dt. Ausgabe (1969)

[Heute] kommuniziert der moderne Mensch nicht mehr mit dem Irren. Auf der einen Seite gibt es den Vernunftmenschen, der den Arzt zum Wahnsinn delegiert und dadurch nur eine Beziehung vermittels der abstrakten Universalität der Krankheit zulässt. Auf der anderen Seite gibt es den wahnsinnigen Menschen, der mit dem anderen nur durch die Vermittlung einer ebenso abstrakten Vernunft kommuniziert, die Ordnung, physischer und moralischer Zwang, anonymer Druck der Gruppe, Konformitätsforderung ist. Es gibt keine gemeinsame Sprache, vielmehr es gibt sie nicht mehr. Die Konstituierung des Wahnsinns als Geisteskrankheit am Ende des achtzehnten Jahrhunderts trifft die Feststellung eines abgebrochenen Dialogs, gibt die Trennung als bereits vollzogen aus und läßt all die unvollkommenen Worte ohne feste Syntax, die ein wenig an Gestammel erinnerten und in denen sich der Austausch zwischen Wahnsinn und Vernunft vollzog, im Vergessen versinken. Die Sprache der Psychiatrie, die ein Monolog der Vernunft *über* den Wahnsinn ist, hat sich nur auf einem solchen Schweigen errichten können.

Ich habe nicht versucht, die Geschichte dieser Sprache zu schreiben, vielmehr die Archäologie dieses Schweigens. (Foucault: 1978, 8)

Aufgabe 12.5

? In welchem Verhältnis steht der medizinische Diskurs über den Wahnsinn zur Kommunikation allgemein? Welche Auswirkungen hat diese Feststellung für das hier vertretene Konzept von ‚Sprache'? Was meint Foucault schließlich mit „Archäologie"?

12.2.3 Postkoloniale Literaturtheorien

Aufbauend auf Foucaults Analysen von ‚Dispositiven' der Macht, also dem Zusammenwirken von Diskursen und diskursiven Praktiken, hat sich eine Disziplin ausgebildet, die sich des speziellen Verhältnisses von ‚Macht' und dem ihr ebenso unterworfenen wie von ihr geformten ‚Subjekt' im historischen Kontext der kolonialistischen Unterwerfung anderer Völker annimmt. Auch hier gilt der Vorbehalt, dass es im Bereich der wissenschaftlichen Auseinandersetzung zwar zahlreiche sich ergänzende Ansätze, aber keine allseits verbindliche Methode, ja nicht einmal eine einheitliche Fachbezeichnung gibt (weitere Bezeichnungen sind u. a. Postkoloniale Literaturkritik, Postcolonial Studies, Postcolonial Theory, sp. *poscolonialismo*, *teoría poscolonial*).

Abb. 12.5 Der Eroberer Hernán Cortés trifft Moctezuma II. (1519)

Ausgangspunkt ist in jedem Fall die Feststellung, dass das Verhältnis zwischen Kolonisatoren und Kolonisierten eine wechselseitige Beeinflussung zur Folge hat, die sich in deren jeweiligem Selbst- und Fremdverständnis diskursiv niederschlägt (vgl. hierzu alternativ auch den imagologischen Ansatz, Einheit 11.1.4) und über die Beendigung der eigentlichen kolonialen Abhängigkeit durch die Erlangung staatlicher Souveränität fortdauert. Somit kommen je nach Ausrichtung der Untersuchungen sowohl die Texte der Kolonisierten wie der Kolonisierenden in den Blick und der Untersuchungszeitraum reicht von den Anfängen der Kolonisierung bis hin zu ihren gegenwärtigen Folgeerscheinungen.

Gegenstände der Untersuchung sind einerseits die Texte, die aus der Sicht der Kolonialmächte verfasst wurden und deren imperialistisches Gedankengut offen oder auch nur in vermittelter Form in sich tragen. Eine kritische Re-Lektüre im Zuge einer genauen Einordnung in die kolonialhistorischen Zusammenhänge vermag auch auf bekannte Werke ein neues Licht zu werfen, wie der US-amerikanische Literaturwissenschaftler Edward W. Said (1935–2003) als einer der Ersten an englischsprachigen literarischen und nicht-literarischen Texten (Reiseführern, journalistischen Artikeln, wissenschaftlichen Abhandlungen) verdeutlichte (*Culture and Imperialism*, 1993). Andererseits sind die Schriften, die in den (ehemaligen) Kolonien selbst entstanden sind, von besonderem Interesse, da sie ein anderes kulturelles Selbstverständnis zum Ausdruck bringen und Kritik an den Unterdrückungsmechanismen und ihrer diskursiven Rahmung zum Ausdruck bringen können – ein Problemfeld, das sich bis in den Bereich der zeitgenössischen Migrationsliteraturen fortschreibt.

Edward W. Said

Die zumeist anzutreffende Kombination verschiedener poststrukturalistischer Ansätze auf dem Gebiet der postkolonialen Literaturtheorie verdeutlicht beispielsweise der indische Literaturtheoretiker Homi K. Bhabha (*1949), der unter dem Einfluss von Foucault, Lacan und Derrida eine Infragestellung von westlich-abendländischen Konzepten wie den Gegensatzpaaren von ‚zivilisiert' vs. ‚wild', ‚Zentrum' vs. ‚Peripherie', ‚Erste Welt' vs. ‚Dritte Welt', ‚Norden'

|Abb. 12.6
Darstellung einer Mestizen-Familie um 1900

vs. ‚Süden' u. a. vornimmt. Der Begriff ‚Nation' selbst erscheint in seiner Analyse als ein Konstrukt (eine ‚Narration'), das durch einen selbstbezüglichen nationalistischen Diskurs unter Ausgrenzung des ‚Andersartigen' entsteht und durch Gegenentwürfe oder seine eigenen Ungereimtheiten in Frage gestellt werden muss. Durch die (post-)koloniale Situation entsteht schließlich eine Überlagerung und gegenseitige Durchdringung unterschiedlicher kultureller Traditionen, Vorstellungen oder Lebensweisen in einem sog. ‚dritten Raum' (*third space*), die Bhabha als einen fortwährend in Bewegung befindlichen und daher durch Uneinheitlichkeit und Unabgeschlossenheit charakterisierten Prozess der *Hybridität* (*hibridación*) beschreibt, welcher in der Folge zur Ausformung hybrider Identitäten führt (so in *The Location of Culture*, 1994). Ansätze wie dieser, die nicht vorschnell von europäischen Kulturen als Norm ausgehen, sondern die Aufwertung der autochthonen, d. h. angestammten Kulturen der Kolonialgebiete (*culturas indígenas* oder *autóctonas)* zum Ziel haben und ihre Spur in und Auseinandersetzung mit der dominanten europäischen Kultur erforschen, haben unter dem Sammelbegriff *Indigenismus* (*indigenismo*) in der zweiten Hälfte des 20. Jh. in der Lateinamerikanistik große Bedeutung erlangt.

Homi K. Bhabha

Indigenismus

Welche Herausforderung der kulturelle Wandlungsprozess namentlich in Lateinamerika bedeutet, stellt beispielsweise der argentinische Anthropologe Néstor García Canclini (*1939) in einer breit angelegten Studie heraus, die im Vorwort ihre Leitgedanken thematisiert:

Text 12.4
Néstor García Canclini: *Culturas híbridas* (1992)

La primera hipótesis de este libro es que la incertitumbre acerca del sentido y el valor de la modernidad deriva no sólo de lo que separa a naciones, etnias y clases, sino de los cruces socioculturales en que lo tradicional y lo moderno se mezclan.

¿Cómo entender el encuentro de artesanías indígenas con catálogos de arte de vanguardia[1] sobre la mesa del televisor? ¿Qué buscan los pintores cuando citan en el mismo cuadro imágenes precolombinas[2], coloniales y de la industria cultural, cuando las reelaboran usando computadoras y láser? Los medios de comunicación electrónica, que parecían dedicados a sustituir el arte culto y el folclor, ahora los difunden masivamente. El rock y la música 'erudita' se renuevan, aun en las metrópolis, con melodías populares asiáticas y afroamericanas. [...]

Así como no funciona la oposición abrupta entre lo tradicional y lo moderno, tampoco lo culto, lo popular y lo masivo están donde nos habituamos a encontrarlos. Es necesario desconstruir esa división en tres pisos, esa concepción hojaldrada[3] del mundo de la cultura, y averiguar[4] si su *hibridación* puede leerse con las herramientas[5] de las disciplinas que los estudian por separado: la historia del arte y la literatura, que se ocupan de lo 'culto'; el folclor y la antropología, consagrados a lo popular; los trabajos sobre comunicación, especializados en la cultura masiva. Necesitamos ciencias sociales nómadas, capaces de circular por las escaleras que comunican esos pisos. O mejor: que rediseñen los planos y comuniquen horizontalmente los niveles. (García Canclini: 1995, 14 f.)

1 vanguardia *Avantgarde* – 2 precolombino, -a *vor der Ankunft von Christoph Kolumbus* – 3 hojaldrado, -a *hier: zusammengebacken* – 4 averiguar *ergründen, erforschen* – 5 herramienta *Werkzeug*

? Was steht bei García Canclinis Beobachtungen zur Hybridisierung im Vordergrund? Weshalb wählt er die Bezeichnung „ciencias [...] nómadas"? Aufgabe 12.6

Dekonstruktion 12.2.4

Im Zentrum der poststrukturalistischen Ansätze befindet sich immer wieder die Annahme, dass die Sprache die Welt nicht mehr abbilden, darstellen oder erklären kann, sondern lediglich den naiven Beobachter über dieses Unvermögen hinwegtäuscht. Eines der herausragenden Kennzeichen poststrukturalistischer Theorien ist daher die Forderung nach einer kritischen Selbstreflexion im Umgang mit jeglicher Art von Text, um das Bewusstsein dafür zu stärken, dass jede vermeintliche Bedeutungszuschreibung, also gezielte Interpretation, von vornherein ein hoffnungsloses Unterfangen darstellt. Damit werden nicht nur die Grundannahmen der Hermeneutik als illusionär abgestempelt, welche auf eine intersubjektiv nachvollziehbare Deutbarkeit des Textes abzielt, sondern auch die strukturalistischen Versuche, den Text als in sich stabile Struktur zu beschreiben. Die Verfahrensweisen des Strukturalismus werden jedoch keineswegs für obsolet erklärt, im Gegenteil: ihre Weiterentwicklung wird der nun umgekehrten Zielsetzung unterstellt zu belegen, dass die Aufstellung von Klassifikationen, Typologien, Funktionen oder Strukturen immer wieder von der prinzipiellen (Bedeutungs-) Offenheit des sprachlichen Zeichens unterlaufen wird. Wenn aber weder der Autor noch der Leser in der Lage sind, den ‚Sinn' eines Textes dingfest zu machen, dann bedeutet dies zugleich eine radikale Infragestellung eines Jahrhunderte alten Umgangs mit Texten und schließlich der (bisherigen) literaturwissenschaftlichen Tätigkeit selbst.

Kritik an der Hermeneutik

Den maßgeblichen Beitrag zur Ausbildung der dekonstruktivistischen Literaturtheorie stellen die Überlegungen des Philosophen Jacques Derrida (1930–2004) dar: Im Sinne der Saussureschen Aufspaltung des sprachlichen Zeichens in die Opposition von *Signifikant* und *Signifikat* bildet dieses keine geschlossene Einheit und trägt auch keine von ihm selbst ausgehende Bedeutung mehr; die Bedeutung eines Zeichens beruht statt dessen einzig und allein auf seiner Abgrenzung von benachbarten Zeichen: ein Zeichen ist das, was alle anderen Zeichen nicht sind. Seine Bedeutung ist daher keine *Eigenschaft* mehr, sondern nur die *Beziehung* zu anderen Zeichen. Die Bedeutung lässt sich somit nur entlang einer unendlichen Verkettung von Zeichen als ‚Spur' verfolgen und erahnen, da eine Gesamtschau aller sprachlichen Zeichen – und

Jacques Derrida

damit der Überblick über das System Sprache – für keinen Menschen möglich ist.

Phonozentrismus und Logozentrismus

Die Selbsttäuschung des Menschen, ein autonomes Subjekt zu sein, das seiner Sprache mächtig ist und dank ihrer Hilfe mit anderen Menschen kommunizieren kann, ist laut Derrida darauf zurückzuführen, dass der Mensch sich beim Sprechen als eigenmächtiges und vernünftiges Subjekt erlebt: Im Sprechen kann Gedanken und Gefühlen Ausdruck verliehen werden; Sprechen ist eine scheinbar unmittelbare Form der Kommunikation; das Hören der eigenen Stimme ist eine Möglichkeit, sich selbst über die Sinnesorgane wahrzunehmen. Das Selbstbild des Menschen beruht insofern in weiten Teilen auf der gesprochenen Sprache (Phonozentrismus; *fonocentrismo*), nicht etwa auf der geschriebenen. Nicht minder trügerisch ist für Derrida die Vorstellung vom sprachlichen Zeichen als einer untrennbaren Einheit von Ausdruck und Sinn (Logozentrismus; *logocentrismo*). Würde man nämlich annehmen, die Lautseite eines Zeichens sei unmissverständlich an eine einzige Bedeutung geknüpft, dann wäre Kommunikation – und damit eine sinnvolle Ordnung der Welt – von einer sprachphilosophischen Warte aus betrachtet unproblematisch. Man könnte in einem solchen Vertrauen in die Sprache sogar soweit gehen, dass jeglicher Sinn von einer ‚transzendentalen', d.h. über das Materielle hinausweisenden Instanz, etwa von Gott, der ‚Natur' oder der Vernunft, garantiert wird.

‚Große Erzählungen'

Nun ist es ein wesentliches Anliegen des poststrukturalistischen Denkens, die von François Lyotard sogenannten ‚großen Erzählungen' (*grandes narraciones*), welche der menschlichen Existenz einen Sinn unterlegen (also Religionen, Mythen, Weltmodelle, Ideologien etc.), als Illusionen zu entlarven, da auch sie nichts weiter als ‚Texte' darstellten. Der menschlichen Existenz wird also ebenso ein tröstlicher Sinn abgesprochen wie der Sprache. Letzteres kommt besonders bei der Betrachtung der schriftlich fixierten Sprache deutlich zum Vorschein, deren Vieldeutigkeit (Polysemie; *polisemia*) leichter einsichtig ist jene des gesprochenen Wortes. Und genau an diesem Punkt setzt das Vorgehen der Dekonstruktion (*deconstrucción*) bei Derrida an: Dieser greift scheinbar unproblematisch-sinnvolle Aussagen aus einem Text heraus, untergräbt sie aber zugleich, indem er in einer spielerischen Umschreibung der Worte und Formulierungen alle Sinnbezügen wieder auflöst, sie *ad absurdum* führt. Dieses Vorgehen zielt darauf ab zu zeigen, dass der Text nichts weiter ist als ein dynamisches Feld von unendlich vielfältigen und wandelbaren Sinnbezügen, eine fortlaufende Verschiebung von Bedeutungen, da er zahllose Assoziationen wachrufen (eine ‚Ausstreuung' – span. *diseminación* – von Sinnangeboten) und die eingefahrenen Denkmuster verunsichern kann – ganz allgemein gesehen verliert der Text seine (eindeutige) Bedeutung im Überangebot an Lektürepfaden. An die Stelle des einen, mit sich ‚identischen' Sinns rückt die ‚Differenz' (*diferencia*) als maßgeblicher Ausdruck der ‚Dezentrierung' von Bedeutung.

Polysemie und Differenz

Die intensiven Lektüren, welche dekonstruktivistische Lesarten an ihren Textbeispielen inszenieren, bedienen sich daher selbst bevorzugt der Paraphrase, des Sprachspiels, der Auflösung von Metaphern oder Metonymien, um den vermeintlichen Aussagegehalt des Textes zu demontieren, zu dekonstruieren, anstatt einen solchen begrifflich zu fixieren. Daraus resultiert nicht die Ableitung einer bestimmten sprachlichen Struktur, sondern die ureigene Freiheit der Bedeutungsstiftung auf der Wort- und Satzebene, wie Derrida sie in seiner ‚Lehre' einer *Grammatologie* verankert hat.

Umkreisen des Textes in der Lektüre

Da Sprache allerdings nie in der Lage sein kann, einen stabilen Sinn zu kommunizieren, betont der dekonstruktivistische Ansatz seinerseits, keine – und sei es auch nur negative – Deutung des Textes formulieren zu können. Anstatt eine dezidierte Aussage zu treffen, ist er daher aus Respekt vor den eigenen Prinzipien dazu gezwungen, sein Thema in immer neuen Anläufen zu umkreisen und spielerisch-assoziativ (nicht: systematisch!) in den verschiedensten Aspekten zu beleuchten – ein Vorgehen, das dekonstruktivistische Texte naturgemäß schwer lesbar macht.

Betrachten wir in diesem Sinne zum Abschluss die Derridasche Vorstellung vom Text, dessen ‚Sinn' oder ‚Aussage' nicht mehr fixierbar erscheint:

Text 12.5
Jacques Derrida: *Dissémination* (1972)

Ein Text ist nur dann ein Text, wenn er dem ersten Blick, dem ersten, der daher kommt, das Gesetz seiner Zusammensetzung und die Regel seines Spiels verbirgt. Ein Text bleibt im übrigen stets unwahrnehmbar. Nicht, daß das Gesetz und die Regel Unterschlupf fänden im Unzugänglichen eines Geheimnisses – sie geben sich schlechthin niemals preis: der Gegenwart, einem solchen, das man in einem strengen Sinne eine Wahrnehmung nennen könnte.

In der Gefahr, stets und wesensmäßig, derart endgültig verlorenzugehen. Wer wird je um ein solches Verschwinden wissen?

Die Verschleierung der Textur kann durchaus Jahrhunderte erfordern, ihr Gewebe [...] freizulegen. Gewebe umhüllendes Gewebe. Jahrhunderte, das Gewebe freizulegen. Es also einem Organismus gleich wiederherstellend. Endlos sein eigenes Weben [...] regenerierend hinter der schneidenden Spur, Dezision einer jeden Lektüre. Der Anatomie oder Physiologie einer Kritik immer eine Überraschung vorbehaltend, die glaubte, Herr des Spiels zu sein, alle Fäden davon zugleich zu überwachen, sich so dem Trug hingebend, den Text erblicken zu wollen, ohne daran zu rühren, ohne an den „Gegenstand" Hand anzulegen, ohne Gefahr zu laufen, dem irgendeinen neuen Faden hinzuzufügen – einzige Chance, ins Spiel einzutreten, indem man die Finger zur Hilfe nimmt. Hinzufügen heißt hier nichts anderes als zu lesen geben. Man muß sich auf die Ordnung einlassen, um das da zu denken: daß es nicht darum geht, hinzuzudichten, außer in Anbetracht, daß hinzudichten können auch heißt, sich darauf zu verstehen, dem gegebenen Faden zu folgen. Das heißt, wenn man uns noch folgen möchte, dem verborgenen Faden. Wenn es eine Einheit gibt von Lektüre und Schrift – wie das heute so leichthin gedacht wird –, wenn die Lektüre

Schrift *ist*, so bezeichnet diese Einheit weder die unterschiedslose Verschmelzung noch die Identität völliger Ruhe; das *ist*, das die Lektüre mit der Schrift vermählt, muß handgemein werden und einen trennenden Schnitt ziehen. (Derrida: 1995, 71 f.)

Aufgabe 12.7

? In welche Metaphorik bindet Derrida seine Überlegungen zum Text ein? Zeigen Sie anhand des obigen Auszugs die grundlegend andere Auffassung vom Text gegenüber dem zuvor skizzierten strukturalistischen Vorgehen!

Zusammenfassung

Die strukturalistische Textbetrachtung ging mit einer sprachwissenschaftlich inspirierten und stark formalisierten Zerlegung des Textes in seine einzelnen Bedeutung tragenden Bestandteile einher, wodurch neue Erkenntnisse über die Literarizität von Texten gewonnen werden konnten. Dies gilt gleichermaßen für den Bereich der Intertextualität, welcher sich mit den generellen oder den konkreten Bezügen zwischen Texten befasst. Doch weist die Aufgabe der rein immanenten Betrachtungsweise, wie sie von strengen strukturalistischen Analysen gefordert wurde, auf eine neue Ausrichtung der literaturtheoretischen Ansätze hin. Unter dem Vorzeichen des Poststrukturalismus können die zuvor entwickelten Analyseverfahren auf neue Gegenstände übertragen werden, etwa die Spuren übergreifender historischer oder sozialer Strukturen in der Literatur. Andererseits begünstigt die auf einer sprach- und erkenntnisphilosophischen Ebene geführte Auseinandersetzung mit der Sprache ein zweifelndes Nachdenken über jedwede Möglichkeit der Sinnstiftung und Kommunikation.

Literatur

Roland Barthes: „Die strukturalistische Aktivität“, in *Kursbuch* 5 (Mai 1966), 190–196.

Jacques Derrida: „Platons Pharmazie“, in: Ders.: *Dissemination.* Wien: Passagen Verlag 1995, 69–192.

Michel Foucault: *Wahnsinn und Gesellschaft.* Frankfurt a. M.: Suhrkamp ^{3}1978.

Néstor García Canclini: *Culturas híbridas. Estrategias para entrar y salir de la modernidad.* Buenos Aires: Editorial Sudamericana ^{2}1995.

Narciso Pizzaro: *Análisis estructural de la novela.* Madrid: Siglo XXI de España Editores 1970.

Weiterführende Literaturhinweise finden Sie unter www.bachelor-wissen.de.

Filmanalyse

Inhalt

13.1	Zwei Methoden der Filmtranskription	230
13.2	Bildebene	233
13.3	Tonebene	237
13.4	Montage	239
13.5	Filmisches Erzählen	241

Überblick

Neben der kritischen Betrachtung gedruckter Werke oder der dramatischen Inszenierungspraxis hat sich im Medium Spielfilm eine zusätzliche Ausdrucksform literarischer Texte eröffnet. Um die Produktionen der ‚siebten Kunst' angemessen untersuchen zu können, werden Ihnen nun die wichtigsten formalen Kriterien der Filmanalyse vorgestellt, welche die in den bisherigen Einheiten behandelten Aspekte (dramatischer Konflikt, Figurenkonstellation, Entwicklung der Handlung, etc.) im neuen medialen Kontext ergänzen. Dabei geht es auch um die Erörterung der Frage, inwieweit der Film auf typische Erzählverfahren der Literatur zurückgreift.

Als audiovisuelles Massenmedium, das sich in mehrfacher Hinsicht erzählerischer Verfahren bedient, kann der Film einer umfassenden Analyse unterzogen werden, die im Folgenden zumindest in ihren Grundzügen vorgestellt werden soll. Der Schwerpunkt wird dabei auf die technischen Voraussetzungen gelegt, also auf die filmischen Mittel, welche für die Ausformung einer Geschichte oder Handlung zum Einsatz kommen; gleichzeitig muss eine derartige Analyse die Untersuchung der Struktur, der Figurenkonstellation, der Motive oder der intertextuellen (hier besser: intermedialen) Bezüge einbeziehen, wie sie in Analogie bereits in den Einheiten 6 bis 9 behandelt worden ist und hier nicht nochmals eigens erörtert wird. Dabei soll jedoch zumindest eingangs betont werden, dass eine umfassende Filmanalyse sich nicht allein auf diese Umsetzung filmischer Verfahren beschränkt, sondern mehrere Ebenen umfassen sollte:

Ebenen der Interpretation

1. Die vielschichtigen Entstehungsbedingungen, in welche sich die Verfassung der Filmvorlage oder des Drehbuchs, schließlich die Produktion selbst einschreiben (hierzu zählen kommerzielle Rahmenbedingungen, technische Neuerungen, das Aufgreifen von in der Gesellschaft beachteten Themen, gattungsgeschichtliche Vorgaben, stilistische Strömungen u.v.m.);
2. im Speziellen: das künstlerische Profil des Regisseurs/der Regisseurin, wobei u. a. Selbstkommentare zum Film (etwa in Interviews) Hinweise auf persönliche Intentionen wie auch auf das anvisierte Publikum liefern;
3. die von einer konkreten Fragestellung geleitete Interpretation von Figuren und Handlungen im Rahmen einer den gesamten Film umfassenden Zusammenschau, die sich auf eine genaue Analyse der (unten beschriebenen) filmischen Mittel stützt und einen methodischen Ansatz – etwa in biographischer, psychologischer, feministischer, soziologischer, historiographischer, mediengeschichtlicher oder dekonstruktivistischer Hinsicht – verfolgt (vgl. hierzu die Einheiten 10–12);
4. den Einbezug von Rezeptions-Zeugnissen (bspw. Filmkritiken, bereits vorliegende Interpretationen und Analysen) und – falls möglich – eine Würdigung der Nachwirkungen des Werks.

13.1 | Zwei Methoden der Filmtranskription

Eine eingehende Filmanalyse setzt ein mehrfaches Betrachten des Films voraus; um Details zuverlässig zu erfassen und zugleich das gesamte Werk nicht aus dem Blick zu verlieren, haben sich verschiedene Methoden herausgebildet, welche versuchen, die wesentlichen Elemente des Films auf Papier festzuhalten, sie zu transkribieren (*trascribir*). Die Basis hierfür bildet die Einstellung (*plano cinematográfico*) als kleinste Einheit des Filmgeschehens; ihre Begrenzung bildet der Schnitt (*montaje*). In einem Einstellungsprotokoll werden – für ausgewählte Passagen oder für das Filmganze, das bei einer durchschnittli-

Einstellungsprotokoll

chen Dauer von 90 Minuten im Mittel um die 400–700 Einstellungen umfasst – normalerweise folgende Informationen verzeichnet: laufende Nummer und Länge der Einstellung; Kameraaktivitäten; Beschreibung des Sichtbaren; Transkription des zu Hörenden; ggf. Art des Übergangs zwischen aufeinanderfolgenden Einstellungen.

Als Beispiel für ein Einstellungsprotokoll wollen wir uns die Eingangssequenz aus Luis Buñuels *Los olvidados* (1950) ansehen:

Text 13.1
Einstellungsprotokoll (Auszug) zu Luis Buñuel: *Los olvidados*

Nr.	Dauer in Sek.	Kamera-Aktivitäten	Beschreibung des Sichtbaren	Tonspur
1	9"	Panorama Standbild (leichte Untersicht) Überblendung	Stadtsilhouette von Manhattan, im Vordergrund fährt ein Schiff von links nach rechts	off-Sprecher, begleitet von einer langsamen Flötenmusik: „Las grandes ciudades modernas, Nueva York, París, Londres, esconden tras sus magníficos edificios hogares de miseria
2	7"	Totale (starke Untersicht) Schwenk noch oben Überblendung	Eiffelturm	que albergan niños mal nutridos, sin higiene, sin escuela, semilleros de futuros delincuentes
3	10"	Panorama Schwenk nach rechts Überblendung	Big Ben, Themse	La sociedad trata de corregir este mal. Pero el éxito de sus esfuerzos es muy limitado. Sólo en un futuro próximo podrán ser reinvindicados los derechos del niño y del adolescente para que sean útiles a la sociedad.
4	4"	Panorama (Aufsicht) langsamer Schwenk nach rechts Überblendung	Zentrum von Mexiko-Stadt	México. La gran ciudad moderna no es excepción a esta regla universal.
5	4"	Panorama (Aufsicht) langsamer Schwenk nach links Überblendung	Front des Palacio Nacional	Por eso esta película basada en hechos de la vida real no es optimista.
6	4"	Panorama (Aufsicht) langsamer Schwenk nach links Überblendung	Palacio Nacional auf der Seite der Kathedrale	Y deja la solución del problema a las fuerzas progresivas de la sociedad."
7	6"	Totale (Untersicht) Überblendung	Brachfläche hinter heruntergekommenen Häusern von Mexiko-Stadt	lärmende Kinder, zwischendurch olé-Rufe

Aufgabe 13.1 | ? Betrachten Sie das Einstellungsprotokoll. Mit welchen gestalterischen Mitteln wird hier über die einzelnen Einstellungen hinweg Kontinuität erzeugt? Welche Wirkung soll insgesamt betrachtet beim Zuschauer erzeugt werden?

Sequenzprotokoll

Mehrere (im Hinblick auf Handlungselemente, Schauplätze, Zeitabschnitte oder präsente Figuren) zusammenhängende Einstellungen bilden zusammen eine größere Handlungseinheit, eine Sequenz (*secuencia*). Sie vereinen zumeist unterschiedliche Szenen (*escena*), d.h. Gruppen von Einstellungen, welche durch die Beibehaltung der Figuren, des zusammenhängenden räumlichen Dekors und den Verzicht auf Zeitsprünge (Erzählzeit = erzählte Zeit) zusammengehalten werden. Das Protokollieren von Sequenzen und Subsequenzen (z.B. einzelne oder sich ergänzende Szenen) bietet eine weniger aufwendige Möglichkeit, den Handlungsverlauf eines Films zu beschreiben; hierfür werden größere Blöcke nach inhaltlichen (Handlungsorte, Personen, grober Handlungsverlauf) und formalen Kriterien (z.B. Kameraarbeit) beschrieben und der zeitlichen Abfolge entsprechend aufgezeichnet.

Angewendet auf das obige Beispiel von Buñuels *Los olvidados* ergibt sich folgendes Protokoll der ersten Filmsequenzen:

Text 13.2 | Sequenzprotokoll (Auszug) zu *Los olvidados*

00'00 **Vorspann**

01'36 **Sequenz 1: Moderne Großstädte**

In einer schnellen Abfolge von Einstellungen werden pittoreske Ansichten der Großstädte New York, Paris, London und Mexiko-Stadt gezeigt. Eine Sprecherstimme aus dem off verweist auf die wenig bekannten Elendsviertel, in denen Kinder aus ärmlichen Verhältnissen in kriminelle Laufbahnen getrieben werden. Der Film, so die Stimme, beschreibe die reale Situation in Mexiko-Stadt, ohne Optimismus.

02'20 **Sequenz 2: El Jaïbo**

In einem verwahrlosten Armenviertel spielen Jugendliche und Kinder zwischen Bauruinen einen Stierkampf nach. Zigaretten werden verteilt, ein Junge, der zur Arbeit aufbricht, wird verspottet. Die Neuigkeit wird ausgetauscht, dass El Jaïbo aus der Jugendstrafanstalt ausgebrochen ist. Nach einem harten Schnitt wird El Jaïbo an einer verkehrsreichen Straße gezeigt. Bevor er sich von einem fliegenden Händler einen Imbiss kaufen kann, flüchtet er vor einem haltenden Streifenwagen.

Die nächste Szene zeigt ihn bei den Jugendlichen, die er mit seinen Erzählungen aus der Jugendstrafanstalt zu beeindrucken weiß. Sie folgen ihm als Anführer der Clique.

05'19 **Sequenz 3: Der blinde Musiker**

Auf einem Marktplatz wartet Ojitos, der von seinem Vater dort zurückgelassen wurde, vergeblich auf dessen Rückkehr. Unweit entfernt spielt Don Carmelo, ein blinder Musiker, für Geld. Jaïbo und seine Bande kommen hinzu, Jaïbo erteilt Anweisungen um den Blinden auszurauben. Pelon will insgeheim dessen Umhängetasche mit einer Rasierklinge losschneiden, Don Carmelo bemerkt ihn und versetzt dem Fliehenden einen schmerzhaften Stockhieb. Aus Angst vor seiner Mutter wagt Pelon sich nicht mehr nach Hause. Der Blinde wiederum lässt sich von Ojitos über die belebte Straße führen. Jaïbo verfolgt ihn mit Pelon und Pedro, um Rache zu üben. Auf dem Brachland vor einem Rohbau überfallen sie den Blinden mit Steinen und zerstören seine Instrumente. Der am Boden liegende Don Carmelo hebt den Kopf, vor ihm steht ein schwarzes Huhn.

11'10 **Sequenz 4: Nachtquartier**

Pedro streichelt zu Hause ein Huhn im Stall der Baracke, in dem die Familie wohnt. Die Mutter kommt mit drei kleinen Kindern in den Wohnraum und verteilt Essen. Als der hungrige Pedro hinzutritt, verweigert ihm die Mutter das Essen, da er sich wieder die ganze Nacht mit Gaunern herumgetrieben habe.

[...]

Aufgabe 13.2

? Verschaffen Sie sich einen Überblick über den weiteren Handlungsverlauf, ggf. mit Hilfe eines entsprechenden Nachschlagewerkes (z. B. *Reclams elektronisches Filmlexikon*. CD-Rom. Stuttgart: Reclam 2001). Inwiefern führen die oben genannten vier Sequenzen in die Thematik des Films ein? Worin besteht die expositorische Funktion der Sequenzen speziell im Hinblick auf die Figur Pedro?

Neben den beiden erwähnten Methoden, die ihrerseits auf unterschiedliche Art und Weise, d.h. gegebenenfalls unter Einbezug weiterer Kriterien, angewandt werden können, existieren noch andere Verfahren der Filmtranskription, vor allem unter Berücksichtigung graphischer Elemente (ausführlich hierzu: Korte 2010). An den zwei vorgestellten Modellen dürfte jedoch bereits deutlich geworden sein, dass eine Filmanalyse sich bei der Beschreibung des vorgeführten Materials stets auf drei Dimensionen erstrecken muss: auf optische Informationen (was ist zu sehen?), auf akustische Informationen (was ist zu hören?) und auf die Zusammenstellung des aufgezeichneten Materials im projektierten Film über Schnitt und Montage (welche Abfolge ergibt sich?).

Bildebene 13.2

Für das Kino ist das bewegte Bild charakteristisch. Gleichsam photographische Standbilder, Schrifttafeln (im Stummfilm, span. *película muda*) oder eingeblendete Schrift (Untertitel/*subtítulo*) können diese auf Bewegungsabfolgen ausgerichteten Aufnahmen unterbrechen oder ergänzen und tragen dann ganz bestimmte Funktionen, die es zu hinterfragen gilt. Erfasst werden die Bilder von der Kamera (*cámara de cine*), die als vermittelnde Instanz zwischen den Zuschauern und dem Filmgeschehen steht: Obwohl sie im Normalfall in die-

Der ‚Realitätseffekt' des bewegten Bildes

ser Rolle gar nicht wahrgenommen wird, weil das Gesehene uns ‚unmittelbar' vor Augen steht und uns in einem sogartigen Realitätseffekt in die Bilderwelt hineinzieht, muss stets beachtet werden, dass es sich dabei um eine medial vermittelte ‚Wirklichkeit' handelt (auch bei dokumentarischen Aufnahmen!). Die Kamera ist mehr als nur ein ‚künstliches Auge', sie erfasst die Bildinhalte, wählt den Blickwinkel, steuert insgesamt über die Art und Weise des Filmens unsere Wahrnehmung der dargebotenen Inhalte – und wird somit zu einer Erzählinstanz, die analog zu den in Einheit 8 genannten Möglichkeiten das Geschehen präsentiert. Im Übrigen gehört auch das von der Kamera nicht Gezeigte (engl.: *off camera*) unter Umständen durchaus zum filmischen Universum, etwa in den spannungsreichen Szenen von Horror- oder Kriminalfilmen, die absichtlich visuelle Informationen vorenthalten und nur auf der akustischen Ebene andeuten (z. B. über Schreie aus der Ferne).

Einstellung

Der Begriff ‚Einstellung' (*plano*) bezeichnet zunächst einmal, wie ein Bildinhalt von der Kamera erfasst wird. Das Bildformat (*marco/recuadro del plano*) definiert ein nach vier Seiten begrenztes Bildfeld. In der Kadrierung wird ein Ausschnitt aus einem Geschehen vorgenommen.

Komposition

Das Bildfeld kann zunächst einmal nach den Kriterien der Komposition hinterfragt werden: die Betonung bestimmter Linien oder Formen, Kontraste zwischen hellen und dunklen Flächen, Bezüge zwischen Bildelementen (bspw. das Spannungsverhältnis zwischen einem Einzelnen und der ihm gegenüberstehenden Gruppe), auch die Gleichzeitigkeit von statischen und bewegten Elementen können neben vielen anderen hierbei aufschlussreich sein.

Einstellungsgröße

Ein zweites Merkmal ist die Größe der Einstellung, für die folgende Raster zur Verfügung stehen, wobei unterschieden wird zwischen Aufnahmen eines größeren szenischen Umfelds und vorrangig auf die Darsteller ausgerichteten Aufnahmen:

- Panorama oder Weit/*plano panorámico* bzw. *gran plano general*: ein aus großer Distanz gegebener Überblick, etwa über eine Landschaft oder eine Stadt, meist von einer erhöhten Warte aus vorgenommen, evtl. mit einem Weitwinkel-Objektiv oder einer Schwenkbewegung der Kamera eingefangen; Menschen wirken im Rahmen dieser dominierenden Landschaft verloren (vgl. Abb. 13.1);

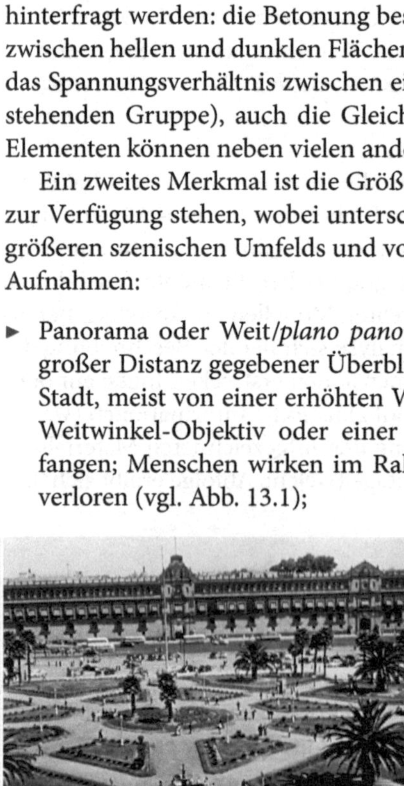

Abb. 13.1 | Panorama: Die Einstellung zeigt die ganze Weite des ‚Zócalo'

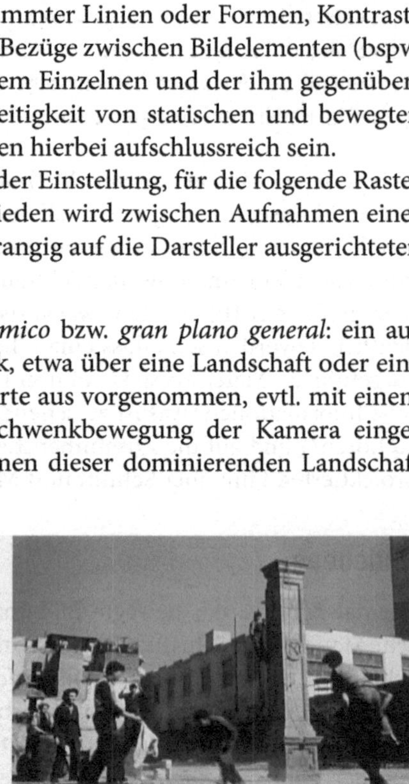

Abb. 13.2 | Totale: Die Kinder werden in der städtischen Umgebung erfasst

- Totale/*plano general (P.G.)*: ein einzelner Schauplatz wird im Überblick erfasst: die Personen und ihr weiteres räumliches Umfeld sind zu erkennen; mit dieser Einstellung kann zu Beginn einer Sequenz ein Handlungsraum vorgestellt werden (vgl. Abb. 13.2);
- Halbtotale/*plano conjunto (P.C.)*: die Personen sind ganz zu sehen, mit ihnen noch ein Großteil der unmittelbaren szenischen Umgebung; Menschengruppen und Bewegungen von Personen im Raum lassen sich somit gut erfassen (vgl. Abb. 13.3);
- Halbnah/*plano figura (P.F.)*, auch *plano entero (P.E.)*: die Personen füllen in ihrer vollen Größe das Bild; von der räumlichen Umgebung sind nur noch kleinere Anteile im Bild zu sehen; Menschen interagieren gut erkennbar mit ihrer näheren Umgebung, v.a. mit anderen Personen
- Amerikanisch/*plano americano (P.A.)*, auch *plano medio largo*: der Körper wird nur noch vom Kopf bis zur Mitte des Oberschenkels (in Western wegen des Pistolenhalfters!) gezeigt (vgl. Abb. 13.4);

Abb. 13.3
Halbtotale: Vor dem Hintergrund tritt die Dreiergruppe isoliert hervor

Abb. 13.4
‚Amerikanisch': Beide Erzieher erscheinen mit den Händen in den Hosentaschen besonders selbstgefällig

- Nah/*plano medio (P.M.)*, auch *plano medio corto (P.M.C.)*: der Körperausschnitt ist auf Kopf und Teile des Oberkörpers reduziert (*P.M.*: ab Taille aufwärts; *P.M.C.*: ab Brust aufwärts); in dieser Einstellung können Mimik, Gestik – v.a. als Gesprächsverhalten – besonders gut gezeigt werden (vgl. Abb. 13.5);
- Groß/*primer plano (P.P.) bzw. primerísimo primer plano (P.P.P.)*: das Gesicht füllt das Bildfeld von den Schultern ab (*P.P.*) oder vollständig (*P.P.P.*) aus und ermöglicht eine genaue Studie der Mimik der portraitierten Person, was für die Zuschauer eine Auseinandersetzung mit deren Gefühlen und Gedanken suggeriert (vgl. Abb. 13.6);

Abb. 13.5
Nah: Der Schmied wird als grimmig und entschlossen gezeigt

Abb. 13.6
Groß: Ein genaues Portrait des verunsicherten 'Ojitos'

- Detail/*plano detalle (P.D.) bzw. plano particular* vergrößerte Nahaufnahme eines einzelnen Elements, z. B. einer Hand oder eines Gegenstandes, dessen Funktion für den Handlungsablauf dadurch stark betont wird (alle Bildbeispiele aus *Los olvidados*).

Perspektive

Die Wirkung der Einstellungsveränderungen auf die Zuschauerschaft lässt sich als Distanz oder Nähe zum Filmgeschehen auffassen. In Kombination mit der Einstellungsgröße ist auch auf die *Kameraperspektive* (*angulación de la cámara*) zu achten. Hier kann unterschieden werden zwischen:

- Aufsicht/*picado* (Vogelperspektive): der von oben herab gerichtete Blick suggeriert Überblick und Kontrolle;
- Normalsicht (*normal*): Referenzpunkt ist die Horizontlinie oder die Augenpartie der im Film gezeigten Personen; die Zuschauer befinden sich mit ihnen ‚auf Augenhöhe', was den normalen Sehgewohnheiten entspricht;
- Untersicht/*contrapicado* (Froschperspektive: das sichtbare Objekt wirkt übermächtig und bedrohlich.

Aufgabe 13.3

? Um welche Einstellungsgröße und Kameraperspektive handelt es sich im nachfolgenden Beispiel?

Abb. 13.7
Einstellung aus *Los olvidados*

Kameraschwenk und Kamerafahrt

Die genannten Möglichkeiten werden über die Zeitdauer einer Einstellung zumeist nicht statisch verwendet, sondern sind Teil eines Bewegungsablaufs. Neben dem Zoom (*zoom*), welcher mittels eines Objektivs die optische Distanz zum gefilmten Objekt verändert, handelt es sich dabei um *Bewegungen der Kamera* (*movimientos ópticos*). Hier wird zwischen Schwenk und Kamerafahrt bzw. Kombinationen aus beiden unterschieden. Der Schwenk (*panorámica*) wird als Veränderung der Ausrichtung und des Neigungswinkels auf einem still stehenden Stativ vollzogen, entweder zu den Seiten (*panorámica horizontal*), nach unten bzw. oben (*panorámica vertical*) oder in Schieflage (*inclinación a la derecha/izquierda*). Die Kamerafahrt (*travelín*) setzt die gesamte Kamera-Apperatur mitsamt Stativ in Bewegung, z. B. auf einem Schlitten (*charriot*), auf einem Kamerawagen (*dolly*, m.), auf einem fahrenden Auto oder an einem Kran (*grúa*). In der Parallelfahrt begleitet die Kamera auf diese Weise ein sich bewegendes Objekt (*lateral*); in der Vorfahrt (*avante*) bewegt sie sich auf das

Objekt zu, in der Rückfahrt (*retro*) von ihm fort. Die von der Kamera ausgeführten Bewegungen vermitteln den Zuschauern den Eindruck, stärker in das Geschehen auf der Leinwand mit einbezogen zu sein. Im Gegenzug können sich natürlich auch die Objekte vor der Kamera bewegen, was zum Beispiel bei einer Bewegungsrichtung auf die Zuschauer hin ein Gefühl der Bedrohung vermitteln kann.

Beleuchtung

In den Bereich des Visuellen gehören weiterhin die *Lichtverhältnisse*, also natürliches Licht oder die Ausleuchtung durch Scheinwerfer und die Lichtintensität (*luz natural o artificial, luz difusa o directa*). Der Scheinwerfereinsatz kann das gefilmte Objekt von vorne ausleuchten (Vorderlicht/*luz frontal*), von der Seite (*luz lateral*), von oben (*luz cenital*) bzw. von unten (*luz enfática*) oder im Gegenlicht (*a contraluz*) verschwimmen lassen. Seitenlicht oder einzelne Lichtspots konturieren beispielsweise Gesichtszüge oder lassen bestimmte Einzelheiten der Requisiten oder Raumumgebung deutlicher hervortreten. Unterbelichtung (*subexposición*) und Überbelichtung (*sobrexposición*) können gezielt eingesetzt werden. Unter *high key* versteht man einen kontrastreichen Scheinwerfereinsatz, der klare Trennungen zwischen ausgeleuchteten und dunklen Bildpartien vornimmt; der *low-key*-Stil hingegen zeichnet weichere Konturen und lässt die Farben eher ineinander verschwimmen.

Neben der Kameraarbeit und der auf sie ausgerichteten Beleuchtung gilt es schließlich, die Bildinhalte selbst genau zu beschreiben und zu deuten. Dabei sind neben der Gestaltung des Raums (Schauplatz, Kulisse bei Studio-Aufnahmen) die evtl. symbolhaften Gegenstände (Requisiten), die Kostüme und Masken, schließlich die schauspielerischen (und sprecherischen) Leistungen der Akteure selbst zu betrachten.

Aufgabe 13.4

? Beschreiben Sie die in dem folgenden Beispiel eingesetzte Beleuchtung.

Abb. 13.8 Einstellung aus *Los olvidados*

13.3 Tonebene

Der Gehörsinn wird im Film auf drei unterschiedliche Weisen stimuliert: einerseits durch gesprochene Sprache (Monologe, Dialoge), andererseits durch Geräusche (*ruidos*) und durch Musik (Tonspur/*pista sonora*). Ist die

Lautquelle in der erzählten Welt des Films hörbar, aber nicht im Bild sichtbar (z. B. die Stimme einer Figur im Nebenraum), so befindet sie sich im ‚off'; für den Fall einer sprechenden Person wird hier der Begriff ‚Off-Stimme' (*off-voice*, span. *voz en off*) verwendet. Ist ein Sprecher nur für den Zuschauer, nicht aber im filmischen Raum hörbar, so spricht man von einer ‚Voice-over'-Technik (*voice-over* oder *voz superpuesta*). Voice-over kann asynchron (z. B. für einen heterodiegetischen, d. h. außerhalb der filmischen Welt stehenden Erzähler) oder synchron (z. B. Gedankenmonolog einer Figur in Großaufnahme) eingesetzt werden. Gelegentlich wird der Begriff ‚Off-Stimme' ohne Differenzierung auch für Voice-over gebraucht.

Rede

Bei der *gesprochenen Sprache* ermöglicht die Sprechweise im Zusammenhang mit dem Grundcharakter einer Stimme – gerade auch bei der nachträglichen Synchronisierung (durch die Schauspieler selbst oder durch Sprecher in anderen Sprachen; *doblaje*, m.) – dem Inhalt des gesprochenen Textes eine verstärkende oder zusätzliche Dimension zu verleihen, etwa beim Ausdruck von Wut oder Pathos, aber auch als ironische Distanz zum Gesprochenen. Dabei ist aufschlussreich, ob die im Film zu sehenden Personen selbst sprechen, ob sie miteinander sprechen oder für sich, eventuell sogar zum Zuschauer gewandt diesen ansprechen (was einer Form von Metalepse gleichkommt; vgl. Einheit 8.2.1); oder ob eine Voice-over-Stimme für die Szene wichtige Informationen liefert bzw. einen Kommentar zur Handlung abgibt (bspw. kann sie speziell im Rahmen einer internen Fokalisierung zum Einsatz kommen).

Geräusche

Um eine Einstellung als ‚natürlich' oder ‚stimmig' zu empfinden, benötigen Zuschauer und Zuschauerinnen in vielen Fällen eine akustische Kulisse (*ambiente sonoro*), welche sich aus mehr oder minder diskreten *Hintergrundgeräuschen* zusammensetzt – eine sog. *Atmo*. Diese Geräusch-Atmosphäre wirkt interessanterweise meist überzeugender, wenn es sich um künstlich erzeugte oder in speziellen Aufnahmeverfahren präparierte Geräusche handelt, die klarer wahrnehmbare und wiederzuerkennende Signale liefern als eine entsprechende direkte Vor-Ort-Aufnahme. Bisweilen treten einzelne Geräusche markant hervor, etwa als *Effektgeräusche* (*efectos sonoros*), welche die Filmhandlung um Spannungselemente bereichern; auch sie werden zumeist künstlich hergestellt, vom Knarzen der Tür über das Heulen des Windes bis zum Klingen aufeinanderschlagender Säbel.

Musik

Die Ebene der *musikalischen Gestaltung* (*música*) eines Films zielt in der Regel auf eine emotionale Lenkung des Publikums. Die ausgewählten musikalischen Partien unterstreichen dabei die Empfindungen der Personen auf der Leinwand oder sollen in Verbindung mit dem Bildmaterial Stimmungseindrücke hervorrufen. Die Lautstärke, der Grad von Harmonie oder Dissonanz, die Verwendung bekannter Melodien als intermedialer Verweis, der Wechsel zwischen Melodien oder Motiven werden zu Ausdrucksmitteln, die Angst, Spannung, Trauer, Illusionen oder Träume, Wehmut, Heiterkeit, Verliebtheit signalisieren können. Es ist auch möglich, dass Personen oder Situationen mit bestimmten Motiven verknüpft werden und diese als Leitmotive immer wieder im Verlauf des Films als strukturierendes Moment eingesetzt werden, etwa im Falle des bekannten James-Bond-Motivs als Hintergrundmusik der entsprechenden Agentenfilme.

Montage

13.4

Die Abfolge der Einstellungen im fertig gestellten Film entspricht normalerweise nicht der Reihenfolge der Dreharbeiten. Auch wird nur ein geringer Teil des Materials schließlich im Film verarbeitet. Entscheidend für seine künstlerische Gestaltung ist daher der eine Auswahl treffende Schnitt (*corte*) des Materials und die anschließende Montage (*montaje*) der Fragmente zu einem aus ihnen konstruierten Gesamtkomplex. Auch wenn das Drehbuch die grobe Vorlage für das Endprodukt liefert, so entsteht die in einem Einstellungsprotokoll erfassbare endgültige Form erst im Laufe einer aufwendigen Bearbeitung der Aufnahmen, zu der der Einsatz spezieller Filterverfahren, die Einfügung von gesprochenem (oder geschriebenem) Text, von Geräuschen oder Musik wie auch von computergestützten Spezialeffekten zählt.

Schnitt

Die Montage der Einstellungen zielt im Allgemeinen darauf ab, einen Erzählfluss zu erzeugen, bei dem sich über längere Passagen hinweg eine quasi selbstverständliche Abfolge von aus unterschiedlichen Kamerapositionen aufgenommenen Bildern ergibt. Die einzelnen Einstellungen erscheinen dabei als folgerichtig gereihte Stationen einer Handlungskette. Als Beispiel kann das sog. Schuss-Gegenschuss-Verfahren (*campo/contracampo*) dienen, wie es gerne bei der Inszenierung eines Gesprächs zwischen zwei Dialogpartnern verwendet wird. Hier sieht die Kamera der zuhörenden Person über die Schulter oder übernimmt ihren Blick auf die gerade sprechende Person; beim Wechsel der Sprecherin oder des Sprechers ändert sich sogleich die Kameraperspektive und gibt den Blick auf den aktiven Dialogpartner frei.

Schuss/Gegenschuss

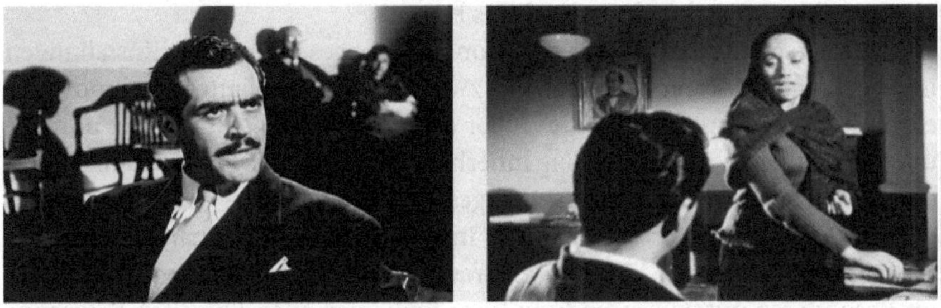

Abb. 13.9 und Abb. 13.10
Beispiele für Schuss/ Gegenschuss aus *Los olvidados*

Dem Zuschauer fällt diese künstlich arrangierte Abfolge von Einstellungen zumeist nicht weiter auf, zu sehr entspricht sie seiner auf die redende Person gerichteten Aufmerksamkeit, deren Text sich als verbindender roter Faden durch die Einstellungswechsel zieht. Während der stetige Wechsel von Einstellungen vom Zuschauer als ‚natürliche' Eigenart des Films vorausgesetzt wird, bildet gleichzeitig die innere Kohärenz der Szenen und Sequenzen eine wichtige Basis des filmischen Erzählens. Aufschlussreich ist an dieser Stelle das Verfahren des unsichtbaren Schnitts (*montaje invisible*), das die Medialität des Films zu Gunsten einer Wirklichkeitsillusion in den Hintergrund treten lässt; die Plausibilität der Bilderfolge ist insofern ein Kennzeichen des filmischen Realismus. In einer schlüssigen Abfolge bauen die einzelnen Einstellungen aufeinander auf, folgen sie dem Geschehen. Überblendungen erlauben in anderen Fällen das kurzzeitige Verschmelzen zweier aufeinanderfolgender Bilder (*fundido encadenado*).

Unsichtbarer Schnitt

Harter Schnitt

Im Gegenzug kann die Montage auch anstelle eines solchen unauffällig-fließenden Übergangs einen beabsichtigten Bruch zwischen zwei Einstellungen erzeugen, etwa bei einer unvermittelten Abfolge von Tag- und Nachtaufnahmen oder unerwarteten Schauplatzwechseln (harter Schnitt/*corte en seco*). Ein ‚jump cut' (*jump-cut*) liegt vor, wenn ein Handlungsablauf so abrupt unterbrochen wird, dass es auf die Zuschauer irritierend wirkt. Ein Verfahren, das lange Zeit als Kunstfehler galt, stellt in diesem Zusammenhang der sog. Achsensprung (*salto de eje*) dar, bei dem die Kameraposition die Handlungsachse zwischen zwei Filmfiguren überspringt, sie also in der Folgeeinstellung von der gegenüberliegenden Seite aus beobachtet, was einem realen Beobachter nicht möglich wäre, ohne um die Betrachteten herumzugehen. Ist ein solcher Positionswechsel nötig, so sollte er sich daher über eine Reihe von vermittelnden Zwischenpositionen erstrecken, welche auf nachvollziehbare Art und Weise die Akteure umrundet.

Achsensprung

Bilderfolgen, welche gegen unsere Wahrnehmungsgewohnheiten verstoßen, verweisen also auf die Künstlichkeit des Films und seinen Charakter als Kunstwerk, weshalb sich in derartigen Fällen die Frage nach der Funktion eines solchen Vorgehens aufdrängt. In diesem Sinne nutzte bereits das Kino der russischen Avantgarde (Sergei M. Eisenstein, 1898–1948) eine sprunghafte, assoziative Montagetechnik, welche nicht auf Illusionsbildung ausgerichtet ist, sondern den Kunstcharakter des Films betont.

Ein weiteres Kriterium bei der Montage der geschnittenen Einstellungen ist die Frequenz ihrer Abfolge, die zwischen stakkatohaftem Tempo oder elegischer Langsamkeit über die Dauer einer Einstellung entscheidet und zur unterschiedlichen Akzentuierung innerhalb des Films (z. B. als Dynamisierung des Geschehens oder Ruhepause) eingesetzt werden kann. Von einer Plansequenz (*plano secuencia*) spricht man in diesem Zusammenhang, wenn eine Einstellung über einen längeren Zeitraum ohne Schnitt weitergeführt wird, im Besonderen unter Verwendung einer Reihe von ausgeklügelten Bewegungen der Kamera, und im Sinne einer Sequenz mehrere Handlungseinheiten umfasst.

Plansequenz

Zugleich erlaubt die Montage die Ausbildung eines Erzählzusammenhangs über die Anordnung von zusammengehörenden Einstellungen innerhalb einer oder mehrerer Sequenzen. Die Parallelmontage (*montaje paralelo/alternado*) führt dem Publikum zwei (oder mehr) Handlungsstränge im Wechsel vor, die sich in der fiktiven Welt des Films zeitgleich zutragen oder zumindest miteinander in Beziehung gesetzt werden, etwa Verfolger und Verfolgte in Action-Filmen oder die Sprünge zwischen Ereignissen in Gegenwart und Vergangenheit.

Parallelmontage

Natürlich kann darüber hinaus die chronologische Reihenfolge der Handlungselemente der erzählten Zeit (*tiempo de la historia*) aufgelöst werden, Handlungsepisoden können übersprungen (Ellipse/*elipsis*) oder Sequenzen aus unterschiedlichen Zeiträumen miteinander kombiniert werden, etwa als *flash-back* oder *flash forward*, span. *retroceso temporal* bzw. *avance temporal* (vgl. Einheit 8.2.2 ‚Anachronie'). Die Parallelmontage ermöglicht eine Darstellung gleichzeitiger Ereignisse. Auf der Ebene der Erzählzeit (*tiempo del discurso*) erlauben Zeitraffer (*movimiento acelerado/cámara rápida*) und Zeitlupe (*movimiento ralentizado/cámara lenta*) eine Raffung oder Dehnung.

Erzählzeit und erzählte Zeit

? Worin besteht der Unterschied zwischen dem Schuss-Gegenschuss-Verfahren und der Parallelmontage?

Aufgabe 13.5

Filmisches Erzählen

13.5

Sowohl die visuelle als auch die akustische Vermittlung des Filmgeschehens an die Zuschauer beruht gemeinhin auf einem sorgfältig ausgearbeiteten Konzept. Die Art und Weise, wie die Kamera die Ereignisse in den Blick nimmt, wie auch die Auswahl des Tonmaterials sind Voraussetzungen für die sich im Kopf des Publikums vollziehende ‚Lektüre' des Films. Aus der Zusammenstellung des Bild- und Tonmaterials in Schnitt, Montage und Synchronisation entsteht die äußere Gestalt des Films, die Ebene des *discurso*, während auf der Ebene der *historia* das Geschehen vor der Kamera Schauspielerinnen und Schauspieler in ihrem Sprechen und Handeln zeigt. Die erzählte Handlung besitzt in der Regel ebenso wie das Drama einen inneren Aufbau mit Exposition, Entfaltung des Konflikts, beschleunigenden und verzögernden Elementen, Höhepunkt und Schluss, sofern dieser nicht mit Absicht offen gehalten wird. Thema, Plot und Story eines Films werden von einer Filmanalyse ebenso in den Blick genommen wie die in ihm auszumachenden stofflichen oder motivlichen Elemente, die Figurenkonstellation, der sich entwickelnde Konflikt. Innerhalb der Filmgeschichte haben sich dabei eine Reihe von typischen Erzählmustern herausgebildet, die auf Konventionen beruhen und bestimmte Themen, ihre typischen Stoffe, Motive, Handlungsmuster, Figurenkonstellationen und ästhetische Verfahren der Inszenierung und Kameraarbeit umfassen: die Genres. Ihre Grenzen und Merkmale sind nicht immer klar definiert, doch haben sich Genres wie Liebes- oder Kriminalfilm, Western, Science-Fiction,

Genres

Thriller oder Komödie in der Zuschauer-Wahrnehmung als feste Größen etabliert.

Solche Erzählmuster greifen auch auf die Art und Weise der Erzählung über, etwa bei schockierenden harten Schnitten im Horrorfilm. In Analogie zu den in Einheit 8 vorgestellten Kriterien kann die Ebene des *discurso* auf narrative Verfahren hin untersucht werden, die teilweise schon in die obige Darstellung eingeflossen sind. Spezielle Aufmerksamkeit verdient dabei die Fokalisierung, wie sie in Anlehnung an die in Einheit 8.2.4 vorgestellte Genettesche Terminologie verwendet wird, mit der sie aber nicht deckungsgleich ist.

Fokalisierung

Da die Wahrnehmung des Publikums an die Kamera- und Ton-Aufnahmen gebunden ist, stellt sich die Frage nach der Involvierung der Zuschauer in das Geschehen. Wird die Handlung gleichsam von der Warte eines reinen Beobachters verfolgt, der nur über oberflächliche Informationen verfügt, ist eine externe Fokalisierung (*focalización externa*) gegeben. So können beispielsweise die Anfangseinstellungen eines Films eine nicht näher spezifizierende Ansicht eines Schauplatzes ermöglichen. In der Regel folgt die Kamera jedoch einer oder – im Wechsel – mehreren Figuren durch die Handlung. Man spricht in diesem Zusammenhang auch von Fokalisierung auf eine Figur, da die Kamera sich in den Einstellungen meist auf einzelne oder wenige Figuren konzentriert. Es handelt sich hierbei um das Verfahren der internen Fokalisierung (*focalización interna*), wie es in fiktionalen, erzählenden Filmen überwiegt. Die Zuschauer werden in ihren Wahrnehmungen somit an die Erlebnisse der jeweiligen Figur gebunden. Die *focalización sobre un personaje* folgt in diesem Sinne dem Geschehen, indem sie einer Figur ihre besondere Aufmerksamkeit widmet, diese begleitet und dadurch besonders hervorhebt. Als *focalización a través de un personaje* kann die Kamera sogar das Geschehen aus der Perspektive der Figur selbst erfahren: die – im Normalfall nur episodisch eingesetzte – sog. subjektive Kamera (*cámara subjetiva*) identifiziert sich mit den visuellen und akustischen Wahrnehmungsmöglichkeiten der erlebenden Person, deren Gedanken und Rede häufig zugleich aus dem ‚off' eingebracht werden. Im Falle der Null-Fokalisierung (*focalización cero*, auch: *focalización espectatorial*) weiß der Erzähler mehr als die Figuren und kann sein Wissen den Zuschauern vermitteln, z. B. durch gesprochene oder im Bild gezeigte Informationen. Ein filmisches Verfahren in diesem Zusammenhang ist etwa eine Einstellung, die bereits ein Telefon zeigt, bevor dieses für die an der Handlung Beteiligten überraschend klingelt.

Aufgabe 13.6

? Weshalb können Kameraarbeit und Schnitt nur im übertragenen Sinn als Erzählinstanz bezeichnet werden, wie sie in einem fiktionalen literarischen Text vorliegt?

Zusammenfassung

Die Filmanalyse bedient sich eines auf das Medium speziell zugeschnittenen Zugriffs, der neben den inhaltlichen Gesichtspunkten vor allem auf die Art und Weise der filmischen

Darstellung ausgerichtet ist. Kameraführung und Montage können in diesem Zusammenhang als die wichtigsten Elemente der Ebene des *discurso* ausgemacht werden, die im Sinne einer Erzählinstanz das Dargebotene vermitteln, wenngleich zusätzlich auch Erzählerfiguren bzw. Kommentare aus dem ‚off' diese Aufgabe übernehmen können. Die Analyse kann sich der in Einheit 8 vorgestellten narratologischen Ansätze bedienen, die sich in erster Linie auf den Spielfilm übertragen lassen. Andererseits kann natürlich in weiten Teilen auf die Kategorien der Dramenanalyse zurückgegriffen werden (vgl. Einheit 6). Dass es sich jedoch nicht um eine schlichte Wiedergabe von Literatur im Film handelt, wird in der folgenden Einheit betrachtet. In jedem Fall ist die filmische Gattung in die an die Analyse anschließende Interpretation mit einzubeziehen, wenn es darum geht, die thematische und ästhetische Ausrichtung des untersuchten filmischen Textes zu ergründen.

Filmedition

Luis Buñuel: *Los Olvidados*. Mexiko 1950 (DVD, Films sans frontières 2001).

Literatur

Helmut Korte: *Einführung in die Systematische Filmanalyse*. Berlin: Erich Schmidt [4]2010.

Weiterführende Literaturhinweise finden Sie unter www.bachelor-wissen.de.

Übungen und Beispiele zur Filmanalyse

Inhalt

14.1	Pedro Almodóvar	246
14.2	Inhaltsüberblick zu *Todo sobre mi madre*	246
14.3	Leitlinien der Analyse	248
14.3.1	Filmisches Erzählen	248
14.3.2	Intertextualität, Intermedialität, Hybridgattung	249
14.3.3	Körperlichkeit und *Gender*-Perspektive	253
14.4	Interpretationsansätze	254
14.4.1	Interpretation unter *Gender*-Aspekten	255
14.4.2	Interpretation unter poststrukturalistischen Vorzeichen	256
14.4.3	Interpretation aus psychoanalytischer Perspektive	259

Überblick

Nachdem Ihnen in Einheit 13 formale Aspekte der Filmanalyse vorgestellt wurden, soll in der folgenden Einheit ein Kinofilm in seinen Grundzügen analysiert und interpretiert werden. Mit *Todo sobre mi madre* (1999) von Pedro Almodóvar fällt die Wahl nicht nur auf eine der erfolgreichsten Produktionen des spanischen Kinos der letzten Jahre, sondern auch auf ein vielschichtiges Werk, das gesellschaftliche Problemfelder ebenso aufgreift wie es die filmästhetischen Neuerungen des zeitgenössischen Kinos illustriert.

Pedro Almodóvars *Todo sobre mi madre* zählt zu den bekanntesten Werken des eigenwilligen spanischen Cineasten. Unter den zahlreichen Auszeichnungen für dieses Werk findet sich der Oscar des Jahres 2000 für den besten fremdsprachigen Film. Wenngleich auf Vollständigkeit verzichtet werden muss, können im Folgenden doch einige zentrale Aspekte der Filmanalyse und -interpretation ausgeführt werden.

14.1 | Pedro Almodóvar

Abb. 14.1 | Pedro Almodóvar

Die Kindheit und Jugend des 1951 geborenen Regisseurs war für ihn in zumindest zweifacher Hinsicht problematisch: Er wuchs in der Extremadura und damit fern kultureller Zentren auf und musste mit Widerwillen kirchliche Schulen besuchen. Erst nach der auf eigene Faust vollzogenen Übersiedlung nach Madrid fand er die Bedingungen für seine allmähliche künstlerische Entfaltung. Den wesentlichen zeitgeschichtlichen Hintergrund dafür bildete die intellektuelle Befreiung der unmittelbaren post-franquistischen Ära, die im Underground-Milieu der sog. *movida madrileña* ihren Ausdruck fand. Sie verstand sich als jugendliche Alternativbewegung, die sich auf breiter Ebene durch die Ablehnung der überkommenen konservativen Strukturen in Politik, Gesellschaft und Moral auszeichnete und dies u. a. in sexueller Freizügigkeit und Drogenkonsum auslebte. Der damit einhergehende Nonkonformismus prägt Almodóvars Filme in mannigfacher Hinsicht, unter anderem im Aufbrechen der verankerten Geschlechterrollen und den psychologischen Portraits von Vertretern unterschiedlicher gesellschaftlicher Gruppen, die zueinander in Beziehung gesetzt werden.

14.2 | Inhaltsüberblick zu *Todo sobre mi madre*

Todo sobre mi madre fokussiert auf die Erlebnisse der Protagonistin Manuela, die als Krankenschwester in der Koordinationsstelle für Organtransplantationen eines Madrilener Krankenhauses arbeitet. Ihr Sohn Esteban, der alles über seine Mutter in Erfahrung bringen möchte, begleitet sie als Zuschauer zu einem simulierten Patientengespräch: in der gestellten Trainingssituation spielt Manuela eine Mutter, der zwei Ärzte die schockierende Nachricht vom Tod ihres Kindes überbringen, um sie zugleich zur Einwilligung in eine Organspende zu bewegen. Kurz darauf, am Abend seines 17. Geburtstages, wird Esteban Opfer eines Autounfalls. Als die beiden Ärzte aus dem Training auf Manuela zukommen, weiß sie sofort, worum es geht. Estebans Herz wird in einer schnellen Einstellungsfolge auf dem Weg in eine Klinik nach La Coruña begleitet. Manuela reist ebenfalls dorthin und beobachtet unerkannt heimlich den Empfänger der Transplantation, einen Mann in ihrem Alter, als er erleichtert die Klinik verlässt.

Estebans beide letzten Wünsche bestimmen fortan den Handlungsverlauf: Unmittelbarer Auslöser des Unfalls war sein Versuch, ein Autogramm der Theaterdiva Huma Rojo zu erhalten, die mit einer Inszenierung von Tennessee Williams Stück *A Streetcar Named Desire* (dt.: *Endstation Sehnsucht*) auf Tournee ist. Kurz zuvor hatte er die Mutter eindringlich gebeten, ihm endlich die Identität seines vermeintlich bereits verstorbenen Vaters zu enthüllen, über den er nie Genaueres erfahren hatte. Manuela, die den Verlust nicht verwinden kann, begibt sich von Madrid nach Barcelona. Sie trifft dort zunächst auf einen alten Freund, Agrado, der als Transsexueller auf den Strich geht. Er soll helfen, Lola, den ebenfalls transsexuellen Vater Estebans, von dem Manuela sich vor über 17 Jahren Hals über Kopf getrennt hatte, wiederzufinden. Auf ihrer Suche lernt sie Schwester Rosa kennen, die in einer sozialen Einrichtung für die Prostituierten sorgt. Wie sich kurz darauf herausstellt, ist Rosa von niemand anderem als Lola verführt und geschwängert worden. Rosa sucht bei Manuela Zuflucht. Diese nimmt Kontakt zur Schauspielerin Huma Rojo auf, die gerade von ihrer Assistentin und Geliebten Nina, einer Drogensüchtigen, in einer Beziehungskrise allein gelassen wird. Manuela gewinnt Humas Vertrauen und ersetzt schließlich Nina auch in ihrer Bühnenrolle der Stella, die Manuela in ihrer Jugend selbst einmal gespielt hatte und die deutliche Parallelen zu ihrer eigenen Beziehungsproblematik zu Lola aufweist. Noch unter dem Eindruck ihres Theatererfolges erfährt sie von Rosa, dass diese HIV-positiv ist. Rosa zieht bei Manuela ein. In der Garderobe von Huma kommt es zur Konfrontation mit Nina, die Manuela bezichtigt, eine ‚Eva Harrington' zu sein, d. h. sich in die Produktion eingeschlichen zu haben, um ihr die Rolle abspenstig zu machen. Manuela berichtet daraufhin von ihrer früheren Erfahrung als Laien-Schauspielerin an der Seite Lolas und vom Tod ihres Sohnes als dem wahren Motiv der Kontaktaufnahme zu Huma. Diese ist bestürzt und besucht Manuela am nächsten Tag in ihrer Wohnung. Da Manuela sich nur noch um Rosa kümmern möchte, schlägt sie Huma Agrado als Ersatz für die Stelle der persönlichen Assistentin vor. Während Rosa immer pflegebedürftiger wird, versuchen Ensemble-Mietglieder Agrado wieder in die Rolle der Prostituierten zu drängen und auszunutzen. Ein Treffen zwischen Rosa und ihrer Mutter verdeutlicht die Entfremdung der beiden voneinander; der demente Vater ist bereits außerstande, die Zusammenhänge zu begreifen und wird daher überhaupt nicht informiert. Ein heftiger Streit zwischen Huma und Nina lässt die abendliche Aufführung von *A Streetcar Named Desire* platzen. Agrado improvisiert vor dem erstaunten Publikum die wahre Geschichte ihres Lebens, und das heißt: ihre schönheits-chirurgischen bzw. geschlechtsumwandelnden Eingriffe. Ihr Fazit lautet jedoch, man sei umso authentischer, je näher man dem Traum komme, den man von sich selbst habe. Auf der Fahrt ins Krankenhaus verabschiedet sich Rosa von ihrem spazieren gehenden Vater, der sie jedoch nicht erkennt. Auf Rosas Beerdigung erscheint die todkranke Lola. Sie möchte ihren Sohn, das Kind Rosas sehen, da sie sich stets nichts mehr als einen Sohn gewünscht habe. Manuela klärt sie über die Existenz und den Tod Estebans, dem sie den ursprünglichen Namen seines Vaters gegeben hatte, auf. Manuela bringt Rosas – ebenfalls auf den Namen Esteban getauftes – Baby daraufhin zu Lola und zeigt ihr das Notizbuch Estebans, in dem dieser das Verlangen formuliert, den Vater zu finden, unabhängig davon, wer oder wie dieser sei und was er der Mutter einst angetan habe. Da die Situation im Hause von Rosas Eltern unhaltbar wird, entscheidet sich Manuela mit dem kleinen Esteban unvermittelt nach Madrid zu fliehen. Zwei Jahre später kehrt sie nach Barcelona zurück: das noch unerklärliche Verschwinden der HIV-Erreger aus seinem Blut soll bei einem medizinischen Kongress vorgestellt werden. Ein freundschaftliches Zusammentreffen mit Agrado und Huma beschließt den Film.

Aufgabe 14.1

? Erstellen Sie eine Sequenzanalyse des gesamten Films. Formulieren Sie auf dieser Grundlage oder mit Hilfe der obigen kurzen Inhaltsangabe erste Überlegungen zur Bedeutung des Themenkomplexes ‚Körperlichkeit' im Film.

14.3 Leitlinien der Analyse

14.3.1 Filmisches Erzählen

Etappen

Die Makrostruktur des Handlungsverlaufs von *Todo sobre mi madre* lässt klar abgrenzbare Etappen erkennen. Die deutlichsten Einschnitte – die Reisen von Madrid nach Barcelona zu Beginn und gegen Ende des Films – werden durch analoge Einstellungen markiert: Sie zeigen die Fahrt des Zuges durch einen langen Tunnel, wobei die Kamera an der Spitze des Zuges angebracht ist und nur seine rasante Vorwärtsbewegung durch den vorbeieilenden Raum erfasst. Im zweiten Fall wird zusätzlich ein horizontal den Kader durcheilender Zug gezeigt, der durch die Fahrt nach links bzw. später nach rechts die Gegenläufigkeit der Reiserichtung andeutet. Seit- und Vorwärtsbewegung erfassen hier unterschiedliche Dimensionen der Durchquerung des Raums und

Abb. 14.2

Die Tunneldurchquerung als Symbol des Übergangs

kombinieren eine statische Kameraposition (bei bewegtem Objekt) mit einer effektvollen Kamerafahrt. Fährt die Kamera auf das größer werdende Licht des Tunnelendes zu (vgl. Abb. 14.2), wird darüber hinaus ein Prozess des Übergangs oder gar der Geburt symbolisch angedeutet. Weitere Abgrenzungen von Sequenzen untereinander sind in traditioneller Manier durch harte Schnitte bei gleichzeitigem Orts-/Zeitwechsel gekennzeichnet. Auffällig sind indes die zahlreichen fließenden Übergänge zwischen Einstellungen, Szenen und sogar Sequenzen, die entweder inhaltlich durch vorausweisende Thematisierungen, durch langsame Überblendungen oder durch eine über den Schnitt hinweglaufende Kontinuität der Tonspur realisiert werden.

Erzählperspektive

Die Erzählperspektive ist über den gesamten Film hinweg an Manuela gebunden: Die ZuschauerInnen sehen nur, was sich in Gegenwart Manuelas zuträgt und verfügen auch über keine ihr Wissen überschreitenden Informationen – es handelt sich somit um eine auf ihre Person zugeschnittene Erzählperspektive, die Manuela zur Reflektorfigur für das Publikum macht und letzteres somit zur Identifikation mit ihr einlädt. Wenn auch die in Einheit 8 vorgestellte narratologische Terminologie Gérard Genettes nicht ohne Weiteres auf das Medium Film anwendbar ist, handelt es sich im vorliegenden Fall doch um eine Art interne Fokalisierung, wobei die Protagonistin selbst nicht als Erzählerin auftritt und Kameraarbeit, Montage, Inserts (Texteinblendungen) u.a. auf einen heterodiegetischen Erzählerstandpunkt verweisen. Die zahlreichen Dialogszenen unterstreichen, dass gerade Manuela mit allen anderen Filmfiguren in Beziehung steht, während die Kamera in der Regel eine normale Position auf Augenhöhe der Gefilmten einnimmt und sie in halbnahen Einstellungen (sowie Naheinstellungen und Großaufnahmen) erfasst, was den Betrachtenden den Eindruck einer unaufdringlichen Nähe zu den Figuren vermittelt. Dieser Effekt wird in vielen Fällen durch die Montage ergänzt, die beispielsweise in Dialogszenen länger andauernde Einstellungen wählt. Die Ebenen von Erzählzeit und erzählter Zeit schließlich verlaufen durch die zeitliche Raffung der Ereignisse nicht deckungsgleich: mehrere Ellipsen werden durch diskrete Inserts ausgewiesen und lediglich das Widmungs-Insert direkt am Filmschluss stellt einen markanten Kommentar von Seiten des Regisseurs dar.

Nähe vermittelnde Einstellungen

Text 14.1 Schluss-Widmung

> A Bette Davis, Gena Rowlands, Romy Schneider … A todas las actrices que han hecho de actrices, a todas las mujeres que actúan, a todos los hombres que actúan y se convierten en mujeres, a todas las personas que quieren ser madres. A mi madre. (Almodóvar: 2005, 181)

14.3.2 Intertextualität, Intermedialität, Hybridgattung

Pedro Almodóvar nutzt in vielen seiner Filme intertextuelle bzw. intermediale Bezüge zur Stiftung zusätzlicher Sinnzusammenhänge. In *Hable con ella* (2002) beispielsweise zitiert er u.a. anhand einer Einstellung der Figur Alicia das Motiv der schlafenden Schönen aus der bildenden Kunst (z. B. Giorgione: *Schlummernde Venus*, um 1508). *Todo sobre mi madre* wiederum zeigt ein breites Spektrum von Referenzmöglichkeiten. Allen voran steht der Einfluss des Kinofilms. Bereits in der ersten Sequenz wird das Familienleben von Manuela und Esteban durch das gemeinsame Betrachten der im Fernsehen ausgestrahlten Dramakomödie *All about Eve* von Joseph L. Mankiewicz (1950) geprägt. Der in schlechter Bild- und Tonqualität eingespielte Schwarzweißfilm (vgl. Abb. 14.3) macht den zeitlichen Abstand zwischen Hypo- und Hypertext besonders deutlich. Der Filmausschnitt zeigt Eve Harrington (Anne Baxter) bei ihrer vermeintlich naiven Kontaktaufnahme mit dem von ihr verehrten Filmstar Margo Channings (Bette Davis). Esteban reflektiert bei dieser Gelegenheit über die spanische Übersetzung des amerikanischen Filmtitels *Eva al desnudo*, welche bereits sexuell konnotiert ist, und spielt darüber hinaus metatextuell auf den Titel von Almodóvars Film an.

Metadiegetischer Film-im-Film

Abb. 14.3 | Eve Harrington wird Margo Channings vorgestellt und rückt im Bild in den Kreis ihrer Vertrauten

Aufgabe 14.2 | ? Verschaffen Sie sich mit Hilfe eines Nachschlagewerks (zum Beispiel der Internet Movie Database unter www.imdb.com) einen Überblick über die Handlung von *All about Eve*. Welche Parallelen hierzu werden offensichtlich von Almodóvar in *Todo sobre mi madre* gezogen?

Abgesehen von den klaren Entsprechungen auf der Ebene des Plots zeichnet sich die Verwandtschaft zu Mankiewicz' Vorlage bereits im von Almodóvar gewählten Filmgenre ab, das durch eine Mischung komischer und tragischer Elemente charakterisiert ist. Almodóvar bezeichnete *Todo sobre mi madre* selbst als *screwball drama*, als eine Hybridgattung aus der turbulenten *screwball comedy* und dem klassischen, auf emotionale Rührung der ZuschauerInnen abzielenden Filmdrama – eine Mischung, die in unterschiedlicher Gewichtung auch in anderen Produktionen Almodóvars zum Tragen kommt, etwa in *Tacones lejanos* (1991) oder in *Kika* (1993).

Screwball comedy: Beziehungskomödie des Hollywood-Kinos v. a. der 30er und 40er Jahre

Abb. 14.4
Das Photo von Bette Davis dient als intermediale Referenz

Intermedialer Bezug zu Fotografien

Die inspirierende Rolle, welche Bette Davis neben anderen Schauspielerinnen auf die Filme Almodóvars ausübte, wird in *Todo sobre mi madre* nicht zuletzt durch ein Insert vor dem Abspann markiert (vgl. Text 14.1). Ein weiterer Hinweis liegt in Form einer Fotografie vor, die am Schminkspiegel in Huma Rojos Garderobe hängt und somit über das für Identitätsfragen stehende Spiegelmotiv auf Humas großes Vorbild verweist, wie sie selbst im Dialog erläutert:

Text 14.2
Huma Rojo

> Huma: "Empecé a fumar por culpa de Bette Davis. Por imitarla. A los dieciocho años ya fumaba como un carretero. Per eso me puse Huma." (Almodóvar: 2005, 88)

Aufgabe 14.3

? Welche Konnotationen können mit dem Künstlernamen Huma Rojo verbunden werden und Aufschluss über die Filmfigur geben?

Aufgabe 14.4

? Fassen Sie zusammen, auf welchen unterschiedlichen (medialen) Ebenen die Referenzen von *Todo sobre mi madre* auf *All about Eve* umgesetzt werden.

Dass das Medium Fotografie eine wesentliche Rolle innerhalb des Films spielt, zeigt sich vor allem am Foto Estebans, das Manuela nach seinem Tod ständig begleitet, bis sie es Huma überlässt, die es zu den Aufnahmen von Bette Davis und einem Foto von Nina und sich selbst an den Spiegel heftet. Somit steht es einerseits für die materialisierte Erinnerung an den verlorenen Sohn. Andererseits gewinnt es durch Großaufnahmen (vgl. Abb. 14.5) eine besondere Aussagekraft, die über den eindringlichen Blick Estebans geradezu seine Präsenz oder eine Art Weiterleben suggeriert. Lola lernt den eigenen Sohn nur über das Foto kennen, das Bild führt Lola und Manuela für einen Augenblick nachträglich als Elternpaar zusammen. Somit verweist es auf etwas Abwesendes, um das sich allerdings die gesamte Geschichte dreht, denn schließlich bricht Manuela eigentlich für Esteban auf, um Lola zu finden, sucht den Kontakt zu Huma, die schicksalhaft mit dem Tod Estebans verbunden ist, und findet in Rosa eine zweite von Lola geschwängerte Frau. Erst am Ende des Films hat das Foto seine Funktion für Manuela verloren: Als Ersatzmutter von Rosas Sohn, Esteban III, hat sie das Abbild gegen ein lebendes Kind eingetauscht.

Abb. 14.5 | Das Foto als Stellvertreter des verstorbenen Sohnes

Bezug zum Theater

Einen zusätzlichen intermedialen Sinnzusammenhang stiftet die Bezugnahme des Films auf das Theater. Manuela ist bereits durch ihre Lebensgeschichte mit dem Theater verbunden, sie hat in der Jugend, zusammen mit Lola/Esteban I, intellektuelle Kabarettszenen aufgeführt (mit Bezügen zu den Texten des französischen Existenzialisten Boris Vian) und vor allem die Rolle der Stella in Tennessee Williams' Drama *A Streetcar Named Desire* (1947) interpretiert.

Aufgabe 14.5 |

? Verschaffen Sie sich anhand eines geeigneten Nachschlagewerks (z. B. Kindlers Literatur Lexikon) einen Überblick über die Handlung von *A Streetcar Named Desire*. Welche Handlungsparallelen zu *Todo sobre mi madre* liegen vor? Wie werden die Charakterzüge der einzelnen Figuren bei Tennessee Williams von Almodóvar auf seine Figuren übertragen?

In *Todo sobre mi madre* werden vor allem zwei Bezugspunkte bei den Theaterbesuchen Manuelas vor Augen geführt: die Problematik der jungen Mutter Stella in Konfrontation mit ihrem brutalen Ehemann Kowalski sowie dessen offene Feindschaft gegenüber Stellas älterer Schwester Blanche, die hier von Huma Rojo gespielt wird. Letztere tritt noch mit einem weiteren Theaterstück im Verlauf des Films als Schauspielerin in Erscheinung: Gegen Ende interpretiert sie die Rolle der Mutter in García Lorcas *Bodas de sangre* und greift damit das Motiv der um das getötete Kind trauernden Mutter nochmals auf.

Text 14.3 | García Lorca: *Bodas de sangre*, II,2

Madre: "Pero no es así. Se tarda mucho. Por eso es tan terrible ver la sangre de una derramada[1] por el suelo. Una fuente que corre un minuto y a nosotros nos ha costado años. Cuando yo llegué a ver a mi hijo, estaba tumbado en mitad de la calle. Me mojé[2] las manos de sangre y me las lamí[3] con la lengua. Porque era mía. Tú no sabes lo que es eso. En una custodia[4] de cristal y topacios pondría yo la tierra empapada[5] por ella." (García Lorca: 2005, 132 f.)

1 derramar *vergießen* – 2 mojar *benetzen* – 3 lamer *(ab-)lecken* – 4 custodia *hier: Monstranz* – 5 empapar *durchnässen, tränken*

Aufgabe 14.6 |

? Welchen Effekt soll der Monolog der Mutter/Huma Rojos an dieser Stelle auf die ZuschauerInnen ausüben?

Spiel im Spiel

Die Einbindung von Theateraufführungen oder zitierten Filmszenen (ein sog. ‚Spiel im Spiel') führt dazu, dass wichtige Motive in unterschiedlichem medialen Zusammenhang wiederkehren und eine komplexe Verschachtelung der Bezüge in *Todo sobre mi madre* bewirken. Dabei verschwimmen die Grenzen zwischen Realität und Spiel, denn Almodóvars Figuren sind eingebunden in einen Verweiszusammenhang von *Rollen*, die ihre eigene Identität überlagern oder gar in Frage stellen.

Eine letzte intermediale Referenzebene eröffnet sich über den Einbezug der Schrift in die filmische Darstellung. So werden neben Estebans Aufzeichnungen über seine Mutter auch das nachträgliche Autogramm Humas in Großaufnahmen ins Bild gesetzt. Ein intertextueller Verweis auf Truman Capotes *Music for Chameleons* (1980) gibt zu Beginn des Films über Estebans schriftstellerisches Selbstverständnis in chiffrierter Form Auskunft, da sich in Capotes Erzählsammlung reale Versatzstücke und fiktionales Erzählen mischen. (Gleichzeitig bündeln sich in der historischen Person Capote die Motive Homosexualität und Drogensucht.) Hintergründig spielen schriftliche Texte zudem in Form von Theaterplakaten eine Rolle, die den Stücktitel *Un tranvía llamada deseo* verkünden und damit ebenso auf das Motiv des (sexuellen) Begehrens wie auch auf die Produktionsfirma der Brüder Almodóvar, El Deseo S. A., anspielen.

Bezug zur Schrift

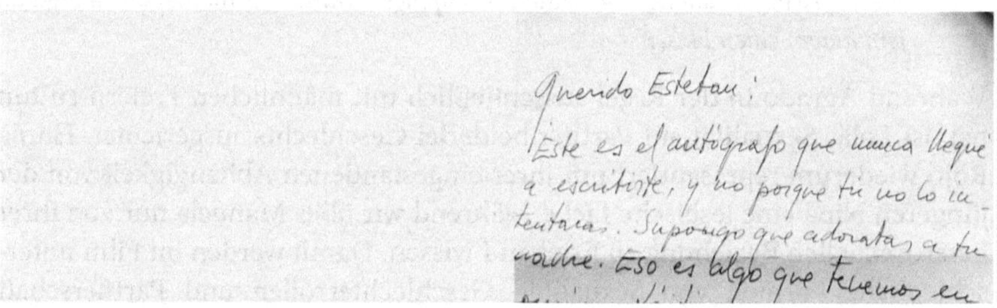

Abb. 14.6
Humas Autogramm verweist auf die Rolle der Schrift im Film

? Unter anderem über die Einbindung von Kinofilm und Theaterstücken erhält das Motiv ‚Schauspielen' einen überragenden Stellenwert in *Todo sobre mi madre*. Rekapitulieren und interpretieren Sie auf Grundlage der bisherigen Ausführungen die Zusammenhänge.

Aufgabe 14.7

14.3.3 Körperlichkeit und *Gender*-Perspektive

Ganz offensichtlich ist die Thematik um Geschlechtlichkeit und *Gender* im Filmwerk Almodóvars omnipräsent, denn seit den frühen Filmen *Pepi, Luci, Bom y otras chicas del montón* (1980) oder *Laberinto de pasiones* (1982) bilden Formen sexuellen Begehrens, auch seine Schattenseiten wie Vergewaltigung oder Missbrauch, gleichsam eine Konstante. Wenngleich sich Almodóvar außerhalb seiner Filme selten zur gesellschaftlichen Stellung von Homosexuellen äußert, bilden Homosexualität, Travestie und Transsexualität in seinem Werk wichtige Facetten.

Manuelas Suche nach dem Vater Estebans beginnt im Drogen- und Strichermilieu Barcelonas. Wie die ZuschauerInnen im Laufe der Handlung erfahren, hat Esteban I alias Lola sich operativ Brüste erstellen lassen und ist über sexuelle Ausschweifungen und Drogenmissbrauch mit HIV infiziert worden – ein zum Erscheinungszeitpunkt des Films hochbrisantes gesellschaftspolitisches Thema. Während Lola jedoch erst am Ende der Handlung in Erscheinung tritt und unterdessen ausschließlich aus dem Munde anderer charakterisiert wird, findet über die sogleich präsente Agrado das Motiv Transsexualität/Travestie seine erste Ausgestaltung. Die Konfrontation der Prostituierten mit der Brutalität der Freier wird dabei ebenso in Szene gesetzt wie ihr Selbstverständnis als Frau.

Text 14.4

Agrado: "¡No puedo con las drags[1]! Son unas mamarrachas[2]. Han confundido circo con travestismo. ¡Qué digo circo! ¡Mimo[3]! Una mujer es un pelo, una uña, una buena bemba[4] para mamarla[5] o criticar. Pero vamos a ver... ¿dónde se ha visto una mujer calva? No puedo con ellas, son unas mamarrachas" (Almodóvar: 2005, 65)

1 drags (f. pl.) *Drag-Queens* – 2 mamarracha *Witzfigur, Vogelscheuche* – 3 mimo *Farce, frivole Klamotte* – 4 bemba *dicklippiger Mund* – 5 mamarsela a alguien *jemandem einen blasen*

Unterschiedliche Formen von Geschlechterrollen und Partnerschaft

Während Agrado in der Regel ausschließlich mit männlichen Freiern zu tun hat, ist Lolas Sexualität auf Partner beiderlei Geschlechts ausgerichtet. Huma Rojo wiederum repräsentiert mit ihrer eingestandenen Abhängigkeit von der jüngeren Nina eine lesbische Liebe, während wir über Manuela nur von ihrer heterosexuellen Beziehung zu Esteban I wissen. Damit werden im Film unterschiedliche Formen von Sexualität, Geschlechterrollen und Partnerschaft thematisiert, wobei die letztgenannte und kulturell als ‚Normalität' erachtete randständig bleibt. Statt dessen tritt ein Spiel mit Geschlechterrollen in den Vordergrund, das traditionelle Identitätskonzepte in Frage stellt und auflöst und in Analogie zum Motiv des Schauspielens gesetzt wird.

14.4 Interpretationsansätze

Ebenso wie in den bisherigen Beobachtungen nur die wichtigsten Grundtendenzen des Films in Augenschein genommen werden konnten, muss sich die Interpretation von *Todo sobre mi madre* mit einigen zentralen Aspekten begnügen. Das Hauptinteresse liegt dabei auf der ansatzweisen Illustration und Erprobung von theoretischen Positionen, die in den Einheiten 10 bis 12 vorgestellt wurden und die hier in vereinfachter Form künstlich voneinander abgegrenzt werden, obwohl sie in Teilen mehrfach angeführt werden könnten.

Interpretation unter *Gender*-Aspekten

14.4.1

Almodóvars Film wurde vielfach als Produkt einer ‚weiblich' konnotierten Ästhetik wahrgenommen. Bereits auf der inhaltlichen Ebene fällt auf, dass das Filmgeschehen sich fast ausschließlich um Frauen dreht. Der einzige heterosexuelle Mann, der jugendliche Esteban II, verstirbt gleich zu Beginn, alle anderen männlichen Figuren sind auf randläufige Nebenrollen reduziert. Zwar begibt sich Manuela auf die Suche nach jenem ehemaligen Partner und Elternteil, der Esteban II in seinem Leben schmerzhaft fehlte – ihren einstigen Freund Esteban I –, doch hat sich dieser mittlerweile selbst operativ ‚verweiblichen' lassen. Insofern erkundet das Geschehen unter *Gender*-Gesichtspunkten ein ganzes Spektrum unterschiedlicher Identitätsentwürfe: Manuela in der Rolle der heterosexuellen und zugleich pragmatisch-aufgeschlossenen Mutter, Huma und Nina als lesbische Liebende, Rosa als vermeintlich entsexualisierte Fürsorgerin, Rosas Mutter als im Bürgerlichen erstarrte und dadurch emotional blockierte Mutter, Agrado als harmoniebedürftige transsexuelle Prostituierte und Lola als exzessiv-rauschhaftes Zwitterwesen.

Frauen im Zentrum des Geschehens

Geschlechterrollen als Identitätsentwürfe

Die ZuschauerInnen begegnen allen Genannten über die Mittelsfrau Manuela, die, wie bereits erörtert, die filmische Narration perspektiviert. Sie verkörpert über ihre Eigenschaften nicht zuletzt eine ebenso ‚starke' wie emotionale Frau, die sich als verständnisvolle Alleinerziehende unabhängig von männlicher Bevormundung eine eigene Existenz aufgebaut hat. Manuela ist aufgrund ihrer – im Verhältnis zu den anderen stärker akzentuierten Frauenfiguren gesehenen – ‚Normalität' in besonderem Maße geeignet, sich den Zuschauenden als Identifikationsfigur anzubieten und mit den ‚Anderen' vertraut zu machen oder zum Nachdenken über sie anzuregen. So werden alle weiteren Figuren in ihrer Gegenwart in die Handlung eingeführt (Manuela als Fokus) oder aus der Sicht einer ‚neutralen' Kamera erfasst, die sie zwar nicht mit dem Blick Manuelas, aber noch viel weniger mit einem ‚männlich' konnotierten Blick erfasst. Ein solcher liegt für gewöhnlich nicht nur als subjektive Kamera vor, welche die Perspektive eines männlichen Protagonisten imitiert, sondern wird beispielsweise über die Montageabfolge erzeugt, deren erste Einstellung männliche Figuren zeigt, um sodann eine Frau auftreten zu lassen, die evtl. sogar aus der Blickrichtung der Vorgenannten hinzutritt. Der feministischen Filmtheorie und -analyse ist die Beobachtung zu verdanken, dass ein solcher ‚männlicher' Blick in der Filmgeschichte ein überaus geläufiges Mittel ist, um Frauen auf subtile Weise als abhängig gegenüber Männern bzw. deren dominant gesetzter ‚männlicher' Geschlechterrolle darzustellen.

Manuela als Vermittlerfigur

Die Schnitttechnik (weiche Übergänge), personenbezogene halbnahe Einstellungen und eine feinfühlige musikalische Untermalung können im Weiteren ebenfalls als Spiel mit traditionellen *Gender*-konnotierten Wahrnehmungsmustern (hier vermeintlich ‚weiblicher' Art) interpretiert werden.

Aufgabe 14.8

? Fertigen Sie ein Einstellungsprotokoll für den Übergang vom 6. zum 7. Kapitel der hier benutzten Filmedition an (ab 34'47: „No cojas el cuaderno, por favor" bis 36'40: „Nina se ha ido"; vgl. Almodóvar: 2005, 79–84). Welche narrativen filmischen Verfahren lassen sich beobachten?

Während Manuela eine dem Publikum vertraute Rolle von Weiblichkeit übernimmt, sorgen Agrado und Lola für Irritation, da sie die herkömmlichen Geschlechterrollen aufgelöst haben. Die Hybridität der Geschlechteridentitäten manifestiert sich auf körperlicher Ebenen in den gleichzeitig gegebenen Geschlechtsmerkmalen Penis und weibliche Brust. Die eklatanten charakterlichen Unterschiede zwischen ihnen lassen sie in diesem Zusammenhang geradezu als zwei Seiten einer von Männern entworfenen Weiblichkeit erscheinen, die sich in die Extrempole, ‚allgefällige Prostituierte' (Agrado) und ‚egoistisch-todbringende *femme fatale*' (Lola) aufspalten, wie bereits die Namensgebung andeutet. Während Agrado in ihrer übertriebenen Fürsorglichkeit, Häuslichkeit (wir sehen sie beispielsweise beim Bügeln) und sexuellen Disponibilität ein Zerrbild der domestizierten Frau abgibt, tritt in der aidskranken Lola stärker die männlich-destruktive Seite in den Vordergrund, die auf das Klischee einer rücksichtslosen Sexualenthemmung hinausläuft.

Aufgabe 14.9

? Deuten Sie unter Berücksichtigung der hier entfalteten Aspekte den Ausgang von Manuelas Suche nach Lola/Esteban I, der sie in einem Café das Foto von Esteban II und das Baby Esteban III präsentiert.

Abb. 14.7 Welche Signalwirkung geht von dieser Einstellung aus?

14.4.2 Interpretation unter poststrukturalistischen Vorzeichen

Prekäre Identitätsentwürfe

Todo sobre mi madre vereint eine ganze Reihe von Merkmalen, die auch in der poststrukturalistischen Theoriebildung aufgegriffen wurden. An erster Stelle ist eine Krisenhaftigkeit unterschiedlicher Identitätsentwürfe zu nennen, die zugleich als stets nur vorläufig und veränderbar vorgestellt werden. Manuelas

Leben gerät durch den Unfalltod ihres Sohnes aus den Fugen; die Reise nach Barcelona ist eine Reise in ihre eigene verleugnete Vergangenheit, die zugleich dazu dient, eine neue Lebensperspektive anstelle der alten aufzubauen. Als schließlich Esteban III den ersten Sohn ersetzt, verweist dieser Neubeginn als zyklisches Element auf die Wiederkehr des längst vergangen Geglaubten und widersetzt sich einer stufenweise chronologisch-linear aufsteigenden Existenzentwicklung. Esteban II selbst zeigt als jugendlicher Mann deutliche Anzeichen der Orientierungssuche: Der Drang, alles über seine Mutter und seinen Vater in Erfahrung zu bringen, verweist auf die Notwendigkeit, über sich selbst Klarheit zu gewinnen – eine Suche, die gleichsam symbolhaft im Nichts des Todes endet. Huma Rojo formuliert in eigenen Worten den fortwährenden Wunsch, eine andere (etwa ihr Vorbild Bette Davis) zu sein; in Aussehen und Verhalten sei sie daher nie sie selbst gewesen. Auch muss sie das Scheitern ihrer leidenschaftlichen Beziehung zu Nina konstatieren. Agrado und Lola schließlich verkörpern geradezu die Überblendung unterschiedlicher (geschlechtlicher) Identitäten, sie sind Leib gewordene Hybrid-Wesen, die jede für sich ihrem Leben einen Sinn abzuringen versuchen. Agrados großer Auftritt vor dem überraschten Theaterpublikum verleiht als Sprachrohr Almodóvars Worten Ausdruck:

Text 14.5

> "Lo que les estaba diciendo, ¡cuesta mucho ser auténtica! Pero no hay que ser tacaña[1], con nuestra apariencia. Una es más auténtica cuando más se parece a lo que ha soñado de sí misma ..." (Almodóvar: 2005, 154)
>
> 1 tacaño, -a *knauserig*

Intermediale Verschränkung

Einen weiteren Ansatzpunkt zur Deutung des Films liefert seine beschriebene intermediale Verschränkung. Sie illustriert ein nicht eingrenzbares Gefüge aus Zusammenhängen und Beeinflussungen und verweist auf das Phänomen Intertextualität in seiner Kristevaschen Bandbreite. Dessen Tragweite reicht allerdings über inhaltliche Entsprechungen zu anderen Filmen (*All about Eve*) bzw. zu Theaterstücken (*A Streetcar Named Desire*; *Bodas de sangre*) hinaus. Untersucht man die verschiedenen Medientypen auf ihre Funktion in *Todo sobre mi madre*, so zeigt sich, dass geschriebene Sprache, Fotografie, Kinofilm und Theater jeweils in spezifischen Kontexten in Erscheinung treten. Motiviert wird die Handlung in der erwähnten Weise durch den zweifachen Wunsch Estebans, alles über seine Mutter bzw. seinen Vater herauszufinden. Doch ist mit diesem grundlegenden Bedürfnis zugleich ein konkretes Projekt

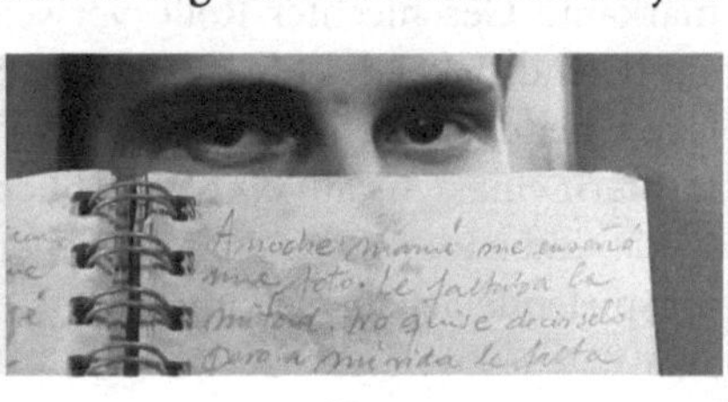

Abb. 14.8
Foto und Schrift fließen in der Figur Esteban in eins

verbunden: Esteban möchte die Informationen zu einer Reportage verarbeiten und sich damit seinem Berufsziel Schriftsteller nähern. Die Notizen, die er hierfür verfasst, begleiten Manuela über den weiteren Verlauf des Films hinweg und werden mehrfach in Großaufnahme eingeblendet. Was Esteban mit seinen Aufzeichnungen bezweckt, kann als Konsequenz seiner eigenen Identitätssuche aufgefasst werden: Er dokumentiert und durchdringt das Leben und die Vergangenheit seiner Mutter, um Gewissheiten daraus zu gewinnen, an denen er sich orientieren kann und die ihm Sicherheit vermitteln. Die Fixierung seiner Beobachtungen und Gedanken zielt aufgrund der eigenen schriftstellerischen Ambitionen auf die Möglichkeit ab, das Festgehaltene in gültiger Form nicht nur für sich selbst zu konservieren, sondern auch anderen mitzuteilen. Denselben Effekt zeitigt im Übrigen auch das Medium Fotografie, wie wir am Beispiel des Portraits von Esteban bereits gesehen haben: Über den Tod hinaus vermittelt die starre Momentaufnahme eine unnatürliche Präsenz, der die Wandelbarkeit des Lebendigen vollständig abgeht und die insofern als festgehaltene Erinnerung künstlich bleibt.

Ganz anders verhält es sich in *Todo sobre mi madre* mit dem Motiv des Rollen- oder Schauspiels: Manuela erscheint schon in der ersten Sequenz als Schauspielerin im Dienste der Fortbildungssituation ‚Angehörigengespräch'. In ihrer Jugend stand sie selber auf der Bühne und springt schließlich an Humas Seite für die abwesende Nina in der Rolle der Stella ein. Gleichzeitig reduziert Manuela ihr schauspielerisches Talent auf eine ganz alltägliche Fähigkeit:

Text 14.6 | Schauspiel und Lüge

> Manuela: "Sé mentir muy bien, y estoy acostumbrada a improvisar. [...] Mi hijo decía que era muy buena actriz." (Almodóvar: 2005, 112)

Damit rückt das Schauspiel im Sinne des Platonischen Vorwurfs in die Nähe des Lügenhaften, der Täuschung, der Verwischung der Grenzen zwischen Sein und Schein, und steht für das Spiel mit *engaño* und *desengaño*. Ähnliches gilt auch für die Eigenproblematik von Huma Rojo, der Berufsschauspielerin, bei der Leben und Bühne untrennbar ineinander übergehen, so dass nicht mehr entschieden werden kann, was an ihr ‚echt' oder Nachahmung ist. Der intertextuelle Verweis auf Mankiewicz' *All about Eve* hebt die Motivverkettung von Schauspielertätigkeit und betrügerischer Täuschung zusätzlich hervor. Letztlich können sogar Agrado und Lola unter dem Aspekt des Trügerischen, Vorgeblichen betrachtet werden, da ihr feminines Äußeres nicht mit der genetischen Geschlechtsanlage übereinstimmt, sie somit fortwährend auf ihre markante Geschlechter-Rolle verweisen und Agrado darüber hinaus noch ein beeindruckendes bühnenwirksames Improvisationsvermögen an den Tag legt. Über die Gegenüberstellung von Schrift und Fotografie verweist der Film insofern einerseits auf eine vergebliche Simulation von Realität bzw. Authentizität und andererseits auf eine ‚lebendig'-prozesshafte und dabei die Fiktion umspielende Schauspielkunst.

14.4.3 Interpretation aus psychoanalytischer Perspektive

Kehren wir noch einmal zu Esteban II zurück, wie er zu Anfang des Films in Erscheinung tritt. Es handelt sich um einen jungen Mann, der mit dem 17. Geburtstag am Ende der Pubertät steht (sein mit Spielzeug dekoriertes Zimmer verweist noch auf die Kindheit) und nun mit einem weiteren Abschnitt des Erwachsenwerdens konfrontiert ist. Darunter fällt zum einen die Frage der Berufswahl, die noch einigermaßen naiv-idealistisch mit dem Wunsch, Schriftsteller zu werden, beantwortet wird. Die Kunst erhält somit eine wichtige Funktion für die Identitäts-Suche Estebans. Das literarisch zu gestaltende Motiv wird der unmittelbaren Umgebung entnommen, es ist die eigene Mutter. Dass Esteban zu ihr eine besonders enge Beziehung hat, suggerieren die Szenen einträchtigen Beisammenseins, etwa vor dem heimischen Fernseher (hier läuft im Übrigen zunächst ein Werbespot für Baby-Windeln, was auf der Ebene des filmischen Erzählens als subtil-ironischer Kommentar zu Estebans regressiver Mutter-Fixierung gedeutet werden kann). Die innige Beziehung zwischen Mutter und Sohn bei gleichzeitig abwesendem (für Tod gehaltenen!) Vater ist eine typische ödipale Konfiguration. Immerhin soll sie nunmehr durchbrochen werden, da die Suche Estebans nach seinem Vater auf seine Reifung hindeutet. Für kurze Irritation im Verhältnis zwischen Manuela und Esteban sorgen zwei weitere Momente. Da ist zum einen die locker-scherzhafte Rede von männlicher Prostitution, die der Mutter übel aufstößt (im weiteren Verlauf erfahren die Zuschauer ja auch warum). Das Thema Sexualität, vor allem die käufliche homosexuelle Geschlechtlichkeit des Strichermilieus, verweist auf Phantasien Estebans, die wahrscheinlich von ihm gar nicht tiefer erfasst werden, aber wiederum für seine Orientierungssuche sprechen. Und noch ein weiteres Mal scheint Esteban der Kontrolle seiner Mutter zu entgleiten: Gegen ihre Einwände und jegliche Vernunft möchte er unbedingt ein Autogramm der offensichtlich sehr verehrten Huma Rojo erhalten (ein Autogramm, das wieder auf das Motiv Schrift im Zusammenhang mit Estebans Sinnsuche anspielt). Die Faszination, die von Huma Rojo auf den Jungen ausgeübt wird, wird nicht näher präzisiert, changiert jedoch anscheinend zwischen körperlicher Attraktivität und Muttersatz. Zumindest suggeriert jene Einstellung,

Kindheit und Erwachsenwerden

Mutter-Sohn-Beziehung

Abb. 14.9 Die Einstellung setzt beide Frauen zueinander in Beziehung

die Manuela vor dem übergroßen Konterfei Humas auf einer Plakatwand zeigt, dass zwischen beiden Frauen für Esteban eine Parallele besteht – und nicht von ungefähr ähnelt Huma in Frisur und Gesichtszügen in gewissem Maße Manuela. Sieht man das Verlangen Estebans nach einer ‚Zuwendung' Humas (das Autogramm) im Zusammenhang mit dem Wunsch, den fehlenden Vater zu entdecken, erwächst Manuela in der Schauspieldiva eine Konkurrentin, eine geradezu übergroße Konkurrentin, an die sie tragischerweise ihren Sohn durch den Autounfall gleichsam verliert. Bezieht man die Geschehnisse zurück auf den auf Manuela liegenden narrativen Fokus, so handelt es sich um das von der Mutter erlebte Drama des sich aus seiner ödipalen Abhängigkeit emanzipierenden Sohnes, der sinnbildlich für sie verloren geht und stirbt.

Zusammenfassung

Auch die Interpretation von Filmen vollzieht sich im Idealfall als Wechselspiel von formaler Analyse und theoriegeleiteten Deutungsansätzen. Angewendet auf das gewählte Beispiel wird dabei deutlich, dass sich Pedro Almodóvar in *Todo sobre mi madre* mehrerer viel diskutierter Fragen der gegenwärtigen Gesellschaft annimmt. Kann man bereits in der Thematisierung sexueller Aktivität eine Reaktion auf die konservativ-autoritären Zustände unter dem Franco-Regime erkennen, so verweisen die Bereiche Transsexualität und gleichgeschlechtliche Partnerschaft über die brüchig gewordenen *Gender*-Rollen zusätzlich auf ein grundlegendes Bedürfnis der Identitätssuche. Letzteres spiegelt sich auch in der Auflösung traditioneller Familienformen bzw. den in eine Krise geratenen Eltern-Kind-Beziehungen. Esteban II und III verkörpern in dieser Hinsicht die Frage nach der Zukunft, auf die sich noch keine Antwort abzeichnet. Stattdessen zielt Almodóvar mit seiner behutsamen Inszenierung auf eine Bewusstwerdung des Publikums ab, dem die Identifikation mit der Hauptfigur eine Auseinandersetzung mit den unterschiedlichen im Film vorkommenden Konflikten und Charakteren ermöglicht. Die poststrukturalistische Infragestellung eindeutiger Lebensentwürfe wie auch die intermediale Durchdringung des Films machen die ZuschauerInnen auf ein Lebensgefühl der komplexen Zusammenhänge aufmerksam, in denen das Streben nach Eindeutigkeit und analytischer Rationalismus ihren kulturellen Stellenwert eingebüßt haben.

Filmedition

Pedro Almodóvar: *Alles über meine Mutter/Todo sobre mi madre*. Spanien/Frankreich 1999 (DVD, Universum Film/Kinowelt Home Entertainment 2008).

Literatur

Pedro Almodóvar: *Todo sobre mi madre*. Guión original. Hg. von Klaus Amann. Stuttgart: Reclam 2005.

Federico García Lorca: *Bodas de sangre*. Madrid: Cátedra 2005.

Weiterführende Literaturhinweise finden Sie unter www.bachelor-wissen.de.

Sachregister

Die Verweise beschränken sich auf diejenigen Seiten, auf denen Definitionen und Erläuterungen sowie Problem- und Anwendungskontexte des jeweiligen Begriffs zu finden sind. Rhetorische Figuren und Stilmittel sind im Register nicht aufgeführt; sie sind auf den Seiten 60–62 und 64–66 zusammengestellt.

Achsensprung 240
Adaption 16f., 199, 219
Akt (*acto, jornada*) 24, 96, 99, 108f.
Aktant 149f., 158f.
Allgemeine Literaturwissenschaft 199
Anachronie 143, 150, 241
Anagnorisis 107
Analepse 143
Architext 219
Ästhetische Distanz 206
Aufschreibesystem 15f.
Aufzeichnung (Film) 98
Auto sacramental 94, 102, 114
Autobiographie 12, 135, 140, 174
Autonomismus, autonom 6, 185ff.
Autor, Autor-Funktion 10f., 31f., 56, 59, 135, 139, 162ff., 171–174, 176, 178–184, 196, 203, 207, 209, 218ff., 225
Autoreferenzialität 12

Barock 30f., 68, 79f., 82, 101, 118
Basis (ökonomische) 181ff., 185f.
Beiseite-Sprechen (Drama) 104
Beleuchtung 237
Biographie (Gattung) 32
Botenbericht 104
Briefroman 68, 134, 200

Cancionero 76
Carpe-diem-Motiv 81f.
Carro-Bühne 94
Charakter, Charakterisierung 96, 101f., 105, 107, 148, 191, 254
Chor 108, 123, 126f.
Comedia, Comedia nueva 24f., 94–97, 101, 108, 114
Corral 96f.
Cuento 8, 43, 135, 165–170

Dekonstruktion 33, 209, 225ff., 230
Deskriptivität, deskriptiv 20
Deutungskanon 34
Dialog (Drama) 98f., 103f., 123f., 127, 237, 239, 249
Didaskalie 99
Diegese 138f.
Differenz 207ff., 226
Direkte Rede, s. Rede
Diseminación 226
Diskurs (Narratologie) 139–147, 150, 168f.
Diskursanalyse, historische 11, 219–224
Distanz (Narratologie) 143ff., 151, 167ff., 236
Distanz, ästhetische s. Ästhetische Distanz
Drama 24, 28f., 94–111, 114, 116, 124, 126, 129, 136, 138f., 142ff., 147, 241, 250
Dramatische Gattungen (Übersicht) 94–97
Dramatischer Knoten 104, 108
Dramenfigur 100–103, 105ff., 110
Drehbuch 230, 239
Drei ‚aristotelische' Einheiten s. Einheiten, aristotelische
Dreipersonenregel 103

Effektgeräusche 238
Einheiten, aristotelische 23f., 100, 109f.
Einstellung, Einstellungsgröße 230ff., 234ff., 239f., 242, 248f., 255f., 259
Einstellungsprotokoll 230f., 256
Empirische Leserforschung 204
Endecasílabo 69, 71, 77, 88
Engaño – desengaño 80ff., 120f., 258
Enjambement 70, 88
Entpragmatisierung 9f.
Epik, episch 21, 28f., 68, 98, 110f., 132–136, 139–142, 147
Epische Gattungen (Übersicht) 132–136
Epochen 30f., 45, 81, 83, 147, 156, 175f., 198, 220
Epos 22, 28f., 132, 136
Ereignis 150f., 163
Erlebte Rede, s. Rede
Erwartungshorizont 205ff.
Erzähler 98, 100, 139–151, 164, 167ff., 238, 242, 249
Erzählprofil, Erzählsituation 147
Erzählte Zeit 142f., 232, 241, 249
Erzählzeit 142f., 232, 241, 249
Essay 30, 135
Exposition 108ff., 116, 118, 123, 160, 233

Farce 95
Feld, literarisches 185ff.
Feministische Lit.kritik/-wiss. 207, 220
Feuilletonroman 134

Figur 9, 23, 27, 57, 100–103, 105ff., 110, 118, 124, 133f., 138–151, 158ff., 168f., 190, 230, 232f., 242, 249, 252, 255, 257
Figurenkonstellation 105–110, 116, 129, 148ff., 158, 180, 230, 241
Fiktion, Fiktionalität 8–9, 12f., 62, 110, 135, 139, 142, 144, 145, 148, 156, 162, 167ff., 205, 207, 242, 253
Filmanalyse 229–260
Filmtranskription 230–233
Fokalisierung (Film) 216, 238, 242, 249
Fokalisierung (Text) 145ff., 164, 216
Formalismus 7, 212

Gattungen, Gattungssystem 5, 8, 20–24, 27–30, 32, 46, 60, 67ff., 77, 94–98, 103, 132–136, 139, 149, 179, 183f., 198f., 204, 206f., 249f.
Gattungshierarchie 22
Gedankenrede, s. Rede
Geistesgeschichte 175f.
Geisteswissenschaften 40f., 56f., 172, 174
Gender s. Sex/Gender/Geschlechterrolle
Gender Studies 207ff., 255
Generación del 27 6, 31, 122
Generación del 98 31
Genetischer Vergleich 192
Genie, Genieästhetik 27

Habitus 186
Handlung 23f., 56f., 62ff., 95f., 98–101, 103–111, 116, 118, 124, 129, 133ff., 138ff., 146–151, 158, 167f., 190f., 216, 230, 232f., 235f., 238–242, 248, 252, 257
Haupt-/Nebentext 99f., 105
Hermeneutik 56–59, 149, 167, 173f., 202, 204ff., 225
Hermeneutischer Zirkel 57f., 204ff.
Hermetismus, hermetisch 25, 122
Hirtendrama 107
Historischer Roman 134
Homologie 183, 215
Horizont, Horizontwandel 57, 205ff.
Humanismus 24, 76, 95
Hybridität 201, 224f., 249f., 256f.
Hybris 102
Hypotext/Hypertext 218f., 250

Ideologie 35, 174, 182, 184, 200, 226
Imagologie 200, 222
Impliziter Leser 140f., 207
Indirekte Rede, s. Rede
Inszenierung (Drama) 94, 96, 98f., 103, 241
Intermedialität 230, 238, 249–253, 257
Interpretation 11ff., 32f., 38, 41, 56–59, 62, 101, 172ff., 178f., 203ff., 207, 212, 225, 230, 254–260
Intertextualität 81, 192, 218f., 230, 249, 253, 257f.
Intrige 96, 107
Isotopie 63, 67, 78–81

Jump-cut 240

Kamerafahrt 236
Kameraperspektive 236, 239
Kameraschwenk 234, 236
Kanon 32, 34f., 134, 156, 175, 209f.
Kapital, symbolisches 185f.
Katastrophe (Drama) 22, 102, 107
Katharsis 22, 108
Klassizismus 26f., 96, 103, 109
Kommunikation 58, 98, 103, 138, 141, 144, 168, 172f., 217, 222, 226
Komödie 21f., 28, 34, 95f., 103, 105, 107, 250
Komparatistik 32, 190–201
Kompetenz 38ff., 50
Konfiguration (Drama) 105
Konflikt (Drama) 23, 95f., 102, 105, 107–111, 129, 150, 241
Konstellationsschema (Drama) 105ff.
Konzeptismus (*conceptismo*) 26, 78
Kultismus (*cultismo, culteranismo*) 25f.
Kulturtransfer 201f.
Kurzgeschichte s. *Cuento*

Leerstellen 12, 204, 207
Leyenda 135, 151
Literaturbegriff 2–17, 20
Literaturgeschichte 21, 27, 30–34, 38, 45, 185, 190, 199, 201, 203ff., 209
Literatursoziologie 175, 180–187, 209
Literaturverfilmung 13, 16, 48, 98
Logozentrismus 226
Lyrik 25, 28f., 67–73, 76–91, 122, 132, 134, 196, 215
Lyrische Gattungen (Übersicht) 69f.

Makrostruktur 62, 248
Märchen 8, 132, 190
Marxismus 181ff., 185f.
Mauerschau 104
Medium, Medien IX, 6–7, 13–17, 33, 110, 172f., 183, 199, 201, 204, 219f., 257
Metalepse 142, 168f., 238
Metapoetizität, metapoetisch 20, 82, 90
Metatext, Metatextualität 219

Methode 32, 41, 46, 58f., 172f., 175, 180ff., 185, 199, 207f., 220, 222, 230
Metrik, Metrum 70ff., 88
Mikrostruktur 62, 67, 84, 150
Mimesis 22, 110f., 138, 156, 173
Mittlerer Held 102
Modernismo 69, 83–91
Modul (Modularisierung) 39f.
Monolog (Drama) 101, 104, 118ff., 237f., 252
Montage 239–241, 255
Motiv 27, 32, 62f., 67, 77–85, 90f., 118f., 121, 126, 127, 150, 162, 190f., 238f., 241, 250–254, 258f.
Musik 97, 122, 237ff., 255
Mysterienspiel 94

Narratologie 139–151, 162, 169, 216, 218, 249
Naturalismus 134, 154, 174, 201f.
Normativität, normativ 20f., 28, 31, 174
Novelle 135f., 208f.

Objektivität, objektiv 31, 38, 58f., 172, 174f., 207, 213, 217f.
Offene/geschlossene Form (Drama) 109f.
Offenheit 12, 225
Operette 97
Opposition 63, 67, 88ff., 138, 149, 158f., 163, 209, 215, 225

Paradigma 212
Paratext 5f., 9, 27, 219
Peripetie 107ff.
Personenkonstellation s. Figurenkonstellation
Petrarkismus 76, 81, 192
Phonozentrismus 226
Plot 150f., 160, 169, 190, 209, 250
Plagiat 219
Poetik, poetologisch 20–29, 32, 96, 102f., 109, 134, 139, 156, 174
Poetizität, poetisch 7–8, 12f., 20, 68, 212, 215
Polysemie 226
Positivismus 33, 173ff., 178, 181
Postmoderne 30f.
Produktionsästhetik 59, 185, 202
Prolepse 143
Prosa 69, 103, 123, 126f., 132, 135f.
Protagonist 100, 104, 107, 118, 140, 146, 149, 163f., 169, 249, 255
Psychoanalyse, psychoanalytische Lit.wiss. 176–180, 259f.
Psychologisierung 148

Raffung 143, 241, 249
Raum (Erzählung, Drama) 99f., 151, 158ff., 162
Ready-made 10, 13
Realismus 22, 134f., 154ff., 162, 164f., 240
Realitätseffekt 150, 162, 234
Rede 98f., 101, 103f., 121, 138, 140–145, 238f., 242
Referenzialität, referenziell 9, 12, 135, 162
Regieanweisung s. Didaskalie
Regisseur 100f., 103, 230, 249
Reim 6, 60, 67, 69, 72, 77, 79, 84, 88
Renaissance 23f., 31f., 69, 76–79, 81f., 95, 102
Retardierendes Moment 108
Rezeption 33f., 57, 59, 99, 192, 202–210, 230
Rezeptionsästhetik 204–207
Rhetorik 20–23, 60ff., 64ff., 117, 121
Rhythmus 7, 70, 77f., 88
Rollenbruch 104
Roman 9, 12–14, 17, 29, 132–135, 140, 148, 154–165, 183f., 192
Romanze (*romance*) 69, 84, 122, 196ff.

Schlüsselqualifikationen 39
Schnitt 230, 232f., 239–242, 249, 255
Schuss/Gegenschuss 239, 241
Sequenzprotokoll 232
Sex/Gender/Geschlechterrolle 207ff., 253ff.
Siglo de Oro 23–27, 30f., 76, 96, 108
Signifikant/Signifikat 14f., 59, 165, 212, 225
Silva 69, 84
Sonett 69, 76f., 78
Ständeklausel 22, 27, 102
Stegreiftheater 98
Stichomythie 103
Stilarten 22f.
Stilistik 20, 176
Stimme (Narratologie) 140, 145ff.
Stoff 27, 46, 58, 62f., 190ff., 219, 241
Stoffgeschichte 148
Strophe 6, 27, 69f., 72, 215
Struktur 6, 27, 58ff., 62f., 66–70
Strukturalismus 212ff., 217, 219, 225
Strukturanalyse 58ff., 62f., 66ff., 70, 90, 147, 150f., 172f., 213
Surrealismus 6, 122, 180
Synchronisation 241
Syntagma 213
Szene (Drama) 108ff.
Szenenverknüpfung 110

Teichoskopie s. Mauerschau
Textimmanenz, textimmanent 58f., 173
Textkritik 42
Textphilologie 33
Theaterwissenschaft 99
Thema 22, 32, 45ff., 62f., 67, 190ff., 219
Tirade 104
‚Tod des Autors' 218
Ton (Film) 237ff., 241f.
Topos 78
Tragikomödie 96
Tragödie 22f., 95, 103, 107ff.
Transferforschung 201
Transtextualität 218
Typen (Drama) 101f., 105
Typologischer Vergleich 192, 196

Überbau 181f., 184

Vanitas-Motiv 81f., 114
Verfilmung s. Literaturverfilmung
Verfremdung 110f.
Vermittlung 183
Vers 70f.

Zäsur 71
Zeilensprung s. Enjambement
Zeit (Narratologie) 142f., 150
Zensur 34
Zoom 236

Abbildungsverzeichnis

Sämtliche Abbildungen sind, sofern nicht anders vermerkt, Wikimedia Commons entnommen.

Abb. 1.1: Juan de Jáuregui: *Miguel de Cervantes* (1600). **Abb. 1.2:** Valeriano Domínguez Bécquer: *Gustavo Adolfo Bécquer* (1862). Öl auf Leinwand. **Abb. 1.3:** Marcel Duchamp: *Fountain* (1917). © The Estate of Marcel Duchamp/VG Bild-Kunst, Bonn 2016. **Abb. 1.4:** Jesse Bransford: *Head* (*Michel Foucault*). 2004, 24,1 × 31, 7 cm. Acryl und Graphit auf Papier. Abdruck mit freundlicher Genehmigung des Künstlers und der Feature Inc. **Abb. 1.5:** Dichtung im Aufschreibesystem von 1800 (Originalabbildung). **Abb. 1.6:** Literatur im Aufschreibesystem von 1900 (Originalabbildung). **Abb. 2.1:** Aristoteles (384–322 v. Chr.). Marmor, römische Kopie nach dem griechischen Bronze-Original von Lysippos (um 330 vor Chr). Museo Nazionale Romano di Palazzo Altemps, Rom. **Abb. 2.2:** Quintilian (35–ca. 96 n. Chr.). Schedelsche Weltchronik (1493). **Abb. 2.3:** Die *septem artes liberales* aus dem *Hortus deliciarum* von Herrad von Landsberg (um 1180). **Abb. 2.4:** Lope de Vega. **Abb. 2.5:** Philipp Veit: *Friedrich Schlegel* (1810). Kreide. **Abb. 2.6:** Ausdifferenzierung des Gattungssystems am Beispiel Erzählprosa (Originalabbildung). **Abb. 2.7:** Herkulaneischer Meister: *Portrait eines Mädchens* (um 50 n. Chr.). Wandmalerei, Museo Archeologico Nazionale, Neapel. **Abb. 2.8:** Literatur als Kommunikationsnetz (Originalabbildung). **Abb. 2.9:** Virgil Solis: *Thalia, Die Muse der Komödie* (1562). **Abb. 2.10:** Titelkupfer zum *Index librorum prohibitorum* von 1711. **Abb. 3.1:** Mittelalterliche Vorlesung. Miniatur aus dem 14.(?) Jahrhundert. **Abb. 3.2:** Karlsruher Virtueller Katalog (Screenshot). **Abb. 3.3:** Beispiel für Literaturrecherche in der *Romanischen Bibliographie.* **Abb. 3.4:** MLA International Bibliography (Screenshot). **Abb. 4.1:** Der hermeneutische Zirkel als Kreismodell (Originalabbildung). **Abb. 4.2:** Strukturanalyse (Schritt 1 und 2) (Originalabbildung). **Abb. 4.3:** Sprachzeichen: Ausdrucks- und Inhaltsseite (eigenes Beispiel). **Abb. 4.4:** Beispiel für Isotopien (Originalabbildung). **Abb. 4.5:** Kalligramm von José Juan Tablada in: J. J. Tablada, Obras. Bd. 1: Poesía. Hg. Héctor Valdés. México 1971, S. 396. **Abb. 4.6:** Joaquín Sorolla y Bastida: *Juan Ramón Jiménez*, Detail eines Porträts von 1903. **Abb. 5.1:** Garcilaso de la Vega. **Abb. 5.2:** Diego Velázquez: Porträt des Dichters Luis de Góngora y Argote (1622). Öl auf Leinwand, Museum of Fine Arts, Boston, Maria Antoinette Evans Fund. **Abb. 5.3:** Miguel Cabrera: *Sor Juana Inés de la Cruz* (1750). **Abb. 5.4:** Antonio Machado (Spanische Briefmarke von 1978). **Abb. 5.5:** Denkmal Unamunos in Salamanca. **Abb. 5.6:** Der Duero in Kastilien; Foto: © JoaoMiranda. **Abb. 5.7:** Rubén Darío. **Abb. 5.8:** Pablo Neruda während einer Aufnahmesitzung in der Library of Congress, 20 Juni 1966. **Abb. 5.9:** „El edificio de la ‚Luz'", Ahumada esq. Compañía, Santiago de Chile. 16. August 1929, unbekannter Fotograf, Archivo Fotográfico Chilectra. **Abb. 6.1:** Jean Fouquet: *Martyrium der hl. Apollonia.* Miniatur aus dem Stundenbuch des Étienne Chevalier (15. Jh.). Musée Condé, Chantilly. **Abb. 6.2:** Cervantes: Titelseite des *Entremés del retablo de las maravillas* (1615). **Abb. 6.3:** Corral de Comedias, Almagro © Th. Scheerer. **Abb. 6.4:** Género chico: *La gran via* (1886). **Abb. 6.5:** Erstdruck der *Celestina* von Fernando de Rojas, Fadrique Alemán de Basilea, Burgos, 1499. **Abb. 6.6:** Römische Theatermasken. Mosaik (um 100 v. Chr.), Kapitolinische Museen, Rom. **Abb. 6.7:** Die Figurenkonstellation in Lope de Vegas *La drama boba* (Originalabbildung). **Abb. 6.8:** Gustave Moreau: *Ödipus und die Sphinx* (1864). Öl auf Leinwand, Metropolitan Museum of Art, New York. **Abb. 6.9:** Idealtypischer Handlungsverlauf im Drama als Kurvendiagramm (Originalabbildung). **Abb. 7.1:** Ausschnitt aus: Diego Rodríguez de Silva y Velázquez, *Felipe IV de castaño y plata* (etwa 1631/32). Öl auf Leinwand, National Gallery, London. **Abb. 7.2:** Calderón de la Barca. **Abb. 7.3:** Antoine Louis Barye: *Theseus kämpft gegen den Minotaurus* (1843). Bronze, Musée du Louvre: Foto: Siren. **Abb. 7.4:** Federico García Lorca, Statue in Rosario (Argentinien). Foto: © Mrexcel. **Abb. 8.1:** Frontispiz der ersten Quijote-Ausgabe von 1605. **Abb. 8.2:** Gustave Doré: Illustration zur Don-Quijote-Ausgabe von 1863 (Detail). **Abb. 8.3:** Heterodiegetischer Erzähler (Originalabbildung). **Abb. 8.4:** Homodiegetischer Erzähler (Typ 1 und 2) (Originalabbildung). **Abb. 8.5:** Autodiegetischer Erzähler (Originalabbildung). **Abb. 8.6:** Narrative Ebenen (Originalabbildung). **Abb. 8.7:** Möglichkeiten des Zeitverhältnisses (Originalabbildung). **Abb. 8.8:** Externe Fokalisierung, Interne Fokalisierung, Nullfokalisierung (Originalabbildung). **Abb. 9.1:** Benito Pérez Galdós auf einer 1971 veröffentlichten Sondermarke. **Abb. 9.2:** Erschießung von aufständischen in Estella (1836) während des ersten Karlistenkriegs (anonyme Zeichnung von 1846). **Abb. 9.3:** Mögliches Aktantenmodell zu *Doña Perfecta* (Originalabbildung). **Abb. 9.4:** Julio Cortázar. Foto: Walter Bruno Berg. **Abb. 9.5:** Jorge Luis Borges, argentinische 2-Peso-Münze anlässlich seines 100sten Geburtstages. **Abb. 9.6:** Strukturebenen in *Continuidad de los parques* (Originalabbildung). **Abb. 10.1:** Vereinfachtes Modell literarischer Kommunikation (Originalabbildung). **Abb. 10.2:** Hippolyte Taine (1828–1893. Rasterdruck eines Gemäldes von Léon Bonnat. **Abb. 10.3:** Marcelino Menéndez Pelayo. **Abb. 10.4:** Portrait von Ramón Menéndez Pidal (1955). Sociedad Cultural Benito Prieto. **Abb. 10.5:** Sigmund Freud um 1905. Foto von Ludwig Grillich. **Abb. 10.6:** Psychischer Apparat nach Freud (Originalabbildung). **Abb. 10.7:** Traumarbeit und Kunstarbeit (Originalabbildung). **Abb. 10.8:** Mariano José de Larra. **Abb. 10.9:** Marxistisches Gesellschaftsmodell (Originalabbildung). **Abb. 10.10:** Georg Lukács, 3. Juli 1952. Foto von Horst Sturm. Bundesarchiv, Bild 183-15304-0097/CC-BY-SA. **Abb. 10.11:** Mittelalterliche Juglares (Abbildung aus den *Cantigas* von Alfonso el Sabio, 2. Hälfte des 13. Jh.). **Abb. 10.12:** Erich Köhler (1924–1981). Foto: Romanisches Seminar, Universität Freiburg. **Abb. 10.13:** Der Schelm trinkt heimlich den Wein des Herrn. Aus einem Manuskript der *Decretales* von Gregorio Magno (*Decretales* de Smithfield, f. 217v.). Cfr. RICO, Francisco (ed. lit.), *Lazarillo de Tormes*, Madrid, Cátedra, 1998 (decimotercera edición, primera ed. de 1987), portada y pág. 88* y n. 22 y 23 de su „Introducción". **Abb. 10.14:** Pierre Bourdieu. Foto: Joseph Jurt. **Abb. 11.1:** El Cid (Denkmal in Burgos). © Larrea. **Abb. 11.2:** Wilhelm-Tell-Statue in Altdorf. **Abb. 11.3:** Granada: Blick auf die Alhambra. Foto: Pablo Forcén Soler. **Abb. 11.4:** Castas Romero: *José Cadalso* (1855). Museo Municipal, Cádiz. **Abb. 11.5:** Emilia Pardo Bażan. Denkmal in La Coruña. **Abb. 11.6:** Der hermeneutische Zirkel als Spiralmodell (Originalabbildung). **Abb. 11.7:** María de Zayas y Sotomayor. **Abb. 12.1:** Ferdinand de Saussure (1857–1913). **Abb. 12.2:** Julia Kristeva in Paris 2008. **Abb. 12.3:** Tony Robert-Fleury: *Der Psychiater Pinel in der Salpêtrière* (19. Jh.). **Abb. 12.4:** Carl Spitzweg: *Der arme Poet* (1839). Öl auf Leinwand, Neue Pinakothek München. **Abb. 12.5:** Tenochtitlan. Tierra del nopal. *Entrada de Hernan Cortes, la cual se verifico el 8 de Noviembre de 1519*, Faksimile von 1890. **Abb. 12.6:** Darstellung einer Mestizen-Familie um 1900. Colección de Malu y Alejandra Escandón, Ciudad de México. **Abb. 13.1:** Panorama (aus: Luis Buñuel, Los olvidados (DVD, Films sans frontières 2001). **Abb. 13.2:** Totale (aus: Luis Buñuel, *Los olvidados.* Mexiko 1950 (DVD, Films sans frontières 2001). **Abb. 13.3:** Halbtotale (aus: Luis Buñuel, *Los olvidados.* Mexiko 1950. (DVD, Films sans frontières 2001). **Abb. 13.4:** ‚Amerikanisch' (aus: Luis Buñuel, *Los olvidados*. Mexiko 1950 (DVD, Films sans frontières 2001). **Abb. 13.5:** Nah (aus: Luis Buñuel, *Los olvidados*. Mexiko 1950 (DVD, Films sans frontières 2001). **Abb. 13.6:** ‚Groß' (aus: Luis Buñuel, *Los olvidados*. Mexiko 1950 (DVD, Films sans frontières 2001). **Abb. 13.7:** Einstellung (aus: Luis Buñuel, *Los olvidados*. Mexiko 1950 (DVD, Films sans frontières 2001). **Abb. 13.8:** Einstellung (aus: Luis Buñuel, *Los olvidados*. Mexiko 1950 (DVD, Films sans frontières 2001). **Abb. 13.9, Abb. 13.10:** Beispiele für Schuss – Gegenschuss (aus: Luis Buñuel, *Los olvidados*. Mexiko 1950 (DVD, Films sans frontières 2001). **Abb. 14.1:** Pedro Almodóvar in Madrid, © 2008 Roberto Gordo Saez. **Abb. 14.2:** aus Pedro Almodóvar: *Alles über meine Mutter/Todo sobre mi madre*. Spanien/Frankreich 1999 (DVD, Universum Film/Kinowelt Home Entertainment 2008). **Abb. 14.3:** aus Pedro Almodóvar: *Alles über meine Mutter/Todo sobre mi madre*. Spanien/Frankreich 1999 (DVD, Universum Film/Kinowelt Home Entertainment 2008). **Abb. 14.4:** aus Pedro Almodóvar: *Alles über meine Mutter/Todo sobre mi madre*. Spanien/Frankreich 1999. SZ-Cinemathek Nr. 11 (2005). **Abb. 14.5:** aus Pedro Almodóvar: *Alles über meine Mutter/Todo sobre mi madre*. Spanien/Frankreich 1999 (DVD, Universum Film/Kinowelt Home Entertainment 2008). **Abb. 14.6:** aus Pedro Almodóvar: *Alles über meine Mutter/Todo sobre mi madre*. Spanien/Frankreich 1999 (DVD, Universum Film/Kinowelt Home Entertainment 2008). **Abb. 14.7:** aus Pedro Almodóvar: *Alles über meine Mutter/Todo sobre mi madre*. Spanien/Frankreich 1999 (DVD, Universum Film/Kinowelt Home Entertainment 2008). **Abb. 14.8:** aus Pedro Almodóvar: *Alles über meine Mutter/Todo sobre mi madre*. Spanien/Frankreich 1999 (DVD, Universum Film/Kinowelt Home Entertainment 2008). **Abb. 14.9:** aus Pedro Almodóvar: *Alles über meine Mutter/Todo sobre mi madre*. Spanien/Frankreich 1999 (DVD, Universum Film/Kinowelt Home Entertainment 2008).